Henry Riola

A Graduated Russian Reader

With a Vocabulary of all the Russian Words Contained in it. Second Edition

Henry Riola

A Graduated Russian Reader

With a Vocabulary of all the Russian Words Contained in it. Second Edition

ISBN/EAN: 9783337166809

Printed in Europe, USA, Canada, Australia, Japan

Cover: Foto ©Thomas Meinert / pixelio.de

More available books at **www.hansebooks.com**

A GRADUATED

RUSSIAN READER,

WITH

A VOCABULARY

OF ALL THE RUSSIAN WORDS CONTAINED IN IT.

BY

HENRY RIOLA,

AUTHOR OF "HOW TO LEARN RUSSIAN."

SECOND EDITION.

LONDON:

KEGAN PAUL, TRENCH, TRÜBNER & CO., LTD.

1891.

Лондонъ :
Печатано въ типографіи Гильберта и Рившигтона,
52, Ст. Джонсъ Скверъ, Клеркенвелъ.

PREFACE.

Numerous applications made by those in possession of my
Grammar entitled " How to Learn Russian " for a sequel to
it, in the shape of an easy Reading Book, have induced me
to compile this little work, which I now offer to my pupils
and the public. This book is especially intended for those
who cannot avail themselves of the assistance of a master.

The initial difficulties which have to be overcome in
reading Russian consist chiefly in the variety of inflexions
and terminations of which the Russian Language is susceptible. Beginners are apt to be so disheartened by these,
that after a brief period of study they abandon the task in
despair. But if they had once mastered these grammatical
forms, they would have found the path comparatively clear
for further progress.

In order to enable students to overcome these difficulties,
which are not really as formidable as they may appear at
first sight, I have devoted a few pages to grammatical
exercises, illustrating the most prominent features of the
language, and forming as it were a short manual of accidence.
If these be carefully learnt, the reading of the subsequent
portions of the book will be considerably facilitated.

The stories, extracts, etc., selected from the prose and
poetry of the best Russian authors, are arranged in progres-

sive order, so as to lead the student gradually on. Foot-
notes have been added whenever they seemed to be necessary, and a Vocabulary has been appended in order to do
away with the necessity of searching, wearily and often
fruitlessly, the by no means complete Russian-English
Dictionaries, which are at present available. In this Vocabulary the exact meaning is given of every word occurring
in the text, and each verb appears under the aspect
appropriate to the occasion to which it refers.

HENRY RIOLA.

Address: Care of
MESSRS. TRÜBNER & CO.,
Ludgate Hill, E.C.

CONTENTS.

PART I.

GRAMMATICAL EXERCISES.

PART III.

ADVANCED READING LESSONS.

PART IV.

POETRY.

GRADUATED RUSSIAN READER.

PART I.

GRAMMATICAL EXERCISES.

Substantives in the nominative used as predicate.

Москва столица Россіи.—Богъ есть творецъ міра.—Праздность порокъ. — Опытъ наставникъ глупцовъ. — Здоровье плодъ умѣренности.—Оптимизмъ есть не философія, а игра ума.—Лошадь животное.—Лошадь, корова и овца животныя, а левъ, тигръ и волкъ звѣри.—Пѣшій[1] конному[2] не товарищъ.—Скромность одно изъ привлекательныхъ свойствъ женскаго пола. — Рюрикъ былъ первый князь русскій. Римляне были великіе завоеватели. — Софья, жена Іоанна Третьяго,[3] была дочь греческаго императора.—Ромулъ и Ремъ, какъ говоритъ преданіе, были сыновья[4] Марса.—Письма Ломоносова къ Шувалову (суть) безцѣнный памятникъ словесности русской.—Одинъ тотъ, кто способенъ наслаждаться семейственною жизнью, есть прямо добрый, и, слѣдовательно, прямо счастливый человѣкъ.—На поприщѣ жизни наставникъ нашъ—внутренній голосъ, а провидѣніе—звѣзда путеводная.—Времена года[4] суть: весна, лѣто, осень, зима.

---

[1] pedestrian.   [2] rider.   [3] Russian Czar.
[4] irreg. Nom. pl. of сынъ.   [5] время года, season.

Substantives in oblique cases.

Сынъ крестьянина высокаго роста.—Много ли у васъ друзей?[1]—У меня нѣтъ ни одного друга, но за то[2] и враговъ нѣтъ.—Москва древнѣе Петербурга.—Карамзинъ написалъ исторію Россіи.—И бездарные писатели иногда добиваются извѣстности.—Не бойтесь холода, но остерегайтесь простуды. Онъ удостоился похвалы.—Достоинъ ли этотъ ученикъ награды?—Нѣтъ, онъ достоинъ наказанія.—Слава Александра Македонскаго гремѣла во всѣхъ краяхъ вселенной.—Я далъ брату книгу.—Онъ сдѣлалъ списокъ вещамъ.—Вашъ братъ мнѣ другъ.—Мы помогали ему деньгами.—Нельзя[3] не уважать умъ.—Я очень люблю[4] пѣніе жаворонка.—Мостъ былъ испорченъ[5] круглый годъ.—Міръ сотворёнъ Богомъ.—Мы пишемъ[6] перомъ, а рисуемъ карандашёмъ.—Они идутъ[7] дорогою.—Крестьяне[8] пашутъ[9] въ полѣ.—Воины должны слѣпо повиноваться волѣ своего предводителя.—Швейцарія изобилуетъ горами и долинами.—Долгъ истинно полезнаго воспитанія состоитъ[10] не въ одномъ сообщеніи разнообразныхъ свѣденій, но и въ совокупности и образованія вкуса, и просвѣщенія ума, и благородствованія сердца.

Declinable adjectives used as epithets.

Петербургъ красивый и многолюдный городъ.—Кіевъ весьма древній русскій городъ.—Южныя губерніи Россіи гораздо плодороднѣе сѣверныхъ.—Роза очень красивый, душистый цвѣтокъ.—Лошадь красивое животное.—Коровы, овцы и козы полезныя домашнія животныя.—Рѣка Двина впадаетъ въ Бѣлое Море.—Ольга святая была первая русская царица, принявшая[11] христіанскую вѣру.—Доброе на-

---

[1] другъ.   [2] за то, "on the other hand."   [3] it is impossible.
[4] любить.   [5] испортить.   [6] писать.   [7] идти.   [8] крестьянинъ.
[9] пахать.   [10] состоять.   [11] past part. act. of принять.

мѣреніе не оправдываетъ дурнаго дѣла.—Послѣ жаркаго іюльскаго дня наступилъ прохладный вечеръ и мы вышли[1] на открытый воздухъ.—Здѣшніе опытные сельскіе хозяева[2] начинаютъ сѣять въ первыхъ числахъ Апрѣля.—Благодарный человѣкъ подобенъ плодоносной почвѣ, щедро награждающей труды воздѣлывателя.—Счастія должно искать не въ шумномъ свѣтѣ, а въ кругу добродѣтельнаго семейства.—На нёмъ[3] треугольная шляпа и сѣрый походный сюртукъ. Древніе стихотворцы говорятъ о золотомъ, серебряномъ и желѣзномъ вѣкѣ.—Родина мила сердцу не мѣстными красотами, не яснымъ небомъ, не пріятнымъ климатомъ, а плѣнительными воспоминаніями, окружающими,[4] такъ сказать, утро и колыбель человѣчества.—Верблюдъ драгоцѣнное животное въ степи.—Историки византійскіе говорятъ о нашихъ[5] предкахъ какъ о чудесныхъ людяхъ,[6] которымъ ничто не могло противиться, и которые отличались отъ другихъ сѣверныхъ народовъ не только своею храбростью, но и какимъ-то рыцарскимъ добродушіемъ.

Indeclinable adjectives used as predicate.

Богъ всевѣдущъ, всемогущъ и благъ.—Науки полезны. Хотя я не богатъ, однако доволенъ.—Городъ Петербургъ красивъ и многолюденъ.—Сѣверныя губерніи Россіи не такъ плодородны какъ южныя.—Городъ Москва обширенъ. Смерть ужасна только злодѣямъ.—Онъ былъ не только въ счастіи, но и въ несчастіи великъ.—Дубовое дерево твердо, прочно и красиво.—Ученье горько, но плоды его сладки. Напрасны усилія и самаго[7] талантливаго писателя угодить вкусу всѣхъ своихъ читателей.—Русскій человѣкъ добръ,

---

[1] вышли. [2] хозяинъ. [3] Наполеонѣ Первомъ.
[4] pres. part. act. of окружать. [5] русскихъ. [6] prep. pl. of человѣкъ.
[7] most.

услу́жливъ и осо́бенно гостепрiи́менъ.—Ликъ его́[1] ужа́сенъ, движе́нья бы́стры, онъ прекра́сенъ, онъ весь какъ Бо́жiя гроза́.—Во́ля отца́ моего́ для меня́ свяще́нна.—Всё ску́дно, ди́ко,[2] всё нестро́йно, но всё такъ жи́во, нспоко́йно.—Кры́мскiя и до́нскiя ви́на вку́сны и не дороги́.—Ёли и со́сны зеле́ны кру́глый годъ.—Бога́тъ и сла́венъ Кочубе́й, его́ луга́ необозри́мы.—Не тотъ бѣ́денъ, кто имѣ́етъ ма́ло; но тотъ, кто жела́етъ мно́го.

Present tense.

Я говорю́ тебѣ́ о дѣ́лѣ, а ты не слу́шаешь.—Онъ лю́битъ получа́ть пи́сьма, но самъ пи́шетъ ма́ло.—Лю́бите ли вы чита́ть?—Да, о́чень.—Рабо́та укрѣпля́етъ си́лу и здоро́вье. Кто тру́дится, тотъ не страда́етъ ску́кою.—Кто, въ спо́рѣ, оскорбля́етъ своего́ проти́вника, тотъ я́сно пока́зываетъ, что не умѣ́етъ его́ опрове́ргнуть.—Ле́йбницъ утвержда́етъ, что мы тогда́ нахо́димся на са́момъ бли́зкомъ разстоя́нiи отъ со́бственныхъ заблужде́нiй, когда́ стара́емся други́хъ улича́ть въ заблужде́нiяхъ. — Одни́ доброде́тельные лю́ди имѣ́ютъ и́стинныхъ друзе́й. — Одна́ о́пытность даётъ разсу́дку и си́лу, и дѣ́ятельность.—Волна́ бѣжи́тъ, шуми́тъ, колы́шетъ[3] едва́ замѣ́тный поплаво́къ.—Онъ превосхо́дитъ всѣхъ добро́тою, че́стностью и умо́мъ.—Жела́нiе мно́гихъ роди́телей сли́шкомъ ра́но учи́ть дѣте́й губи́тъ ю́ныя спосо́бности, преждевре́менно ослабля́етъ ихъ и препя́тствуетъ ихъ по́лному развитiю.—Человѣ́къ лю́битъ мѣ́сто своего́ рожде́нiя и воспита́нiя.—Съ кѣмъ мы растёмъ и живёмъ,[4] къ тѣмъ и привыка́емъ. Душа́ ихъ сообразу́ется съ на́шею, дѣ́лается нѣ́которымъ ея́ зе́ркаломъ, слу́житъ предме́томъ или сре́дствомъ на́шихъ нра́вственныхъ удово́льствiй и обраща́ется въ предме́тъ скло́нности для се́рдца.—Тала́нтъ ро́дится вездѣ,

---

[1] Петра́ Вели́каго.   [2] у цыга́нъ.   [3] колыха́ть.   [4] жить.

по присутствіе великихъ явленій природы способствуетъ его развитію.—Московскіе жители переѣзжаютъ на лѣто изъ Москвы на дачи.—Хозяева убираютъ комнаты, исправляютъ мебель, накрываютъ столы, разставляютъ посуду и приготовляются встрѣчать гостей.

Degrees of comparison.

Петербургъ красивѣе и многолюднѣе Москвы, но Москва обширнѣе Петербурга.—Парижъ ближе[1] отъ Лондона, нежели Вѣна.—Вѣна одинъ изъ красивѣйшихъ городовъ. Парижъ не только самый красивый, но также и самый привлекательный городъ въ Европѣ. — Лондонъ многолюднѣйшій городъ въ Европѣ.—Эльборусъ самая высокая гора въ Россіи.—Берёза менѣе всѣхъ другихъ деревъ боится холода.—Услужливый дуракъ опаснѣе врага.—Лисица очень похожа на собаку, но тѣло ея граціознѣе, гибче,[2] голова больше, морда острѣе, уши[3] короче,[4] глаза меньше[5] и косѣе, хвостъ длиннѣе, шерсть гуще[6] и пушистѣе, чѣмъ у собаки. Крыловъ замѣчательнѣйшій русскій баснописецъ.—Какъ плоды дерева, такъ и жизнь бываетъ всего сладостнѣе передъ началомъ увяданія.—Всякое растеніе имѣетъ болѣе[7] силы въ своёмъ климатѣ.—Исторія народовъ не представляетъ намъ ничего трогательнѣе геройскаго патріотизма.—Дѣянія, описанныя Геродотомъ, Фукидитомъ, Ливіемъ, представляя[8] болѣе душевной силы и живѣйшую игру страстей, для всякаго не русскаго вообще занимательнѣе исторіи Россіи, однако смѣло можно сказать, что нѣкоторые случаи, картины и характеры русской исторіи любопытны не менѣе[9] древнихъ.—Сравненіе опредѣляетъ цѣну всего :—одно

---

[1] compr. of близкій.   [2] compr. of гибкій.   [3] Nom. pl. of ухо.
[4] compr. of короткій.   [5] compr. of малый.   [6] compr. of густой.
[7] compr. of много.   [8] pres. ger of представлять.   [9] compr. of мало.

лу́чше[1] друга́го—вотъ бла́го; одному́ лу́чше, не́жели друго́-
му—вотъ сча́стіе.

Possessive Adjectives.

(a) *Personal, formed from names of persons.*

Гдѣ тепе́рь прожива́етъ сёстрина гуверна́нтка?—Въ дя́ди-
номъ до́мѣ.—Учи́телевы дѣ́ти занима́ются въ бра́тниной
ко́мнатѣ.—Му́жнина сестра́ и жёнина племя́нница чита́ютъ
статью́ о петро́вомъ путеше́ствіи заграни́цу.—Бы́ли ли вы
въ Ма́рьиной ро́щѣ, кото́рая похо́дится близъ москвы́?
Ива́новъ братъ пошёлъ[2] къ гра́фу Суво́рову.—Мо́жно ска-
за́ть, что почти́ всѣ христіа́не зна́ютъ за́повѣди Госпо́дни,
но мно́гіе ли ихъ исполня́ютъ?—Кто зна́етъ исто́рію Росси́и,
тому́ извѣ́стны петро́вы сподви́жники, Ме́ньшиковъ и Шере-
ме́тевъ.—Ла́сточкины гнѣ́зда счита́ются большимъ лаком-
ствомъ у кита́йцевъ.—На одно́й изъ петербу́ргскихъ площаде́й,
кото́рая называ́ется Цари́цыным лу́гомъ, быва́ютъ велико-
лѣ́пные смотры́ и пара́ды.—Въ ку́хнѣ злится повари́ха,
пла́четъ у станка́ ткачи́ха, и зави́дуютъ онѣ́ госуда́рсвой
женѣ́.—Безчи́нства наполео́новыхъ солда́тъ въ Москвѣ́, въ
отече́ственную войну́, живу́тъ[3] ещё по́ныне въ па́мяти москви-
че́й.—Траги́ческая му́за Софо́кла о́пытнѣе Эсхи́ловой въ
томъ отноше́ніи, что лу́чше ея́ зна́етъ та́йну настоя́щихъ
пропо́рцій худо́жественнаго разви́тія; но въ то́же вре́мя
несравне́нно наивнѣ́е Эврипи́довой, кото́рой сто́лько же
знако́ма страсть въ ра́зныхъ ея́ ви́дахъ, ско́лько эффе́ктъ,
производи́мый[4] е́ю на зри́теля.

---

[1] comp. of хорошо́.　　[2] past of пойти́.　　[3] pres. of жить.
[4] pres. part. pass. of производи́ть.

b. Generic, formed from names of animals.

Ру́сскіе крестья́не но́сятъ зимо́ю тулу́пы и́ли шу́бы изъ
ове́чьихъ шкуръ.—Изъ быча́чьяго, коро́вьяго и ове́чьяго
жи́ру мылова́ры варя́тъ мы́ло.—Въ зи́мнее вре́мя о́пытные
охо́тники узнаю́тъ на сне́гу́ за́ячьи, ли́сьи и во́лчьи
следы́.—Медве́жьи и хорько́выя шу́бы гора́здо дешёвле[1]
бобро́выхъ и собо́льихъ шубъ.—Изъ Оле́ньихъ рогъ дѣла́-
ются[2] про́чные и краси́вые черенки́ для ноже́й.—Въ
Константино́полѣ, столи́цѣ европе́йской Ту́рціи, вы ви́дите
вмѣсто изво́щичьихъ экипа́жей осѐдла́нныхъ осло́въ и лоша-
де́й.—Кочевы́е наро́ды лошади́ное мя́со предпочита́ютъ
говя́жьему и теля́чьему.—То́лстыя быча́чьи и коро́вьи шку́ры
иду́тъ на вы́дѣлку подо́швъ.—Кро́личьи и коша́чьи мѣха́
дёшевы, но за то и не теплы́.—Тюле́ній жиръ изве́стенъ въ
прода́жѣ подъ и́менемъ во́рвани.—Мно́гіе доктора́ счита́ютъ
треско́вый жиръ еди́нственнымъ лѣка́рствомъ отъ грудны́хъ
болѣ́зней.

Past tense.

Я хотѣ́лъ сдѣ́лать такъ, но меня́ заста́вили обстоя́тельства
измѣни́ть планъ.—Посла́лъ ли ты ему́ кни́ги, кото́рыхъ онъ
у тебя́ проси́лъ?—Сестра́ моя́ ещё вчера́ ихъ ему́ посла́ла.
Ива́нъ Суса́нинъ спасъ[3] царя́ Михаи́ла Ѳео́доровича отъ
сме́рти.—Годуно́въ, царь ру́сскій, былъ ро́домъ изъ татаръ.
Не́чего бы́ло[4] дѣ́лать; мы пріюти́лись у огня́, закури́ли
тру́бки, и ско́ро ча́йникъ зашипѣ́лъ приве́тливо.—По́слѣ
жа́ркаго, ию́льскаго дня наступи́лъ прохла́дный ве́черъ, заря́
запыла́ла пожа́ромъ и охвати́ла всё не́бо; со́лнце сади́лось за

---

[1] comp. of дешёвый.
[2] refl. verb used in passive sense.
[3] past of спасти́ (спаса́ть).
[4] there was nothing.

горизо́нтомъ. Широ́кое о́зеро си́ло неподви́жно, со́лнце освѣща́ло верши́ны липъ и прекра́сные ле́беди выплыва́ли изъ кусто́въ.—Пётръ Вели́кій основа́лъ Петербу́ргъ.—Дре́вніе Ри́мляне презира́ли не́гу и ро́скошь.—Еги́птяне ве́рили въ переселе́ніе душъ.—Ри́мская Импе́рія узна́ла, что есть сла́вяне, и́бо они́ пришли́[1] и разби́ли ея́ легіо́ны.—Я мно́го зналъ отли́чныхъ стрѣлко́въ, у кото́рыхъ ру́ки бы́ли такъ сла́бы, что они́ не могли́[2] держа́ть по́лнаго стака́на воды́, не расплеска́въ[3] его́.—Пойти́ бы́ло намъ[4] посмотрѣ́ть э́ту це́рковь.—Фра́нклинъ изобрѣ́лъ[5] сре́дство отвраща́ть мо́лнію громовы́мъ отво́домъ.—Творе́цъ не хотѣ́лъ для человѣ́ка снять завѣ́сы съ дѣ́лъ свои́хъ; и зага́дки на́ши никогда́ не бу́дутъ имѣ́ть си́лы удостовѣре́нія.—Еще дитя́тею[6] быва́ло я подхожу́[7] къ нему́ и обнима́ю его́, а онъ то́лько отвора́чивается.

Subjunctive mood expressed by the particle бы.

Я чита́лъ бы, е́сли бъ умѣ́лъ.—Пропѣ́лъ бы пѣ́сню, да охри́пъ.—Если бы лю́ди зна́ли какъ драгоцѣ́нно вре́мя, то не расточа́ли бы его́ легкомы́сленно.—Алекса́ндръ македо́нскій сказа́лъ: е́сли бы я не былъ Алекса́ндромъ, то хотѣ́лъ бы быть Діоге́номъ.—Она́ была́ бы счастли́вѣе, е́сли бы не была́ такъ упря́ма и горда́.—Како́й бы шумъ вы здѣсь по́дняли, друзья́, когда́ бы э́то сдѣ́лалъ я!—Еслибы Пу́шкинъ и Го́голь пожи́ли подо́льше,[8] то коне́чно написа́ли бы намъ ещё мно́го превосхо́дныхъ сочине́ній.—Поступа́йте такъ, чтобъ не пришло́сь[9] впослѣ́дствіи раска́иваться.—Дай Богъ, чтобы э́то была́ пра́вда!—Не ходи́[10] онъ въ лѣсъ, онъ

[1] past of прійти́. [2] past of мочь. [3] past gerund of расплеска́ть.
[4] we should have gone. [5] past of изобрѣсти́. [6] instr. of дитя́.
[7] I used to approach. [8] comp of до́лго. [9] that you would be not obliged.
[10] subjunct. expressed by the imperat.

былъ бы живъ.—Потомъ просить всѣ Мишку[1] стали, чтобъ похожденіе онъ своё имъ разсказалъ.—Карамзинъ въ одномъ изъ своихъ разсужденій говоритъ: Если бы наши молодые дворяне,[2] учась,[3] могли доучиваться, то мы[4] имѣли бы ужё своихъ Линнеевъ, Галлеровъ, Бенистовъ.—Ты бъ ласточка ловила мошекъ—полакомить безродныхъ крошекъ.—Не ходить тебѣ было съ нимъ, такъ не попалъ бы въ бѣду.

·

Future tense.

Я буду писать, а ты будешь рисовать.—Онъ будетъ играть, а она будетъ пѣть.—Чѣмъ больше[5] мы будемъ учиться, тѣмъ больше будемъ знать.—Если Вы будете разсчитывать на него, то ошибётесь.[6]—Они будутъ вести заграничную торговлю.—Богатырь ты будешь съ виду.—Ты и твоя сестра пойдёте гулять.—Возьмёмъ[7] городъ и раздѣлимъ добычу. Она разскажетъ намъ всё, что узнаетъ.—Человѣкъ, который не любитъ праздности, всегда найдётъ[8] чѣмъ заняться.—Силь-ный флотъ, на который правительство затратило такія огром-ныя суммы, будетъ охранять насъ.—Я скажу тебѣ, когда она пріѣдетъ.[9]—Мы не пойдёмъ гулять, такъ какъ дождь слишкомъ силёнъ.—Трудовъ твоихъ, мой другъ, я не забуду, съ тобой всю славу раздѣлю; конюшню, какъ дворецъ огром-ный, построить для тебя велю.[10]—Пока не раскусишь орѣха, о зернѣ не толкуй.[11]—Живѣйшее чувство удовольствія имѣетъ въ себѣ какой то недостатокъ; возможное на землѣ, счастіе, столь рѣдкое, омрачается мыслію, что или мы оста-вимъ его, или оно оставитъ насъ.

---

[1] name usually given to a bear.   [2] дворянинъ.   [3] pres. ger. from учиться.
[4] русскіе.   [5] comp. of много.   [6] fut. of ошибиться.   [7] fut. of взять.
[8] найти.   [9] пріѣхать.   [10] fut. tense.   [11] толковать.

Imperative mood. .

Дѣлай своё дѣло такъ, чтобъ никто не могъ упрекнуть тебя въ разсѣянности.—Покажи намъ на дѣлѣ, такъ ли ты мудръ.—Приди[1] и возьми,[2] отвѣчалъ Леонидъ царю персидскому, требовавшему, чтобы спартанцы сложили оружіе. Товарищи, говорить убійцамъ Колиный, кончите ваше дѣло и моей оледенѣлою кровью оскверните эти сѣдые волосы. Сядемъ-ка[3] на скамейку, да поговоримъ о чёмъ нибудь. Перестанемъ[4] гордиться заслугами предковъ нашихъ, а лучше взглянемъ на себя.—Не упражняйте ума въ религіозныхъ предметахъ съ тѣмъ намѣреніемъ, чтобы упростить оное для разума : что легко обнимаетъ разумъ, то перестаётъ быть предметомъ безусловнаго почитанія.—Пойдёмъ[5] къ нему и разскажемъ о случившемся происшествіи.—Не смѣйтесь надъ бѣдными и нищими, а лучше помогите имъ.—Да погибнутъ враги наши.—Пусть говорить онъ, ничуть меня это не тревожитъ.—Дѣти, не смѣть плакать!—Не обременяйте памяти изученіемъ чего либо непонятнаго.—Говори тогда, когда спрашиваютъ.—Пословица говоритъ : вѣкъ живи,[6] вѣкъ учись !—Переселите Лапландца въ счастливую Италію : онъ взоромъ и сердцемъ будетъ обращаться къ сѣверу подобно магниту.—Принять его, позвать, просить, сказать, что дома. Пошёлъ же,[7] торопись !—Почитай обязанностію быть дѣятельнымъ для пользы отечества; но лучшія твои наслажденія, по самыя драгоцѣнныя награды твои да будутъ заключены для тебя въ нѣдрѣ семейства. Стремись воображеніемъ къ сему благу, когда его ещё не имѣешь; образуй для сего свою душу; помни, что оно существуетъ

---

[1] прійти. [2] взять. [3] сѣсть. [4] перестать. [5] пойти.
[6] жить. [7] imperat. expressed by the past tense.

для одного невиннаго, благороднаго, исполненнаго высокими чувствами сердца; благодѣтельная, животворящая мечта о нёмъ да будетъ спутницею твоихъ юношескихъ лѣтъ.

Verbs with the suffix ся *in the sense of passive verbs.*

Книги и газеты печатаются въ типографіяхъ, а продаются въ лавкахъ.—Весною земля покрывается травою.—Громъ, вѣтеръ, солнце и вода считались у Славянъ[1] богами.—Порода, къ которой лошадь эта принадлежитъ, славится въ Аравіи. Крыловъ прославился своими баснями.—На развалинахъ владычества римскаго основалось въ Европѣ владычество народовъ германскихъ.—Иногда въ одинъ годъ ниспровергается завоевателями то, что устанавливалось вѣками.—Обыкновенно сперва кофе сѣется въ питомникахъ, откуда не раньше,[2] какъ черезъ полгода, разсаживается въ предназначенную для него почву.—Въ Вестъ-Индіи кофейныя деревья сажаются рядами на разстояніи одно отъ другаго около сажени. Сборъ хорошихъ плодовъ рѣдко продолжается дольше[3] десяти или двѣнадцати лѣтъ,[4] послѣ чего кофейные кусты или срѣзываются по самый корень, или замѣняются новыми.—Изъ мѣди дѣлаются трубы, котлы, кастрюли и проч.;[5] ею обиваются корабли, покрываются зданія; изъ ней чеканится монета; она, входя[6] въ составъ золота и серебра, доставляетъ больше крѣпости и прочности самымъ дорогимъ предметомъ роскоши, которые дѣлаются изъ сихъ металловъ, равно какъ и золотой и серебряной монетѣ. Философія занимается только ясными истинами, хотя и печальными, отвергаетъ ложь, хотя и пріятную.—Хотя талантъ есть вдохновеніе природы, однакоже ему должно развиться ученіемъ и созрѣть въ постоянныхъ упражненіяхъ.

---

¹ славянинъ.   ² comp. of рано.   ³ comp. of долго.
⁴ gen. plur. of годъ.   ⁵ etc.   ⁶ pres. gerund of входить.

Instrumental case with the passive verbs.

Амéрика откры́та Христофóромъ Колýмбомъ.—Громоотвóдъ изобрѣ́тёнъ Франклúпомъ.—Дáтчаппъ Бéрпигъ былъ прúнятъ въ рýсскую слýжбу Пстрóмъ Велúкимъ.—Пáмятпикъ Петрý Велúкому воздвúгпутъ въ Пстербýргѣ Екатерúпою Вторóю.—Песчáстпы тѣ, котóрые всегдá псдовóлыпы своúмъ состоáпіемъ.—Мы пикогдá пс бýдемъ умпы́ чужúмъ умóмъ, и слáвпы чужóю слáвою.—Полýчепо мпóю двѣ́сти рублéй ; вáмп израсхóдовапо пятьдесáтъ.—Въ пéрвыхъ чúслахъ Октября́ въ Фипля́пдіп всё ужé покры́то спѣ́гомъ.—Дубъ, бы́вшій украшéпіемъ сáда, раскóлотъ мóлпіею.—Португáльцы п Англпчáпе прослáвплись многочúслеппыми путсшéствіями вокрýгъ свѣ́та.—Гиппокрáтъ и Гáлспъ почитáются отцáмп врачéбпой пáукп.—Кропштáтъ считáется одпóю изъ спльпѣ́йшихъ Крѣпостéй въ Еврóпѣ.—Богáтства, накоплáсмыя скупы́мп, расточáются ихъ паслѣ́дппками.—Россíя отдѣлáстся отъ Амéрпки Бéрúнговымъ пролúвомъ.

Impersonal verbs.

Лѣ́томъ рáпо разсвѣтáстъ.—Вамъ порá вставáть.—Памъ пáдобпо рабóтать.—Егó паградúлп за прплежáпіе.—У Исаáка бы́ло два сы́па.—Пасъ бы́ло трóе.—Прошлó пóлчаса (врéмепи) п стáло вечерѣ́ть.—Хотя́ твоú словá похóжп па прáвду, мпѣ стрáшпо вѣ́рить пмъ.—Мпѣ пе спúтся по почáмъ.—Емý есть о чёмъ подýмать.—Вамъ пѣтъ до этого дѣ́ла.—Кто пóваго пе видáлъ, тотъ и стáрому рáдъ.—Изъ ю́жной Россíп вывóзятъ за грапúцу мпóго пшепúцы, льпу, ячмепя́, шéрсти, сáла п пепькú.—Тúшс[1] ѣдешь, дáльше[2] бýдешь.—Пы́пче объ этомъ пе забóтятся.—По ýлицамъ слопá водúлп, какъ вúдпо па

---

[1] comp. of тúхо.   [2] comp. of далекó.

показъ, извѣстно, что слоны въ диковинку у насъ.—Нельзя ожидать успѣховъ въ воспитаніи, когда одна изъ низшихъ[1] силъ присвоитъ себѣ господство.—За двумя зайцами погонишься, ни одного не поймаешь.—Хорошо и должно учиться; но горе и человѣку, и народу, который будетъ всегдашнимъ ученикомъ,—Что посѣешь, то и пожнёшь.[2]—Говорятъ, что русскіе имѣютъ только въ высшей[3] степени перенимчивость, но развѣ она не есть знакъ превосходнаго образованія души. Сказываютъ, что учители Лейбница находили въ нёмъ также одну перенимчивость. Кому не будетъ обидно походить на Даламбертову мамку, которая, живучи[4] съ нимъ, къ изумленію своему, услышала отъ другихъ, что онъ умный человѣкъ.—Остроумію легко плѣнить разумъ, но трудно побѣдить въ душѣ естественное чувство.—Мёртвымъ не стыдно, сдѣлалось пословицей. Къ вечеру всегда морозитъ; тогда всякому хочется сидѣть дома.—Кольцову случалось цѣлые дни и недѣли проводить въ грязи, слякоти, на холодномъ осеннемъ вѣтру, засыпать на голой землѣ подъ шумомъ дождя.—Иногда бываешь принужденъ принимать людей, какъ монету, по курсу, а не по истинному ихъ достоинству.

Active participle.

Изъ рѣкъ, впадающихъ въ Каспійское Море, Волга самая значительная.—Изъ стихотворцевъ, прославившихся въ новѣйшія времена въ Россіи, важнѣйшіе суть Пушкинъ и Лермонтовъ.—Счастливъ человѣкъ, имѣющій вѣрнаго друга. Народы, населяющіе Россію, принадлежатъ большею частью къ славянскому племени.—Роландъ видитъ блѣднаго, помертвѣлаго, истекающаго кровью Оливье.—Желающій себѣ

---

[1] comp. of низкій.   [2] пожать.   [3] comp. of высокій.
[4] pres. ger. of жить.

добра̀ не до́лженъ вреди́ть бли́жнему.—Всё живу́щее на землѣ̀ бои́тся сме́рти.—Лю̀ди, не зна̀ющіе дѣ́ла, мо́гутъ ошиба́ться.—Вѣ́стникъ, прибы́вшій вчера̀, объяви́лъ ему̀, что врагѝ пришлѝ.—Бори́съ[1] зналъ, что въ Литвѣ̀ появи́лся Самозва́нецъ, иска́вшій его̀ поги́бели, что коро́ль по́льскій гото́вился помога́ть ему̀, что наро́дъ ру́сскій не люби́лъ своего̀ мона́рха.—Во́ины, приготовля́вшіеся къ би́твѣ, ми́рные гра́ждане, испу́ганные тре́скомъ бомбъ, свяще́нники, ободря́вшіе солда́тъ, и наро́дъ—всѣ столпи́лись пе́редъ его̀ крыльцо́мъ.—Человѣ́къ, храня́щій молча́ніе, мо́жетъ примѣ́чать чужія̀ глу́пости, не пока́зывая свои́хъ.—Упа́вшее[2] съ дерева я́блоко откры́ло Нью́тону зако́нъ тяготѣ́нія.

Passive participle.

Человѣ́къ, люби́мый всѣми, непремѣ́нно владѣ́етъ собо́ю. За́яцъ, испу́ганный вы́стрѣломъ, бро́сился въ кусты̀.—Лапла́ндецъ, рожде́нный почтѝ въ гро́бѣ приро́ды, не смотря̀ на[3] то, лю́битъ хла́дный[4] мракъ землѝ[5] свое́й.—Карлъ Пя́тый, пресы́щенный земны́мъ вели́чіемъ, удали́лся въ монасты́рь. Лицемѣ́ріе есть дань, плати́мая поро́комъ добродѣ́тели.—Желѣ́зная стрѣ́лка, натёртая[6] магни́томъ, пока́зываетъ на сѣ́веръ. Предме́ты, преподава́емые э́тимъ учи́телемъ, суть: Фи́зика, и Хи́мія.—Дѣя́нія, опи́санныя Геродо́томъ, Фукиди́домъ и Ли́віемъ, не то́лько занима́тельны, но и поучи́тельны.—Эпами́нондъ, смерте́льно ра́ненный въ сраже́ніи при Манти́неѣ, сказа́лъ друзья́мъ свои́мъ, соболѣзнова́вшимъ о то́мъ, что онъ, умира́я не оставля́етъ дѣте́й: "Я оставля́ю двухъ дочере́й: Ле́вктры и Манти́нею."—Дре́вніе Егѝптяне не зна́ли употребле́нія бума́ги, и писа́ли на ли́стьяхъ расте́нія, называе-

---

[1] Годуно́въ, царь ру́сскій.
[2] упа́сть.
[3] in spite of.
[4] холо́дный.
[5] country.
[6] pass. part. of натере́ть.

маго папирусомъ.—Сдѣланное нами добро должно забывать, а полученное вѣчно помнить.—Человѣкъ, озарённый свѣтомъ вѣры, усматривая вездѣ слѣды всемогущества и благости создателя, дивится имъ; но умы, погружённые въ невѣжество и безвѣріе, среди безчисленныхъ чудесъ міра не видятъ ничего, кромѣ случая: они подобны тѣмъ несчастнымъ, коихъ[1] очи,[2] лишённые зрѣнія, хотя обращаются къ солнечному свѣту, но кромѣ мрачной темноты ничего не встрѣчаютъ.

Gerunds.

Зная, что мы храбрѣе многихъ, мы не знаемъ ещё, кто храбрѣе насъ.—Дѣти, оказывая своимъ родителямъ покорность и почтеніе, исполняютъ свой долгъ.—Плиній, желая извѣдать причину изверженія горы Везувія, пожертвовалъ своему любопытству жизнью.—Тамерланъ, сидя на тронѣ самаркандскомъ, воображалъ себя царёмъ міра.—Англичанинъ Чанселоръ, пріѣхавъ на кораблѣ къ берегамъ Бѣлаго Моря, завёлъ[3] первыя торговыя связи съ Россіею.—Представьте себѣ большую рѣку, которая, преодолѣвая въ теченіи своёмъ всѣ препоны, полагаемыя ей огромными камнями, мчится[4] съ ужасною яростью, и наконецъ, достигнувъ до высочайшей[5] гранитной преграды и не находя себѣ пути подъ этою твёрдою стѣною, съ неописаннымъ шумомъ и рёвомъ свергается внизъ и въ паденіи своёмъ превращается въ кипящую пѣну.—Убивъ сына въ минуту раздраженія, Іоаннъ,[6] опомнившись, ужасно терзался.—Измѣнивъ одному господину, онъ не могъ[7] внушать довѣренности другому. Будучи[8] снисходителемъ къ ближнему, онъ вообще не лю-

---

[1] которыхъ.	[2] pl. of око.	[3] завести.	[4] мчаться.
[5] superlat. of высокій.		[6] John IV. Russian Czar.	
[7] past of мочь.		[8] быть.	

бы̀лъ стро́гихъ пригово́ровъ.—Дости́гнувъ цѣ́ли, возни́кнувъ изъ ничто́жности ра́бской до высоты̀ самодержца, усѝліями неутомѝмыми, хѝтростію неусы́пною, кова́рствомъ, про́исками, злодѣ́йствомъ, наслажда́лся ли Годуно́въ въ по́лной мѣ́рѣ свои́мъ вели́чіемъ, ко́его[1] алка́ла душа̀ его́—вели́чіемъ, ку́пленнымъ[2] столь дорого́ю цѣно́ю?—Іоа́ннъ III. сѝлою и хѝтростью возстановля́я свобо́ду и цѣ́лость Росси́и, губя̀ ца́рство Баты́ево, тѣсня̀, обрыва́я Литву̀, сокруша́я во́льность новгоро́дскую, захва́тывая удѣ́лы, расширя́я владѣ́нія моско́вскія до пусты́нь сибѝрскихъ и норве́жской Лапла́ндіи, изобрѣ́лъ благоразу́мнѣйшую, на дальновѝдной умѣ́ренности осно́ванную для насъ систе́му войны̀ и мѝра.

Concord of words.

Я понима́ю, что ты говори́шь.—Ты рису́ешь, а мы пѝшемъ.[3]—Бра́тъ пошёлъ[4] пѣшко́мъ, а сестра̀ поѣ́хала верхо́мъ.—Зе́ркало упа́ло и разби́лось.—Эта кни́га поле́зна. Купе́цъ, съ кото́рымъ вы вчера̀ познако́мились, оборо́тливъ. Вы, мѝлая Со́фья Ива́новна, бы́ли едѝнственная для меня̀ отра́да.—Велѝкіе лю́ди (суть) огла́вленіе въ исто́ріи человѣ́чества.—Го́родъ Аѳѝны изобѝловалъ ста́туями.—Рѣ́ка Ни́лъ счита́лась свяще́нною у египтя́нъ.—Го́родъ Москва̀ знамени́тъ въ исто́ріи Росси́и.—Его̀ превосходѝтельство приказа́лъ написа́ть донесе́ніе.—Правѝтельствующій сена́тъ приказа́ли это.—Карамзи́нъ и Пу́шкинъ первокла́сные у насъ писа́тели. Гре́ки и Ри́мляне просла́вились въ дре́вности.—Я и ты ѣ́демъ вмѣ́стѣ.—Ты и онъ чита́ете ду́рно.—Какъ зо́лото, такъ и серебро̀ употребля́ются въ моне́ту.—Левъ и тигръ свирѣ́пы.—Вы и я дѣ́лаемъ одно̀ и то́же.—Гро́мко хохота́ть и перебива́ть чужо́й разгово́ръ зна́читъ пренебрега́ть прили́-

---

[1] кото́раго. [2] pass. part. of купѝть. [3] pres. of писа́ть.
[4] past of пойтѝ.

чплми.—Сла́дкое п го́рькое встрѣча́ется попеременно въ жи́зип.—То п друго́е попада́ется на вѣку́.—Гри́фель и́ли каранда́шъ сло́манъ?—На э́томъ столѣ лежи́тъ каранда́шъ и́ли гри́фель.—На э́томъ столѣ лежа́тъ каранда́шъ и́ли перо́.—Честь и́ли бога́тство не возврати́мы.—Сего́дня бу́детъ ли́бо дождь, ли́бо гра́дъ.—Не смѣлость, но вы́держанность ведётъ[1] къ успѣху.—Не то́лько ти́гръ, но и гіе́на опа́сны. Ни тотъ, ни друго́й мнѣ не пра́вится.—И хоро́шее и ду́рное встрѣча́ется человѣку.—Въ дѣтствѣ на́шемъ то я его́ быва́ло одолѣва́ю, то онъ меня́ (одолѣва́стъ).—Ли́бо весна́, ли́бо о́сень бу́детъ благопрія́тна для посѣва.—Ли́бо зима́, ли́бо лѣто бу́дутъ благопрія́тны для пое́здки.—Му́дрые Лику́ргъ и Соло́нъ просла́вились въ Гре́ціи.—Знако́мые вамъ братъ и сестра́ проведу́тъ[2] лѣто въ дере́внѣ.—Большіе столы́ и зер-кала́ неумѣстны въ ма́ленькой кварти́рѣ.—Учени́къ, кото́рый вы́училъ свой уро́къ, споко́енъ.—Человѣкъ, кото́раго всѣ хва́лятъ, не мо́жетъ быть тяжёлаго хара́ктера.—Расте́нія, кото́рыхъ за́пахъ уду́шливъ, бо́льшею ча́стью ядови́ты. Тотъ, чьи́ми рука́ми это сдѣлано, худо́жникъ.—Тотъ, въ чьёмъ до́мѣ мы жи́ли, у́меръ.[3]—Вы зна́ете, что си́дя вся́кому удо́бнѣе чита́ть, не́жели лёжа.—Узна́въ объ э́томъ проис-ше́ствіи, мнѣ прія́тно бы́ло переда́ть его́ други́мъ.—Начи-та́вшись вдо́воль гуля́ю быва́ло въ саду́ да поку́риваю.—По-жа́рскій и Ми́нинъ, ра́вные не поро́дою, но до́блестью, спасли́ оте́чество.—Какъ Евро́па, такъ и А́зія ви́дѣли побѣдо-но́сное ору́жіе англича́нъ.

Promiscuous exercises showing the different position of words.

Кто написа́лъ пе́рвую по вре́мени ру́сскую грамма́тику? Ломоно́совъ.

---

[1] pres. of вести́. [2] fut. of провести́. [3] past of умере́ть.

Привычка, къ похваламъ имѣетъ неблагопріятное вліяніе на человѣка.

У всѣхъ хвастуновъ одно на умѣ: каждый старается чѣмъ бы то ни было обратить на себя вниманіе другихъ.

Строгость къ себѣ и снисхожденіе къ другимъ даютъ человѣку право на уваженіе и любовь.

Когда разсуждаетъ безумецъ, слушателемъ его долженъ быть мудрецъ.

Товарищъ вашего дѣтства, котораго вы любили и уважали, съ которымъ бесѣда была для всѣхъ насъ столько же поучительна, сколько и пріятна, умеръ недавно, какъ пишетъ мой братъ, на возвратномъ пути изъ Петербурга въ Москву.

Здоровье, столь мало уважаемое въ юныхъ лѣтахъ, дѣлается въ лѣтахъ зрѣлыхъ истиннымъ благомъ; самое чувство жизни бываетъ гораздо[1] милѣе тогда, когда уже пролетѣла ея быстрая половина. Такъ остатки ясныхъ осеннихъ дней располагаютъ насъ живѣе чувствовать прелесть натуры.

Провидѣніе, мудрый и неусыпный вождь на путяхъ жизни, незримый блюститель людей въ ихъ счастіи и бѣдствіяхъ, постоянно руководствуетъ всѣхъ насъ къ достиженію истиннаго блаженства.

Богатство, котораго многіе добиваются, не можетъ сдѣлать человѣка счастливымъ, потому что оно не приноситъ съ собою ни благоразумія, ни здоровья, ни правъ на уваженіе.

Пребывая вмѣстѣ и врозь, родители и дѣти, родные и чужіе, любящіе и ненавидящіе другъ друга, мудрецы и безумцы, смиренные и гордые,—всѣ безостановочно расходятся, неудержимо стремясь, каждый своимъ путёмъ, къ роковой разлукѣ.

Ты представляешь себѣ жизнь въ слишкомъ розовомъ

---

1 much.

свѣтъ, ты ждёшь отъ пей пепремѣппо чего то хорошаго, а между тѣмъ въ жизни требуется трудъ, и она даётъ пе то, чего отъ пей требустъ капризпое дитя, а только то, что берутъ у пей съ бой люди мужественные и упорные.

Что въ пей, въ этой пѣспѣ? что зовётъ и рыдастъ, и хватастъ за сёрдце? какіе звуки болѣзпеппо лобзаютъ, стремятся въ душу и вьются[1] около моего сёрдца?

Филипъ II., царь македонскій, бойлся быть счастлйвымъ, и думалъ, что послѣ всякаго благопріятпаго происшёствія пепремѣппо слѣдустъ горе. Случйлосъ, что въ одйнъ день опъ получйлъ три радостпыя извѣстія. Это сго рѣшйтельпо испугало, и опъ съ волпёпіемъ сказалъ: "боги, я пе прошу васъ устранйть отъ меня песчáстіе, которое считаю теперь пемипуемымъ; по сжáльтесь пáдо мпою—уменьшйте, сколько возможно, тяжесть ужé висящаго пáдо мпою горя.

Ежели препятствія преодолѣваются трудóмъ и терпѣпіемъ; éжели терпѣпіе и трудъ суть вѣрпѣйшіе путеводйтели къ желáемому въ чёмъ-лйбо успѣху: то лѣность и малодушіе пе только заграждаютъ путь къ успѣху, опй дáже въ путй прой-деппаго обращаютъ вспять.

---

[1] pres. of вйться.

PART II.

READING LESSONS.

---

1. *Лучшее[1] украшеніе матери.*[2]

Корнелія, дочь знаменитаго римскаго полководца Сципіона и супруга консула Семпронія, однажды находилась въ обществѣ знатныхъ римлянокъ, которыя хвастались своими драгоцѣнными камнями, золотыми украшеніями и богатыми нарядами. Наконецъ онѣ и Корнелію попросили показать имъ что-нибудь изъ своихъ драгоцѣнностей. Корнелія тотчасъ же позвала своихъ дѣтей,[3] въ которыхъ она старалась развивать для будущей славы отечества всевозможныя добрыя качества. Указавъ на нихъ, она сказала: "вотъ вамъ мои наряды, моё украшеніе, мои драгоцѣнности!"

2. *Великодушная дочь.*

Въ Китаѣ есть древній законъ, по которому должно отрубить руки тому, кто уличёнъ[4] будетъ въ какомъ-либо обманѣ. Одинъ мандаринъ заслужилъ эту казнь; и когда уже хотѣли её совершить надъ нимъ, дочь его приняла на себя оправдать отца своего. Представили её государю. "Великій монархъ!" сказала она: "отецъ мой по справедливости заслужилъ наказаніе и долженъ лишиться рукъ своихъ. Вотъ онѣ!" примолвила она, поднявъ свои руки:

---

[1] comp. of хорошій.   [2] gen. sing. of мать.   [3] pl. of дитя.
[4] proved guilty.

"Эти руки, великій государь, принадлежатъ моему несчастному отцу. Онѣ неспособны доставлять пропитаніе его
семейству; итакъ[1] онъ подвергаетъ ихъ строгости законовъ,
дабы сохранить тѣ, которыми можетъ[2] пропитать себя и своё
семейство." Императоръ былъ тронутъ такою дѣтскою лю-
бовію и простилъ виновнаго.

3. *Калмыцкая сказка.*

Однажды орёлъ спрашивалъ у ворона: "скажи, воронъ
птица, отчего живёшь ты на бѣломъ свѣтѣ[3] триста лѣтъ, а я
всего-на-все[4] тридцать три года?"—Оттого, батюшка, отвѣчалъ ему воронъ, что ты пьёшь[5] живую кровь, а я питаюсь
мертвечиной.—Орёлъ подумалъ: давай попробуемъ[6] и мы
питаться тѣмъ-же. Хорошо. Полетѣли орёлъ да воронъ.
Вотъ и завидѣли палую[7] лошадь; спустились и сѣли. Воронъ сталъ клевать да похваливать. Орёлъ клюнулъ разъ,
клюнулъ другой, махнулъ крыломъ и сказалъ ворону:
"Нѣтъ, братъ воронъ: чѣмъ триста лѣтъ питаться падалью,
лучше разъ напиться живой кровью; а тамъ что Богъ
дастъ!"[8]

4. *Арабское судопроизводство.*

Однажды въ городѣ Багдадѣ турецкій купецъ потерялъ
кошелёкъ съ 200 червонцами. Онъ поручилъ объявить о
потерѣ публичному крикуну, обѣщая нашедшему[9] половину. Является матросъ и требуетъ обѣщанной награды.
Желая отдѣлаться, купецъ увѣряетъ, что въ кошелькѣ,
кромѣ 200 червонцевъ, находился ещё драгоцѣнный камень,

[1] thus.   [2] мочь.   [3] бѣлый свѣтъ, "world."   [4] in all, only.
[5] pres. of пить.   [6] let us try.   [7] dead.   [8] fut. of дать.
[9] past. part. act. of найти.

и что матросъ, для полученія обѣщанной награды, долженъ возвратить алмазъ. Матросъ кляпётся,[1] что не видалъ камня. Купецъ однакожъ обвиняетъ его въ похищеніи алмаза и жалуется судьѣ; а какъ этотъ не въ состояніи рѣшить дѣло, то обоихъ ведутъ къ великому визирю. Выслушавъ жалобу купца, визирь произнёсъ[2] слѣдующій приговоръ: "въ кошелькѣ, который ты потерялъ, находился, кромѣ 200 чер- вонцевъ, еще драгоцѣнный камень; матросъ же увѣряетъ, что въ найденномъ[3] имъ кошелькѣ находились только однй червонцы: слѣдовательно ясно, что этотъ кошелёкъ не тотъ, который ты потерялъ. Чтобы не ошибиться вторично, вели публичному крикуну объявить о потерѣ кошелька съ 200 червонцами и алмазомъ. Что же касется до мат- роса, то онъ долженъ хранить у себя находку въ теченіе 40 дней; а потомъ, если не явится потерявшій его, онъ можетъ считать его своею собственностію." Такимъ образомъ не- справедливый купецъ былъ наказанъ за свою жадность и неблагодарность.

5. Пётръ Великій подъ судомъ.

По взятіи Риги, императоръ Пётръ Великій наградилъ генералъ-фельдмаршаловъ, князя Меншикова и графа Ше- реметьева, гаками (участками) въ завоёванной землѣ. Одинъ изъ подобныхъ гаковъ принадлежалъ рижскому гражданину, который, не зная за собою никакихъ преступленій, просилъ государя объявить, за что у него отняли гакъ. Монархъ, выслушавъ его просьбу, сказалъ ему, что если онъ правъ, то можетъ судомъ отыскивать принадлежащее ему. Граж- данинъ написалъ просьбу на Меншикова, какъ на насиль-

---

[1] pres. of клясться. [2] past of произнести. [3] past part. pass. of найти.

ственнаго завладѣтеля его гакъ; судьи приняли просьбу. Но Меншиковъ объявилъ, что гакъ пожалованъ ему отъ государя. Дѣло по повелѣнію монарха продолжалось. Петръ I призываемъ былъ въ судъ, и наконецъ было рѣшено возвратить гакъ просителю, а государя обвинили. Когда монархъ выслушалъ рѣшеніе, то поблагодарилъ судей за безпристрастіе, поцѣловалъ каждаго изъ нихъ въ голову и сказалъ, что когда онъ повинуется закону, то да не дерзнётъ никто на противное.

6. *Награда по заслугамъ.*

Петръ Великій, бережливый въ своихъ расходахъ, щедро награждалъ людей, служившихъ ему вѣрно. Онъ жаловалъ многихъ деревнями въ завоёванныхъ провинціяхъ, даже вдовамъ и сиротамъ морскихъ и полевыхъ офицеровъ назначалъ пенсіи, Однажды доложили ему объ иностранцѣ, который прослужилъ около 30 лѣтъ и теперь за старостію и слабостію здоровья не можетъ продолжать службу, и просили разрѣшенія государя: назначить ли ему при отставкѣ полное или половинное жалованье? Государь отвѣчалъ съ неудовольствіемъ: "Какъ же! развѣ тотъ въ старости долженъ терпѣть нужду, кто лучшія[1] лѣта[2] свои посвятилъ мнѣ на службу? Выдавайте ему полное жалованье и не принуждайте его къ службѣ, если онъ не въ состояніи болѣе[3] служить; но совѣтуйтесь съ нимъ о дѣлахъ, касающихся прежней его службы, и пользуйтесь его искусствомъ. Кто бы захотѣлъ служить мнѣ, если бъ зналъ напередъ, что я, которому онъ посвятилъ лучшіе годы свои, въ старости оставлю[4] его въ нуждѣ и бѣдности?"

---

[1] comp. of хорошій. [2] pl. of годъ. [3] comp. of много.
[4] fut of оставить.

7. Твёрдость царя Василія Шуйскаго.

Когда Василій былъ торжественно представляемъ, при дворѣ польскомъ, Сигизмунду III., и этотъ гордый король, сидя на великолѣпномъ тронѣ, принималъ своего царственнаго плѣнника со всею надмѣнностію побѣдителя, то поляки требовали, чтобы Василій поклонился королю. Но Василій отвѣчалъ съ благородною гордостію: "Царь московскій не кланяется королямъ! По волѣ Бога я плѣнникъ; но взятъ не вашими руками: меня выдали вамъ мои подданные—измѣнники." Такая твёрдость и чувство собственнаго достоинства въ положеніи безнадёжномъ удивили поляковъ и заставили ихъ уважать Василія.

8. Добросовѣстный дикарь.

Дикій индѣецъ попросилъ у своего сосѣда табаку. Сосѣдъ былъ человѣкъ нескупой, полѣзъ[1] въ карманъ и вынулъ оттуда полную горсть. На другое утро индѣецъ опять пришёлъ къ своему сосѣду и принёсъ[2] ему серебряную монету, которую нашёлъ въ табакѣ.—Почему же ты не оставилъ её у себя? спросилъ случившійся при этомъ бѣлый человѣкъ: тотъ, кто подарилъ тебѣ табакъ, подарилъ и деньги.—Тогда дикарь положилъ руку на сердце и сказалъ: здѣсь у меня сидятъ два человѣка, добрый и злой. Добрый говорилъ мнѣ: "деньги тебѣ не принадлежатъ; отдай ихъ тому, чьи онѣ." Злой человѣкъ говорилъ мнѣ: "тебѣ ихъ отдали; онѣ твои." Добрый сказалъ на это: "неправда: табакъ твой, а деньги не твои." Злой человѣкъ опять сказалъ: "не безпокойся: поди и купи себѣ водки." Я не зналъ, на что рѣшиться и лёгъ[3] спать. Но злой и добрый человѣкъ не переставали драться у меня въ сердцѣ

---

[1] past of полѣзть.   [2] past of принести.   [3] past of лечь.

п пе дали заснуть всю почь:-утромъ я вскочилъ п попёсъ[1]
деньги назадъ.

9. *Испытаніе.*

Констанцій Хлоръ, получивъ власть надъ римскою пм-
періею, желалъ подвергнуть испытанію своихъ придворныхъ, изъ коихъ большая часть были христіане. Онъ
призвалъ ихъ къ себе и предложилъ имъ отступить отъ
христіанства, въ противномъ же случае повелеваетъ уда-
литься отъ двора.

Некоторые изъ нихъ были столь малодушны п достой-
ны презренія, что согласились для выгодъ пожертвовать
своею верою ; другіе же, и большая часть, лучше[2] желали
лишиться почестей, нежели изменить своей совести.

Тогда Констанцій, обратясь къ симъ последнимъ, пре-
вознёсъ ихъ похвалами. "Когда вы остались верны вашему
Богу, сказалъ онъ, то не измените[3] и вашему государю.
Отныне вверяю вамъ себя и мои тайны." Потомъ, обратясь къ отступникамъ веры, сказалъ : "когда вы отступили
отъ Бога, то еще скорее измените государю ;" съ сими словами онъ изгналъ ихъ отъ себя и удалилъ отъ двора.

10. *Чудный врачъ.*

Одинъ богатый и знатный господинъ, не имевшій ни
жены, ни детей, держалъ у себя для забавы обезьяну, которая смешными продедками своими часто сокращала ему
время. Вдругъ господинъ этотъ захворалъ. У него сделался,
нарывъ въ горле, такъ-что онъ не могъ[4] ни глотать, ни
говорить ; все были уверены, что онъ умрётъ.[5] Этимъ

---

[1] past of понести.   [2] comp. of хорошо.   [3] fut. tense.
[4] past of мочь.   [5] fut. of умереть.

случаемъ воспользовались слуги его, и каждый изъ нихъ взялъ себѣ и унёсъ[1] то, что казалось ему годнымъ къ употребленію. Замѣтивъ это, обезьяна также стала высматривать, что бы и ей годилось. Наконецъ она нашла[2] на шкафу картонъ, въ которомъ лежала треугольная шляпа, которую господинъ ея надѣвалъ въ особенныхъ, торжественныхъ случаяхъ. Она надѣла её себѣ на голову и прицѣпила себѣ шпагу, которая тутъ же висѣла на стѣнѣ, и въ такомъ видѣ вошла[3] къ господину своему, сдѣлала ему нѣсколько поклоновъ и потомъ стала передъ зеркаломъ, чтобы любоваться собою. Не смотря на сильную боль, больной невольнымъ образомъ расхохотался, такъ-что нарывъ въ горлѣ прорвался, и онъ чрезъ нѣсколько дней выздоровѣлъ. Врачъ поздравилъ его съ новымъ докторомъ а служители поспѣшили возвратить всё, что унесли въ послѣднее время.

11. *Мнимоумершая дѣвица.*

Одна дѣвица высокаго происхожденія скончалась въ цвѣтѣ лѣтъ. Её положили въ гробъ въ бѣломъ платьѣ, волосы ея украсили нитью крупнаго жемчуга, а на правую руку надѣли золотой перстень съ драгоцѣнными каменьями. По желанію безутѣшныхъ родителей, всѣ эти драгоцѣнности положили съ нею въ могилу. На слѣдующую ночь могильщикъ пробрался съ фонаремъ въ рукѣ на кладбище, разрылъ могилу, открылъ гробъ и хотѣлъ похитить дорогія украшенія; но вдругъ покойница поднялась и устремила на него всподвижный взоръ. "Что тебѣ нужно?" сказала она глухимъ голосомъ. Испуганный воръ бросился бѣжать изо

---

[1] past of унести.   [2] past of найти.   [3] войти.

всѣхъ силъ. Междутѣмъ дѣвица, которую всѣ считали умер-
шею, но которая была въ продолжительномъ обморокѣ,
встала изъ гроба, взяла фонарь, второпяхъ забытый могиль-
щикомъ, и пошла[1] домой. Можно представить себѣ сперва
ужасъ родителей, когда она вошла въ комнату, и потомъ
восторгъ ихъ, когда они увидѣли, что дочь ихъ въ самомъ
дѣлѣ жива.

12. Августъ сильный и кузнецъ.

Августъ II., курфирстъ саксонскій[2] и король польскій,
отличался необыкновенною тѣлесною силою. Однажды, во
время прогулки верхомъ, лошадь его потеряла подкову;
поэтому онъ заѣхалъ въ ближнюю деревню къ кузнецу.
Когда тотъ принесъ[3] подкову, чтобы подковать лошадь, то
курфирстъ захотѣлъ прежде испробовать, довольно ли крѣпко
она сдѣлана. Онъ взялъ ее обѣими руками и переломилъ,
какъ морковь. "Эта подкова никуда не годится,"[4] сказалъ
онъ кузнецу, который вслѣдъ за тѣмъ принесъ нѣсколько
другихъ. Но курфирстъ переламывалъ ихъ одну за другою.
Кузнецъ призадумался, а товарищи его съ изумленіемъ
поглядывали другъ на друга.[5] Наконецъ курфирстъ сдѣлалъ
видъ,[6] что нашелъ[7] одну подкову, которая была довольно
крѣпка. Лошадь была подкована, и когда кузнецъ кон-
чилъ свое дѣло, то курфирстъ далъ ему талеръ; но кузнецъ,
взявъ его, согнулъ между пальцами. "Этотъ талеръ не
годится, ваше высочество," сказалъ кузнецъ: "онъ гнется
между пальцами." Курфирстъ подавалъ ему еще нѣсколько
талеровъ сряду,[8] но онъ сгибалъ ихъ одинъ за другимъ.

---

[1] пойти.   [2] E'ector of Saxony.   [3] past of принести.
[4] good for nothing.   [5] at each other.   [6] made believe.   [7] найти.
[8] in succession.

"Такъ вотъ лундоръ,"¹ сказалъ наконецъ курфирстъ : "этотъ ужъ долженъ быть хорошъ." Кузнецъ остался доволенъ ; а курфирстъ радовался, что нашёлъ человѣка, равнаго себѣ по силѣ.

13. *Гвоздь.*

Купецъ выгодно торговалъ на большой ярмаркѣ и, продавъ всѣ товары, туго набилъ свой кошелёкъ серебромъ и золотомъ. Поспѣшно отправился онъ въ обратный путь, желая въ тотъ же день, до наступленія ночи, прибыть домой. Вотъ ѣдетъ онъ верхомъ на своей лошадкѣ² съ тяжёлымъ чемоданомъ, крѣпко привязаннымъ къ сѣдлу. Къ обѣду онъ остановился въ городѣ; когда опять собирался въ путь, конюхъ, подавая ему лошадь, сказалъ :—а вы, вѣрно, честный господинъ, не замѣтили что на подковѣ задней ноги вашей лошади недостаётъ одного гвоздя? "Нечего³ о томъ безпокоиться, отвѣчалъ купецъ :—на шесть-то миль подковы станетъ,⁴ а мнѣ нѣкогда,⁵ я тороплюсь."

Къ вечеру купецъ опять остановился, чтобы покормить лошадку. Конюхъ скоро отыскалъ его, да и говоритъ :—вы, вѣрно, не замѣтили, честный господинъ, что недостаётъ лѣвой подковы на задней ногѣ вашей лошади! Не прикажете ли отвести её къ кузнецу? "Не безпокойся, отвѣчалъ купецъ :—всего-то остается какія-нибудь двѣ мили, лошадь дойдётъ и безъ подковы, а мнѣ нѣкогда, тороплюсь."

Онъ опять пустился въ путь. Но лошадь скоро захромала; ещё немного погодя⁶ она стала спотыкаться; спотыкнувшись раза три четыре,⁷ она упала и ногу себѣ сломала. И вотъ купецъ поневолѣ долженъ былъ бросить лошадь; онъ

---

¹ there is a louis d'or for you. ² dim. of лошадь. ⁸ there is no need.
⁴ will last. ⁵ I have no time to spare. ⁶ after a little while.
⁷ three or four times.

снялъ съ ней тяжёлый чемоданъ, перекинулъ его на плечо и пѣшкомъ очень ужé поздно пришёлъ[1] домой.—А всему иес-частью вина—этотъ проклятый гвоздь, на который я не обратилъ вниманія, размышлялъ купéцъ, задыхаясь отъ тяжести дорогою.

14. *Находчивость русскаго солдата.*

Часовой, стоявшій у пристани на рѣкѣ, увидѣлъ, что офицеръ шёлъ[2] мимо его по льду[3] прямо на широкую полынью, которую чуть только подёрнуло льдомъ[4] и запоро-шило снѣгомъ.[5] Часовой сталъ кричать офицеру, чтобъ онъ туда не ходилъ, но за сильнымъ встрѣчнымъ вѣтромъ офи-церъ не могъ разслышать; оглянулся было, но пошёлъ опять своимъ путёмъ. Часовой закричалъ ему въ другой разъ, изо всей силы, и когда офицеръ опять на него огля-нулся, то часовой брякнулъ ему ружьёмъ на погребенье.[6] Офицеръ поглядѣлъ, призадумался, подошёлъ ближе спросить, что это значитъ? а часовой растолковалъ ему дѣло и спасъ такимъ образомъ офицера отъ смерти.

15. *Утренняя прогулка Румянцева по лагерю.*

Графъ Румянцевъ однажды рано утромъ расхаживалъ по своему лагерю. Какой-то майоръ, въ шлафрокѣ и въ колпакѣ, стоялъ предъ своею палаткою и въ утренней тем-нотѣ не узналъ приближавшагося фельдмаршала, пока не увидѣлъ его предъ собою лицомъ къ лицу. Майоръ хотѣлъ было скрыться; но Румянцевъ взялъ его подъ руку и, дѣлая ему разные вопросы, повёлъ[7] съ собою по лагерю, который междутѣмъ проснулся. Бѣдный майоръ былъ въ

---

[1] прійти.   [2] past of пдти.   [3] лёдъ.   [4] which was slightly frozen.
[5] just covered with snow.   [6] reversed his arms.   [7] повести.

отчаянии. Фельдмаршалъ, разгуливая такимъ образомъ, возвратился въ свою ставку, гдѣ ужё вся свита ожидала его. Майоръ, умирая отъ стыда, очутился посреди генераловъ, одѣтыхъ по всей формѣ.[1] Румянцевъ, тѣмъ ещё недовольный, имѣлъ жестокость напоить его чаемъ и потомъ ужё отпустилъ, не сдѣлавъ никакого замѣчанія.

Князь Суворовъ-Рымникскій любилъ ходить часто среди солдатъ въ солдатской курткѣ или въ изодранной своей родительской шинели, и былъ всегда доволенъ, когда его не узнавали. Тутъ бывали съ нимъ нерѣдко весьма забавныя встрѣчи, которыя, если ихъ описывать, составили бы цѣлую книгу. Часто находили его въ лагерѣ спавшаго въ повалку[2] съ солдатами. Однажды сержантъ, посланный къ нему съ бумагами отъ генерала Дерфельдена, закричалъ вслѣдъ фельдмаршалу, бѣжавшему въ простой солдатской курткѣ: "Эй, старикъ, постой! Скажи, гдѣ присталъ Суворовъ?"—Чортъ его знаетъ, отвѣчалъ онъ.—"Какъ!" вскрикнулъ сержантъ: "у меня отъ генерала къ нему бумаги."— Не отдавай, былъ второй отвѣтъ: онъ теперь или размертвецки пьянъ[3] или горланитъ пѣтухомъ.—Тутъ посланный поднялъ на него палку и вскрикнулъ: "Моли ты Бога, старичишка,[4] за свою старость; не хочу и рукъ марать; ты, видно, не Русскій, что такъ ругаешь нашего отца и благодѣтеля." Суворовъ давай Богъ ноги.[5] Черезъ часъ возвращается опъ домой. Сержантъ, узнавъ его, хочетъ броситься къ его ногамъ; но графъ обнимаетъ его и говоритъ: "Ты доказалъ любовь ко мнѣ на дѣлѣ: хотѣлъ поколотить меня за меня."—и изъ рукъ своихъ потчивалъ его водкою.

[1] in full uniform.   [2] together with.   [3] dead drunk.
[4] miserable old man.   [5] took to his heels.

16. Лисица и курица.

"Слети сюда долой!" говорила лисица курицѣ, которая сидѣла на крышѣ дома; слети ко мнѣ и мы поговоримъ немножко другъ съ другомъ. Ты—доброе созданіе, мой свѣтикъ;[1] ты платишь съ избыткомъ своему хозяину за кормъ, который онъ тебѣ даётъ[2] и ведёшь[3] себя безукоризненно. По чести,[4] мнѣ весьма нравятся твои добрыя качества. "Ты права," возразила курица, "но тѣ, которые говорятъ часто и много о какой-либо добродѣтели, рѣдко имѣютъ её сами. Прощай, дружёкъ: я здѣсь въ безопасности и поберегусь[5] слетѣть къ тебѣ внизъ."

17. Старый волкъ.

Злой волкъ, состарѣвшись, вздумалъ помириться съ пастухами. И пошёлъ онъ къ пастуху, жившему[6] ближе[7] всѣхъ къ его логовищу.

"Пастухъ," сказалъ онъ, "ты называешь меня кровожаднымъ разбойникомъ; вѣдь это неправда! Конечно, когда я голоденъ, то бросаюсь на твоихъ овецъ: голодъ тягостное чувство! Но защити меня отъ него, только корми меня, и ты будешь мною доволенъ. Я самое мирное и кроткое животное, когда сытъ."

—Когда ты сытъ, можетъ быть, отвѣчалъ пастухъ. Но когда же ты бываешь сытъ? Ты да скупой, вы никогда не бываете сыты. Убирайся прочь!

Пошёлъ[8] волкъ къ другому пастуху. "Ты знаешь, пастухъ," сказалъ онъ, "что въ продолженіе года я могу удушить у тебя не мало овецъ. Согласись давать мнѣ въ

---

[1] dim. of свѣтъ, term of endearment.   [2] давать.   [3] вести.
[4] really.   [5] fut. of побереѣчься.   [6] past part. act. of жить.
[7] comp. of близко.   [8] past of пойти.

годъ по шести овечекъ : я буду доволенъ, и тебе можно будетъ спокойно спать и не держать собакъ."

—Шесть овецъ? сказалъ пастухъ. Да это целое стадо! "Ну, для тебя я удовольствуюсь пятью," возразилъ волкъ.

Ты шутишь: пять овецъ! легко сказать.

"И четырёхъ не дашь?" спросилъ опять волкъ. Пастухъ насмешливо покачалъ головой.

"Трёхъ?—двухъ? . . . . ."

—Ни одной! перебилъ его наконецъ пастухъ; глупо платить дань непріятелю, когда можно обезопасить себя отъ него бдительностію.—

Волкъ пошёлъ къ третьему пастуху.

"Мне очень прискорбно видеть," сказалъ онъ, "что пастухи считаютъ меня самымъ злымъ и безсовестнымъ животнымъ. Я тебе сейчасъ докажу, какъ вы все несправедливы ко мне. Давай мне каждый годъ только по одной овце, и твоему стаду можно будетъ свободно пастись въ томъ лесу, въ которомъ только я и опасенъ. Одну овечку! сущая безделица! можно-ль быть великодушнее и безкорыстнее? Ты смеёшься, пастухъ? Чему же ты смеёшься?"

—Такъ, ничему. Но сколько тебе летъ, пріятель? спросилъ пастухъ.

"А тебе что за дело до моихъ летъ? Всё-таки я въ силахъ еще удушить любаго изъ твоихъ ягнятъ."

—Не сердись, старина![1] Мне очень жаль, что ты не сделалъ мне этого предложенія несколькими годами раньше. Твои притупленные зубы измёняютъ тебе. Ты прикидываешься безкорыстнымъ, чтобы только легче[2] и вернее прокормить себя.

Волкъ разсердился, но скоро опомнился и пошёлъ къ чет-

[1] old fellow. [2] comp. of легко.

вёртому пастуху́, у кото́раго то́лько что околѣ́ла его́ вѣ́рная собáка.

"Пасту́хъ," сказáлъ волкъ, "я поссóрился съ лѣсны́ми брáтьями мойми, и такъ поссóрился, что никогдá не помирю́сь съ ними. Тебѣ́ извѣ́стно, какъ они́ опáсны. Но тебѣ́ стóитъ то́лько[1] взять меня́ въ услуже́ніе на мѣ́сто твое́й уме́ршей собáки, и я тебѣ́ ручáюсь, что ни одинъ изъ нихъ дáже и́скоса не посмóтритъ на твои́хъ ове́цъ."

—Ты бу́дешь защищáть ихъ отъ твое́й лѣсно́й брáтіи?

"Ну да, коне́чно."

—Это бы́ло бы не ху́до! Но скажи́-ка мнѣ : когдá я приста́влю[2] тебя́ къ стáду, кто бу́детъ защищáть мои́хъ бѣ́дныхъ ове́чекъ[3] отъ тебя́ самáго? Взять вóра въ домъ, чтóбъ обезопáсить себя́ отъ стороннихъ ворóвъ,—да э́то мы, лю́ди, счита́емъ . . . . .

—"А !" сказáлъ волкъ, "ты начинáешь у́мничать. Прощáй !"

"О, éслибъ я не былъ такъ старъ !" пробормотáлъ сквозь зу́бы волкъ. "Но нáдобно покори́ться неизбѣ́жнымъ обстоя́тельствамъ !" И онъ пошёлъ къ пя́тому пастуху́.

"Знáешь ли ты меня́, пасту́хъ ?" спроси́лъ волкъ.

—Если не тебя́ ли́чно, то по крáйней мѣ́рѣ знáю тебѣ́ подóбныхъ, отвѣ́чалъ пасту́хъ.

"Мнѣ подóбныхъ? Сомни́тельно. Я соверше́нно осо́бенный волкъ, и заслу́живаю быть въ дру́жбѣ не тóлько съ тобóю, но и со всѣ́ми пастухáми."

—Что же въ тебѣ́ осо́беннаго ?

"Я не могу́ ни съѣсть, ни удуши́ть ни одно́й овцы́. Я питáюсь тóлько мёртвыми овцáми. Не похвáльно ли э́то ! Позвóль же мнѣ приходи́ть иногдá освѣдомля́ться, нѣтъ ли у тебя́" . . . . .

---

[1] thou hast but—. [2] fut. of приста́вить. [3] dim. of овца́.

—Замолчи лучше! сказалъ пастухъ. Волка, который ѣстъ мёртвыхъ овецъ, голодъ скоро научитъ считать большую овцу за мёртвую, а здоровую за больную. Не надѣйся на мою дружбу, и иди[1] прочь!

"Чтобъ достигнуть своей цѣли, рискну теперь тѣмъ, что для меня всего дороже,"[2] подумалъ волкъ, и пошёлъ къ шестому пастуху.—

"Пастухъ, нравится ли тебѣ моя шкура?" спросилъ волкъ.

—Твоя шкура? сказалъ пастухъ. Посмотримъ!.....
хороша; видно, собаки не часто теребили её.

"Послушай же, пастухъ: я старъ и скоро не буду имѣть нужды въ ней. Корми меня до моей смерти, и я тебѣ откажу мою шкуру."

—Вотъ что! сказалъ пастухъ. И ты прибѣгаешь къ уловкамъ старыхъ скрягъ?... Нѣтъ, этакъ твоя шкура обойдётся[3] мнѣ очень дорого. Если же тебѣ такъ хочется сдѣлать мнѣ подарокъ, то давай мнѣ её сейчасъ.

Съ этими словами пастухъ схватилъ дубину и волкъ умчался.

"О, немилосердые!" вопилъ волкъ въ крайней ярости. "Такъ умру[4] же я ихъ врагомъ, прежде чѣмъ уморитъ меня голодъ; сами они хотятъ этого!"

Онъ побѣжалъ, ворвался въ жилища пастуховъ, разметалъ дѣтей ихъ, и не безъ труда былъ убитъ пастухами.

Тогда разсудительнѣйшій изъ пастуховъ сказалъ:

—Худо мы сдѣлали, что довели[5] стараго вора до крайности и отняли у него всѣ средства къ исправленію, хотя поздному и невольному!

---

[1] imp. of идти.   [2] comp. of дорого.   [3] will cost.
[4] fut. of умереть.   [5] довести.

18. *Сила-добродушiя.*

Въ аравійскихъ пустыняхъ славилась одна лошадь. Всё племя Неждје знало её. Поэты сочиняли ей похвальные стихи. Бедуину Дагеру до такой степени хотелось иметь её, что онъ объ этомъ только и думалъ день и ночь, и едва не помешался. Онъ предлагалъ ей хозяину стадá своихъ верблюдовъ, всё своё имущество, всё своё богатство; напрасно.—хозяинъ не хотелъ отдавать её ни за что. Тогда Дагеръ решился увести лошадь, которая грезилась ему на-яву[1] и во снѣ. Для этого онъ прибѣгнулъ къ такой хитрости: вымазалъ себѣ лицё сокомъ какой-то травы, одѣлся въ лохмотье, перевязалъ себѣ шею и ноги, какъ увѣчный нищій, пошёлъ[2] и сѣлъ[3] на дорогѣ, по которой долженъ былъ проѣзжать владѣлецъ лошади, Набекъ.

Вотъ Набекъ ѣдетъ.[4] Дагеръ слабымъ, изнемогающимъ голосомъ говоритъ ему: "Остановись! я бѣдный странникъ; три дня не могу сойти съ мѣста, три дня ничего не ѣлъ[5] и умираю съ голоду. Помоги мнѣ, Богъ наградитъ тебя!"

"Садись," говоритъ Набекъ; "поѣдемъ[6] ко мнѣ."

—У меня нѣтъ силы подняться. Сострадательный Набекъ соскочилъ съ лошади, и съ большимъ усиліемъ посадилъ на неё Дагера. Обманщикъ ударилъ лошадь острымъ стременемъ, помчался, и оборотясь, крикнулъ Набеку: я—Дагеръ; я у тебя увожу[7] лошадь.

—Остановись! закричалъ ему Набекъ; послушай!

Зная, что его нѣтъ возможности преслѣдовать, да и некому,[8] Дагеръ остановился, однакожъ на довольно далёкомъ разстояніи, потому что у Набека въ рукахъ было копьё. Не трогаясь съ мѣста, Набекъ сказалъ Дагеру: "Ты завладѣлъ моею лошадью: такъ, конечно, угодно Аллаху, и я желаю

---

[1] while awake.　[2] пойти.　[3] сѣсть.　[4] ѣхать.　[5] ѣсть.
[6] поѣхать.　[7] уводить.　[8] there is nobody.

тебѣ счастія. По умоляю тебя, не сказывай никому, какъ она тебѣ досталась."

—"Это почему?"

"Потому что слухъ объ этомъ разнесётся;[1] другой въ самомъ дѣлѣ будетъ валяться на дорогѣ, больной, измождённый, будетъ просить помощи, а помощи ему не окажутъ, опасаясь быть обманутыми, подобно мнѣ: ты будешь причиною, что на землѣ угаснетъ состраданіе."

Дагеръ на минуту задумался, потомъ слѣзъ съ лошади, отдалъ её хозяину и поцѣловалъ его. Набекъ пригласилъ Дагера къ себѣ въ гости. Они провели[2] три дня вмѣстѣ и поклялись[3] въ вѣчной дружбѣ.

19. *Вѣрная собака.*

Одинъ купецъ отправился въ дорогу верхомъ, и слѣдомъ за нимъ бѣжалъ его вѣрный пудель.[4] Купецъ ѣхалъ затѣмъ, чтобы получить большую сумму денегъ. Получивъ деньги и привязавъ ихъ въ мѣшкѣ къ сѣдлу, поѣхалъ онъ домой. Дорогою мѣшокъ отвязался и упалъ, а купецъ не замѣтилъ этого. Зоркій пудель видѣлъ, какъ упалъ мѣшокъ; попробовалъ было поднять его зубами, но почувствовалъ, что онъ былъ ему не подъ силу.[5] Тогда пудель, оставивъ мѣшокъ, догналъ своего господина, забѣжалъ впередъ, сталъ кидаться на лошадь и лаять съ ожесточеніемъ и упорствомъ. Не зная, въ чомъ дѣло, купецъ кричалъ на пуделя, бранилъ его, ударилъ кнутомъ—ничто не помогало! Вѣрное животное продолжало кидаться на лошадь съ такою яростію, какъ будто хотѣло стащить долой своего хозяина. Видя, что ничто не помогаетъ, и что купецъ всё ѣдетъ[6] дальше[7] и дальше, пудель

---

[1] разнестись. [2] провести. [3] поклясться. [4] poodle-dog.
[5] beyond his strength. [6] pres. of ѣхать. [7] comp. of далеко.

сталъ кусать лошадь за ноги, чтобы заставить хозяина воротиться. Купецъ испугался: ему пришло на мысль, что
пудель его взбѣсился, и, зная, какъ опасны бѣшеныя собаки,
купецъ рѣшился застрѣлить своего вѣрнаго слугу. Долго
еще однакожъ старался онъ отдѣлаться отъ пуделя то ласками,
то угрозами, то ударами кнута; но видя, что ничто не помогаетъ, вынулъ пистолетъ и съ стѣсненнымъ сердцемъ выстрѣлилъ въ вѣрную собаку. Бѣдное животное упало; но
черезъ минуту опять поднялось и съ жалобнымъ визгомъ,
обливаясь кровью, старалось слѣдовать за хозяиномъ. Купецъ
очень любилъ своего вѣрнаго пуделя; ему было тяжело смотрѣть какъ онъ страдаетъ, и потому онъ, пришпоривъ лошадь, ускакалъ впередъ. Отъѣхавъ немного, купецъ захотѣлъ взглянуть, что сталось съ бѣднымъ животнымъ, и тутъ
только, оборачиваясь назадъ, замѣтилъ онъ, что мѣшка съ
деньгами нё было у сѣдла. Понялъ тогда купецъ, зачѣмъ
такъ упорно лаяла и кидалась на него вѣрная собака, и ему
было больше[1] жаль собаки, нежели денегъ. Онъ тотчасъ же
поскакалъ назадъ; но не нашёлъ[2] уже пуделя на томъ мѣстѣ
гдѣ его оставилъ. Слѣды крови по дорогѣ показывали, что
собака воротилась назадъ. Какъ больно было доброму купцу,
когда, отправившись по кровавымъ слѣдамъ, онъ нашёлъ
вѣрное животное издыхающимъ у мѣшка съ деньгами. По-
нятливо смотрѣла собака на своего хозяина и ласково лизала
ему руку. Черезъ нѣсколько минутъ пудель издохъ; а купецъ, не радуясь и найденнымъ деньгамъ, воротился домой.

20. Начало Москвы.

Лѣтописцы современные не упоминаютъ о любопытномъ
для насъ началѣ Москвы: ибо не могли предвидѣть, что

---

[1] comp. of много.　　　[2] past of найти.

городокъ, бѣдный и едва извѣстный въ отдалённой землѣ Суздальской, будетъ со временемъ главою обширнѣйшей монархіи въ свѣтѣ. По крайней мѣрѣ знаемъ, что Москва существовала въ 1147 году марта 28, и можемъ вѣрить новѣйшимъ лѣтописцамъ въ томъ, что Георгій (сынъ Мономаха) былъ ея строителемъ. Они разсказываютъ, что сей князь пріѣхалъ на берегъ Москвы рѣки въ село зажиточнаго боярина Кучки, Степана Ивановича, велѣлъ умертвить его за какую-то дерзость и, плѣнённый красотою мѣста, основалъ тамъ городъ, а сына своего Андрея, княжившаго въ суздальскомъ Владимірѣ, женилъ на прелестной дочери казнённаго боярина. "Москва есть третій Римъ," говорятъ сіи повѣствователи, "и четвёртаго не будетъ. Капитолій заложёнъ на мѣстѣ, гдѣ найдена окровавленная голова человѣческая: Москва также на крови основана и, къ изумленію враговъ нашихъ, сдѣлалась царствомъ знаменитымъ." Она долгое время именовалась *Кучковымъ*.

21. *Александровская колонна.*

Александровская колонна находится противъ главнаго фаса Зимняго дворца. Она состоитъ изъ огромнаго, цѣльнаго, гранитнаго столпа, на гранитномъ же подножіи, украшенномъ литыми изъ бронзы аллегорическими барельефами, съ изображеніемъ событій 1812, 1813 и 1814 годовъ. Со стороны дворца видна надпись: "Александру I. благодарная Россія." На вершинѣ колонны, на бронзовомъ полушаріи, стоитъ, вылитый изъ бронзы, ангелъ: въ лѣвой рукѣ онъ держитъ крестъ, правою указываетъ на небо, а ногою попираетъ змѣя. Пьедесталъ колонны ограждёнъ четыреугольною чугунною рѣшёткою изъ связанныхъ пикъ и пушекъ; по сторонамъ рѣшётки висятъ бронзовые фонарй, освѣщаемые газомъ. У колонны стоитъ постоянно часовой изъ дворцовыхъ гренадеръ.

Александровская колонна превосходитъ вышиною всѣ извѣстные памятники подобнаго рода въ свѣтѣ; вѣсомъ она 44,000 пудовъ.[1] Мѣди употреблено на верхнюю и нижнюю части монумента 8,000 пудовъ. Камень извлечёнъ изъ Пютерлакской каменоломни, между Выборгомъ и Фридрихсгамомъ. Нужно было два года и 600 работниковъ, чтобъ отдѣлить камень отъ скалы; восемь мѣсяцевъ употреблено на округлёніе его. Камень былъ положенъ на нарочно для того устроенное судно и, посредствомъ пароходовъ, доставленъ въ Петербургъ 1 іюля 1832 года.

22. Царь—колоколъ.

Въ Европѣ есть много знаменитыхъ колоколовъ. Напримѣръ, говорятъ много о вѣнскомъ колоколѣ, вышиною въ 10 футовъ и имѣющемъ въ окружности 32 фута 2 дюйма, вѣсомъ въ 75,000 фунтовъ (1857 пудовъ); славятся также колокола въ Берлинѣ, Эрфуртѣ, Бреславѣ и т. д.[2] Но изъ всѣхъ колоколовъ самый огромный и знаменитый, безспорно, московскій царь-колоколъ. Вышина его 20 футовъ 7 дюймовъ, поперечникъ 22 фута 8 дюймовъ; вѣсъ 12,000 пудовъ (480,000 фунтовъ). Онъ отлитъ по повелѣнію императрицы Анны Іоанновны, вмѣсто другаго, меньшаго колокола, вылитаго при Алексѣѣ Михайловичѣ, и разбившагося, во время кремлёвскаго пожара, въ 1701 году.

Когда царь-колоколъ былъ вынутъ изъ формы, его поставили на толстую желѣзную рѣшётку, въ той самой ямѣ, гдѣ онъ былъ отлитъ; послѣ этого, приступили къ постройкѣ надъ колоколомъ особенной колокольни, которую, посред-

---

[1] one pood=40 Russian pounds.   [2] и т. д., "and so forth."

ствомъ галлереи, хотѣли соедипить съ башнею Ивана Велй-
каго. Проэктъ приводился въ исполнепіе, какъ страшпый
пожаръ въ 1737 году, истребившій часть города, сообщился
лѣсамъ и деревяппымъ постройкамъ, которые окружали
колоколъ; множество горящихъ брёвепъ обрушилось па
него и опъ—повредился. Съ тѣхъ поръ, болѣе ста лѣтъ царь-
колоколъ оставался въ землѣ. Императоры Павелъ I. и
Алексапдръ I. памѣревались извлечь его изъ земли; но
этому суждено было совершиться только въ царствованіе
Николая I.

Какъ памятпикъ искуства, царь-колоколъ замѣчателепъ
красотою формы и скульптурпыми работами. Барельефы
его представляютъ песокопчеппые портреты царя Алексѣя
Михайловича и императрицы Аппы Іоапповаы. Верхпяя
часть колокола украшена изображеніями Спасителя, Божіей
Матери[1] и Евапгелистовъ. Пьедесталъ подъ колоколомъ
грапитпый, осьмиугольный; самъ колоколъ увѣнчапъ брон-
зовымъ, позолочеппымъ крестомъ. Вся вышипа памятпика
34 фута. На сторопѣ пьедестала, па свѣтлосипей мраморпой
доскѣ, сдѣлапа падпись золотыми буквами: "Колоколъ сей
влитъ въ 1733 году, по повелѣпію императрицы Аппы
Іоанновпы. Пребывалъ въ землѣ сто и три года и волею
благочестивѣйшаго[2] государя императора Николая I. поставленъ лѣта 1836, августа въ четвёртый день." Отпавшій[3] ку-
сокъ колокола такъ велйкъ, что можпо удобпо входить подъ
колоколъ.

23. Сила примѣра.

Въ одипъ день толпа парода стремилась въ великолѣппые
сады Тиволи. Въ этотъ день тамъ былъ большой праздпикъ:

---

[1] Holy Virgin.   [2] most gracious.   [3] отпасть.

играла музыка, были танцы—вездѣ кипѣло удовольствіе. У
входа въ садъ стоялъ какой-то слѣпой старикъ съ пятнадца-
ти-лѣтнею дочерью:[1] она играла на арфѣ, а старикъ пѣлъ
подъ ея аккомпанементъ. Мимо ихъ проходили госпожа
Даморо-Чинти и съ нею Мартенъ и Поншаръ. Знаменитая
пѣвица изъ любопытства взглянула въ деревянную кружку
слѣпаго, и увидѣла, что на днѣ ея ничего нѣтъ. Множество
народа проходило взадъ и впередъ, торопясь повеселиться,
но никто не обращалъ вниманія на бѣдняка.

—"Превосходная мысль!. истинно артистическая!" сказала госпожа Даморо, обратясь къ своимъ спутникамъ:
"надо, чтобы и вы меня поддержали. Жалобныя пѣсни
этого слѣпца до сихъ поръ не доставили ему ни слушателей,
ни милостыни; попробуемъ, не будемъ ли мы счастливѣе!"
Мартенъ и Поншаръ съ улыбкою согласились на предложеніе. Даморо взяла у дѣвочки арфу, и знаменитые артисты
начали очаровательное тріо. Проходившіе остановились;
многочисленный кругъ составился около слѣпаго, который
и самъ слушалъ съ удивленіемъ. Когда узнали имена пѣв-
шихъ,[2] то со всѣхъ сторонъ раздались рукоплесканія и гром-
кія браво. Скоро вѣсть объ этомъ разошлась[3] по всему
Тиволи: танцы были брошены, игры оставлены, всѣ массою
бросились къ той сторонѣ, гдѣ происходила описываемая
нами сцена, и наконецъ толпа выросла до невѣроятности.
Пропѣвъ нѣсколько арій, госпожа Даморо, послѣ многихъ
рукоплесканій, взяла шляпу слѣпаго и отправилась въ толпу
собирать милостыню. Примѣръ былъ поданъ, и всѣ стали
бросать въ шляпу, кто мѣдныя, кто серебряныя, иные даже
золотыя монеты. Порывъ великодушія подѣйствовалъ даже
на самыхъ скупыхъ и дошёлъ[4] до такой степени, что начали

---

[1] дочь.   [2] past part. of пѣть.   [3] разбиться.   [4] дойти.

толкать одинъ другаго, прыгали чрезъ плечи, и безчисленное множество рукъ протянулось къ верху, показывая милостыню. Шляпа бедняка несколько разъ наполнялась и была высыпаема въ мешокъ.

Обошедъ¹ толпу, госпожа Даморо обратилась къ своимъ спутникамъ, которые стояли, изумляясь результату своего предпрiятiя. "Теперь," сказала она имъ, "наша очередь дать слепому что-нибудь." Она положила въ кружку золотую монету; Мартенъ и Поншаръ сделали тоже, и госпожа Даморо, отдавая девочке кружку съ монетами, сказала ей:

—"Это принадлежитъ тебе; твой отецъ не долженъ брать у тебя этихъ денегъ; на нихъ ты купишь себе новое платье, шляпку и косынку; твоё теперешнее платье старо и истерлось,² между темъ какъ ты сама молода и хороша . . . прощай,³ дитя моё."

Три великодушные артиста взялись за руки и отправились далее,⁴ напутствуемые благословенiями бедняка и восклицанiями толпы.

24. *Мужикъ и воеводскiй слуга.*

Оралъ мужикъ въ поле и выоралъ самоцветный камень. Идётъ домой, а на встречу ему соседъ, такой стародревнiй; показалъ ему камень: "кому гоже?⁵—Неси,⁶ говоритъ, къ воеводе. Понёсъ; приходитъ во дворецъ и повстречалъ воеводина слугу. Поклонился ему до земли: "батюшка, доведи⁷ до воеводы!"—Зачемъ тебе нужно?—"Несу изъ деревни подарокъ."—Ну, мужичёкъ, чемъ воевода тебя наградитъ, отдай мне половину; а не хочешь, во векъ не дойти тебе до воеводы.—Мужикъ согласился.

¹ обойти. ² истереться. ³ good bye. ⁴ compr. of далеко.
⁵ годится, of any use. ⁶ imperat. of нести. ⁷ imperat. of довести.

Вотъ воеводинъ слуга довёлъ его до самаго воеводы.
"Благодарю, мужичокъ! говоритъ воевода : вотъ тебѣ въ
награду за то двѣ тысячи рублей." Мужикъ палъ на колѣни : "не надо мнѣ иной награды, кромѣ пятидесяти
стежей[1] въ спину." Возжалѣлъ[2] его воевода и приказалъ
дать ему пятьдесятъ стежей легонько.[3] А мужичокъ началъ
считать ; какъ дали двадцать пять, онъ и закричалъ : "полно,[4]
будетъ съ меня ;[5] другая половина посулена тому, кто довёлъ
меня до твоей милости." Позвали воеводскаго слугу и
сполна отсчитали половину награды, какъ слѣдовало ; только
онъ не радъ былъ такой наградѣ. Воевода поблагодарилъ
мужика и подарилъ ему цѣлыхъ три тысячи.

25. Лошадь и кошелёкъ.

Извѣстный польскій генералъ Костюшко, умершій въ
1817 году въ Швейцаріи, былъ очень благодѣтельный человѣкъ. Онъ оказывалъ бѣднымъ людямъ столько добра,
сколько позволяли ему его обстоятельства, а иногда даже и
болѣе.

Однажды ему было невозможно доставить лично, по обы-
кновенію, помощь одному бѣдному семейству, жившему[6] отъ
него на довольно далёкомъ разстояніи. Генералъ зналъ, что
бѣдные люди его ожидали къ себѣ въ тотъ день съ увѣрен-
ностію, и потому не хотѣлъ, чтобы ихъ ожиданія остались
напрасными. И такъ онъ попросилъ одного честнаго зем-
ледѣльца, своего сосѣда, доставить бѣдному семейству то, что
было для него назначено. Поселянинъ согласился исполнить его просьбу, и генералъ далъ ему, для доставленія

---

[1] lashes.   [2] пожалѣть.   [3] dim. of лёгкій.   [4] cease, stop.
[5] that will do for me.   [6] жить.

бѣднымъ людямъ помощи, верховую свою лошадь, на которой онъ обыкновенно самъ ѣздилъ. Земледѣлецъ исполнилъ въ-точности[1] возложенное на него порученіе, но возвратился назадъ довольно поздно, и когда увидѣлъ генерала, то сказалъ: " на этой лошади въ другой разъ я ужъ ни за что не поѣду,[2] если вы не дадите[3] мнѣ и вашего кошелька!" Удивленный генералъ спросилъ его, что онъ хотѣлъ этимъ сказать, и получилъ въ отвѣтъ слѣдующее : " Какъ только на дорогѣ,"—говорилъ земледѣлецъ,—"встрѣчался мнѣ нищій и, снявъ шапку, просилъ подаянія, то лошадь ваша останавливалась, и никакимъ образомъ не возможно было её сдвинуть съ мѣста до тѣхъ поръ, пока убогій отъ меня чего-нибудь не получалъ. Къ несчастію, наличныя деньги, бывшія[4] при мнѣ, состояли только изъ четырёхъ мелкихъ монетъ ; раздѣливъ ихъ, я принужденъ былъ, какъ ни жаль мнѣ было, показывать видъ, что бросаю нищему въ шапку деньги ; послѣ того, лошадь опять продолжала путь."

Такъ какъ благодѣтельный генералъ, проѣзжая по дорогѣ, каждый разъ давалъ что-нибудь убогимъ, просившимъ у него подаянія, то его лошадь мало-по-малу[5] привыкла, при встрѣчѣ съ нищими, останавливаться, и стояла до тѣхъ поръ, пока си господинъ, подавъ бѣднымъ людямъ милостыню, не побуждалъ её идти далѣе.

26. Слѣпая лошадь.

Давно, очень уже давно, когда не только насъ, но и нашихъ дѣдовъ и прадѣдовъ не было ещё на свѣтѣ, стоялъ на морскомъ берегу богатый и торговый славянскій городъ, Винета ; а въ этомъ городѣ жилъ богатый купецъ, Уседомъ,

---

[1] punctually.   [2] поѣхать.   [3] дать.   [4] быть.
[5] gradually.

корабли котораго, нагружённые дорогими товарами, плавали по далёкимъ морямъ. Уседомъ былъ очень богатъ и жилъ роскошно: можетъ быть и самое прозваніе Уседома или Вседома получилъ онъ отъ того, что въ его домѣ было рѣшительно всё, что только можно было найти хорошаго и дорогаго въ то время; а самъ хозяинъ, его хозяйка и дѣти ихъ[1] только на золотѣ и на серебрѣ, ходили только въ соболяхъ да въ парчѣ.

Въ конюшняхъ Уседома было много отличныхъ лошадей; но ни въ уседомовой конюшнѣ, ни во всей Винетѣ, не было коня быстрѣе и красивѣе Догони-Вѣтра,—такъ прозвалъ Уседомъ свою любимую верховую лошадь за быстроту ея ногъ. Никто не смѣлъ садиться на Догони-Вѣтра, кромѣ самого хозяина, и хозяинъ никогда не ѣздилъ верхомъ ни на какой другой лошади.

Случилось купцу въ одну изъ своихъ поѣздокъ по торговымъ дѣламъ возвращаясь въ Винету, проѣзжать на своемъ любимомъ конѣ чрезъ большой и тёмный лѣсъ. Дѣло было подъ[2] вечеръ, лѣсъ былъ страшно тёменъ и густъ, вѣтеръ качалъ верхушки угрюмыхъ сосенъ; купецъ ѣхалъ одинъ одинёшенекъ и шагомъ, сберегая своего любимаго коня, который усталъ отъ дальней поѣздки. Вдругъ изъ-за кустовъ, будто изъ-подъ земли, выскочило шесть плечистыхъ молодцовъ, съ звѣрскими лицами, въ мохнатыхъ шапкахъ, съ рогатинами, топорами и ножами въ рукахъ; трое были на лошадяхъ, трое пѣшкомъ,—и два разбойника схватили было[3] уже лошадь купца за узду. Не видать бы богатому Уседому своей родимой Винеты, если-бы подъ нимъ былъ другой какой-нибудь конь, а не Догони-вѣтеръ. Почуявъ на уздѣ чужую руку, конь рванулся впередъ, своей широкой, сильной грудью опро-

---

[1] есть. [2] towards. [3] were on the point of seizing.

кинулъ на землю двухъ дерзкихъ злодѣевъ, державшихъ его за узду, смялъ подъ ногами третьяго, который, махая рогатиной, забѣгалъ впередъ и хотѣлъ было преградить ему дорогу, и помчался какъ вихрь. Конные разбойники пустились въ догонку:[1] лошади у нихъ были тоже добрыя, но куда же имъ догнать уседомова коня? Догоний-вѣтеръ, не смотря на свою усталость, чуя погоню, мчался какъ стрѣла, пущенная изъ туго-натянутаго лука, и далеко оставилъ за собою разъярённыхъ злодѣевъ. Чрезъ полчаса Уседомъ ужъ въѣзжалъ въ родимую Винету на своёмъ добромъ конѣ, съ котораго пѣна клочьями валилась на землю.

Слѣзая съ лошади, бока которой отъ усталости подымались высоко, купецъ тутъ же, трепля Догоний-Вѣтра по взмыленной шеѣ, торжественно обѣщалъ, чтобы съ нимъ ни случилось, никогда не продавать и не дарить никому своего вѣрнаго коня, не прогонять его, какъ бы онъ ни состарѣлся, и ежедневно, до самой смерти, отпускать коню по три мѣры лучшаго овса. Но, поторопившись къ женѣ и дѣтямъ, Уседомъ не присмотрѣлъ самъ за лошадью, а лѣнивый работникъ не выводилъ измученнаго коня, какъ слѣдуетъ, не далъ ему совершенно остыть и напоилъ раньше[2] времени. Съ тѣхъ самыхъ поръ Догоний-Вѣтеръ началъ хворать, хилѣть, ослабѣлъ на ноги и наконецъ ослѣпъ. Купецъ очень горевалъ и съ полгода вѣрно соблюдалъ своё обѣщаніе: слѣпой конь стоялъ по прежнему въ конюшнѣ и ему ежедневно отпускалось по три мѣры овса. Уседомъ купилъ потомъ себѣ другую верховую лошадь, но чрезъ полгода ему показалось слишкомъ нерасчётливо давать слѣпой, никуда негодной лошади по три мѣры овса, и онъ велѣлъ отпускать двѣ. Ещё прошло[3] полгода: слѣпой конь былъ ещё молодъ, при-

---

ходилось его кормить долго и ему стали отпускать по одной мѣрѣ. Наконецъ, и это показалось купцу тяжело и онъ велѣлъ снять съ Догони-Вѣтра узду и выгнать его за ворота чтобы не занималъ напрасно мѣсто въ конюшнѣ. Слѣпаго коня работники выпроводили со двора палкой, такъ какъ онъ упирался и не шёлъ.[1]

Бѣдный, слѣпой Догони-Вѣтеръ, не понимая, что съ нимъ дѣлаютъ, не зная и не видя, куда идти, остался стоять за воротами, опустивши голову и печально шевеля ушами. Наступила ночь, пошёлъ снѣгъ, спать на камняхъ было жёстко и холодно для бѣдной слѣпой лошади. Нѣсколько часовъ простояла она на одномъ мѣстѣ; но наконецъ голодъ заставилъ её искать пищи. Поднявши голову, нюхая въ воздухѣ, не попадётся[2] ли гдѣ нибудь хоть клокъ соломы со старой, осунувшейся крыши, брела[3] на удачу слѣпая лошадь и натыкалась безпрестанно то на уголъ дома, то на заборъ.

Надобно вамъ сказать, что въ Винетѣ, какъ и во всѣхъ старшныхъ славянскихъ городахъ, не было князя, а жители города управлялись сами собою, собираясь на площадь, когда нужно было рѣшать какія-нибудь важныя дѣла. Такое собраніе народа для рѣшенія его собственныхъ дѣлъ, для суда и расправы, называлось вѣчемъ. Посреди Винеты, на площади, гдѣ собиралось вѣче, висѣлъ на четырёхъ столбахъ большой вѣчевой колоколъ, по звону котораго собирался народъ и въ который могъ звонить каждый, кто считалъ себя обиженнымъ и требовалъ отъ народа суда и защиты. Никто, конечно, не смѣлъ звонить въ вѣчевой колоколъ по пустякамъ, зная, что за это отъ народа сильно достанется.[4]

Бродя по площади, слѣпая, глухая и голодная лошадь

---

[1] идти.   [2] попасться.   [3] брести.   [4] достаться.

случа́йно набрела́[1] на столбы́, на кото́рыхъ висѣ́лъ ко́локолъ, и, ду́мая, быть мо́жетъ, вы́тащить изъ стрѣхи́ пучёкъ соло́мы, схвати́ла зуба́ми за верёвку, привя́занную къ языку́ ко́локола и ста́ла дёргать : ко́локолъ зазвони́лъ такъ си́льно, что наро́дъ, не смотря́ на то, что бы́ло ещё о́чень ра́но, толпа́ми ста́лъ сбѣга́ться на пло́щадь, жела́я знать, кто такъ гро́мко тре́буетъ его́ суда́ и защи́ты. Всѣ́ въ Винѣ́тѣ зна́ли Догони́-Вѣ́тра, зна́ли, что онъ спасъ[2] жизнь своему́ хозя́ину, зна́ли обѣща́ніе хозя́ина—и удиви́лись, уви́дя посреди́ пло́щади бѣ́днаго коня́, слѣ́паго, голо́днаго, дрожа́щаго отъ сту́жи, покры́таго снѣ́гомъ. Ско́ро объясни́лось, въ чемъ дѣ́ло, и когда́ наро́дъ узна́лъ, что бога́тый Уседо́мъ вы́гналъ изъ дому слѣпу́ю ло́шадь, спа́сшую ему́ жизнь, то единоду́шно рѣши́лъ, что Догони́-Вѣ́теръ имѣ́лъ по́лное пра́во звони́ть въ вѣчево́й ко́локолъ. Потре́бовали на пло́щадь неблагода́рнаго купца́ и, не смотря́ на его́ оправда́нія, приказа́ли ему́ содержа́ть ло́шадь по пре́жнему и корми́ть её до са́мой ея́ сме́рти. Осо́бый человѣ́къ приста́вленъ былъ смотрѣ́ть за исполне́ніемъ пригово́ра, а са́мый пригово́ръ былъ вы́рѣзанъ на ка́мнѣ, поста́вленномъ въ па́мять э́того собы́тія на вѣчево́й пло́щади.

Говоря́тъ впро́чемъ, что не ну́жно бы́ло ни ра́зу принужда́ть Уседо́ма къ исполне́нію вѣчева́го пригово́ра ; купе́цъ почу́вствовалъ всю черноту́ своего́ посту́пка ; корми́лъ и хо́лилъ слѣпу́ю ло́шадь до са́мой ея́ сме́рти.

27. Вѣ́рность.

Оди́нъ язы́ческій царь приказа́лъ привести́ къ себѣ́ христіа́нскаго епи́скопа и тре́бовалъ отъ него́, чтобы онъ отрёкся[3] отъ свое́й вѣ́ры и принёсъ[4] же́ртву и́доламъ. По епи́-

---

[1] набрести́. [2] past of спасти́. [3] past of отре́чься. [4] past of принести́.

скопъ со всею кротостію отвѣчалъ : " государь ! этого я не могу' сдѣлать."

— Какъ ! сказалъ тогда разгнѣванный царь : развѣ ты не знаешь, что жизнь твоя находится въ моей власти, и я могу предать тебя смерти ? Одно мановеніе—и тебя не будетъ.[2]

— Это я знаю, отвѣчалъ епископъ : но позволь мнѣ, государь, предложить тебѣ одно сравненіе и одинъ вопросъ на рѣшеніе. Представь себѣ, что одинъ изъ вѣрнѣйшихъ служителей твоихъ попался[3] въ руки враговъ твоихъ, и они всячески старались побудить его къ невѣрности противъ тебя и измѣнѣ. Но какъ вѣрный слуга твой оставался неизмѣннымъ и непоколебимымъ въ своей вѣрности ; то враги взяли его, сняли съ него всю одежду и нагаго прогнали отъ себя съ посмѣяніемъ. Скажи, государь, когда онъ придётъ[4] къ тебѣ, не дашь[5] ли ты ему лучшія[6] изъ одеждъ своихъ, и не вознаградишь ли его за посмѣяніе и поруганіе честію и славою ?

— Конечно такъ, отвѣчалъ царь : но кчему же это, и гдѣ бы такое случилось ?

Тогда благочестивый епископъ сказалъ : " государь ! ты можешь снять съ меня эту земную одежду ; но Господь мой облечётъ меня въ новую лучшую. . . Могу ли же я такъ много дорожить этою, чтобы отдать за неё вѣрность мою ?"

Тогда царь сказалъ : " иди ; я дарю тебѣ жизнь."

28. *Малороссійскіе анекдоты.*

" Гдѣ это ты былъ ? спросилъ Никифоръ Степана, что тебя такъ долго не было видно ?"—Ге, гдѣ ? у Татарвы[7] ! " У

---

[1] мочь. [2] thou wilt cease to exist. [3] попасться. [4] fut. of прійти.
[5] fut. of дать. [6] comp. of хорошій. [7] Tartary.

E

Татарвы́! зачѣмъ?"—Восва́ть ходи́лъ. "А что, заруби́лъ ли ты хоть одного́ Тата́рина?—А то и нѣтъ![1] "А какъ же ты его заруби́лъ?"—Да такъ: иду́ себѣ по́лемъ и бренчу́ са́блей, гляль[2]—подъ вербо́ю лежи́тъ здорове́нный[3] Тата́ринъ и ру́ки раски́нулъ. Вотъ я подкра́лся[4] да изъ-за вербы́ ему́ одну́ ру́ку и отсѣкъ[5] са́блей, а онъ лежи́тъ; я ему́ и другу́ю отсѣкъ, а онъ всё лежи́тъ! "Э, глу́пый же ты, Степа́нъ! сказа́лъ Ники́форъ: ты бы ему́ го́лову папере́дъ отсѣкъ."— Ге! сказа́лъ Степа́нъ: я и самъ такъ ду́малъ, да головы́ нó было!

Заснýлъ мужи́къ на возу́ да и пае́халъ на версту́;[6] ко́ни ста́ли, мужи́къ и проснýлся да и говори́тъ: "эка бѣсова тѣснота́! что это за ýмные лю́ди бы́ли: не зна́ли, гдѣ версту́ поста́вить!"

Прода́лъ Грицько́[7] муку́ въ губе́рнскомъ го́родѣ и купи́лъ себѣ хоро́шіе опо́йковые сапоги́, вы́мазалъ ихъ хоро́шимъ дёгтемъ и напи́лся въ губе́рнскомъ го́родѣ горѣ́лки[8] въ сласть, такъ-что едва́ вы́брался изъ го́рода. Да́лѣе[9] же не могъ[10] и идти́: упа́лъ на доро́гѣ да и заснýлъ; а Моска́ли[11] шли[12] да и сня́ли сапоги́. На друго́й день ра́но ѣдетъ[13] мужи́къ изъ того́ села́, отку́да былъ Грицько́. Вотъ тотъ, что ѣхалъ, подхо́дитъ къ Грицькѣ и бу́дитъ его́: "встава́й, говори́тъ, Грицько́!" —Да ещё ра́но, говори́тъ Грицько́. "Да како́е тебѣ ра́но?" —Прочь, говорю́ тебѣ! сказа́лъ Грицько́ рассерди́вшись. "Ишь,[14] ещё гнѣ́вается! прими́[15] хоть но́ги-то съ доро́ги,

---

[1] I should think so; rather. [2] I look—. [3] gigantic. [4] подкра́сться.
[5] past of отсѣчь. [6] posts marking versts on the road-side. [7] Gregory.
[8] во́дки. [9] comp. of далеко́. [10] past of мочь. [11] ру́сскіе. [12] идти́.
[13] ѣхать. [14] you see. [15] imperat. of приня́ть.

дай проѣхать." Взглянулъ Грицько на свои ноги и видитъ, что нѣтъ сапогъ, да и говоритъ : "это не мои : мои въ сапогахъ!"

29. Два друга и медвѣдь.

Два друга, путешествуя вмѣстѣ, встрѣтились съ медвѣдемъ. Увидѣвъ звѣря, одинъ изъ нихъ взлѣзъ[1] на дерево и спрятался тамъ, а другой, будучи оставленъ своимъ товарищемъ, упалъ на землю и притворился мёртвымъ ; когда же медвѣдь подошёлъ[2] къ нему и сталъ его обнюхивать, то онъ затаилъ дыханіе (ему извѣстно было, что медвѣдь рѣдко трогаетъ мёртвыхъ). Медвѣдь въ самомъ дѣлѣ не тронулъ его и вскорѣ удалился. Тогда путешественникъ, скрывавшійся на деревѣ, сошёлъ[3] внизъ и спросилъ своего друга насмѣшливо, что такое[4] медвѣдь шепталъ ему на ухо?—"Онъ мнѣ совѣтовалъ," отвѣчалъ другой путешественникъ, "впредь никогда не ходить въ дорогу съ такими друзьями, которые покидаютъ насъ въ опасности."

30. Гора Судома.

(преданіе.)

Въ порховскомъ уѣздѣ, псковской губерніи, есть рѣчка Судома, впадающая въ Шелонь. На этой рѣчкѣ Судомѣ находятся двѣ невысокія горки, одна на одномъ берегу ея, другая на противуположномъ. На одной изъ нихъ ещё сохранились и понынѣ слѣды стариннаго укрѣпленія Вышгорода; про другую-же горку народъ разсказываетъ слѣдующее :

Въ старинные года, когда на Руси не было ещё судовъ, и жили всѣ въ довольствѣ и правдѣ, не обижая другъ друга,

---

[1] past of взлѣзть.　　[2] подойти.　　[3] сойти.　　[4] what was it?

E 2

самъ Богъ производилъ судъ на этомъ мѣстѣ. Съ нѣба
спускалась цѣпь, и каждый изъ тяжущихся, взойдя на гору,
долженъ былъ брать её рукою: невинный всегда доставалъ, а
виновный никогда—цѣпь подымалась выше. Такъ продол-
жался судъ долгое время, и всѣ были довольны его рѣше-
нісмъ. Наконецъ сыскался смертный, который осмѣлился
обмануть небесное правосудіе. Вотъ какъ это случилось.
Нѣкто бралъ въ займы деньги. По прошествіи срока, кредиторъ является къ должнику за деньгами; послѣдній запи-
рается, что никогда у него въ займы денегъ не бралъ. Такъ
какъ свидѣтелей при томъ не было, то тяжущимся велѣно
итти на гору Судому и предать это дѣло суду Божію. Должникъ поднялся на хитрость: выдолбилъ палку и наполнилъ
её деньгами, сколько дѣйствительно бралъ въ займы. Под-
судимые пришли къ назначенному мѣсту. По жребію
кредитору досталось взяться за цѣпь первому; онъ досталъ
её безъ усилій. Должникъ, восходя на гору, передалъ свой
посохъ, наполненный деньгами, на подержаніе первому и
—тоже досталъ цѣпь. Сойдя съ горы, посохъ свой онъ
получилъ обратно; но божество, оскорблённое такимъ
низкимъ обманомъ, подняло цѣпь на небо, и съ тѣхъ поръ
она уже не опускалась. Говорятъ, что народъ и до сихъ
поръ питаетъ особое уваженіе къ этому мѣсту: никто не
пройдётъ[1] мимо его, чтобъ не снять шапки и не перекреститься. Это преданіе, не лишённое поэзіи, можетъ служить
новымъ примѣромъ русскихъ преданій, бывшихъ на Руси
въ первые вѣка христіанства, а можетъ быть и раньше.[2]

[1] пройти.   [2] comp. of рано.

PART III.

ADVANCED READING LESSONS.

FROM RUSSIAN HISTORY, FICTION, &c.

31. *Славяне — первые обитатели Россіи.*

Племена[1] славянскія, разсѣянныя на обширныхъ пространствахъ, жили небольшими селеніями по берегамъ озёръ и рѣкъ въ глуши первобытныхъ лѣсовъ. Каждая семья повиновалась своему родоначальнику или старшему члену и имѣла одно общее имущество до тѣхъ поръ, пока съ теченіемъ времени[2] не распадалась на отдѣльныя семейства. Старшины семействъ сходились вмѣстѣ и составляли вѣче, на которомъ они разсуждали о дѣлахъ, касающихся всего селенія, города или цѣлаго племени. Мало по малу нѣкоторые роды возвысились надъ другими и пріобрѣли[3] княжеское достоинство; глава такого рода пользовался особымъ почётомъ и вліяніемъ на рѣшенія вѣча. Такъ въ древнѣйшую эпоху упоминаются князья у Полянъ и Древлянъ.[4] Городами назывались тѣ поселенія, которыя были огорожены земляннымъ валомъ и рвомъ[5] для защиты отъ непріятелей.

Славяне отличались высокимъ ростомъ, тёмнымъ цвѣтомъ волосъ, румянымъ лицомъ и сѣрыми глазами. По своему суровому образу жизни они съ ранней молодости привыкали легко переносить холодъ, жаръ и недостатокъ въ пищѣ. Характеръ ихъ, какъ и всѣхъ необразованныхъ народовъ, пред-

---

[1] племя. [2] время. [3] пріобрѣсти. [4] names of tribes.
[5] ровъ.

ставлялъ смѣсь хорошихъ и дурныхъ качествъ: съ одной
стороны они были миролюбивы и гостепріимны (позволя-
лось даже украсть у сосѣда, чтобы угостить странника), съ
другой очень неопрятны и склонны къ раздорамъ между
собою. Вооруженіе ихъ состояло изъ тяжёлаго деревяннаго
щита, короткихъ копій и стрѣлъ, намазанныхъ иногда
ядомъ; они любили сражаться не дружною толпою, а въ
разсыпную. Женщины у Славянъ не пользовались такимъ
уваженіемъ, какъ у Германцевъ: на нихъ лежали самыя
тяжёлыя домашнія работы. Невѣсту обыкновенно похищали
и потомъ платили за неё родителямъ вѣно.[1] Существовалъ
также обычай многожёнства, и послѣ смерти мужа одна изъ
его жёнъ должна была слѣдовать за нимъ въ могилу. Въ
нѣкоторыхъ мѣстахъ мертвеца сожигали на кострѣ; пепелъ
его собирали въ сосудъ и ставили на столбѣ, гдѣ сходилось
нѣсколько дорогъ. Погребеніе сопровождалось тризною
(поминки), которая состояла въ пиршествахъ и разныхъ
воинственныхъ играхъ. Главнымъ средствомъ пропитанія
служила охота: рѣки и озёра изобиловали рыбою, а лѣса
дикими животными, которыхъ Славяне безъ разбора упо-
требляли въ пищу. Земледѣліе въ IX. столѣтіи ещё мало
было распространено между ними; вѣроятно болѣе успѣховъ
имѣло скотоводство. Вообще сѣверные, т. е. новогородскіе
Славяне были образованнѣе южныхъ и находились въ то
время уже въ торговыхъ сношеніяхъ съ сосѣдними народами.

32. Какъ и когда началось Русское государство?

Въ 859 году какая-то ватага Норманновъ, называвшихся
у насъ Варягами, приплыла по Балтійскому морю, извѣстному также подъ именемъ Варяжскаго, въ устье Невы, разсѣ-

[1] выкупъ.

палась по сторонамъ и обложила данью встрѣченныя ею племена, славянскія и финскія.

Подданство продолжалось недолго: племена вскорѣ встали одно за другимъ—потому ли, что были выведены изъ терпѣнія насильствомъ пришельцевъ, или потому, что увидѣли возможность легко справиться съ ними и не захотѣли нести напрасныхъ убытковъ.

Какъ бы то ни было,[1] хозяева[2] прогнали незваныхъ гостей туда, откуда они приходили, "за море,"[3] и начали попрежнему "владѣть сами въ себѣ."[4] Но вскорѣ перессорились между собою: "всталъ родъ на родъ." полилась кровь, и усобицѣ не видать было конца. А Норманны съ часу на часъ могли воротиться съ новыми, еще большими[5] силами отмстить жестоко за полученное оскорбленіе и наложить иго тяжелѣ[6] прежняго.

Тогда, среди общей смуты, пришла[7] въ голову кому-то изъ воевавшихъ благая мысль, чтобъ прекратить кровопролитіе: "Поищемъ[8] себѣ князя, который бы владѣлъ нами и судилъ по праву."

Совѣтъ заслужилъ одобреніе. Но гдѣ искать князя, столько сильнаго, чтобъ онъ могъ держать своё имя грозно и въ нужномъ случаѣ защитить мирныя племена отъ внѣшнихъ враговъ?

Здравый смыслъ, народный толкъ указалъ имъ Норманновъ, которые господствовали по всему взморью, ближнему и дальнему, ходили безпрестанно на всѣ четыре стороны,[9] селились вездѣ, гдѣ пригрѣвало солнце, и готовы были служить, кому угодно, лишь было бъ изъ чего,[10]—Норманновъ,

---

[1] be as it may. [2] pl. of хозяинъ. [3] out of the country.
[4] to have self-rule. [5] comp. of великій. [6] тяжелѣе. [7] прійти.
[8] imp. of поискать. [9] всѣ четыре стороны, "everywhere."
[10] if it were worth their while.

о которыхъ слава распространилась всюду. Да и кого жъ
въ то время выбирать было иначе? Кто имѣлъ столько силы
и смѣлости, чтобъ взяться за такое трудное и опасное дѣло?
Кто могъ лучше[1] защитить отъ Норманновъ, какъ не ихъ
соотечественникъ?

Словене,[2] Кривичи, Чудь, Весь и Меря пошли " за море "
къ одному норманскому племени, почему-то имъ болѣе зна-
комому, которое называлось *Русью*, какъ и другія племена
назывались Свеями, Англянами, Готами и Мурманами.

"Земля наша велика и обильна, а порядка въ ней нѣтъ :
придите княжить и володѣть[3] нами," сказали имъ послы
безъ всякихъ околичностей и условій — вѣщія и роковыя
слова, которыя сохранили надолго своё значеніе.

Норманны знали коротко ихъ землю, богатый Гольм-
гардъ; знали сосѣдную, обильную мѣхами Біармію или
Пермь; знали приманчивую Грецію, куда многіе отъ нихъ
часто ѣздили торговать въ Константинополѣ и служить по
найму въ императорской варягіи или гвардіи.

По этому пути ходили уже въ Грецію лѣтъ за тридцать[4] нѣкоторые изъ той Руси, къ коей обратились теперь
послапные.

Охотники нашлись[5]—согласиться на вызовъ: три брата,
князья Рюрикъ, Синеусъ и Труворъ. Они поднялись со
всѣмъ своимъ племенемъ и пришли къ намъ въ 862 году.

33. *Рюрикъ — первый русскій Государь.*

Рюрикъ сдѣлался Государемъ въ одномъ изъ первыхъ городовъ, основанныхъ Славянами, въ Новѣгородѣ, Труворъ въ
Изборскѣ, Синеусъ въ землѣ, лежащей около Бѣлаго-озера.

---

[1] comp. of хорошо.   [2] Славяне.   [3] владѣть.
[4] about 30 years previously.   [5] найтись.

Отъ спхъ-то трёхъ Варяго-Русскихъ князей Славяне начали называться *Русскими*, а земля ихъ *Русью*, впослѣдствіи *Россіею*. Синеусъ и Труворъ скоро умерли, и Рюрикъ сдѣлался одинъ великимъ княземъ Русскимъ и основателемъ Русскаго государства. Онъ княжилъ счастливо два года съ братьями и пятнадцать лѣтъ одинъ.

34. *Кіевъ—столица Русскаго государства.*

Вмѣстѣ съ Рюрикомъ пріѣхали къ Славянамъ многіе Варяги, которые ещё на родинѣ служили ему и, любя добраго начальника, не хотѣли разстаться съ нимъ. Рюрикъ за это усердіе дарилъ нѣкоторымъ изъ нихъ деревни и селенія славянскія: отъ этого появились у насъ *помѣщики*, т. е. такіе бояре, которые владѣли людьми и землями. Но не всѣ эти помѣщики были довольны своими помѣстьями: инымъ казалось веселѣе искать счастья на войнѣ, нежели сидѣть дома. Двое изъ такихъ смѣлыхъ воиновъ, по имени Аскольдъ и Диръ, отправились съ товарищами къ югу отъ Новгорода, и на прекрасныхъ берегахъ рѣки Днѣпра увидѣли маленькій городокъ, который имъ очень понравился. Этотъ городокъ былъ Кіевъ. Они недолго думали: завладѣли имъ и сдѣлались государями кіевскими.

Олегъ, управляя Новгородомъ послѣ смерти Рюрика, слышалъ, что всѣ пріѣзжавшіе изъ Кіева хвалили новое княжество Русское, и вздумалъ завоевать его. Но онъ зналъ, что князья кіевскіе и народъ ихъ храбры, что они будутъ сражаться съ такою-же смѣлостью какъ и его воины, и оттого[1] рѣшился употребить хитрость. Подошедъ[2] къ Кіеву, онъ оставилъ войско назади, приплылъ къ кіевскому берегу въ небольшой лодкѣ только съ Игоремъ и нѣсколькими вои-

---

[1] for that reason. [2] ger. of подойти.

памп, и послялъ сказать государямъ кіевскимъ, что съ нѣми желаютъ видѣться купцы варяжскіе изъ Новгорода, ихъ друзья и земляки. Аскольдъ и Диръ были очень рады гостямъ и тотчасъ отправились на лодку ихъ. По лишь-только они вошли туда, какъ вдругъ воины Олега окружили ихъ; а самъ Олегъ, подпявъ па рукахъ маленькаго Игоря, сказалъ: *Вы не кплзья, но я князь! и вотъ сынъ Рюрика!* Въ эту самую минуту воины бросились на обоихъ князей кіевскихъ и убили ихъ. Вотъ одно дурное дѣло Олега; а впрочемъ онъ былъ хорошій опекунъ маленькаго воспитанника своего, старался о пользѣ народа Русскаго, соединилъ оба новыя государства Варяговъ въ одно, сдѣлалъ столицею Кіевъ и такъ прославился своею храбростію, что даже Греки въ Константинополѣ боялись его и имени Русскаго.

35. *Великая княгиня Ольга.*

Происхожденіе Ольги. Ольга родилась простою дѣвушкой[1] въ деревнѣ около города Пскова. Молодой князь Игорь пріѣхалъ туда на охоту и случайно увидѣлъ эту деревенскую красавицу, которая такъ понравилась ему своею скромностію и умомъ, что онъ не хотѣлъ слышать о другихъ невѣстахъ и женился на милой Ольгѣ. Въ высокомъ дворцѣ Государя она была такъ-же умна и любезна, какъ прежде въ маленькомъ домикѣ своихъ родителей; такъ-же добра и ласкова съ окружавшими её знатными боярынями, какъ прежде съ своими сельскими подружками.

Мщеніе Ольги. Ольга, жена Игоря, осталась послѣ его смерти съ маленькимъ сыномъ Святославомъ. Древляне, убивъ ея мужа, сказали: " Вотъ русскій князь убитъ, пусть его жена выходитъ[2] за нашего князя Мала "—и послали они

---

[1] dim. of дѣвица.   [2] marries.

къ Ольгѣ въ лодкѣ лучшихъ мужей, числомъ 20. Ольга
ласково встрѣтила послаппыхъ: "Пришли, добрые гости!"
—Пришли, княгиня, отвѣчали Древляпе.—"Пу скажите,
зачѣмъ же вы пришли?" Древляпе начали говорить: "Насъ
послала древляпская земля съ такою рѣчью: мы убили твоего мужа, потому что твой мужъ, какъ волкъ, расхищалъ и
грабилъ, а паши князья добры всегда были, какъ добрые
пастухи для своей земли: выходи замужъ за пашего князя
Мала." Ольга отвѣчала: "Мнѣ любо это слышать . . . . .
Какъ быть? ужъ пе воскрешу¹ мужа! Но я хочу завтра
почтить васъ передъ своими людьми: теперь идите-ка въ
лодку, и разлягтесь² тамъ съ важностію; утромъ, какъ
пошлю³ за вами, вы и скажите: пе ѣдемъ⁴ на коняхъ и
пѣшкомъ пейдёмъ,⁵ а песите насъ въ лодкѣ—и понесутъ васъ
въ лодкѣ," и отпустила ихъ въ лодку. Междутѣмъ опа ве-
лѣла выкопать глубокую яму внѣ города на дворѣ терем-
помъ. На другой депь, сидя въ терсмѣ, Ольга послала за
гостями. Посланные сказали имъ: "Зовётъ⁶ васъ Ольга па
великую честь."—Пе ѣдемъ пи на коняхъ пи па повозкахъ,
сказали опи: песите насъ въ лодкѣ.—Кіевляпе отвѣчали:
"Воля пе паша; князь пашъ убитъ, а княгиня хочетъ⁷
пти⁸ за вашего князя"—и попесли ихъ. Опи же сидѣли и
величались: какъ припесли ихъ на дворъ, такъ и бросили
въ яму вмѣстѣ съ лодкою. Ольга же паклонилась и спросила:
"Что? хороша вамъ честь?"—"Пуще⁹ памъ Игоревой
смерти," отвѣчали опи. Тутъ ихъ и засыпали живыми.

Ольга тогда посылаетъ къ Древляпамъ: "Если вы хотите
просить меня, какъ слѣдуетъ, то пришлите тѣхъ, кто по-
зпатпѣе; пиаче пе пустятъ меня кіевскіе люди." Древляпе испольпили си волю. Для прибывшихъ гостей, по

---

¹ fut. of воскресить.　² разлёчься.　³ послать.　⁴ ѣхать.
⁵ are not going.　⁶ звать.　⁷ хотѣть.　⁸ идти.　⁹ worse.

старому обычаю, приготовили баню: тамъ ихъ заперли и сожгли.[1]

После этого Ольга сама отправилась къ Древлянамъ, пославъ напередъ сказать: "Вотъ ужё иду къ вамъ; приготовьте побольше[2] мёду на томъ месте, где убили моего мужа; я хочу въ последній разъ поплакать надъ его гробомъ и справить по нёмъ тризну." Съ малою дружиною пришла она на могилу мужа и горько надъ нею плакала; она велела людямъ насыпать большой могильный холмъ и начать тризну. Древляне сели[3] пить съ нею, а отроки ей имъ прислуживали. "Где же наша дружина, что послали за тобою?" спросили Древляне. "Идутъ въ следъ за мной съ дружиною моего мужа," отвечала Ольга. Когда они все упились, то Ольга удалилась, а своимъ людямъ велела перебить ихъ. И перебили ихъ 5,000 человекъ.

Вернувшись въ Кіевъ, Ольга собрала большое войско и вместе съ Святославомъ пошла[4] на Древлянъ. Святославъ былъ тогда ещё ребёнкомъ. Когда Кіевляне встретились съ Древлянами. и его посадили на коня. Опъ первый бросилъ копьё; но копьё перелетело черезъ уши[5] коня и упало ему въ ноги. "Князь уже началъ," сказали воеводы: "дружина! за княземъ!" Древляне были разбиты и затворились въ своихъ городахъ; Кіевляне скоро взяли ихъ главный городъ Коростень и сожгли его.

Крещеніе Ольги (955). Ольга была язычница, по имя Бога Вседержителя уже славилось въ Кіеве. Она могла[6] видеть торжественность обрядовъ христіанства, могла изъ любопытства беседовать съ церковными пастырями и, будучи одарена умомъ необыкновеннымъ, уперться въ святости

---

[1] сжечь.   [2] compr. of много.   [3] сесть.

[4] пойти.   [5] pl. of ухо.   [6] past of мочь.

ихъ ученія. Плѣнённая лучёмъ сего новаго свѣта, Ольга захотѣла быть христіанкою и сама отправилась въ столицу имперіи и вѣры греческой, чтобы почерпнуть его въ самомъ источникѣ. Тамъ патріархъ былъ ея наставникомъ и крестителемъ, а Константинъ Багрянородный воспріемникомъ отъ купѣли.[1] Императоръ старался достойнымъ образомъ угостить княгиню народа знаменитаго, и самъ описалъ для насъ всѣ любопытныя обстоятельства ея представленія. Когда Ольга прибыла во дворецъ, за нею шли[2] особы княжескія, ея свойственницы, многія знатныя госпожи, послы россійскіе и купцы, обыкновенно живщіе[3] въ Царѣградѣ.[4]

Константинъ и супруга его, окружённые придворными и вельможами, встрѣтили Ольгу: послѣ чего императоръ на свободѣ бесѣдовалъ съ нею въ тѣхъ комнатахъ, гдѣ жила царица. Въ сей первый день, 6-го сентября былъ великолѣпный обѣдъ въ огромной, такъ называемой храминѣ Юстиніановой, гдѣ императрица сидѣла на тронѣ, и гдѣ княгиня россійская, въ знакъ почтенія къ супругѣ великаго царя, стояла до самаго того времени, какъ ей указали мѣсто за однимъ столомъ съ придворными госпожами. Въ часъ обѣда играла музыка, пѣвцы славили величіе царскаго дома, и плясуны оказывали свое искусство въ пріятныхъ тѣлодвиженіяхъ. Послы россійскіе, знатные люди Ольгины и купцы обѣдали въ другой комнатѣ. Потомъ дарили гостей деньгами: племяннику княгини дали 30 милиарисій или 2½ червонца, каждому изъ осьми ея приближённыхъ 20, каждому изъ двадцати пословъ 12, каждому изъ сорока трёхъ купцовъ тоже, свящённику или духовнику Ольгину, именемъ Григо-

---

[1] воспріемникъ отъ купѣли, " God-father."   [2] past of идти.

[3] part. of жить.   [4] Constantinople.

рію—8, двумъ переводчикамъ 24, Святославовымъ людямъ 5 на человѣка, посольскимъ 3, собственному переводчику княгини 15 милиаризій. На особенномъ золотомъ столикѣ были поставлены закуски: Ольга сѣла[1] за него вмѣстѣ съ императорскимъ семействомъ. Тогда на золотой, осыпанной драгоцѣнными камнями, тарелкѣ поднесли ей въ даръ 500 милиаризій, шести ей родственницамъ каждой 20 и осьмнадцати служительницамъ каждой 8. 18-го октября княгиня вторично обѣдала во дворцѣ и сидѣла за однимъ столомъ съ императрицею, ея невѣсткою, Романовою супругою, и съ дѣтьми[2] его; самъ императоръ обѣдалъ въ другой залѣ со всѣми Россіянами. Угощеніе заключилось также дарами, еще умѣреннѣйшими первыхъ: Ольга получила 200 милиаризій, а другіе менѣе[3] по соразмѣрности. Хотя тогдашніе государи россійскіе не могли еще быть весьма богаты металлами драгоцѣнными; но одна учтивость, безъ сомнѣнія, заставила великую княгиню принять въ даръ шестнадцать червонцевъ.

Къ симъ достовѣрнымъ извѣстіямъ о бытіи Ольгиномъ въ Константинополѣ народное баснословіе прибавило въ нашей древней лѣтописи невѣроятную сказку, что императоръ, плѣненный ея разумомъ и красотою, предлагалъ ей руку свою и корону, но что Ольга—нареченная во святомъ крещеніи Еленою—отвергнула его предложеніе, напомнивъ воспріемнику[4] своему о духовномъ союзѣ съ нею, который, по закону христіанскому, служилъ препятствіемъ для союза брачнаго между ними. Вопервыхъ Константинъ имѣлъ супругу; вовторыхъ Ольгѣ было тогда уже не менѣе шестидесяти лѣтъ. Она могла плѣнить его умомъ своимъ, а не красотою.

---

[1] сѣсть.   [2] pl. of дитя.   [3] comp. of мало.
[4] God-father.

36. *Жизнь Іоа́нна Гро́знаго въ Алекса́ндровской слободѣ́.*

Хотя́ но́вый дворе́цъ уподобля́лся непристу́пной крѣ́пости, но Іоа́ннъ не счита́лъ себя́ и въ нёмъ безопа́снымъ: по кра́йней мѣ́рѣ не взлюби́лъ Москвы́, и съ этого вре́мени[1] жилъ бо́льшею ча́стію въ слободѣ́ Алекса́ндровской, кото́рая сдѣ́лалась го́родомъ, укра́шенная церква́ми, дома́ми, ла́вками ка́менными. Та́мошній сла́вный храмъ Богома́тери сія́лъ снару́жи ра́зными цвѣта́ми, серебро́мъ и зо́лотомъ: на вся́комъ кирпичѣ́ былъ изображёнъ крестъ. Царь жилъ въ больши́хъ пала́тахъ, обведённыхъ рвомъ и ва́ломъ; при-дво́рные, госуда́рственные, вое́нные чино́вники въ осо́бен-ныхъ дома́хъ. Опри́чники[2] имѣ́ли свою́ у́лицу, купцы́ та́кже. Никто́ не смѣ́лъ ни въѣ́хать, ни вы́ѣхать отту́да безъ вѣ́дома Іоа́нна: для чего́ въ трёхъ верста́хъ отъ слободы́ обыкнове́нно стоя́ла во́инская стра́жа.—Въ этомъ гро́зно увесели́тельномъ жили́щѣ, окружённомъ тёмными лѣса́ми, Іоа́ннъ посвяща́лъ бо́льшую часть вре́мени церко́вной слу́ж-бѣ, что́бы непреста́нно набо́жною дѣ́ятельностью успоко́и-вать ду́шу. Онъ хотѣ́лъ да́же обрати́ть дворе́цъ въ монасты́рь, а люби́мцевъ свои́хъ въ и́ноковъ: вы́бралъ изъ опри́чниковъ 300 человѣ́къ, са́мыхъ злѣ́йшихъ, назва́лъ "бра́тіей," себя́ игу́меномъ, кня́зя Аѳана́сія Вя́земскаго ке́ларемъ, Малю́ту Скура́това параклиса́рхомъ;[3] далъ имъ тафьи́ или скуфе́йки и чёрныя ря́сы, подъ кото́рыми носи́ли они́ бога́тые, зо́ло-томъ блестя́щіе кафта́ны съ со́больей опу́шкой; сочини́лъ для нихъ уста́въ мона́шескій, и служи́лъ примѣ́ромъ въ исполне́ніи его́. Такъ опи́сываютъ эту мона́шескую жизнь

[1] after the death of his first wife (A.D. 1560).
[2] special body of soldiers.   [3] понома́рь.

Іоанна. Въ четвёртомъ часу́ утра́ онъ ходи́лъ на колоко́льню съ царе́вичемъ и съ Малю́тою Скура́товымъ благове́стить къ зау́трени; бра́тья спѣши́ли въ це́рковь; кто не явля́лся, того́ наказывали осьмидне́внымъ заключе́ніемъ. Слу́жба продолжа́лась до шести́ или семи́ часо́въ. Царь пѣлъ, чита́лъ, моли́лся столь ре́вностно, что на лбу[1] всегда́ остава́лись у него́ зна́ки кре́пкихъ земны́хъ покло́новъ. Въ 8 часо́въ опя́ть собира́лись къ обѣ́дни, а въ 10 сади́лись за бра́тскую тра́пезу, всѣ, кро́мѣ Іоанна, кото́рый сто́я чита́лъ вслухъ душеспаси́-тельныя наставле́нія. Ме́жду тѣмъ бра́тья ѣли и пи́ли до-сы́та; вся́кій день каза́лся пра́здникомъ: не жалѣ́ли ни вина́, ни мёду; оста́токъ тра́пезы выноси́ли изъ дворца́ на пло́-щадь для бѣ́дныхъ. Игу́менъ—то есть царь—обѣ́далъ послѣ; бесѣ́довалъ съ люби́мцами о зако́нѣ; дрема́лъ или ѣхалъ въ темни́цу пыта́ть какого-нибудь несча́стнаго. Каза́лось, что это ужа́сное зрѣ́лище забавля́ло его́: онъ возвраща́лся съ ви́домъ серде́чнаго удово́льствія, шути́лъ, гова́ривалъ тогда́ веселѣ́е обыкнове́ннаго. Въ 8 часо́въ шли къ вече́рни; въ деся́томъ Іоаннъ уходи́лъ въ спа́льню, гдѣ трое слѣпы́хъ, оди́нъ за други́мъ, разска́зывали ему́ ска́зки: онъ слу́шалъ, но не на до́лго: въ по́лночь встава́лъ—и день его́ начина́лся моли́твою. Иногда́ докла́дывали ему́ о дѣла́хъ госуда́рствен-ныхъ; иногда́ са́мыя жесто́кія повелѣ́нія дава́лъ Іоаннъ во вре́мя зау́трени или обѣ́дни! Единообра́зіе этой жи́зни онъ прерыва́лъ так называ́емыми "объѣ́здами:" посѣща́лъ мо-настыри́, и бли́жніе и да́льніе; осма́тривалъ крѣ́пости на грани́цѣ; лови́лъ ди́кихъ звѣре́й въ лѣса́хъ и пусты́няхъ; люби́лъ въ осо́бенности медвѣ́жью тра́влю; ме́жду тѣмъ вездѣ́ и всегда́ занима́лся дѣла́ми: ибо зе́мскіе бойре,[2] мни́мо-уполномо́ченные прави́тели госуда́рства, не смѣ́ли ничего́

---

[1] лобъ.   [2] those not belonging to the special body of soldiers.

рѣшить безъ его воли. Когда пріѣзжали къ намъ знатные послы иноземные, Іоаннъ являлся въ Москвѣ съ обыкновеннымъ великолѣпіемъ и торжественно принималъ ихъ въ новой кремлёвской палатѣ, близъ церкви св. Іоанна; являлся тамъ и въ другихъ важныхъ случаяхъ, но рѣдко. Опричники, блистая въ своихъ золотыхъ одеждахъ, наполняли дворецъ, но не заграждали пути къ престолу и старымъ боярамъ; только смотрѣли на нихъ спесиво, величаясь какъ подлые рабы въ чести недостойной.

37. Убіеніе Димитрія Царевича.

Годуновъ боролся съ совѣстію, но уже побѣдилъ её и, приготовивъ легковѣрныхъ людей услышать безъ жалости о злодѣйствѣ, держалъ въ рукѣ ядъ и ножъ для Димитрія; искалъ только, кому отдать ихъ для совершенія убійства.

Довѣренность, откровенность свойственна ли въ такомъ умыслѣ гнусномъ? Но Борисъ, имѣя нужду въ пособникахъ, открылся ближнимъ, изъ коихъ одинъ, дворецкій Григорій Васильевичъ Годуновъ, залился слезами, изъявлялъ жалость, человѣчество, страхъ Божій: его удалили отъ совѣта. Всѣ другіе думали, что смерть Димитрія необходима для безопасности правителя и для государственнаго блага. Начали съ яда. Мамка царевича боярыня Василиса Волохова и сынъ ся Осипъ, продавъ Годунову свою душу, служили ему орудіемъ: но зеліе смертоносное не вредило младенцу, по словамъ лѣтописца, ни въ иствахъ ни въ питіи. Можетъ-быть, совѣсть ещё дѣйствовала въ исполнителяхъ адской воли; можетъ-быть, дрожащая рука бережно сыпала отраву, уменьшая мѣру ея, къ досадѣ нетерпѣливаго Бориса, который рѣшился употребить иныхъ смѣлѣйшихъ злодѣевъ. Выборъ палъ на двухъ чиновниковъ, Владиміра Загряжскаго и Ни-

F

кифора Чепчугова, одолжённыхъ милостями Правителя; но оба уклонились отъ сдѣланнаго имъ предложенія: готовые умереть за Бориса, мерзили душегубствомъ; обязались только молчать и съ сего времени были гонимы. Тогда усерднѣйшій клевретъ Борисовъ, дядька царскій, окольничій Андрей Лупъ-Клешнинъ, представилъ человѣка надёжнаго: дядьку Михайла Битяговскаго, ознаменованнаго на лицѣ печатію звѣрства, такъ-что дикій видъ его ручался за вѣрность во злѣ. Годуновъ высыпалъ золото; обѣщалъ болѣе и совершенную безопасность; велѣлъ извергу ѣхать въ Угличъ, чтобы править тамъ земскими дѣлами и хозяйствомъ вдовствующей царицы, не спускать глазъ съ обречённой жертвы и не упустить первой минуты благопріятной. Битяговскій далъ и сдержалъ слово.

Вмѣстѣ съ нимъ пріѣхали въ Угличъ сынъ его Данило и племянникъ Никита Качаловъ, также удостоенные совершенной довѣренности Годунова. Успѣхъ казался лёгкимъ: съ утра до вечера они могли быть у царицы, занимаясь ея домашнимъ обиходомъ, надзирая надъ слугами и надъ столомъ; а мамка Димитріева съ сыномъ помогала имъ совѣтомъ и дѣломъ. Но Димитрія хранила нѣжная мать!... Извѣщенная ли нѣкоторыми тайными доброжелателями или своимъ сердцемъ, она удвоила попеченія о миломъ сынѣ: не разставалась съ нимъ ни днёмъ ни ночью; выходила изъ комнаты только въ церковь, питала его изъ собственныхъ рукъ, не ввѣряла ни злой мамкѣ Волоховой ни усердной кормилицѣ Иринѣ Ждановой. Прошло немало времени; наконецъ убійцы, не видя возможности совершить злодѣяніе втайнѣ, дерзнули на явное въ надеждѣ, что хитрый и сильный Годуновъ найдётъ способъ прикрыть явное для своей чести въ глазахъ рабовъ безмолвныхъ: ибо думали только о людяхъ, не о Богѣ! Насталъ день, ужасный происшествіемъ и слѣдствіями долговре́менными! 15 ма́я, въ суббо́ту, въ шесто́мъ часу́ дня, цари́ца возврати́лась съ сы́номъ изъ це́ркви и гото́вилась обѣ́дать; бра́тьевъ ея́ не́ было во дворцѣ́, слу́ги посли́ ку́шанье. Въ сію́ мину́ту боя́рыня Во́лохова позва́ла Дими́трія гуля́ть на дворъ: цари́ца ду́мала итти́[1] съ ни́ми же, но въ како́мъ-то несча́стномъ разсѣ́яніи останови́лась. Корми́лица удержи́вала царе́вича, сама́ не зна́я, для чего́; но ма́мка си́лою вы́вела его́ изъ го́рницы въ сѣ́ни и къ ни́жнему крыльцу́, гдѣ яви́лись Оси́пъ Во́лоховъ, Дани́ло Битяго́вскій, Ники́та Кача́ловъ. Пе́рвый взявъ Дими́трія за́ руку, сказа́лъ: "Госуда́рь! у тебя́ но́вое оже́рельс." Младе́нецъ, съ улы́бкою неви́нности подня́въ го́лову, отвѣча́лъ: "Нѣтъ, старое".... Тутъ блесну́лъ надъ нимъ убíйственный ножъ; едва́ косну́ся горта́ни его́ и вы́палъ[2] изъ рукъ Во́лохова. Закрича́въ отъ ужа́са, корми́лица обня́ла своего́ Держа́внаго пито́мца. Во́лоховъ бѣжа́лъ; но Дани́ло Битяго́вскій и Кача́ловъ вы́рвали же́ртву, заре́зали и ки́нули внизъ съ лѣ́стницы въ са́мое то мгнове́ніе, когда́ цари́ца вы́шла изъ сѣ́ней на крыльцо́.... Девятилѣ́тній святы́й му́ченикъ лежа́лъ окрова́вленный въ объя́тіяхъ той, кото́рая воспита́ла и хотѣ́ла защити́ть его́ свое́ю гру́дью; онъ трепета́лъ, какъ го́лубь, испуска́я духъ, и скончался, уже́ не слыха́въ во́пля отча́янной ма́тери.... Корми́лица ука́зывала на безбо́жную ма́мку, смяте́нную злодѣ́йствомъ, и на убíйцъ, бѣжа́вшихъ дворо́мъ къ воро́тамъ; не́кому бы́ло[3] останови́ть ихъ, но Всевы́шній мсти́тель прису́тствовалъ.

Чрезъ мину́ту весь го́родъ предста́вилъ зрѣ́лище мятежа́ неизъясни́маго. Пономарь собо́рной це́ркви—самъ ли, какъ пи́шутъ, ви́дѣлъ убíйство, и́ли извѣще́нный о томъ слу́гами цари́цы—уда́рилъ въ наба́тъ, и всѣ у́лицы напо́лнились

[1] итти́.   [2] вы́пасть.   [3] there was no one.

людьми́, встрево́женными, изумлёнными : бѣжа́ли на звукъ
ко́локола ; смотрѣли ды́ма, пла́мени, ду́мая, что гори́тъ дво-
ре́цъ; вломи́лись въ его́ воро́та́; уви́дѣли царе́вича мёртваго
на землѣ́; по́длѣ него́ лежа́ли мать и корми́лица безъ па́мя-
ти ; но имена́ злодѣ́евъ бы́ли уже́ произнесены́ йми. Сіи
и зверги, невидимымъ Судіею ознамено́ванные для пра́вед-
ной ка́зни, не успѣ́ли или боя́лись скры́ться, чтобы не обли-
чи́ть тѣмъ своего́ дѣла : въ замѣша́тельствѣ, въ изступле́ніи,
устрашённые наба́томъ, шу́момъ, стремле́ніемъ наро́да, вбѣ-
жа́ли въ избу́ разря́дную ; а та́йный вождь ихъ Миха́йло
Битяго́вскій бро́сился на́ колоко́льню, чтобы удержа́ть зво-
наря́ : не мо́гъ[1] отби́ть за́пертой имъ двери и безстра́шно
яви́лся на мѣстѣ злодѣ́янія ; приближался къ тру́пу уби́еннаго,
хотѣлъ утиши́ть наро́дное волне́ніе : дерзну́лъ сказа́ть граж-
да́намъ (заблаговре́менно изгото́вивъ сію ложь съ Клѣшни-
ными или съ Бори́сомъ), что младе́нецъ умертви́лъ себя́
ножо́мъ въ паду́чей болѣ́зни. "Душегу́бецъ !" завопи́ли
то́лпы ; ка́мни посы́пались на злодѣя. Онъ искалъ убѣ́жища
во дворцѣ́ съ одни́мъ изъ клевре́товъ свои́хъ, Дани́ломъ
Третьяко́вымъ : наро́дъ схвати́лъ, уби́лъ ихъ; та́кже и сы́на
Миха́йлова и Ники́ту Кача́лова, взломи́въ дверь разря́дной
избы́. Тре́тій уби́йца, Оси́пъ Во́лоховъ, ушёлъ[2] въ домъ
Миха́йла Битяго́вскаго ; его́ взя́ли, привели́[3] въ це́рковь
Спа́са, гдѣ уже́ стоя́лъ гробъ Дими́тріевъ, и тамъ умертви́ли
въ глаза́хъ цари́цы ; умертви́ли ещё слугъ Миха́йловыхъ,
трёхъ мѣща́нъ, уличённыхъ или подозрѣва́емыхъ къ согла́сіи
съ уби́йцами, и жёнку юроди́вую, которая жила́ у Битяго́в-
скаго и ча́сто ходи́ла во дворе́цъ ; но ма́мку оста́вили живу́ю
для ва́жныхъ показа́ній: и́бо злодѣя издыха́я облегчи́ли
свою́ со́вѣсть. какъ пи́шутъ, искренним призна́ніемъ,

---

[1] past of мочь.   [2] уйти́.   [3] привести́.

паименовали и главнаго виновника Димитріевой смерти: Бориса Годунова.

38. *Лжедимитрій.*[1]

Человѣкъ, принявшій на себѣ имя царевича Димитрія, былъ Григорій Отрѣпьевъ, бѣдный сирота, родомъ изъ Га- лицкихъ служилыхъ людей.

Это былъ юноша даровитый, необыкновенно смѣлый, но легкомысленный и наклонный къ мечтательности. Съ дѣт- ства онъ велъ[2] скитальческую жизнь, сдѣлался монахомъ, побывалъ въ разныхъ монастыряхъ и нашёлъ[3] наконецъ пріютъ въ Московской Чудовской обители. Здѣсь своею грамотностію онъ поправился патріарху Іову: но смѣлые намёки о мнимомъ происхожденіи навлекли[4] на него опас- ность со стороны Бориса: ужё отданъ былъ царскій при- казъ заточить его въ Бѣлозёрскій монастырь; но Отрѣпьевъ спасся[5] бѣгствомъ въ Литву. Нѣкоторое время онъ учился въ одной литовской школѣ; побывалъ у Казаковъ въ Запо- рожьѣ, гдѣ привыкъ хорошо владѣть оружіемъ и отличился своею отвагою. Потомъ Отрѣпьевъ является въ службу у знатнаго польскаго пана, князя Адама Вишневецкаго, и при удобномъ случаѣ открываетъ князю, будто бы слуга его не кто иной, какъ сынъ Ивана Грознаго, спасшійся[6] отъ клев- ретовъ Годунова, которые вмѣсто Димитрія убили другаго ребёнка. Вишневецкій, его родственники и друзья приняли участіе въ судьбѣ мнимаго царевича. Самую дѣятельную помощь оказалъ воевода сандомирскій Юрій Мнишекъ, кото- рый обѣщалъ выдать свою дочь, красавицу Марину, за будущаго царя Московскаго; этимъ бракомъ старый воевода надѣялся поправить своё разстроенное состояніе. Іезуиты

[1] The false Demetrius.   [2] past of вести.   [3] past of найти.
[4] past of навлечь.   [5] past of спастись.   [6] past part. of спастись.

также нача́ли содѣ́йствовать самозва́нцу, надѣ́ясь съ его́ по́мощью пото́мъ подчини́ть па́пѣ Ру́сскую це́рковь ; самъ же Отрѣ́пьевъ та́йнымъ о́бразомъ уже́ при́нялъ католи́цизмъ. Па́пскій[1] пу́нцій Ранго́ни доста́вилъ ему́ свида́нье съ коро-лёмъ Сигизму́ндомъ III. Коро́ль призна́лъ Лжедими́трія и́стиннымъ царе́вичемъ, по не хотѣ́лъ вступа́ть за него́ въ откры́тую войну́ съ Бори́сомъ ; а назна́чилъ Отрѣ́пьеву де́нежное вспоможе́ніе и позво́лилъ ему́ набира́ть а́рмію изъ пра́здной войнстве́нной по́льской шля́хты, чтобы отня́ть Моско́вскій престо́лъ у похити́теля.

Подъ знамёнами самозва́нца собрало́сь до 1600 по́льскихъ шля́хтичей, жа́дныхъ иска́телей приключе́ній и зо́лота : къ нимъ присоедини́лось нѣ́сколько ты́сячъ Казако́въ, кото́рые та́кже разсчи́тывали на́ большу́ю добы́чу. Въ октябрѣ́ 1604 г. Лжедими́трій перешёлъ за Днѣпръ и вступи́лъ въ Ру́сскіе предѣ́лы. Украи́нскіе города́ оди́нъ за други́мъ отвори́ли ему́ ворота́ ; сопротивле́ніе оказа́лъ то́лько Но́вгородъ-Сѣ́верскій, въ кото́ромъ нача́льствовалъ му́жественный воево́да Пётръ Басма́новъ. Вслѣдъ затѣ́мъ самозва́нецъ потерпѣ́лъ рѣши́-тельное пораже́ніе подъ Сѣ́вскомъ ; но моско́вскіе воево́ды не воспо́льзовались свое́ю побѣ́дою и да́ли ему́ вре́мя опя́ть уси́литься. Вдругъ распространи́лась вѣсть, что царь Бори́съ внеза́пно сконча́лся (13 апрѣ́ля 1605 года). Наро́дъ прис-ягну́лъ ю́ному сы́ну его́ Ѳео́дору ; гла́внымъ нача́льникомъ во́йска Ѳео́доръ назна́чилъ Басма́нова. Ви́дя круго́мъ себя́ колеба́ніе и неохо́ту сража́ться про́тивъ Лжедими́трія, Басма́-новъ измѣни́лъ молодо́му Годуно́ву и перешёлъ на сто́рону его́ сопе́рника ; примѣ́ру вождя́ послѣ́довало и всё во́йско. Нѣ́сколько измѣ́нниковъ отпра́вилось въ столи́цу, возмути́ли ея жи́телей, и Годуно́вы бы́ли низве́ржены. Нашли́сь злодѣ́и,

---

[1] papal.

которые потомъ задушили Ѳеодора Борисовича вмѣстѣ съ матерью. Самозванецъ съ торжествомъ вступилъ въ Москву; мать царевича Димитрія, монахиня Марѳа, послѣ тайныхъ переговоровъ съ клевретами Отрепьева признала его своимъ сыномъ; а на мѣсто низверженнаго патріарха Іова былъ поставленъ грекъ Игнатій, угодникъ[1] самозванца.

Новый царь ознаменовалъ милостями начало своего правленія и возвратилъ изъ заточенія большую часть бояръ, сосланныхъ Годуновымъ. Но его погубили легкомысленная самоувѣренность, презрѣніе къ старымъ русскимъ обычаямъ, дружба съ Поляками и Іезуитами. Къ великому неудовольствію народа и духовенства, царь вступилъ въ бракъ съ католичкою Мариною Мнишекъ, которая пріѣхала въ Москву въ сопровожденіи многочисленной и отлично-вооружённой польской свиты; гордые, неосторожные шляхтичи своимъ буйнымъ поведеніемъ не замедлили возбудить противъ себя сильную ненависть въ московскихъ жителяхъ. Бояре между тѣмъ втайнѣ начали распускать слухи о самозванствѣ царя. Противъ него составился обширный заговоръ, во главѣ котораго князь Василій Ивановичъ Шуйскій, незадолго передъ тѣмъ осужденный Отрепьевымъ на смерть и получившій прощеніе уже на мѣстѣ казни.

Царствованіе перваго Лжедимитрія продолжалось не болѣе одиннадцати мѣсяцевъ. 17 мая 1606 года рано по утру въ Москвѣ зазвонили набатъ, и Шуйскій съ боярами, предводительствуя большою толпою народа, вступилъ въ Кремль. Первою жертвою заговорщиковъ палъ любимецъ царя Петръ Басмановъ; вслѣдъ затѣмъ иностранные тѣлохранители были обезоружены, и самъ Лжедимитрій, спасаясь отъ своихъ преслѣдователей, прыгнулъ изъ окна и сломалъ себѣ ногу.

---

[1] favourite.

Карау́льные стрѣльцы́ окружи́ли его́ и хотѣ́ли защища́ть; но, когда́ бо́яре погрози́ли имъ разори́ть стрѣле́цкую слободу́, они́ оробѣ́ли; въ то́же вре́мя оди́нъ изъ бо́яръ принёсъ извѣ́стіе, что инокиня Ма́рѳа отрека́ется отъ самозва́нца и созна́ется въ обма́нѣ. Тогда́ стрѣльцы́ разступи́лись; Лжедими́трій былъ неме́дленно застрѣ́ленъ, и трупъ его́ подве́ргся ¹ поруга́нію. Ме́жду тѣмъ неразу́мная чернь бро́силась на кварти́ры Поля́ковъ и, какъ говоря́тъ, истреби́ла ихъ въ тотъ день до полу́торы ты́сячи человѣ́къ. Царёмъ былъ объя́вленъ Шу́йскій, а мѣ́сто патріа́рха заня́лъ каза́нскій митрополи́тъ Гермоге́нъ, ре́вностный защи́тникъ правосла́вія и мужъ непрекло́ннаго, суро́ваго хара́ктера.

39. *Воцаре́ніе Михаила Ѳёдоровича Рома́нова.*

По очище́ніи Москвы́ отъ Поля́ковъ, рѣшено́ бы́ло созва́ть зе́мскій собо́ръ со всего́ россі́йскаго госуда́рства; и для э́того разосла́ны бы́ли гра́маты по всѣмъ города́мъ, чтобы вы́борные лю́ди собира́лись въ Москву́ на избра́ніе госуда́ря. Когда́ вы́бранные собра́лись въ Москву́, то назна́ченъ былъ трехдне́вный постъ. "Всѣ правосла́вные христіа́не моли́лися Бо́гу, постя́щеся² три дня: ни я́дуще³ съ жёнами, и съ дѣтьми́, и съ ссу́щими⁴ младе́нцами." Пото́мъ приступи́ли къ избра́нію госуда́ря. Сперва́ бы́ло мно́го спо́ровъ: одни́ хотѣ́ли того́, други́е друга́го; дѣлались да́же по́дкупы—мно́гимъ хотѣ́лось получи́ть ца́рство; но Богъ не соизво́лилъ ни одному́ изъ жела́ющихъ, а внуши́лъ лю́дямъ избра́ть въ ца́ри шестнадцатилѣ́тняго ю́ношу Михаила Ѳёдоровича Рома́нова, кото́рый въ э́то вре́мя не́ былъ и въ Москвѣ́, а жилъ съ свое́ю ма́терью въ Костромско́мъ уѣ́здѣ въ свои́хъ во́тчинахъ.

---

¹ past of подве́ргнуться.   ² slav.; modern: пости́сь, fasting.
³ slav.; modern: ѣдя́щій, eating.   ⁴ сосу́щими, sucking.

Пе́рвую мысль объ избра́нiи Михаи́ла по́далъ собо́ру па письме́ како́й-то га́лицкiй дворяни́нъ, пото́мъ друго́е письмо́ о томъ-же по́далъ каза́чiй атама́нъ, а за ни́ми послѣ́довали и всѣ бы́вшiе[1] на собо́рѣ. По какъ на собо́ръ не успѣ́ли съѣ́хаться изъ да́льнихъ городо́въ, то рѣше́нiе остано́влено ещё на двѣ недѣ́ли; и въ послѣ́днiй срокъ 21 февраля́ 1613 го́да въ сбо́рное воскресе́нье бы́ло послѣ́днее избира́тельное засѣда́нiе собо́ра, на кото́ромъ всѣ подава́ли пи́сьменныя мнѣ́нiя и всѣ единогла́сно избра́ли Михаи́ла. По́слѣ чего́ ряза́нскiй архiепи́скопъ Ѳеодори́тъ, тро́ицкiй ке́ларь Авраа́мiй Пали́цынъ, новоспа́сскiй архиманд́ритъ Iо́сифъ и бо́яринъ Васи́лiй Петро́вичъ Моро́зовъ, по́сланные собо́ромъ на ло́бное мѣ́сто,[2] спроси́ли у собра́вшагося на Кра́сной пло́щади наро́да, кого́ они́ хотя́тъ въ цари́; и наро́дъ отвѣча́лъ то́же —"Михаи́ла Ѳёдоровича Рома́нова." И таки́мъ о́бразомъ Михаи́лъ Ѳёдоровичъ Рома́новъ, да́же не зна́я объ э́томъ, былъ всенаро́дно провозглашёнъ царёмъ ру́сской земли́.

Тепе́рь ну́жно сказа́ть, кто же былъ э́тотъ но́вый царь? изъ како́го ро́да онъ происходи́лъ? и почему́ осо́бенно всѣ согласи́лись избра́ть его́ царёмъ? У моско́вскихъ госуда́рей давно́ уже́, лѣтъ три́ста и да́же бо́льше, служи́лъ оди́нъ прiѣ́зжiй бо́ярскiй родъ, происходи́вшiй отъ Андрея́ Кобы́лы или Камби́лы, кото́рый изъ Пру́сской земли́ пришёлъ служи́ть вели́кому кня́зю Алекса́ндру Не́вскому; пото́мки этого Андре́я бы́ли всегда́ въ приближе́нiи у моско́вскихъ госуда́рей и бы́ли весьма́ сла́вны свое́ю усе́рдною слу́жбою. Царь Ива́нъ Васи́льевичъ жени́лся на до́чери Рома́на Юрьевича, одного́ изъ Андре́евыхъ пото́мковъ. Эта Рома́нова дочь была́ знамени́тая моско́вская цари́ца Анаста́сiя Рома́новна, па́мятная всему́ ру́сскому наро́ду свои́ми доброде́тельми и благо-

---

[1] past part. of быть.   [2] place of execution.

дѣяніями. У Апастасіи былъ родиой братъ Никита, а у него былъ сынъ Ѳёдоръ, племянникъ Апастасіи и по неи двоюродный братъ царя Ѳёдора Ивановича. Этотъ Ѳёдоръ Никитичъ былъ самый знаменитый бояринъ при царѣ Ѳёдорѣ. Когда бояринъ Годуновъ сдѣлался царёмъ; то всѣхъ Романовыхъ отправилъ въ ссылку по разнымъ городамъ, а Ѳёдора Никитича отъ живой жены постригъ[1] въ монахи, подъ именемъ Филарета. У этого Ѳёдора Никитича былъ единственный сынъ Михаилъ Ѳёдоровичъ, доводившійся царю Ѳёдору Ивановичу двоюроднымъ племянникомъ.[2] И сіе-то родство съ древнимъ царскимъ домомъ было одною изъ важныхъ причинъ къ избранію Михаила Ѳёдоровича на царство.

Я уже сказалъ, что когда въ Москвѣ выбирали царя, въ это время Михаилъ Ѳёдоровичъ Романовъ проживалъ въ одной изъ своихъ Костромскихъ вотчинъ. А тогда отъ поляковъ и измѣнниковъ казаковъ была очищена только одна Москва; по прочимъ же городамъ еще таскались разныя шайки поляковъ и казаковъ, и грабили и жгли[3] села и деревни. Одна изъ сихъ шаекъ, грабившая въ Костромскомъ уѣздѣ, послышавши, что Михаила Ѳёдоровича въ Москвѣ избрали царёмъ, вздумала захватить его въ плѣнъ или убить; но не зная, въ какой вотчинѣ онъ живётъ, поймала одного крестьянина изъ села Домнина, Ивана Сусанина, и стала его допрашивать, гдѣ живётъ господинъ его Михаилъ Ѳёдоровичъ Романовъ. Крестьянинъ Сусанинъ долго отговаривался открыть жилище Михаила; потомъ послѣ страшныхъ пытокъ сказалъ полякамъ: "хорошо, паны! я вамъ укажу, гдѣ скрывается государь Михаилъ Ѳёдоровичъ; идите за мною," и повёлъ ихъ по непроходимымъ костром-

---

[1] постричь.   [2] being second cousin to the Czar.   [3] past of жечь.

скймъ лѣсамъ совсѣмъ въ другую сторопу отъ Романов-
скихъ вотчинъ. Когда завёлъ ихъ далеко и въ такую
лѣспую глушь, что они ужё пе могли выбраться оттуда; то
остаповясь сказалъ полякамъ: "пу, папы! теперь рѣжьте
меня: я васъ обмапулъ; Михаилъ Ѳёдоровичъ спассл,[1] а вамъ
пе выбраться изъ этого лѣса." Обмапутые поляки страш-
ными муками умертвили добраго Сусапипа. По смерти
Сусапипа осталась одна только дочь, бывшая замужемъ за
крестьянномъ Богдапомъ Собиннымъ. Когда царь Михаилъ Ѳёдоровичъ узпалъ о вѣрпой службѣ и мучепическоii
смерти Сусапипа; то зятю его Богдапу Собиппу пожало-
валъ въ вотчину въ вѣкъ въ потомство половипу деревпи
Деревпицъ и въ вѣки вѣчные[2] весь родъ освободилъ отъ
всѣхъ податеii и повиппосгеii. Потомки Собиппипа и теперь
живутъ въ селѣ Коробово костромской губерпiи, и подъ
ймепемъ бѣлопашцевъ освобождепы отъ всѣхъ податеii и
рекрутской и другихъ повиппостей; а мучепику, крестъ-
япипу Сусапипу, въ педавпiе годы государь императоръ
поставилъ памятпикъ въ Костромѣ па Сусапипской площади.

Московскiii земскiii соборъ, избравши Михаила Ѳёдоро-
впча, пе зпалъ даже, гдѣ опъ жилъ въ то время; а посему,
парядивши посольство съ прошепiемъ припять царство,
паказалъ посламъ ѣхать къ государю царю и великому
кпязю Михаилу Ѳёдоровичу всея Руси въ Ярославль, или
гдѣ опъ государь будетъ. Московскiе послапипки пашли[3]
Михаила Ѳёдоровича въ костромскомъ Ипатьевскомъ мо-
пастырѣ, куда опъ съ матерью, инокипею Марѳою, вѣройтпо,
удалился изъ своихъ вотчинъ, укрывался отъ пападепiя
польскихъ грабителей. Московское посольство прiѣхало въ

---

[1] past of спастись.   [2] for ever.   [3] past of пайти.

Кострому 13-го марта вечеромъ, и на другой дснь по утру́ съ крестнымъ ходомъ отправилось въ Ипатьевскій монастырь: Михаилъ съ матерью встрѣтилъ образа за монастыремъ, гдѣ послы и объявили имъ, зачѣмъ присланы, и получили отъ Михаила отвѣтъ, что онъ государемъ быть не хочетъ; а мать прибавила, что она его не благословляетъ на царство. Потомъ послы упросили Михаила и мать его взойти въ церковь, гдѣ подали грамоты отъ собора и говорили по наказу рѣчи; и получили прежній отвѣтъ. Инокиня Мареа говорила, что у сына ся и въ мысляхъ не было быть государемъ, что онъ еще не въ совершенныхъ лѣтахъ, что Москвитяне многимъ уже государямъ присягали и измѣняли имъ, и что отецъ Михаила, митрополитъ Филаретъ, теперь у короля въ Литвѣ въ большомъ утѣсненіи; а какъ король узнаетъ, что на¹ Московскомъ государствѣ учинился² Филаретовъ сынъ, то сейчасъ же велитъ сдѣлать надъ нимъ какоелибо зло. Послы со слезами молили и били челомъ Михаилу, чтобъ соборнаго³ моленья и челобитья не презрилъ;⁴ но Михаилъ все еще не соглашался. Наконецъ послы стали грозить Михаилу, что Богъ взыщетъ⁵ на немъ конечное разореніе государства; тогда Михаилъ и мать его сказали, что они во всемъ положились на праведныя судьбы Божіи; Мареа благословила сына, Михаилъ принялъ посохъ отъ архіепископа Феодорита, бывшаго главою посольства, допустилъ всѣхъ къ рукѣ и сказалъ, что поѣдетъ въ Москву скоро.

Михаилъ выѣхалъ изъ Костромы 19-го марта, но ѣхалъ очень медленно, останавливаясь по городамъ и требуя отъ собора разныхъ приготовленій и распоряженій. Наконецъ въ Москву пришла вѣсть, что государь съ матерью пріѣдутъ 2-го мая. Всѣ Москвичи отъ мала до велика бросились за

---

¹ over. ² reigned. ³ of the council.
⁴ would not reject. ⁵ взыскать.

городъ встрѣчать государя.   Въѣхавши въ Москву, Михаилъ
и мать его слушали обѣдню въ Успенскомъ соборѣ ; потомъ
всякихъ чиновъ люди подходили къ царской рукѣ и здравст-
вовали великому государю.   Отъ въѣзда въ Москву прошло
слишкомъ два мѣсяца въ приготовленіяхъ къ коронованію.
Наконецъ 11-го іюля Михаилъ вѣнчался царскимъ вѣнцомъ
въ Успенскомъ соборѣ.

40. Пётръ I.

Пётръ Первый былъ слишкомъ 2 аршина 14 вершковъ, и
столько отличался ростомъ отъ другихъ, что во время пребы-
ванія его въ Голландіи, въ Саардамѣ, жёны корабельщиковъ,
работавшихъ на тамошней верфи, унимали дѣтей своихъ отъ
шалостей, грозя гнѣвомъ высокаго плотника изъ Московіи.[1]
Онъ былъ крѣпкаго сложенія, имѣлъ лицо круглое, нѣсколько
смугловатое, чёрные волосы, обыкновенно прикрытые пари-
комъ, большіе чёрные глаза, густыя брови, маленькій носъ,
небольшой ротъ и усы, придававшіе ему нѣсколько суровый
видъ.   Сила его была соразмѣрна необыкновенному росту.
Заспоривъ однажды съ Августомъ, королёмъ польскимъ, онъ
велѣлъ подать себѣ штуку сукна, и, бросивъ её вверхъ, корти-
комъ прорубилъ сё на воздухѣ.   Въ другой разъ, сидя съ
нимъ же за ужиномъ, онъ свёртывалъ въ трубку по двѣ
серебряныя тарелки вдругъ, и потомъ между ладонями сплю-
щилъ большую серебряную же чашу.   Походка его, обыкновенно скорая, дѣлалась ещё скорѣе, когда онъ занятъ былъ
какою-нибудь мыслію или увлекался разговоромъ.   Одинъ
изъ иностранныхъ министровъ, находившихся въ то время
при россійскомъ дворѣ, а именно цесарскій[2] посолъ, графъ
Кинскій, довольно толстый мужчина, говаривалъ, что онъ
согласится лучше выдержать нѣсколько сраженій, нежели

---

[1] Россія.   [2] Austrian.

пробыть у царя два часа на переговорахъ: ибо долженъ былъ, при всей тучности тѣла, бѣгать за нимъ во всё это время. Пётръ любилъ веселиться въ обществахъ, на праздникахъ, которые давались ему въ честь; любилъ видѣть вокругъ себя блескъ и пышность; но въ частной жизни представлялъ во всёмъ образецъ строжайшей[1] умѣренности. Обыкновенная одежда его была самая простая: лѣтомъ чёрпый бархатный картузъ или треугольпая поярковая шляпа, французскій кафтанъ изъ толстаго сукна, сѣраго или тёмнаго цвѣта, съ фабрики купца Сѣрикова, тафтяные камзолъ и нижнее платье,[2] цвѣтные шерстяные чулки и башмаки на толстыхъ подошвахъ и высокихъ каблукахъ, съ мѣдными или стальными пряжками. Зимою, вмѣсто бархатнаго картуза, посилъ онъ шапку изъ калмыцкихъ барашковъ, вмѣсто суконнаго кафтана надѣвалъ другой, изъ красной матеріи, въ коемъ переднія полы были подбиты соболями, а спинка и рукава бѣличьимъ мѣхомъ, и вмѣсто кожаныхъ башмаковъ, родъ сапоговъ изъ сѣвернаго оленя, мѣхомъ вверхъ.[3] Царь не охотно разставался съ сею простотою, и даже не измѣнилъ ей въ 1717 году въ Парижѣ, гдѣ въ молодость Людовика XV пышность и частыя перемѣны въ одеждѣ составляли отличительную черту людей лучшаго общества. Пріѣхавъ туда, онъ заказалъ себѣ новый парадный парикъ: ему принесли сдѣланный въ послѣднемъ вкусѣ, широкій, съ длинными кудрями. Государь обрѣзалъ его по мѣркѣ прежняго своего парика, такъ что онъ едва прикрывалъ волосы. Были однакожъ дни, въ которые и онъ любилъ наряжаться съ нѣкоторою пышностію: такъ, напримѣръ при спускахъ кораблей. Въ день коронаціи императрицы Екатерины имѣлъ онъ на себѣ голубой гродстуровый кафтанъ, шитый

---

[1] comp. of строгій.   [2] breeches.   [3] outside.

серебро́мъ само́ю госуда́рынею. Когда́ она́ подписла́ его́
супру́гу, Пётръ взялъ кафта́нъ въ ру́ки и, взгляну́въ на шитье́,
тряхну́лъ имъ, отъ чего́ не́сколько канителн осы́палось на́
полъ. "Смотри́ Ка́тенька,"¹ сказа́лъ онъ ей, ука́зывая на
упа́вшіе² блёстки : "слуга́ смете́тъ³ это вме́сте съ со́ромъ,—а
ве́дь здесь сли́шкомъ дневно́е жа́лованье солда́та."

Вообще́ Пётръ, ще́дрый въ награжде́ніи заслу́гъ, пока́зы-
валъ чрезвыча́йную бережли́вость во всёмъ, что каса́лось до
его́ со́бственности. Въ пе́рвое путеше́ствіе своё по чужи́мъ⁴
краямъ, прибы́въ ве́черомъ инко́гнито съ небольшо́ю сви́тою
въ Нимве́генъ, онъ останови́лся въ тракти́ре и потре́бовалъ
у́жинать. Ему́ да́ли 12 яи́цъ, сы́ру, ма́сла и две́ буты́лки
вина́. Когда́ надлежа́ло распла́чиваться, тракти́рщикъ,—
ве́роятно узна́въ, кто былъ его́ гость—запроси́лъ сто черво́н-
ныхъ. Пётръ веле́лъ гофма́ршалу своему́ Шепеле́ву запла-
ти́ть де́ньги, но не могъ забы́ть этой изде́ржки ; и угоща́я въ
Петербу́рге прiезжа́вшихъ на суда́хъ голла́ндцевъ, вся́кій
разъ съ упрёками напомина́лъ имъ о корыстолю́біи нимвеге́н-
скаго тракти́рщика. "Мне мота́ть не изъ чего,"⁵ гова́ривалъ
онъ въ друго́е вре́мя : "жа́лованья заслу́женнаго у меня́ не-
мно́го, а съ госуда́рственными дохо́дами надлежи́тъ поступа́ть
осторо́жно : я до́лженъ во всёмъ отда́ть отчётъ Бо́гу." Ча́сто
ходи́лъ онъ въ башмака́хъ, имъ сами́мъ запла́танныхъ, и
чулка́хъ, што́панныхъ его́ супру́гою ; носи́лъ по году и по́
два одно́ пла́тье.

Ездилъ онъ ле́томъ въ дли́нной, вы́крашенной въ кра́сную
кра́ску одноко́лке, на ни́зкихъ колёсахъ, па́рою ; зимо́ю въ
саня́хъ, запряжённыхъ⁶ въ одну́ ло́шадь съ двумя́ денщика́ми
—одни́мъ, кото́рый сиде́лъ съ нимъ ря́домъ, и други́мъ,
е́хавшимъ сза́ди верхо́мъ.

---

¹ dim. of Екатери́на.   ² упа́сть.   ³ смести́.   ⁴ foreign.
⁵ I cannot afford to spend money recklessly.   ⁶ запря́чь.

Та́же простота́, каку́ю соблюда́лъ царь въ одѣ́ждѣ п въ экипа́жѣ свое́мъ, госпо́дствовала п въ его́ обраще́ніп. "Если хотѝте оста́ться мои́ми друзья́ми," говорѝлъ опъ саарда́мскимъ корабе́льщикамъ въ 1698-мъ году́, "то обходи́тесь со мно́ю не какъ съ царе́мъ; ина́че, я не бу́ду учепико́мъ ва́шимъ. Я ищу́[1] не по́честей, но поле́зныхъ зна́ній. Оста́вьте всѣ церемо́ніп; мнѣ свобо́да въ ты́сячу разъ милѣ́е, не́жели не-спо́сное принужде́ніе, кото́раго тре́буетъ свѣтъ."

Быва́ло, е́сли на у́лицѣ кто-нибу́дь изъ проходя́щихъ, по-клони́вшись, остана́вливался пе́редъ госуда́ремъ, опъ под-ходи́лъ къ нему́ п, взявъ за кафта́нъ, спра́шивалъ: "чего́ ты?"[2] и е́сли тотъ отвѣча́лъ ему́, что останови́лся изъ ува-же́нія къ его́ осо́бѣ: "эхъ, братъ!" продолжа́лъ Пётръ, уда́-ривъ его́ по плечу́: "у тебя́ свои́ дѣла́, у меня́ мой; заче́мъ тра́тить вре́мя по пусто́му; ступа́й свое́й доро́гой." "Ме́нѣе ни́зости," гова́ривалъ опъ "и бо́лѣе усе́рдія къ слу́жбѣ и вѣ́рности къ госуда́рству п ко мнѣ—вотъ по́чести, кото́рыхъ я хочу́."

Въ Петербу́ргѣ царь былъ то́же, что оте́цъ въ большо́мъ семе́йствѣ. Опъ крести́лъ у одни́хъ, пирова́лъ съ други́ми; пляса́лъ на сва́дьбѣ у тако́го-то и ходи́лъ за гро́бомъ у ина́го. Случа́лось ли ему́ имѣ́ть къ кому́-нибу́дь дѣ́ло, вельмо́жѣ, купцу́ или ремесле́ннику, опъ ча́сто, взявъ съ собо́ю камы-шёвую трость съ набалда́шникомъ изъ слоно́вой ко́сти, бо́лѣе извѣ́стную подъ и́менемъ дуби́нки, отправля́лся къ нему́ за́-просто пѣшко́мъ, и е́сли находи́лъ хозя́ина за обѣ́домъ, то безъ чино́въ[3] сади́лся за столъ; прика́зывалъ подава́ть себѣ́ то́же, что подноси́ли други́мъ, толкова́лъ съ му́жемъ, шути́лъ съ жено́ю, заставля́лъ при себѣ́ чита́ть и писа́ть дѣте́й, тре́бул, чтобъ обходи́лись съ нимъ безъ чино́въ. Ча́сто вдали́ его́

---

[1] pres. of искать.   [2] what do you want?   [3] without ceremony.

на у́лицахъ иду́щимъ по́дъ руку съ че́стнымъ фабрика́нтомъ и́ли инозе́мнымъ матро́сомъ; иногда́ броди́щимъ въ толпѣ прислу́шиваясь къ молвѣ наро́дной.

Но обраща́ясь откры́то со всѣми, онъ тогоже́[1] тре́бовалъ отъ всѣхъ для себя́, и ху́до тому́, кто взду́малъ бы въ разгово́рахъ и́ли посту́пкахъ съ нимъ позво́лить себѣ малѣйшую ложь. “За призна́ніе прощеніе; за ута́йку—нѣтъ поми́лованія,” повторя́лъ онъ ча́сто; “лу́чше грѣхъ я́вный, нежели та́йный.”

Онъ люби́лъ пра́вду, да́же въ таки́хъ случаяхъ, когда́ она́ могла́ бы друго́му показа́ться оскорби́тельною. “Князь Яковъ въ сена́тѣ,” отзыва́лся онъ о Долгору́ковѣ, “прямо́й помо́щникъ. Онъ су́дитъ дѣльно и мнѣ не потака́етъ; безъ краснобайства рѣжетъ прямо пра́вду, не смотря́ на лицѣ.”

41. *Былина о царѣ Петрѣ.*

Пае́халъ царь въ лѣсу́ на мужика́; мужи́къ дрова́ сѣчётъ. И говори́тъ ему́ царь: “Бо́жья ти[2] по́мочь крестья́нствовати!”[3] —Мнѣ-ка на́до Бо́га на по́мочь![4]—“А велико́ ли у тебя́, старичёкъ,[5] семе́йство?”—А семе́йство у меня́ двѣ до́чери[6] да два сы́на.—“Не велико́ жъ твоё семе́йство. Куда́ же ты де́ньги кладёшь!”[7]—Кладу́ я де́ньги на три статьи́:[8] во пе́рвыхъ долгъ плачу́, а въ други́хъ[9] въ долгъ даю́,[10] а въ тре́тьихъ въ во́ду мечу́.[11]—Царь призаду́мался, что бъ это зна́чило, что стари́къ и въ долгъ даётъ, и долгъ пла́титъ, и въ во́ду ме́четъ? И говори́тъ ему́ стари́къ:—Въ долгъ даю́—двухъ сынове́й кормлю́; долгъ плачу́—ста́раго отца́ и мать кормлю́; а въ во́ду мечу́—двухъ дочере́й кручу́[12]—“Ну, говори́тъ ему́ царь, у́мная ты голова́, старичёкъ! Бу́дутъ со свято́й Руси́ бѣлые

---

[1] the same thing. [2] тебѣ. [3] to do thy work. [4] по́мощь.
[5] term of endearment of стари́къ. [6] дочь. [7] класть. [8] purposes.
[9] secondly. [10] I lend. [11] мета́ть. [12] I dower my daughters.

G

гуси, умѣй-ка щипать. А теперь сведи меня въ степи: я дороги не знаю.''—Почто[1] я тебя поведу? Найдёшь самъ дорогу: иди прямо, сверни вправо, тутъ повороти влѣво, а тамъ опять вправо.—''Этой я грамоты, говоритъ царь, не знаю. Ты меня сведи.''—А мнѣ, сударь, въ крестьянствѣ день дорого стоитъ.—''Дорого день стоитъ, да я тебѣ заплачу.''—А заплатишь, такъ поѣдемъ.[2]

Сѣли они на однополку[3] и поѣхали. Дорогой сталъ царь мужичка[4] выспрашивать: '' далёче ль, мужичокъ, бывалъ?'' —Кое-куда[5] бывалъ, сударь.—''А видалъ ли царя?''—Царя не видалъ, а надо бъ посмотрѣть: согласился бы и помереть. —''Такъ смотри—въ степяхъ царь будетъ.''—А какъ я царя узнаю?[6]—'' Всѣ будутъ безъ шапокъ бѣгать: одинъ царь въ шапкѣ.'' Какъ пріѣхали въ степь, увидѣли люди царя, всѣ шапки подъ пазухи, бѣгомъ бѣгаютъ. А мужикъ ширитъ глаза—двое стоятъ въ шапкахъ—и спрашиваетъ: '' Кто же царь?'' Говоритъ ему Пётръ Алексѣевичъ:[7] ''Видно кто-нибудь изъ насъ царь!''

42. *Наводненіе въ Петербургѣ 7 ноября 1824 года.*

Это наводненіе было сильнѣе всѣхъ, когда-либо здѣсь происходившихъ. Въ городѣ и его окрестностяхъ погибло[8] 480 человѣкъ, 462 дома совершенно уничтожены, а 3,681 зданіе повреждены. Кромѣ того, погибло много товаровъ и домашняго скота.

Очевидецъ такъ описываетъ это страшное наводненіе: Канунъ 7-го ноября предвѣщалъ готовившееся несчастіе: дождь шёлъ съ самаго утра, вѣтеръ былъ рѣзокъ, холоденъ и дулъ съ чрезвычайной силой; къ ночи вода уже значительно

---

[1] why ?   [2] поѣхать.   [3] a two-wheeled carriage.
[4] dimin. of мужикъ.   [5] in some places.   [6] fut. tense.
[7] the Christian and patronymic names of Peter the Great.   [8] погибнуть.

возвы́силась ; но жи́тели го́рода, отвы́кшіе[1] отъ наводне́ній, не предпринима́ли никаки́хъ мѣръ для спасе́нія своего́ иму́-щества, предполага́я, что по обыкнове́нію вода́ убу́детъ[2] къ у́тру. Въ ночь одна́ко поди́лся свѣжій, юго-восто́чный вѣтеръ и, съ ча́су на часъ усиливаясь, преврати́лся наконе́цъ въ си́льную бу́рю. Въ исхо́дѣ 10-го ча́са утра́ о грани́тную на́бережную Невы́, про́тивъ дворца́ съ шу́момъ разбива́лись во́лны, безпреры́вно гони́мыя бу́рею. Выраже́ніе какого-то недоумѣ́нія, удивле́нія и любопы́тства, видиѣ́лось на ли́цахъ толпи́вшагося тутъ наро́да. Никто́ еще́ не предви́дѣлъ бли́з-каго и неотрази́маго несча́стія. Вско́рѣ вода́ бры́знула изъ подзе́мныхъ тру́бъ, пото́мъ хлы́нула чрезъ грани́тные за-тво́ры рѣкъ и кана́ловъ,—и, съ сму́тнымъ шу́момъ, широ́кими волна́ми поли́лась по у́лицамъ, не захва́тывая то́лько трёхъ часте́й : Лите́йной, Каре́тной и Рожде́ственской.. Зи́мній дворе́цъ, какъ скала́, стоя́лъ среди́ бу́рнаго мо́ря, выде́рживая со всѣхъ сторо́нъ на́тискъ волнъ, съ ре́вомъ разбива́вшихся о крѣ́пкія его́ стѣ́ны и ороша́вшихъ его́ бры́згами, почти́ до ве́рхняго этажа́.

На Невѣ́ вода́ кипѣ́ла, какъ въ котлѣ́, и съ неимовѣ́рной си́лой обрати́ла вспять тече́ніе рѣки́. Дома́ на на́бережной каза́лись паруса́ми корабле́й, ныря́вшихъ среди́ волнъ. Всѣ мосты́ бы́ли со́рваны и разнесены́ на ча́сти.—Два су́дна сѣ́ли на грани́тный парапе́тъ, про́тивъ Лѣ́тняго са́да ; ба́рки и други́я суда́ съ быстрото́ю мо́лніи несли́сь, какъ ще́пки, вверхъ по рѣкѣ́. Лю́ди оцѣпенѣ́ли въ ожида́ніи неминуе́мой ги́бели ; огро́мныя ма́ссы грани́та бы́ли сдви́нуты съ мѣста и́ли во́все опроки́нуты.

Съ друго́й сторо́ны дворца́, на пло́щади, подъ не́бомъ, почти́ чёрнымъ, тёмнозеленова́тая вода́ верти́лась, какъ въ

---

[1] отвы́кнуть.   [2] fut. of уби́ть, to fall.

огромномъ водоворотѣ; по воздуху, высоко́ подпимаясь п быстро крутясь, носились широкіе листы желѣза, сорванные съ крышъ строившихся зданій главнаго штаба, п буря играла ими, какъ пухомъ. Длинные деревянные тротуары, соединившіе заборы этихъ недоконченныхъ зданій, представляли плотину, на которую съ ревомъ напирали волны; наконецъ, поднявшись выше этой преграды, вода полилась въ Малую Милліонную.[1] Большая Милліонная[2] была перегорожена огромною баркою, вдвинутою, водою, изъ узкаго переулка, выходившаго на Неву. Люди, застигнутые водою, лѣзли въ окна, на фонари,[3] цѣплялись за карнизы и балконы домовъ, взбирались на верхушки деревьевъ, окаймлявшихъ бульвары, садились на имперіалы каретъ. Лошади тонули въ запряжкѣ.

На набережной Васильевскаго острова происходило такое же опустошеніе. По Невѣ плыли брусья краснаго дерева, ящики и тюки съ товарами. У перваго кадетскаго корпуса,[4] нынѣ Павловскаго училища, стояла барка съ сѣномъ: такія же двѣ помѣстились подлѣ нынѣшняго университета. По линіямъ[5] еще были размѣтаны барки съ дровами и углемъ. Къ балкону одного дома прибило два большихъ транспортныхъ судна; часть разбитаго сельдянаго буйна,[6] находившагося на Васильевскомъ островѣ, занесена была на Петербургскую сторону, гдѣ близъ Троицкой церкви стояло нѣсколько барокъ съ огромнымъ грузомъ.

По улицамъ первой Адмиралтейской части плавали кресты, занесённые съ дальнихъ кладбищъ.

---

1 name of a street. 2 name of a street. 3 lamp posts.
4 military college.
5 The streets in the "Васильевскій островъ" are not named, but are called линіи, "lines," and bear numbers. Two such lines, or rows of houses form a street. 6 warehouses.

Въ мѣстахъ, около залива расположенныхъ, бѣдствія были ещё ужаснѣе,—вода тутъ доходила до 16 футовъ.—Въ Гавани, на Канонерскомъ и Гутуевскомъ островахъ, въ Екатерингофѣ и деревняхъ, расположенныхъ на берегу залива, люди почти не находили себѣ никакого спасенія. Рабочіе чугуннаго завода, хотя и были распущены при началѣ наводненія, но не успѣли возвратиться въ свои жилища и, спасаясь на крышахъ завода, видѣли гибель своихъ блиэкихъ и всего своего имущества.

Въ два часа по полудни петербургскій военный губернаторъ Милорадовичъ ѣздилъ въ катерѣ по Невскому проспекту, спасая погибающій народъ ; многія частныя лица помогали ему на своихъ лодкахъ. Въ началѣ третьяго часа вода стала убывать и къ ночи не покрывала болѣе улицъ, оставленныхъ ею въ самомъ жалкомъ видѣ : фонари были всѣ переломаны, въ слѣдствіе чего мракъ господствовалъ повсюду. Во многихъ мѣстахъ образовались провалы, по многимъ улицамъ не было проѣзду. Сотни людей рыдали надъ тѣлами близкихъ или оплакивали потерю всего своего состоянія. Сотни людей остались безъ пріюта, безъ хлѣба, почти безъ одежды и грустно сидѣли на остаткахъ уничтоженныхъ жилищъ своихъ.

На другой день начались добровольныя пожертвованія въ пользу пострадавшихъ, и правительство приняло всѣ мѣры для пособія несчастнымъ.

43. Анекдоты о Екатеринѣ II.

Одна бѣдная дворянка проиграла тяжбу и, по опредѣленію самой Императрицы Екатерины, лишилась всего своего имѣнія. Оставшись почти нищею, въ отчаяніи, она рѣшилась прибѣгнуть къ послѣднему средству. Узнавъ, что Императрица будетъ въ Казанскомъ соборѣ, она является туда́ и, помоля́сь на колѣнахъ пе́редъ Образомъ Богома́тери, кладётъ[1] тамъ свою про́сьбу. Изумлённая Екатери́на прика́зываетъ пода́ть себѣ бума́гу и съ удивле́ніемъ ви́дитъ, что въ ней прино́сится жа́лоба Богома́тери на Императри́цу. Екатери́на отдаётъ эти бума́ги одному́ изъ свиты свое́й съ повеле́ніемъ чтобы пода́вшая эту стра́нную про́сьбу че́резъ три дни яви́лась во дворе́цъ. Въ э́тотъ-же день Екатери́на вы́требовала э́ту про́сьбу, прочита́ла её со внима́ніемъ и снова разобра́ла всё дѣ́ло. Въ назна́ченное вре́мя дворя́нка явля́ется во дворе́цъ. Её пря́мо вво́дятъ къ Императри́цѣ, и она́ слы́шитъ кро́ткій го́лосъ Екатери́ны: " Прости́те меня́, ма́тушка, я винова́та, вы пра́вы: я нанесла́ вамъ огорче́ніе и сдѣ́лала несправедли́вость. Я человѣ́къ, и потому́ подвѣ́ржена оши́бкамъ. Тепе́рь я хорошо́ разсмотрѣ́ла ва́шу про́сьбу, и имѣ́ніе ва́ше вамъ возвраща́ется—и вотъ вамъ ещё награ́да за мою́ погрѣ́шность." Проси́тельница со слеза́ми облобыза́ла милосе́рдую ру́ку мона́рхини—и восхище́нная возврати́лась домо́й.

———

Во вре́мя пребыва́нія Императри́цы Екатери́ны II. въ Ца́рскомъ Селѣ,[2] въ оди́нъ прекра́сный ве́черъ нѣ́сколько солда́тъ гварде́йскихъ полко́въ, собра́вшись въ кругову́ю, ти́химъ го́лосомъ на́чали пѣть пѣ́сни. Екатери́на въ э́то вре́мя сидѣ́ла на галлере́ѣ и вслу́шивалась въ ти́хое пѣ́ніе солда́тъ, кото́рые продолжа́ли своё заня́тіе ти́хо и стро́йно. Вдругъ пе́редъ ни́ми явля́ется по́сланный и говори́тъ имъ: " Императри́ца приказа́ла спроси́ть васъ: за что вы Её не лю́бите?" Изумлённые солда́ты, не зна́я что дѣ́лать, говоря́тъ: " вѣ́рно, Госуда́рыня прогнѣ́валась на насъ за то, что

———

[1] pres. of класть. [2] Imperial residence near St. Petersburg.

мы осмѣлплпсь пѣть; а мы готовы сію мппуту пожертвовать жизнью для матушки Императрицы!"—"Нѣтъ, отвѣчаетъ послаппый: опа пе прогпѣвалась па васъ за это, а только приказала сказать вамъ: вѣрпо вы Её пе любите, когда боитесь пѣть громче¹ и думаете, что ваше весёлье можетъ когда-нибудь оскорбить Её." Въ одпу минуту обрадованные солдаты грипули хоромъ, п Екатерина махнула имъ бѣлымъ платкомъ въ знакъ своего удовольствія.

———

Когда въ 1767 году дворяпство просило дозволепія у Императрицы Екатерины II. воздвигпутъ ей памятникъ, опа отвѣчала: *Я хочу лучше оставить по себѣ памятникъ въ сердцахъ моихъ подданныхъ—и для этого къ вашей суммѣ присоединяю свою въ 150 тысячъ рублей и прошу употребить весь этотъ капиталъ на богоугодныя и общественныя заведенія!*

44. Ледяной домъ.

Одпажды Бирон предложилъ императрицѣ Аппѣ Іоапповнѣ женить одного изъ придворпыхъ шутовъ. Опа согласилась. Вотъ приказано было шуту выбрать себѣ невѣсту, а одному изъ умнѣйшихъ кабипетъ-министровъ того времени, оберъ-егермейстеру Волынскому, устроить праздпикъ какъ можно лучше, и придумать все, что можпо было сдѣлать удивительпаго и пеобыкновеппаго. Государыпя объявила только своё желапіе, чтобъ это торжество совершилось въ *ледяномъ домѣ.*

Когда этотъ пеобыкновеппый домъ былъ окопчепъ, всѣ ѣздили и ходили смотрѣть его постройку, и любовались

¹ comp. of громко.

совершенствомъ отдѣлки, которая въ самомъ дѣлѣ была достойна удивленія. Вообразите себѣ, что этотъ свадебный дворецъ состоялъ изъ нѣсколькихъ комнатъ и занималъ 8 саженъ[1] въ длину, 2½ въ ширину и 3 въ вышину. Чтобъ построить его, разрубали лёдъ большими квадратными плитами, клали ихъ одну на другую и, для соединенія, поливали холодною водою, которая отъ жестокихъ морозовъ той зимы, тотчасъ же замерзала. Всѣ двери, рамы и стёкла этого дома, вся мебель и даже посуда, напримѣръ стаканы, рюмки и множество другихъ вещей, сдѣланы были также изъ чистаго льда. Этого ещё мало : дрова въ каминѣ и свѣчи въ шандалахъ были также ледяныя, и чтобъ удивить ещё болѣе—ихъ намазывали нефтью, и по вечерамъ зажигали. Тоже самое дѣлали и съ ледяными дельфинами, поставленными у воротъ : ихъ заставляли выбрасывать изъ пасти огонь отъ зажжёной нефти. Шесть же ледяныхъ пушекъ, на ледяныхъ лафетахъ и колёсахъ, и двѣ ледяныя мортиры, окружавшія домъ, не одинъ разъ стрѣляли ядрами.

Свадебный маскерадъ, устроенный по плану Волынскаго, былъ почти также необыкновененъ, какъ и самый домъ. Изъ всѣхъ областей Россіи, населённой множествомъ различныхъ народовъ, выписано было по парѣ изъ каждаго племени. Всѣ они явились на этотъ маскерадъ въ богатыхъ одеждахъ своего племени, сдѣланныхъ на счётъ казны, всѣ они плясали по родной музыкѣ, и даже за обѣдомъ всѣмъ имъ подали то блюдо, которое они предпочтительно любили на родинѣ. Этотъ обѣдъ былъ приготовленъ въ манежѣ герцога Бирона ; но надобно разсказать вамъ, какъ доѣхали туда эти гости, собранные изъ разныхъ странъ Россіи. Мы могли бы теперь полюбоваться этимъ поѣздомъ и посмѣ-

---

[1] 1 sazen = 7 feet.

иться отъ всей души! Представьте себѣ, что онъ начался слономъ, на спинѣ котораго укрѣплена была большая клѣтка, и въ ней сидѣли молодые, т. е. шутъ съ своею невѣстою, только что обвѣнчанные. За ними попарно въ саняхъ ѣхали гости. Но не подумайте, чтобъ всѣ эти сани запряжены были лошадьми. Нѣтъ! онѣ запряжены были разными животными и по большей части тѣми, на которыхъ ѣздили въ той странѣ, откуда была прiѣзжая чета. И такъ впряжены были въ сани и олени, и собаки, и быки, и даже козлы и медвѣди!

Послѣ обѣда, окончившаго этотъ день, молодые были торжественно отвезены въ ледяной дворецъ. Однакожъ надъ ними скоро сжалились и продержали тамъ не болѣе, какъ нѣсколько часовъ.

45. *Русскiе въ плѣну у Японцевъ.*

Въ крѣпости ввели¹ насъ въ палату. Тутъ завязали намъ слегка руки назадъ и отвели² въ большое, низкое, на казарму похожее строенiе, находившееся отъ моря на противной сторонѣ крѣпости, гдѣ всѣхъ насъ (кромѣ Макарова: его мы не видали) поставили на колѣна и начали вязать верёвками въ палецъ толщины самымъ ужаснымъ образомъ, а потомъ ещё такимъ-же образомъ связали тоненькими верёвочками, гораздо мучительнѣе. Японцы въ семъ дѣлѣ весьма искусны; и надобно думать, что у нихъ закономъ постановлено, какъ вязать, потому-что насъ всѣхъ вязали разные люди, но совершенно одинаково: одно число петель, узловъ, въ одинаковомъ разстоянiи и проч.³ Кругомъ груди и около шеи вдѣты были петли, локти почти сходились и кисти у рукъ связаны были вмѣстѣ; отъ нихъ

---

¹ ввести. ² отвести. ³ etc.

шла длинная верёвка, за конецъ которой держалъ человѣкъ такимъ образомъ, что при малѣйшемъ покушеніи бѣжать, если бы онъ дёрнулъ верёвку, то руки въ локтяхъ стали бы ломаться съ ужасною болью, а истля около шеи совершенно бы её затянула. Сверхтого[1] связали они у насъ и ноги въ двухъ мѣстахъ, выше[2] колѣнъ и подъ икрами; потомъ продѣли верёвки отъ шеи чрезъ матицы и вытянули ихъ такъ, что мы не могли пошевелиться; а послѣ сего, обыскавъ наши карманы и вынувъ всё, что въ нихъ только могли найти, начали они покойно курить табакъ. Пока насъ вязали, приходилъ раза два второй начальникъ и показывалъ на свой ротъ, разевая оный, какъ кажется, въ знакъ того, что насъ будутъ кормить, а не убьютъ. Въ такомъ ужасномъ и мучительномъ положеніи мы пробыли около часа, не понимая, что съ нами будутъ дѣлать. Когда они продѣвали верёвки за матицы, то мы думали, что насъ хотятъ тутъ-же повѣсить; я во всю мою жизнь не презиралъ столько смертію, какъ въ семъ случаѣ, и желалъ отъ чистаго сердца, чтобы они поскорѣе свершили надъ нами убійство. Иногда входила намъ въ голову мысль, что они хотятъ насъ повѣсить на морскомъ берегу въ виду нашихъ соотечественниковъ. Наконецъ они, снявъ у насъ съ ногъ верёвки, бывшія подъ икрами, и ослабивъ тѣ, которыя были выше колѣнъ для шагу, повели насъ изъ крѣпости въ поле и потомъ въ лѣсъ. Мы связаны были такимъ образомъ что десятилѣтній мальчикъ могъ безопасно вести всѣхъ насъ; однакожъ Японцы не такъ думали: каждаго изъ насъ за верёвку держалъ работникъ, а подлѣ боку шелъ вооруженный солдатъ; и вели насъ одного за другимъ въ нѣкоторомъ разстояніи. Поднявшись

---

[1] besides this.   [2] comp. of высокій.

на высокое мѣсто, увидѣли мы нашъ шлюпъ подъ парусами. Видъ сей пронзилъ моё сердце; но когда Хлѣбниковъ, шедшій[1] за мною, сказалъ мнѣ: "Василій Михайловичъ! взгляните въ послѣдній разъ на Діану!"[2] то ядъ разлился по всѣмъ моимъ жиламъ. "Боже[3] мой! думалъ я, что слова сіи значатъ? взгляните въ послѣдній разъ на Россію; взгляните въ послѣдній разъ на Европу! такъ! мы теперь люди другаго свѣта. Не мы умерли, но для насъ всё умерло. Никогда ничего не услышимъ, ничего не узнаемъ, что дѣлается въ нашемъ отечествѣ, что дѣлается въ Европѣ и во всёмъ мірѣ!" Мысли сіи терзали духъ мой ужаснымъ образомъ. Пройдя версты двѣ отъ крѣпости, услышали мы пушечную пальбу. Наши выстрѣлы мы удобно отличали отъ крѣпостныхъ по звуку. Судя по многолюдству японскаго гарнизона и по толстотѣ земляна́го вала, коимъ обведена крѣпость, нельзя было ожидать никакаго успѣха; мы страшились, чтобы шлюпъ не загорѣлся или не сталъ на мель, и чрезъ то со всѣмъ своимъ экипажемъ не попался въ руки къ Японцамъ. Въ такомъ случаѣ горестная наша участь никогда не была бы извѣстна въ Россіи; а болѣе всего я опасался, чтобы дружба ко мнѣ Рикорда и другихъ оставшихся на шлюпѣ офицеровъ не заставила ихъ, пренебрегая правилами благоразумія, высадить людей на берегъ въ намѣреніи завладѣть крѣпостью, на что они могли покуситься, не зная многолюдства Японцевъ, собранныхъ для обороны оной; у насъ же оставалось всего офицеровъ, нижнихъ чиновъ и со слугами пятьдесятъ одинъ человѣкъ. Мысль эта до чрезвычайности меня мучила, тѣмъ болѣе,[4] что мы никогда

---

[1] past part. of идти.   [2] name of the ship.   [3] vocative of Богъ.
[4] comp. of много.

не могли́[1] надѣяться узна́ть объ у́части Дiа́ны, полага́я, что Япо́нцы намъ не откро́ютъ, чтобы съ не́ю ни случи́лось.

Я былъ такъ ту́го свя́занъ, и особли́во о́коло ше́и, что пройдя́ шесть или семь верстъ, сталъ задыха́ться. Това́рищи мои́ мнѣ сказа́ли, что у меня́ лицо́ чрезвыча́йно опу́хло и почернѣ́ло. Я едва́ могъ плева́ть и съ нужда́ю[2] говори́лъ; мы дѣлали Япо́нцамъ ра́зные зна́ки и посре́дствомъ Алексѣ́я проси́ли ихъ осла́бить немно́го верёвку, но пу́шечная пальба́ ихъ такъ настраща́ла, что они́ ничему́ не внима́ли, и то́лько понужда́ли насъ идти́ скорѣ́е и безпреста́нно огля́дывались. Я жела́лъ уже́ скорѣ́е ко́нчить дни́ свои́ и ожида́лъ, не пове-ду́тъ ли насъ че́резъ рѣ́ку, что́бы бро́ситься въ во́ду; но скоро уви́дѣлъ, что этого мнѣ никогда́ не уда́стся[3] сдѣлать: и́бо Япо́нцы, переходя́ съ на́ми че́резъ ма́ленькіе ручьи́, поддѣ́рживали насъ по́дъ руки. Наконе́цъ, потеря́въ всѣ́ си́лы, я упа́лъ въ о́бморокъ, а пришедъ[4] въ чу́вство, уви́дѣлъ Япо́нцевъ, лью́щихъ[5] на меня́ во́ду. Изо рту и изъ носу у меня́ шла кровь; несча́стные това́рищи мои́, Муръ и Хлѣб-нико́въ, со слеза́ми упра́шивали Япо́нцевъ осла́бить на мнѣ верёвки хотя́ немно́го, на что они́ съ большимъ трудо́мъ согласи́лись.

По́слѣ сего́ мнѣ сдѣлалось гора́здо ле́гче, и я съ нѣ́кото-рымъ уси́ліемъ могъ ужъ идти́. Пройдя́ вёрстъ съ де́сять,[6] вышли мы на морско́й бе́регъ проли́ва, отдѣляющаго сей о́стровъ отъ Матсма́я, къ небольшо́му селе́нію, гдѣ и ввели́ насъ въ ко́мнату одного́ до́ма. Сперва́ предложи́ли намъ ка́ши изъ сарачи́нскаго пшена́;[7] но намъ тогда́ бы́ло не до ѣды́.[8] Пото́мъ положи́ли насъ круго́мъ стѣнъ такъ, что́бы мы оди́нъ до друга́го не могли́ дотро́гиваться; да́ли ка́ждому

---

[1] past of мочь.   [2] difficulty.   [3] fut. of уда́ться.
[4] gerund of прiйти́.   [5] part act. of лить.   [6] about ten versts.
[7] rice.   [8] but then we could not think of food.

изъ насъ по пустой кадкѣ, чтобы облокотиться; верёвки, за
кои насъ вели, привязали концами къ желѣзнымъ скобамъ,
нарочно на сей случай въ стѣну вколоченнымъ,[1] сняли съ
насъ сапоги и связали ноги въ двухъ мѣстахъ попрёжнему[2]
очень туго. Сдѣлавъ всё это, Японцы сѣли[3] на срединѣ
комнаты кругомъ жаровни и начали пить чай и курить
табакъ. Если бы львы такимъ образомъ были связаны,
какъ мы, то можно было бы спать между ними покойно безъ
всякаго опасенія; но Японцы не могли быть покойны:
они каждые четверть часа осматривали всѣхъ насъ, не
ослабли ли верёвки. Мы тогда считали ихъ лютѣйшими
варварами въ цѣломъ мірѣ; но слѣдующій случай показалъ,
что и между ними были добрые люди,[4] и мы стали поспо-
койнѣе,[5] если возможно только было успокоиться въ нашемъ
положеніи. Здѣсь свели насъ вмѣстѣ съ матросомъ Мака-
ровымъ; отъ крѣпости до того мѣста его вели особо. Онъ
намъ сказалъ, что Японцы, захвативъ его въ крѣпости,
тотчасъ привели въ какую-то казарму, гдѣ солдаты потчи-
вали его сагою и кашею, и онъ довольно исправно поѣлъ;[6]
потомъ связали ему руки и повели изъ города, но лишь
только вышли[7] въ полѣ, то развязали его тотчасъ и до самаго
здѣшняго селенія вели развязаннаго, позволяя часто по дорогѣ отдыхать; одинъ же изъ конвойныхъ нѣсколько разъ
давалъ ему пить изъ своей дорожной фляжки сагу, и, подойдя
уже къ самому селенію, опять его связали, но не туго.

Въ такомъ положеніи мы находились до самой ночи. Я
и теперь не могу помыслить безъ ужаса о тогдашнемъ моёмъ
состояніи; я не безпокоился болѣе уже о своей собственной
участи и почёлъ бы себя счастливымъ, если бы возможно

---

[1] вколотить.   [2] as before.   [3] сѣсть.   [4] pl. of человѣкъ.
[5] comp. of спокойный.   [6] свести.   [7] p. a. of ѣсть.   [8] выйти.

было освободить злополучныхъ товарищей моихъ, которыхъ бѣдствію я былъ одинъ виною. Великодушные поступки Мура и Хлѣбникова при сёмъ случаѣ ещё болѣе[1] терзали духъ мой: они не только что не упрекали меня въ моей неосторожной довѣренности къ Японцамъ, ввергнувшей ихъ въ погибель; но даже старались успокоивать меня и защищать, когда нѣкоторые изъ матросовъ начинали роптать, приписывая гибель свою моей оплошности. Я признаюсь, что за упрёки тѣхъ матросовъ ни теперь, ни тогда не имѣлъ я противъ нихъ ни малѣйшаго неудовольствія—они были совершенно правы; притомъ негодованіе своё противъ меня изъявляли они очень скромно, не употребивъ ни одного не только дерзкаго, но даже неучтиваго слова, а тѣмъ жалобы ихъ были для меня чувствительнѣе. Положеніе наше дѣлало насъ равными: мы никогда не надѣялись возвратиться въ отечество, слѣдовательно простые люди съ другими чувствами и хуже[2] ко мнѣ расположённые, могли бы употребить свой языкъ и по крайней мѣрѣ хотя дерзкою бранью отмстить или наказать меня за своё несчастіе; но наши матросы были очень далеки отъ сего. Не смотря на ужасную, можно сказать, нестерпимую боль, которую я чувствовалъ въ рукахъ и во всѣхъ костяхъ, будучи такъ жестоко связанъ, душевныя терзанія заставляли меня по временамъ[3] забываться и не чувствовать никакой боли; но при малѣйшемъ движеніи, даже одною головою, несносный ломъ разливался мгновенно по всему тѣлу, и я тысячу разъ просилъ у Бога смерти, какъ величайшей милости.

Между тѣмъ къ начальнику нашего конвоя безпрестанно приносили записки, которыя прочитавъ онъ объявлялъ

.   [1] comp. of много.   [2] comp. of худо.

          [3] at times.

своимъ подчинённымъ. Разговоры ихъ были такъ тихи и, какъ намъ казалось, такъ осторожны, что мы думали, будто они отъ насъ таятся, хотя мы не знали ни одного японскаго слова. Посему я и просилъ Алексѣя хорошенько вслушиваться въ ихъ разговоръ, и если что онъ поймётъ,[1] намъ пересказывать. Алексѣй намъ сказалъ, что Японцы получаютъ записки сіи изъ крѣпости и разговариваютъ о нашемъ суднѣ и о Русскихъ: это всё, что онъ могъ понять, говоря, что впрочемъ ничего не разумѣетъ въ ихъ разговорѣ. Извѣстіе сіе жестокимъ образомъ насъ тревожило. Мы думали, что участь нашихъ товарищей, оставшихся на Діанѣ, никогда не будетъ намъ извѣстна.

По наступленіи темноты, конвойные наши засуетились и стали собираться въ дорогу; а около полуночи[2] принесли въ нашу комнату широкую доску, къ угламъ коей были привязаны верёвки, какъ бываетъ на вѣсахъ, другими концами вверху вмѣстѣ связанныя съ продѣтымъ при нихъ шестомъ, которымъ несли доску люди на плечахъ. Японцы, положивъ меня на сію доску, понесли вонъ. Мы опасаясь, что насъ хотятъ навсегда разлучить, и что это, можетъ-быть, послѣднее наше въ сей жизни свиданіе, простились со слезами и съ такою искренностью, какъ прощаются умирающіе. Прощаніе со мною матросовъ меня чрезвычайно тронуло: они навзрыдъ плакали. Меня принесли къ морскому берегу и положили въ большую лодку на рогожу; черезъ нѣсколько минутъ такимъ-же образомъ принесли Мура и положили со мною въ одну лодку. Симъ неожиданнымъ случаемъ я былъ чрезвычайно обрадованъ и почувствовалъ на короткое время нѣкоторое облегченіе въ душевной скорби. Потомъ принесли Хлѣбникова, матросовъ Симонова и Васильева, а

---

[1] fut. of понять.   [2] полночь.

прочихъ троихъ помѣстили въ другую лодку. Наконецъ между каждыми двумя изъ насъ сѣли по вооружённому солдату, и покрыли насъ рогожами; а приготовившись совсѣмъ, отвалили отъ берега и повезли насъ—куда? не-извѣстно.

Японцы сидѣли смирно, ни слова не говоря и не обращая ни малѣйшаго вниманія на наши стоны. Только одинъ молодой человѣкъ лѣтъ двадцати, знавшій говорить покурильски и служившій намъ переводчикомъ, сидя въ веслѣ безпрестанно пѣлъ пѣсни и передразнивалъ насъ, подражая нашему голосу и стонамъ, когда мы отъ боли и отъ душевнаго мученія иногда взывали къ Богу.

На разсвѣтѣ 12 іюля пристали мы подлѣ небольшаго селенія къ берегу острова Матсмая. Насъ тотчасъ переложили въ другія лодки и повели ихъ бичевою вдоль берега къ юго-востоку. Такимъ образомъ тащили насъ безпрестанно цѣлый день и всю слѣдующую ночь, останавливаясь только въ извѣстныхъ мѣстахъ для перемѣны людей, тянувшихъ бичеву, которыхъ брали изъ селеній, находящихся на берегу. Весь сей берегъ, такъ сказать, усѣянъ строеніемъ: на каждыхъ 3-хъ или 4-хъ верстахъ встрѣчаются многолюдныя селенія, изъ коихъ при всякомъ обильная рыбная ловля. Заведенія японскія по сей части промышленности безпримѣрны; мы часто проѣзжали тони въ то время, когда вытаскивали изъ воды на берегъ невода огромной величины, съ невѣроятнымъ количествомъ рыбы. Здѣшняя лучшая[1] рыба вся изъ роду лососицы, таже самая, какая ловится въ Камчаткѣ.

Японцы часто предлагали намъ кашу изъ сарачинскаго пшена и поджареную рыбу: кто изъ насъ хотѣлъ ѣсть, тому

---

[1] comp. of хорошій.

они клали[1] пищу въ ротъ двумя тоненькими палочками, которыми и сами ѣдятъ,[2] употребляя ихъ вмѣсто вилокъ. Что принадлежитъ до меня, то я не могъ употреблять никакой пищи. Попеченіе Японцевъ объ насъ этимъ еще не кончилось: они приставляли къ намъ работниковъ съ вѣтками отгонять комаровъ и мухъ. Двѣ такія противоположности въ ихъ поступкахъ съ нами крайне насъ удивляли: съ одной стороны прилагали они непонятное объ насъ попеченіе, а съ другой стоны наши, происходившіе отъ чрезмѣрной боли, слушали спокойно и отнюдь не хотѣли для нашего облегченія ослабить веревокъ. Мы никакъ не могли согласить сіи два противорѣчія; впрочемъ какъ бы то ни было,[3] а добра отъ Японцевъ намъ ожидать было нельзя. Мы думали, что самая большая милость, которую они намъ окажутъ, будетъ состоять въ томъ, что насъ не убьютъ,[4] но станутъ[5] держать по смерть нашу въ неволѣ; а мысль о вѣчномъ заключеніи меня въ тысячу разъ болѣе ужасала, нежели самая смерть. Но какъ человѣкъ и въ дверяхъ самой гибели не лишается надежды, то и мы утѣшали себя мечтою: не представится ли намъ когда-нибудь случай уйти. Для ободренія своего въ нашемъ несчастіи, мы иногда разсуждали: "не вѣчно же Японцы станутъ насъ держать связанныхъ; теперь они боятся, чтобъ мы не ушли, ибо корабль нашъ недалеко; но послѣ конечно насъ развяжутъ, не понимая, на что могутъ отважиться люди отчаянные. Слѣдовательно мы будемъ имѣть средство уйти, завладѣемъ лодкою, переправимся на татарскій берегъ, скажемъ, что претерпѣли кораблекрушеніе, и будемъ просить, чтобы насъ отвезли въ Пекинъ, а оттуда нетрудно будетъ съ позволенія китайскаго правительства пріѣхать въ Кяхту. Вотъ и въ

---

[1] класть. [2] ѣсть. [3] be as it may. [4] убить. [5] стать.

Россіи, въ своёмъ отечествѣ!" Но такія пріятныя, утѣши́тельныя мечтанія мгновенно исчезали. "Такъ, Японцы васъ развяжутъ, говорилъ намъ здравый разсудокъ; но это будетъ въ четырёхъ стѣнахъ за желѣзными запорами—вотъ вамъ и татарскій берегъ, вотъ и Кяхта и отечество ваше!" Мысль сія повергала насъ въ ужаснѣйшее отчаяніе. Тогда уже́ и едіной искры надежды не оставалось. Я неоднократно говорилъ: "если бы кораблекрушеніе, бѣдствіе, случившееся на морѣ, или другой необходимый случай ввергъ,[1] меня къ Японцамъ въ руки; то я нимало не ропталъ бы на судьбу свою, и всѣ несчастія самаго ужаснаго плѣна переносилъ бы равнодушно; но я самъ добровольно отдался имъ. Отъ чистаго сердца и отъ желанія имъ добра, поѣхалъ я къ нимъ въ крѣпость, какъ другъ ихъ, а теперь что они съ нами дѣлаютъ? Я менѣе[2] мучился бы, если бъ былъ причиною только моего собственнаго несчастія; но еще семь человѣкъ изъ моихъ подчинённыхъ также отъ меня страдаютъ." Товарищи мои старались меня успокоить. Муръ замѣтилъ, что меня мучитъ честолюбіе, зачѣмъ я допустилъ Японцевъ обмануть себя, и совѣтовалъ мнѣ вспомнить многіе примѣры въ исторіи, что люди, во всѣхъ отношеніяхъ несравненно выше меня, сдѣлались жертвою ошибокъ, подобныхъ моей, какъ то: Кукъ, Делангль, князь Циціановъ и прочіе; но я находилъ разность между ихъ жребіемъ и моимъ: они мгновенно были умерщвлены и ничего послѣ не чувствовали, а я живу и терзаюсь, будучи виною и свидѣтелемъ страданій моихъ товарищей и своихъ собственныхъ.

Іюля 13 на разсвѣтѣ остановились мы подлѣ одного небольшаго селенія завтракать. Жители со всего селенія

---

[1] ввергнуть.   [2] comp. of мало.

собралíсь пá берегъ смотрѣ́ть насъ; изъ числá ихъ одíнъ, видомъ почте́нный старíкъ, просíлъ позволе́нія у нáшихъ конвóйныхъ пóтчивать насъ зáвтракомъ и сáгою, на что они и согласíлись. Старíкъ во всё врéмя стоя́лъ пóдлѣ нáшихъ лóдокъ и смотрѣ́лъ, чтобы насъ хорошó кормíли. Видъ сегó лицá покáзывалъ, что онъ жалѣ́лъ о насъ непритвóрно. Такóе добродýшіе и внимáніе къ нáшему несчáстію въ посторóннемъ человѣ́кѣ весьмá мнóго насъ утѣ́шило. Мы стáли о Японцахъ лýчше мы́слить и не считáть ихъ соверше́нными вáрварами, презирáющими Европéйцевъ, какъ какихъ-нибудь живóтныхъ. Послѣ зáвтрака опя́ть потянýли нáши лóдки вдоль бéрега дáлѣе.[1] День былъ прекрáсный, тíхій, мрáчность вся исчéзла, и горизóнтъ сдѣ́лался соверше́нно чистъ. Всѣ сосѣ́дственныя гóры и берегá бы́ли весьмá я́сно видны́; въ томъ числѣ́ Кунашíръ и берегá, образýющіе ужáсную для насъ гáвань, мы óчень хорошó моглú отличíть, но Діáны нáшей не видáли. Я съ моéй сторóны и не желáлъ её увидѣ́ть: видъ сей, éсли тóлько мóжно, ещё увеличилъ бы грусть нáшу. Часá за два или за три до захожде́нія сóлнца, мы остановíлись при небольшóмъ числѣ́ шалашéй, обитáемыхъ Курíльцами. Тутъ Японцы вы́тащили óбѣ нáши лóдки нá берегъ и потóмъ, собрáвъ велíкое мнóжество Курíльцевъ, потащíли ихъ со всѣ́мъ, съ нáми и съ карáульными, нá гору сквозь кусты́ и небольшóй лѣсъ, очищáя дорóгу и уничтожáя препя́тствія топорáми. Мы не моглú поня́ть, что бы моглó ихъ понýдить тащíть нá гору такóй огрóмной величины́ лóдки.[2] Мы дýмали, что они, увидѣвъ нáшу Діáну, идýщую къ бéрегу, и опасáясь, чтобъ Рýсскіе на

---

[1] сотр. of далекó.

[2] Нáша лóдка имѣ́ла по крáйней мѣ́рѣ óколо 30 футовъ въ длинý и футовъ 8 ширины́.

нихъ не напали и насъ не отбили, но свойственной имъ трусости, хотятъ спрятаться. Но вскорѣ послѣ того дѣло объяснилось.—Поднявъ лодки на самую вершину довольно высокой горы, начали оныя спускать на другую сторону и спустили въ небольшую рѣчку, весьма много похожую на искуственно сдѣланный каналъ. Всего разстоянія тащили они насъ отъ 3 до 4 верстъ. Въ это время у матроса Васильева пошла[1] изъ носу кровь и съ такимъ стремленіемъ, какъ изъ открытой жилы; мы просили Японцевъ ослабить на немъ верёвки, а особливо около шеи, но они нимало не внимали нашимъ просьбамъ, а затыкали ему носъ хлопчатой бумагою; но когда примѣтили, что средство сіе не могло остановить теченія крови, тогда уже ослабили верёвки и то очень мало. Такая ихъ непреклонность хоть къ малѣйшему нашему облегченію изглаживала изъ мыслей нашихъ доброе о нихъ мнѣніе, которое мы начинали было имѣть по поступкамъ нѣкоторыхъ частныхъ людей; и мы опять считали ихъ самыми жестокосердыми варварами. Впрочемъ когда насъ спустили на рѣчку, то конвойные наши стали обращаться съ нами гораздо ласковѣе, вѣроятно оттого, что теперь уже всякая опасность для нихъ отъ нашего шлюпа миновалась. Они старались намъ изъяснить знаками, что чрезъ 8 или 10 дней мы пріѣдемъ[2] въ Матсмай : тогда насъ развяжутъ и позволятъ написать наше дѣло, которое будутъ разсматривать главные ихъ чиновники, и послѣ приведутъ[3] насъ назадъ и отпустятъ въ Россію. Мы хотя очень мало вѣрили симъ разсказамъ, но не отвергали вовсе истины оныхъ, и надежда немного насъ успокоивала.

Рѣкою вышли[4] мы въ большое озеро, которое, намъ казалось, имѣло сообщеніе съ другими обширными озёрами.

---

[1] пойти.   [2] пріѣхать.   [3] привести.   [4] выйти.

По озёрамъ плыли мы всю ночь и слѣдующій день, только очень медленно. Лодки наши часто должны были идти мелями и не иначе, какъ такимъ образомъ, что Курильцы сходили въ воду и тащили ихъ. Ночью[1] шёлъ сильный дождь. Японцы покрыли насъ рогожами; но какъ онѣ часто съ насъ сваливались, то мы принуждены были почти безпрестанно просить приставленныхъ къ намъ работниковъ поправить ихъ. Одинъ изъ нихъ былъ человѣкъ добрый— онъ былъ приставленъ къ Хлѣбникову, по готовъ всегда служить намъ всѣмъ—а прочіе отправляли днёмъ должность свою хорошо, ночью же иногда лѣнились, отъ чего насъ исправно дождёмъ помочило; а одинъ изъ нихъ даже нѣ- сколько разъ ударилъ Мура за то, что онъ его часто безпо- коилъ; между тѣмъ должно сказать, что конвойные наши за это его побранили. Въ половинѣ ночи пристали мы къ одному небольшому селенію или городку для перемѣны гребцовъ. На берегу раскладены были большіе огни, ко- торые освѣщали нѣсколько десятковъ японскихъ солдатъ и Курильцевъ, стоявшихъ въ строю: первые были въ воинской одеждѣ, и въ латахъ, съ ружьями, а послѣдніе со стрѣлами и луками. Начальникъ ихъ стоялъ предъ фронтомъ въ бога- томъ шёлковомъ платьѣ и держалъ въ рукѣ, на подобіе вѣсовъ, знакъ своей власти. Старшій изъ нашихъ конвой- ныхъ подошёлъ къ нему съ великимъ подобострастіемъ и, присѣвъ почти на колѣни, съ поникшею головою, долго что- то ему разсказывалъ, надобно думать о томъ, какъ насъ взяли. Послѣ сего начальникъ всходилъ къ намъ на лодку съ фонарями посмотрѣть насъ. Мы просили его велѣть насъ нѣсколько облегчить; стражи наши, понимая, чего мы просимъ пересказали ему, по онъ вмѣсто отвѣта засмѣялся,

<hr />

[1] at night.

проворчалъ что-то сквозь зубы и ушёлъ.[1] Тогда мы отвалили отъ берега и поѣхали далѣе, а въ ночь на 15 число пристали къ большому огню, разведенному[2] на берегу. Тутъ развязали намъ ноги и стали насъ выводить одного послѣ другаго и ставить подлѣ огня грѣться, а наконецъ повели всѣхъ на невысокую гору въ большой, на сарай похожій, пустой амбаръ, въ которомъ, кромѣ однихъ дверей, никакого отверзтія не было. Тамъ дали намъ одѣяла постлать и одѣться, положили насъ, связали опять ноги попрежнему, покормили кашею изъ сарачинскаго пшена и рыбою. Сдѣлавъ всё это, Японцы расположились пить чай и курить табакъ, и болѣе уже объ насъ не заботились. 15 числа во весь день шёлъ проливной дождь, и мы оставались на тойже квартирѣ и въ томъ же положеніи. Кормили насъ три раза въ день попрежнему кашею, рыбою и похлёбкою изъ грибовъ.

46. Кое-что о характерѣ и занятіяхъ русскаго народа.

Русскіе, подобно другимъ народамъ, имѣютъ свои добродѣтели и недостатки. Русскій человѣкъ добръ, услужливъ, обходителенъ и въ особенности—гостепріименъ. Русское хлѣбосольство извѣстно—цѣлому свѣту. Русскій солдатъ не только храбръ, но и терпѣливъ, и можетъ переносить величайшія трудности и лишенія. Сами иностранцы сознаются, что ни одинъ народъ не умѣетъ такъ хорошо драться на штыкахъ, какъ русскіе. Пѣсни доставляютъ русскому человѣку большое удовольствіе: онъ поётъ[3] на облучкѣ почтовой телѣги, когда ямщикомъ несётся по столбовой дорогѣ на тощихъ, но лихихъ коняхъ своихъ; поётъ, когда пашетъ[4] поле, жнётъ[5] хлѣбъ, идётъ противъ непріятеля. Въ одномъ только русскомъ войскѣ есть удалые пѣсенники, которые

---

[1] уйти. [2] lighted. [3] pres. of пѣть. [4] пахать. [5] жать.

всегда ходятъ впереди музыкантовъ и дружно поютъ весёлыя пѣсни, вселяющія русскому солдату новую бодрость, новое мужество. Покорный законамъ своего отечества, русскій страстно любитъ царя и родину, которую представляетъ себѣ лучше всѣхъ странъ на свѣтѣ. Онъ богобоязливъ,[1] благочестивъ, исполняетъ всѣ обряды церкви, постится часто и по праздникамъ считаетъ грѣхомъ не бывать у обѣдни. Нѣтъ народа, который бы больше русскихъ былъ одарёнъ способностію къ переимчивости и подражанію. Иной помѣщикъ напр.[2] берётъ[3] бывало наудачу нѣсколько своихъ крѣпостныхъ мальчиковъ и, не освѣдомляясь объ ихъ наклонности къ чему-либо, заставляетъ учиться, одного—сапожному мастерству, другаго—кузнечеству, третьяго—живописи, и всѣ они дѣлаются хорошими мастерами. Для производства своихъ работъ, русскіе не нуждаются во множествѣ инструментовъ. Русскій плотникъ, напримѣръ, дѣлаетъ своё дѣло нерѣдко однимъ топоромъ, и это единственное орудіе становится въ рукахъ мастероваго, по его произволу, пилою, долотомъ, молотомъ и пр.;[4] съ одинаковымъ удобствомъ и вѣрностію онъ перерубаетъ имъ толстое дерево, выдѣлываетъ гладкую доску и даже выводитъ прямыя, ровныя и мелкія украшенія. Надобно однакожъ признаться, что, не смотря на всѣ эти способности, русскіе, большею частію, мало обращаютъ вниманія на тщательную отдѣлку и чистоту приготовляемыхъ ими предметовъ; они обыкновенно полагаются на "авось,[5] съ рукъ сойдётъ."[6] .... По этому—то русскія издѣлія вообще уступаютъ заграничнымъ.

Обитатели нѣкоторыхъ мѣстностей Россіи славятся особеннымъ искуствомъ въ какомъ-либо занятіи или ремеслѣ. Ярославцы, напримѣръ, отличные огородники; извощики

---

[1] God-fearing.   [2] напримѣръ, "for example."   [3] брать.
[4] etc.   [5] perhaps.   [6] to get rid of.

въ Москвѣ и Петербургѣ также почти всѣ—ярославцы. Галицкій уѣздъ, Костромской губерніи, доставляетъ отличныхъ
плотниковъ и столяровъ; Тверская губернія—сапожниковъ
и башмачниковъ; Олонецкая губернія—искусныхъ камен-
щиковъ; Бѣлоруссія—землекоповъ и т. д.

Многія русскія губерніи, уѣзды и города отличаются
какимъ-нибудь издѣліемъ или произведеніемъ почвы, имъ
свойственными. Ярославское и архангельское полотно и
ярославскій салфетный холстъ извѣстны въ цѣлой Россіи.
Вязьма славится—своими пряниками, Выборгъ—крендслями,
Валдай—колокольчиками, Кіевъ и Смоленскъ—фруктовыми
сухими конфектами и вареньями, Торжёкъ—кожевенными
издѣліями, шитыми золотомъ и серебромъ, Казань—мыломъ,
Владимірская губернія—вишнями, называемыми *патріар-
шими*, Устюгъ-Великій—черневою работою на золотѣ и
серебрѣ, Тула—металлическими издѣліями и пр.

Владимірская губернія, въ отношеніи фабричной и мапу-
фактурной промышленности, занимаетъ, въ нашемъ отечествѣ,
первое мѣсто. Здѣсь особенно замѣчательно село *Иваново*,
принадлежащее графамъ Шереметевымъ. Въ простона-
родіи оно называется, за многолюдство—"городомъ," за
богатство—"золотымъ дномъ." Въ этомъ селѣ живётъ до
9,000 душъ народа, поголовно занимающагося ситцевой
и бумаготкацкой фабрикаціей[1] и вырабатывающаго ежегодно разныхъ издѣлій на 10 милліоновъ рублей серебромъ. Въ Ивановѣ семь церквей, въ которыхъ жёмчугъ и драгоцѣнные металлы сосчитываются десятками пудовъ. Послѣ Владимірской губерніи, по обширной промы-
шленной дѣятельности, замѣчательны: Московская, Перм-
ская, Калужская, Тамбовская, Костромская; потомъ слѣ-

---

[1] manufactory of cotton goods.

дуютъ: Нижегородская, С. Петербургская, Рязанская и другія. Въ этихъ губерніяхъ есть деревни и даже цѣлые округи, въ которыхъ жители занимаются однимъ какимъ-либо ремесломъ. Такъ напримѣръ въ Нижегородской губерніи, Семёновскомъ уѣздѣ, болѣе 12,000 человѣкъ занимаются выдѣлкой желѣзныхъ коромыслъ для вѣсовъ и ковкой гвоздей и скобъ. Въ томъ же уѣздѣ, на пространствѣ 45 вёрстъ въ длину и 20 въ ширину, всё мужское и женское население занято приготовленіемъ валеночной[1] обуви и шляпъ, которыхъ выдѣлываютъ на 70,000 рублей серебромъ. Въ сѣверной, лѣсистой половинѣ Семёновскаго уѣзда, жители занимаются преимущественно выдѣлкою деревянныхъ чашекъ и ложекъ. "Хохломская волость" и село "Городецъ"—главные пункты этой промышленности: тамъ однѣ деревни выдѣлываютъ только баклуши, другія обтачиваютъ ихъ, третьи красятъ и т. д.[2] Такимъ образомъ, Семёновскій уѣздъ производитъ однихъ деревянныхъ издѣлій на 80,000 рублей серебромъ, и въ томъ числѣ 4 милліона ложекъ на 35,000 рублей серебромъ. Отборнѣйшія изъ нихъ идутъ за границу, а лучшія удостоились похвальнаго отзыва даже на лондонской всемірной выставкѣ.

Русскій простолюдинъ не взыскателенъ въ ѣдѣ. Онъ любитъ пищу здоровую, сытную и простую: *хлѣбъ, мясо, кашу, щи* или другую горячую похлёбку; по праздникамъ ѣстъ *пироги*, постомъ—*рыбу* и *грибы. Квасъ*—національный любимый напитокъ русскаго человѣка. Въ послѣднее время вошёлъ также въ обыкновеніе *чай*, который русскіе пьютъ обыкновенно безъ сливокъ и при томъ ничего не ѣдятъ,[3] пьютъ много, нерѣдко по десяти и болѣе стакановъ. Чай пьётся въ прикуску[4] и въ накладку.[5]

---

[1] felt.   [2] and so forth.   [3] pres. of ѣсть.
[4] Russian custom of biting off sugar bit by bit when taking tea.
[5] putting sugar into the tea.

Баня доставляетъ однб изъ полезнѣйшихъ удовольствій русскому человѣку. Ею поддерживается опрятность тѣла, столь необходимая для сохраненія здоровья, освѣжаются и возобновляются силы, и русскій человѣкъ, выйдя[1] изъ бани, чувствуетъ себя какъ бы новорожденнымъ. Русскій простолюдинъ не принимаетъ при этомъ никакихъ предосторожностей противъ простуды. Полежавъ на раскаленномъ полкѣ, попарившись[2] до того, что у него тѣло сдѣлается багровое, —онъ выйдетъ на морозъ, окунется въ прорубь льда и вбѣжитъ въ теплую избу. Другой бы, кажется, поплатился за такую удаль жизнію, а русскому человѣку это—здорово! Если случится ему заболѣть, то баня и рюмка на перцѣ настоеннаго пѣннаго вина[3] выгонятъ[4] болѣзнь потомъ не хуже и, конечно, безвреднѣе всѣхъ микстуръ и пилюль, приготовляемыхъ въ аптекѣ. Всё зависитъ отъ привычки и тѣлосложенія, а русскій человѣкъ тѣломъ крѣпокъ.

47. Доброе слово.

Жилъ-былъ[5] купецъ да померъ;[6] оставался у него сынъ Иванъ Несчастный—въ большой бѣдности проживалъ. Пришёлся онъ по мысли[7] одной дѣвицѣ, дочкѣ богатаго купца; собралась итти[8] за него замужъ.[9] Отецъ началъ её останавливать:" что ты за такого за бѣднаго замужъ идёшь? я тебя лучше за богатаго отдамъ."[10] Она говоритъ: " я не хочу за богатаго; отдайте меня хоть за бѣднаго, да .желаннаго." Отдали её за бѣднаго, да желаннаго. Говоритъ она какъ-то Ивану Несчастному: " поди[11] въ городъ, купи мнѣ одинъ золотникъ шёлку." Онъ пошёлъ[12] и купилъ; принёсъ[13] своей женѣ шёлку. Она вывязала коверъ такой славной,

---

[1] выйти.　　[2] after having taken a vapour bath.　　[3] пѣнное вино, spirits.
[4] fut. of выгнать.　[5] once upon a time there was.　　[6] past of померѣть.
[7] he pleased.　　[8] идти.　　[9] to marry him.　　[10] fut. of отдать.
[11] imperat. of пойти.　　[12] past of пойти.　　[13] past of принести.

что не вздумать, не взгадать, только въ сказкѣ сказать! говорятъ мужу: "поди, продай ковёръ." Иванъ Несчастный понёсъ въ лавку и сталъ продавать старичку; а старичокъ наказываетъ: "вышей ты мнѣ ещё такой ковёръ; я тебѣ заразъ[1] деньги отдамъ." Иванъ Несчастный пошёлъ домой: спрашиваетъ у него жена: "что же, продалъ ковёръ?" Онъ говоритъ: "я его купцу отдалъ, а деньги послѣ отдастъ; велѣлъ ещё такой-же вышить ковёръ."—Ну хорошо! поди, купи два золотника шёлку.—Онъ купилъ; жена его вышила другой ковёръ вдвое лучше[2] того, и посылаетъ своего Ивана Несчастнаго продавать. Онъ понёсъ ковёръ къ прежнему купцу. Говоритъ ему купецъ: "вышей ты мнѣ третій ковёръ; я тогда за всё разомъ деньги отдамъ." Купеческій сынъ пошёлъ домой; жена его спрашиваетъ: "что же, ты продалъ ковёръ?" Онъ говоритъ, что купецъ велѣлъ ещё третій вышить. Жена посылаетъ Ивана Несчастнаго купить три золотника шёлку: онъ отправился въ городъ и купилъ три золотника шёлку, и она вышила третій ковёръ ещё лучше. Посылаетъ Ивана Несчастнаго продавать; онъ понёсъ ковёръ опять къ тому-же купцу. Купецъ взялъ и третій ковёръ и говоритъ: "что—тебѣ деньгами заплатить, или возьмёшь[3] съ меня три добрыя слова?" Иванъ Несчастный подумалъ про себя: "вотъ у моего отца много денегъ было, и всё прахомъ пошли![4] дай-ка лучше три слова возьму." И сказалъ ему старикъ: "при радости не радуйся; при страсти не страшись; подними,[5] да не опусти!" Иванъ Несчастный взялъ эти три слова и пошёлъ домой. "Сколько за ковры получилъ?" спрашиваетъ жена.—Три добрыя слова взялъ: при радости не радуйся; при страсти не страшись; подними, да не опусти!

___

[1] сразу.   [2] comp. of хорошо.   [3] fut. of взять.
[4] squandered.   [5] imperat. of поднять.

Пошёлъ Иванъ Несча́стный на корабли́ нанима́ться, и нани́лся въ прика́щики на три́дцать кораблей.[1] Поплы́ли по си́нему мо́рю; плы́ли-плы́ли, вдругъ ни съ того́ ни съ сего́[2] останови́лись всѣ эти корабли́ и нейду́тъ[3] съ мѣста. Хозя́инъ сталъ посыла́ть въ во́ду водола́зовъ: "кто полѣзетъ да дѣло испра́витъ, тому́ (говори́тъ) три корабли́ пода́рю." Иванъ Несча́стный вспо́мнилъ, что ему́ стари́къ сказа́лъ: "при стра́сти не страши́сь!" и согласи́лся лѣзть въ во́ду. Опусти́ли его́ на цѣпи́; ви́дитъ онъ: стои́тъ подъ водо́ю домъ, въ томъ до́мѣ сиди́тъ стари́къ и дѣви́ца, пе́редъ ни́ми лежи́тъ оси́новая пла́ха, въ пла́хѣ топо́ръ торчи́тъ; крѣпко спо́рятъ они́ межъ собо́ю: дѣви́ца говори́тъ, что о́лово доро́же;[4] стари́къ—что сталь доро́же. Ста́ли они́ спра́шивать у Ива́на Несча́стнаго: что доро́же—о́лово или сталь? Отвѣча́етъ онъ: "сталь доро́же." То́тчасъ стари́къ ухвати́лъ топо́ръ и отруби́лъ дѣви́цѣ го́лову, а Ива́ну Несча́стному далъ три брилли́антовыхъ ка́мушка.[5] Вы́шелъ[6] Иванъ Несча́стный изъподъ воды́; сейча́съ корабли́ поплы́ли; хозя́инъ отда́лъ ему́ три корабли́. Поспо́рилъ Иванъ Несча́стный съ хозя́иномъ: у кого́ бо́льше[7] това́ру? Хозя́инъ говори́тъ: "у меня́ на два́дцати семи́ корабля́хъ бо́льше!" а Иванъ Несча́стный говори́тъ: "у меня́ на трёхъ бо́льше!" Спо́рили-спо́рили и рѣши́ли: у кого́ това́ру бо́льше, тому́ отда́ть всѣ корабли́; ста́ли смотрѣ́ть и нашли́[8] у Ива́на Несча́стнаго три ка́мушка брилли́антовые, и цѣны ка́мушкамъ нѣтъ! Забра́лъ Иванъ Несча́стный всѣ три́дцать кораблей и поплы́лъ въ чужі́я зе́мли; приста́лъ къ большо́му го́роду, вы́кинулъ флагъ и распрода́лъ свой това́ръ за мно́го ты́сячъ. Вороти́лся на

---

[1] took the situation of supercargo of thirty ships.
[2] ни съ того́ ни съ сего, "without reason."
[3] do not move.
[4] comp. of доро́го.
[5] dim. of ка́мень.
[6] past of вы́йти.
[7] comp. of мно́го.
[8] past of найти.

свою́ ро́дину и сталъ на якоря́хъ; тутъ всѣ горожа́не уди-
ви́лися: какъ-такъ? былъ Ива́нъ Несча́стный ни при чо́мъ,[1]
жилъ бѣ́дно, и тепе́рь ско́лько корабле́й пригна́лъ! При-
хо́дитъ Ива́нъ Несча́стный въ свой домъ и ви́дитъ: жена́ его
съ до́брымъ мо́лодцемъ[2] цѣлу́ется; подня́лъ са́блю и хотѣлъ
заруби́ть ихъ, да вспо́мнилъ до́брое сло́во: "Подими́й, да
не опусти́!" сталъ свою́ жену́ разспра́шивать, и узна́лъ, что
тотъ мо́лодецъ его сынъ: когда́ Ива́нъ Несча́стный поѣхалъ
на корабля́хъ, втѣпоры[3] жена́ безъ него роди́ла. Обра́до-
вался онъ, поздоро́вался, и на́чали себѣ жить да богатѣ́ть.

48. *Фролъ Си́линъ.*

По сіе́ вре́мя не могу́ я[4] безъ серде́чнаго содрога́нія
вспо́мнить того́ стра́шнаго го́да, кото́рый живётъ въ па́мяти
у низовыхъ жи́телей[5] подъ и́менемъ голо́днаго, того́ лѣта, въ
кото́рое отъ долговре́менной за́сухи, пожелтѣ́вшія поля́ оро-
ша́емы бы́ли одни́ми слеза́ми го́рестныхъ поселя́нъ, той
о́сени, въ кото́рую, вмѣсто обыкнове́нныхъ весёлыхъ пѣсенъ,[6]
раздава́лись въ се́лахъ стена́нія и вопль отча́янныхъ, ви́дя-
щихъ пустоту́ въ гумна́хъ и жи́тницахъ свои́хъ, и той зимы́,
въ кото́рую цѣ́лыя семе́йства, оста́вя до́мы свои́, проси́ли
ми́лостыни по доро́гамъ и, несмотря́ на вью́ги и моро́зы,
цѣ́лые дни и но́чи проводи́ли подъ откры́тымъ не́бомъ, на
снѣгу́.

Я жилъ тогда́ въ дере́внѣ близъ Симби́рска, былъ ещё
ребёнкомъ, но умѣ́лъ уже́ чу́вствовать, какъ большо́й человѣкъ, и страда́лъ, ви́дя страда́нія мои́хъ бли́жнихъ. Въ одно́й
изъ на́шихъ сосѣднихъ дереве́нь жилъ (въ то вре́мя) Фролъ
Си́линъ, трудолюби́вый поселя́нинъ, кото́рый всегда́ лу́чше

---

[1] былъ не при чомъ, "had nothing."   [2] young man.   [3] at that time.
[4] Н. М. Карамзи́нъ, the Russian historian.
[5] of the inhabitants of provinces of Lower Volga.   [6] пѣсня.

другихъ обрабатывалъ зе́млю, всегда́ бо́лѣe другихъ собп-ра́лъ хлѣба и никогда́ не продава́лъ всего́, что собира́лъ, почему́ на гумнѣ́ его всегда́ стои́ло нѣсколько запасныхъ скирдовъ. Пришёлъ[1] худой годъ и всѣ жи́тели той дере́вни обнища́ли, всѣ, кромѣ осторо́жнаго Фро́ла Си́лина. Но осторо́жность не была единственною его добродѣ́телью. Вмѣ́сто того чтобы продава́ть хлѣбъ свои по дорого́й цѣнѣ и, по́льзуясь несча́стьемъ бли́жнихъ, разбогатѣ́ть, онъ вдругъ созва́лъ бѣднѣ́йшихъ жи́телей свое́й дере́вни и сказа́лъ: "послу́шайте, бра́тцы! вамъ тепе́рь нужда́ въ хлѣ́бѣ, а у меня́ его́ мно́го,—пойдёмъ на гумно́, пособи́те мнѣ обмоло-ти́ть скирды́ четыре, и возьми́те[2] себѣ ско́лько вамъ на́добно на весь годъ." Крестья́не остолбенѣ́ли отъ удивле́нія. Слухъ о сёмъ благодѣ́ніи Фро́ла Си́лина разнёсся въ окре́ст-ности.

Бѣдные изъ другихъ жи́тельствъ приходи́ли къ нему́ и проси́ли хлѣ́ба. До́брый Фролъ называ́лъ ихъ бра́тьями свойми и ни одному́ не отка́зывалъ. "Скоро мы раздади́мъ[3] весь хлѣбъ свой," говори́ла ему́ жена. "Богъ вели́тъ дава́ть прося́щимъ," отвѣча́лъ онъ. Нѣбо услы́шало моли́тву бѣд-ныхъ и благослови́ло слѣ́дующій годъ плодоро́діемъ. По-селя́не, одо́лженные Фро́ломъ Си́линымъ, яви́лись къ своему́ благотвори́телю и отдава́ли ему́ то коли́чество хлѣба, которое у него взя́ли, и ещё съ лихво́ю.

"Ты спасъ насъ и дѣте́й на́шихъ отъ голо́дной сме́рти," говори́ли они́: оди́нъ Богъ мо́жетъ заплати́ть за твоё до́брое дѣ́ло, а мы возвраща́емъ съ благода́рностью то, что у тебя́ взя́ли."—"Мнѣ ничего́ не на́добно!" отвѣча́лъ Фролъ Си́-линъ; "у меня́ мно́го но́ваго хлѣба. Благодари́те Бо́га: не я—Онъ помо́гъ вамъ въ нуждѣ́." Напра́сно приступа́ли къ

---

[1] прійти́.   [2] imp. of взять.   [3] fut. of разда́ть.

нему должники его : " Нѣтъ, братцы,"—говорилъ онъ,—
" нѣтъ, я не возьму вашего хлѣба ; а когда у васъ есть
лишній, такъ раздайте его тѣмъ, которые въ прошлую оссиь
не могли обсѣять полей своихъ и теперь нуждаются ; въ
нашемъ околодкѣ не мало такихъ найдётся.'. . . Поможемъ[2]
имъ, и Богъ благословитъ насъ !"—"Хорошо," сказали тро́-
нутые поселяне, " хорошо. Будь по твоему ! Мы разда-
димъ этотъ хлѣбъ нищимъ, и скажемъ, чтобы они вмѣстѣ съ
нами молились за тебя Богу. Дѣти наши будутъ также за
тебя молиться."

Въ одной сосѣдней деревнѣ сгорѣло 14 дворовъ : Фролъ
послалъ на каждый дворъ по два рубля денегъ и по косѣ.

Черезъ нѣсколько времени послѣ того сгорѣла другая
деревня. Поселяне, лишённые почти всего имущества своего, прибѣгнули къ извѣстному великодушію Фрола Силина.
На тотъ разъ не было у него денегъ. " У меня есть лишняя
лошадь," сказалъ онъ : " возьмите и продайте её !"

49. Приступъ.[3]

Мятежники съѣзжались около своего предводителя (Пугачёва) и вдругъ начали слѣзать съ лошадей. " Теперь стойте
крѣпко," сказалъ комендантъ : " будетъ приступъ." Въ эту
минуту раздался страшный визгъ и крики ; мятежники
бѣгомъ бѣжали къ крѣпости. Пушка наша заряжена была
картечью. Комендантъ подпустилъ ихъ на самое близкое
разстояніе и вдругъ выпалилъ опять. Картечь хватила въ
самую средину толпы. Мятежники отхлынули въ обѣ стороны и попятились. Предводитель ихъ остался одинъ

---

[1] will be found.   [2] imperat. pl. of помочь.
[3] From the novel "Капитанская дочка," by A. Pushkin. The time of the
narrative is that of " Пугачёвъ," who pretended to be the Emperor Peter III.

впередй. . . Опъ махалъ сабдею п, казалось, съ жаромъ ихъ уговарпвалъ. . . Крикъ и визгъ, умолкпувшіе па минуту, тотчасъ спова возобпоовйлись."

"Ну, ребята," сказалъ комепдаптъ: "теперь отворяй ворота, бей въ барабапъ. Ребята! впередъ, на вылазку, за мпою!"

Комепдаптъ, Пвапъ Игпатьпчъ п я мигомъ очутплпсь за крѣпостпымъ валомъ; по оробѣлый гарппзопъ пе тропулся. "Чтожъ вы, дѣтушкп, стойте?" закричалъ Пвапъ Кузмйчъ. "Умпрать, такъ умпрать, дѣло служйвое!"[1] Въ эту минуту мятежникп набѣжали па пасъ и ворвалйсь въ крѣпость. Барабапъ умолкъ; гарппзопъ бросилъ ружья; мепй сшйбли было съ погъ, но я всталъ п вмѣстѣ съ мятежниками вошёлъ въ крѣпость. Комендаптъ, рапепый въ голову, стоялъ въ кучкѣ злодѣевъ, которые требовали отъ пего ключей. Я бросился было къ пему на помощь: пѣсколько дюжихъ казаковъ схватили мепй и вязали кушаками, приговарпвал: "Вотъ ужё вамъ будетъ, государевымъ ослушппкамъ!" Пасъ потащйли по улицамъ; жптелп выходйли изъ домовъ съ хлѣбомъ и солью. Раздавался колокольпый звопъ. Вдругъ закричали въ толпѣ, что государь[2] на площади ожидаетъ плѣппыхъ п приппмаетъ присягу. Народъ повалйлъ[3] на площадь; пасъ погпали туда-же.

Пугачёвъ спдѣлъ въ креслахъ па крыльцѣ комепдаптскаго дома. На пёмъ былъ красйвый казацкій кафтапъ, обшйтый галупами. Высокая собоѣлья шапка съ золотыми кистями была падвипута на его сверкающіе глаза. Лицё его показалось мнѣ знакомо. Казацкіе старшппы окружали его. Отёцъ Герасимъ, блѣдпый и дрожащій, стоялъ у крыльца, съ крестомъ въ рукахъ, п, казалось, молча умолялъ его за пред-

---

[1] soldier's.　　　[2] i. e., the pretender Pugachef.　　　[3] flocked.

стоя́щія же́ртвы. На пло́щади ста́вили на-ско́ро ви́сѣлицу. Когда́ мы прибли́зились, башки́рцы разогна́ли наро́дъ, и насъ предста́вили Пугачёву. Колоко́льный звонъ ути́хъ; наста́ла глубо́кая тишина́. "Кото́рый комонда́нтъ?" спроси́лъ самозва́нецъ. Нашъ уря́дникъ вы́ступилъ изъ толпы́ и указа́лъ на Ива́на Кузми́ча. Пугачёвъ гро́зно взгляну́лъ на старика́ и сказа́лъ ему́: "Какъ ты смѣлъ проти́виться мнѣ, своему́ госуда́рю?" Комонда́нтъ, изнемога́я отъ ра́ны, собра́лъ послѣ́днія си́лы и отвѣча́лъ твёрдымъ го́лосомъ: "Ты мнѣ не госуда́рь; ты воръ и самозва́нецъ, слы́шь ты!" Пугачёвъ мра́чно нахму́рился и махну́лъ бѣ́лымъ платко́мъ. Не́сколько казако́въ подхвати́ли ста́раго капита́на и пота́щили къ ви́сѣлицѣ. На ся перекла́динѣ очути́лся верхо́мъ изувѣ́ченный башки́рецъ, кото́раго допра́шивали мы нака́нунѣ. Онъ держа́лъ въ рукѣ́ верёвку, и че́резъ мину́ту уви́дѣлъ я бѣ́днаго Ива́на Кузмича́ вздёрнутаго на во́здухъ. Тогда́ привели́ къ Пугачёву Ива́на Игна́тыча. "Присяга́й," сказа́лъ Пугачёвъ: "Госуда́рю Петру́ Ѳео́доровичу!" — "Ты намъ не госуда́рь," отвѣча́лъ Ива́нъ Игна́тьевичъ, повторя́я слова́ своего́ капита́на. "Ты, дя́дюшка, воръ и самозва́нецъ!" Пугачёвъ махну́лъ опя́ть платко́мъ, и до́брый пору́чикъ пови́съ подлѣ своего́ ста́раго нача́льника.

Очередь была́ за мно́ю. Я гляде́лъ смѣ́ло на Пугачёва, гото́вясь повтори́ть отвѣ́тъ великоду́шныхъ мои́хъ това́рищей. Тогда́ къ неописа́нному моему́ изумле́нію, уви́дѣлъ я среди́ мятежныхъ старши́нъ Шва́брина, обстри́женнаго въ кружо́къ и въ каза́цкомъ кафта́нѣ. Онъ подошёлъ къ Пугачёву и сказа́лъ ему́ на́ ухо не́сколько словъ. "Вѣ́шать его́!" сказа́лъ Пугачёвъ, не взгляну́въ уже́ на меня́. Мнѣ накину́ли на ше́ю петлю́. Я сталъ чита́ть про себя́ моли́тву, принося́ Бо́гу и́скреннее раска́яніе во всѣ́хъ мои́хъ прегрѣше́ніяхъ и моля́ Его́ о спасе́ніи всѣ́хъ бли́зкихъ моему́ се́рдцу. Меня́

I

притащи́ли подъ ви́сѣлицу. "Небо́сь! небо́сь," повторя́ли
мнѣ губи́тели, мо́жетъ быть, и впра́вду жела́я меня́ ободри́ть.
Вдругъ услы́шалъ я крикъ: "Посто́йте, окая́нные! пого-
ди́те!... Палачи́ останови́лись. Гляжу́: Савѣльичъ ле-
жи́тъ въ нога́хъ у Пугачёва. "Оте́цъ родно́й!" говори́лъ
бѣдный дя́дька. "Что тебѣ въ сме́рти ба́рскаго дитя́ти?
Отпусти́ его́; за него́ тебѣ вы́купъ даду́тъ; а для примѣра
и стра́ха ра́ди, вели́ повѣсить хоть меня́, старика́!" Пугачёвъ далъ знакъ, и меня́ то́тчасъ развяза́ли и оста́вили.
"Ба́тюшка нашъ тебя́ ми́луетъ," говори́ли мнѣ. Въ э́ту
мину́ту, не могу́ сказа́ть, чтобъ я обра́довался своему́ изба-
вле́нію, не скажу́, одна́кожъ, чтобъ я о нёмъ и сожалѣлъ.
Чу́вствованія мои́ бы́ли сли́шкомъ сму́тны. Меня́ сно́ва
привели́ къ самозва́нцу, и поста́вили передъ нимъ на колѣни
Пугачёвъ протяну́лъ жи́листую свою́ ру́ку. "Цѣлу́й ру́ку,
цѣлу́й ру́ку!" говори́ли о́коло меня́. Но я предпочёлъ бы
са́мую лю́тую казнь тако́му по́длому униже́нію. "Ба́тюшка,
Пётръ Андре́ичъ!" шепта́лъ Савѣльичъ, сто́я за мно́ю и
толка́я меня́. "Не упря́мься! что тебѣ сто́итъ? плюнь да
поцѣлу́й у злод²... (тьфу!) поцѣлу́й у него́ ру́ку." Я не
шевели́лся. Пугачёвъ опусти́лъ ру́ку, сказа́лъ съ усмѣшкою:
"Его́ благоро́діе знать одурѣлъ отъ ра́дости. Подыми́те
его́!" Меня́ подня́ли и оста́вили на свобо́дѣ. Я сталъ
смотрѣть на продолже́ніе ужа́сной коме́діи.

Жи́тели на́чали присяга́ть. Они́ подходи́ли оди́нъ за дру-
ги́мъ, цѣлу́я распя́тіе и пото́мъ кла́нялись самозва́нцу. Гар-
низо́нные солда́ты стоя́ли тутъ же. Ро́тный портно́й, воо-
ружённый тупы́ми свои́ми но́жницами, рѣзалъ у нихъ ко́сы.
Они́, отря́хиваясь, подходи́ли къ рукѣ Пугачёва, кото́рый
объявля́лъ имъ проще́ніе и принима́лъ въ свою́ ша́йку.

---

¹ не бо́йся.   ² злодѣя.

Всё это продолжалось около трёхъ часовъ. Наконецъ Пугачёвъ всталъ съ креселъ и сошёлъ съ крыльца въ сопровожденіи своихъ старшинъ. Ему подвели бѣлаго коня, украшеннаго богатою збруей. Два казака взяли его подъ руки и посадили на сѣдло. Онъ объявилъ отцу Герасиму, что будетъ обѣдать у него. Въ эту минуту раздался женскій крикъ. Нѣсколько разбойниковъ вытащили на крыльцо Василису Егоровну. Одинъ изъ нихъ успѣлъ уже нарядиться въ ея душегрѣйку. Другіе таскали перины, сундуки, чайную посуду, бѣльё и всю рухлядь. "Батюшки мои!" кричала бѣдная старушка. "Отпустите душу на покаяніе. Отцы родные, отведите меня къ Ивану Кузмичу." Вдругъ она взглянула на висѣлицу и узнала своего мужа. "Злодѣи!" закричала она въ изступленіи. "Что это вы съ нимъ сдѣлали? Свѣтъ ты мой, Иванъ Кузмичъ, удалая солдатская головушка! не тронули тебя ни штыки прусскіе, ни пули турецкія; не въ честномъ бою положилъ ты свой животъ, а сгинулъ отъ бѣглаго каторжника!"—"Унять старую вѣдьму!" сказалъ Пугачёвъ. Тутъ молодой казакъ ударилъ её саблею по головѣ, и она упала мёртвая на ступени крыльца. Пугачёвъ уѣхалъ; народъ бросился за нимъ.

50. Императрица Екатерина II.

Узнавъ, что дворъ находился въ то время въ Царскомъ Селѣ, Марья Ивановна рѣшилась тутъ остановиться. Жена смотрителя тотчасъ съ нею разговорилась, объявила, что она племянница придворнаго истопника, и посвятила её во всѣ таинства придворной жизни. Она разсказала, въ которомъ часу государыня обыкновенно просыпалась, кушала кофе, прогуливалась; какіе вельможи находились въ то время при ней; что изволила она вчерашній день говорить у себя за столомъ ; кого принимала вечеромъ. Словомъ, разговоръ Анны Власьевны стоилъ нѣсколькихъ страницъ историческихъ записокъ и былъ бы драгоцѣненъ для потомства. Марья Ивановна слушала её со вниманіемъ. Онѣ пошли въ садъ. Анна Власьевна разсказала исторію каждой аллеи и каждаго мостика, и, нагулявшись, онѣ возвратились на станцію, очень довольныя другъ другомъ.

На другой день рано утромъ Марья Ивановна проснулась, одѣлась и тихонько пошла въ садъ. Утро было прекрасное, солнце освѣщало вершины липъ, пожелтѣвшихъ уже подъ свѣжимъ дыханіемъ осени. Широкое озеро сіяло неподвижно. Проснувшіеся лебеди важно выплывали изъ-подъ кустовъ, осѣняющихъ берегъ. Марья Ивановна пошла около прекраснаго луга, гдѣ только что поставленъ былъ памятникъ въ честь недавнихъ побѣдъ графа Петра Александровича Румянцева. Вдругъ бѣлая собачка англійской породы залаяла и побѣжала ей навстрѣчу; Марья Ивановна испугалась и остановилась. Въ эту самую минуту раздался пріятный женскій голосъ : " Не бойтесь, она не укуситъ." И Марья Ивановна увидѣла даму, сидѣвшую на скамейкѣ противъ памятника. Марья Ивановна сѣла на другомъ концѣ скамейки. Дама пристально на нее смотрѣла; а Марья Ивановна, съ своей стороны бросивъ нѣсколько косвенныхъ взглядовъ, успѣла разсмотрѣть её съ ногъ до головы. Она была въ бѣломъ утреннемъ платьѣ, въ ночномъ чепцѣ и въ душегрѣйкѣ. Ей, казалось, лѣтъ сорокъ. Лицё ея, полное и румяное, выражало важность и спокойствіе, а голубые глаза и легкая улыбка имѣли прелесть неизъяснимую. Дама первая прервала молчаніе.

"Вы вѣрно не здѣшняя?" сказала она.

"Точно такъ-съ : я вчера только пріѣхала изъ провинціи."

"Вы пріѣхали съ вашими родными ?"

"Никакъ нѣтъ-съ,[1] я пріѣхала одна."

"Одна! Но вы такъ ещё молоды."

"У меня нѣтъ ни отца, ни матери."

"Вы здѣсь, конечно, по какимъ-нибудь дѣламъ?"

"Точно такъ-съ. Я пріѣхала подать просьбу государынѣ."

"Вы сирота: вѣроятно, вы жалуетесь на несправедливость и обиду?"

"Никакъ нѣтъ-съ. Я пріѣхала просить милости, а не правосудія."

"Позвольте спросить, кто вы таковы?"

"Я дочь капитана Миронова."

"Капитана Миронова! того самого, что былъ комендантомъ въ одной изъ оренбургскихъ крѣпостей?"

"Точно такъ-съ."

"Дама, казалось, была тронута."

"Извините меня," сказала она голосомъ ещё болѣе ласковымъ, "если я вмѣшиваюсь въ ваши дѣла; но я бываю при дворѣ; изъясните мнѣ, въ чёмъ состоитъ ваша просьба, и, можетъ быть, мнѣ удастся вамъ помочь."

Марья Ивановна встала и почтительно её благодарила. Всё въ неизвѣстной дамѣ невольно привлекало сердце и внушало довѣренность. Марья Ивановна вынула изъ кармана сложенную бумагу и подала её незнакомой своей покровительницѣ, которая стала читать её про себя.

Сначала читала она съ видомъ внимательнымъ и благосклоннымъ; но вдругъ лицё ея перемѣнилось—и Марья Ивановна, слѣдовавшая глазами за всѣми ея движеніями, испугалась строгаго выраженія этого лица, за минуту столь пріятнаго и спокойнаго.

---

[1] the syllable съ expresses politeness.

"Вы просите за Гринева?" сказала дама съ холоднымъ видомъ. "Императрица не можетъ его простить. Онъ присталъ къ самозванцу не изъ невѣжества и легковѣрія, но какъ безнравственный и вредный негодяй."

"Ахъ, неправда! вскрикнула Марья Ивановна."

"Какъ, не правда!" возразила дама, вся вспыхнувъ.

"Не правда, ей Богу, не правда! Я знаю всё и всё вамъ разскажу. Онъ для одной меня подвергался всему, что постигло его. И если онъ не оправдался передъ судомъ, то развѣ потому только, что не хотѣлъ запутать меня.

Тутъ она съ жаромъ разсказала всё.

Дама выслушала её со вниманіемъ.

"Гдѣ вы остановились?" спросила она потомъ, и услыша, что у Анны Власьевны, примолвила съ улыбкою: "А! знаю, прощайте. Не говорите никому о нашей встрѣчѣ. Я надѣюсь, что вы не долго будете ждать отвѣта на ваше письмо."

Съ этимъ словомъ она встала и вышла въ крытую аллею, а Марья Ивановна возвратилась къ Аннѣ Власьевнѣ, исполненная радостной надежды.

Хозяйка побранила её за раннюю осеннюю прогулку, вредную, по ея словамъ, для здоровья молодой дѣвушки. Она принесла самоваръ, и за чашкою чая только было принялась за безконечные разсказы о дворѣ, какъ вдругъ придворная карета остановилась у крыльца, и камеръ-лакей вошёлъ съ объявленіемъ, что государыня изволитъ къ себѣ приглашать дѣвицу Миронову,

Анна Власьевна изумилась и расхлопоталась. "Ахти Господи!" закричала она: "государыня требуетъ васъ ко двору. Какъ же это она про васъ узнала? Да какъ же вы, матушка, представитесь императрицѣ? Вы, я чай, и ступить по придворному не умѣете. . .

Не проводить ли мнѣ васъ? Всё таки я васъ хоть въ чёмънибудь да могу предостеречь. И какъ же вамъ ѣхать въ дорожномъ платьѣ?

Камеръ-лакей объявилъ, что государынѣ угодно было, чтобъ Марья Ивановна ѣхала одна и въ томъ, въ чёмъ её застанутъ. Дѣлать было нечего: Марья Ивановна сѣла въ карету и поѣхала во дворецъ, сопровождаемая совѣтами и благословеніями Анны Власьевны.

Марья Ивановна предчувствовала рѣшеніе своей судьбы: сердце ея сильно билось и замирало. Чрезъ нѣсколько минутъ карета остановилась у дворца. Марья Ивановна съ трепетомъ пошла по лѣстницѣ. Двери передъ нею отворились настежь. Она прошла длинный рядъ пустыхъ, великолѣпныхъ комнатъ, камеръ-лакей указывалъ дорогу. Наконецъ, подошедъ къ запертымъ дверямъ, онъ объявилъ, что сейчасъ объ ней доложитъ, и оставилъ её одну.

Мысль увидѣть императрицу лицёмъ къ лицу такъ устрашала её, что она съ трудомъ могла держаться на ногахъ. Чрезъ минуту двери отворились, и она вошла въ уборную государыни.

Императрица сидѣла за своимъ туалетомъ. Нѣсколько придворныхъ окружали её и почтительно пропустили Марью Ивановну. Государыня ласково къ ней обратилась, и Марья Ивановна узнала въ ней ту даму, съ которою такъ откровенно изъяснилась она нѣсколько минутъ тому назадъ. Государыня подозвала её и сказала съ улыбкой: " Я рада, что могла сдержать вамъ своё слово и исполнить вашу просьбу. Дѣло ваше кончено. Я убѣждена въ невинности вашего жениха. Вотъ письмо, которое сами потрудитесь отвезти къ будущему свёкру."

Марья Ивановна приняла письмо дрожащею рукою и, заплакавъ, упала къ ногамъ императрицы, которая подняла её и поцѣловала. Государыня разговорилась съ нею. " Знаю,

что вы не богаты," сказала она: "но я въ долгу передъ
дочерью капитана Миронова. Не безпокойтесь о буду-
щемъ. Я беру на себя устроить ваше состояніе."

Обласкавъ бѣдную сироту, государыня её отпустила. Марья
Ивановна уѣхала въ той же придворной каретѣ. Анна
Власьевна, нетерпѣливо ожидавшая ея возвращенія, осыпала
её вопросами, на которые Марья Ивановна отвѣчала кое-какъ.
Анна Власьевна хотя и была недовольна ея безпамятствомъ,
но приписала оное провинціальной застѣнчивости и изви-
нила великодушно. Въ тотъ же день Марья Ивановна, не
полюбопытствовавъ взглянуть на Петербургъ, обратно поѣхала въ деревню. . .

51. Плаваніе въ Атлантическихъ тропикахъ.

(Фрегатъ Паллада.)

14-го Февраля (1853-го года) начались тѣ штили, которыхъ напрасно боялись у экватора. Опять пошли по узлу,
по полтора, иногда совсѣмъ не шли. Сначала мы не тре-
вожились, ожидая, что не сегодня, такъ завтра задуетъ по-
живѣе. Но проходили дни, ночи, паруса висѣли, фрегатъ
только качался почти на одномъ мѣстѣ, иногда довольно
сильно, отъ крупной зыби, предвѣщавшей, по видимому,
вѣтеръ. Но это только слабое и отдаленное дуновеніе, гдѣ-
то въ счастливомъ мѣстѣ пронесшагося вѣтра. Появив-
шіяся на горизонтѣ тучки, казалось, несли дождь и перемѣ-
ну; дождь точно лилъ потоками, непрерывный, а вѣтра не
было. Черезъ часъ солнце блистало по прежнему, освѣ-
щая до самаго горизонта густую. и неподвижную площадь
океана.

Покойно было, правда, плавать въ этомъ безмятежномъ
царствѣ тепла и безмолвія: оставленная на столѣ книга,

чернильница, стаканъ—не трогались; мы ложились безъ
опасенія умереть подъ тяжестью комода или полки книгъ,—
но сорокъ слишкомъ дней въ морѣ! Берегъ сдѣлался гос-
подствующею нашею мыслію, и мы не мало обрадовались,
вышедши[1] 16-го февраля утромъ изъ южнаго тропика. Ра-
считывали на дующіе около того времени вестовые вѣтры,[2]
но и это ожиданіе не оправдалось. Въ воздухѣ мёртвая
тишина, нарушаемая только хлопаньемъ грота.[3] Ночью,
съ 21-го на 22-го февраля, я отъ жара ушёлъ спать въ
каютъ-компанію и лёгъ на диванѣ, подъ открытымъ лю-
комъ.[4] Меня разбудилъ неистовый топотъ въ родѣ тре-
пака,[5] свистъ и крики. На лицо упало нѣсколько брызгъ.
"Шквалъ! говорятъ: ну, теперь задуетъ!" Ничего не
бывало, шквалъ прошёлъ,[6] и Фрегатъ опять задремалъ въ
штилѣ. Такъ дождались мы масляницы и провели её довольно
вяло, хотя П—. А—. дѣлалъ всё, чтобъ чѣмъ нибудь
напомнить этотъ весёлый моментъ русской жизни. Онъ
напёкъ блиновъ и икру замѣнилъ сардинами. Сливки,
взятыя изъ Англіи въ числѣ прочихъ консервовъ, давно
обратились въ какую-то густую массу и онъ убѣдительно
просилъ принимать её за сметану. Пѣсни, напоминавшія
Татарское иго, и буйные вопли, quasi весёлые, оглашали
болѣе нежели когда-либо океанъ. Унылые напѣвы казались
болѣе естественными, какъ выраженіе нашей общей скуки,
порождаемой штилями. Нельзя же однако, чтобъ масляница
у русскаго человѣка не вызвала хоть одной улыбки, будь это
и среди знойныхъ зыбей Атлантическаго океана. Такъ и
тутъ, задумчиво расхаживая по юту я вдругъ увидѣлъ какое-
то необыкновенное движеніе между матросами: это не

---

[1] past ger. of выйти. [2] East wind. [3] mainsail. [4] hatchway.
[5] a Russian dance. [6] пройти.

рѣдкость на сушѣ, и я думалъ сначала, что они тянутъ какой-нибудь брасъ.[1] Но что это? совсѣмъ не то. Они возятъ другъ друга на плечахъ около мачть. Празднуя масляницу, они не могли не вспомнить катанья по льду и замѣнили его ѣздой другъ на другѣ ловчей,[2] нежели П—. А—. икру замѣнилъ сардинами. Гляди, какъ забавляются, катаясь другъ на другѣ, и молодые, и усачи съ просѣдью, расхохочешься этому естественному, національному дурачеству....

Потомъ опять все вошло[3] въ обычную колею, и дни текли[4] однообразно. Въ этомъ спокойствіи, уединеніи отъ цѣлаго міра, въ теплѣ и сіяніи, фрегатъ принималъ видъ какой-то отдаленной русской деревни. Встанешь утромъ, никуда не спѣша, съ полнымъ равновѣсіемъ въ силахъ души, съ отличнымъ здоровьемъ, съ свѣжею головою и аппетитомъ; выльешь на себя нѣсколько ведеръ воды, прямо изъ океана, и гуляешь, пьешь чай, потомъ сядешь за работу. Солнце уже высоко. Жаръ палитъ: въ деревнѣ вы не пойдете въ этотъ часъ, ни рожь посмотрѣть, ни на гумно, вы сидите подъ защитою маркизы на балконѣ, и всё прячется подъ кровъ, даже птицы,—только стрекозы отважно рѣютъ подъ колосьями. И мы прячемся[5] подъ растянутымъ тентомъ, отворивъ настежь окна и двери каютъ. Вѣтерокъ чуть-чуть вѣетъ, ласково освѣжая лицо и открытую грудь. Матросы уже отобѣдали,—они обѣдаютъ рано, до полудня, какъ и въ деревнѣ, послѣ утреннихъ работъ—, и группами сидятъ, или лежатъ между пушекъ. Иные шьютъ себѣ бѣлье, платье, сапоги, тихо мурлыча пѣсенку; съ бака слышатся удары молота на наковальнѣ....

---

[1] канатъ. [2] comp. of ловко. [3] войти. [4] течь.
[5] прятаться.

Послѣ обѣда, часу въ третьемъ,[1] вызывались музыканты на ютъ, и мотивы Верди и Беллини разносились по океану. Но послѣ обѣда лѣниво слушали музыку, и музыканты вызывались больше для упражненія, чтобъ протверживать свой репертуаръ. Въ этомъ климатѣ сьеста[2] необходима: на сѣверѣ, въ самый жаркій день, вы легко просидите въ тѣни, не устанете и не изнеможете, даже займётесь дѣломъ. Здѣсь одѣтые въ лёгкое льняное пальто, безъ галстуха и жилета, сидя подъ тёнтомъ, безъ движенія, вы потеряете отъ томительнаго жара силу и какъ ни[3] бодритесь, а тѣло клонится къ дивану, и вы во снѣ должны почерпнуть свѣжесть организму . . . .

Часу въ пятомъ купали команду. На воду спускали парусъ, который наполнялся водой, и матросы прыгали съ борта, какъ въ яму. Но за ними надобно было зорко смотрѣть: они всѣ старались выпрыгнуть за предѣлы паруса и поплавать на свободѣ въ океанѣ. Нечего было опасаться, что они утонутъ, потому что всѣ плаваютъ мастерски, —но боялись акулъ. И такъ однажды съ марса закричалъ матросъ: "большая рыба идётъ!" Къ купальщикамъ подкрадывалась акула; ихъ всѣхъ выгнали изъ воды, а акулѣ сначала бросили бараньи внутренности, которыя она мгновенно проглотила, потомъ кольнули её острогой, и она ушла подъ киль, оставивъ слѣдомъ по себѣ кровавое пятно. Около ней, какъ змѣи, виляли въ водѣ всегда сопровождающія её двѣ или три рыбы, прозванныя лоцманами. П—. А—., во время купанья, тоже явился усерднымъ дѣйствующимъ лицомъ. Какъ ротный командиръ, онъ носился по всѣмъ палубамъ и побуждалъ лѣнивыхъ матросовъ лѣзть въ воду . . . .

---

[1] after two o'clock. [2] rest in the afternoon. [3] however much.

52. Деревня зимою.

Лѣтомъ деревня рай! говорятъ всѣ любители сельскаго быта—и въ этомъ я съ ними совершенно согласенъ, если деревня, въ которой я проживу[1] лѣто, окружена рощами, а не голой степью, и передъ моимъ веселымъ домикомъ разстилается не грязный подёрнутый зеленью прудъ, но изумрудный лугъ, усыпанный цвѣтами, между которыми вьётся[2] игривая и свѣтлая рѣчка. О, конечно! такой сельскій пріютъ не грѣшно назвать земнымъ раемъ, только не приведи Господи[3] жить въ этомъ раю зимою, а особливо человѣку не семейному. Если онъ не умрётъ со скуки, то ужъ, конечно, можно сказать утвердительно, что люди отъ скуки не умираютъ. Вотъ, напримѣръ, подымется[4] ночью погода! вы просыпаетесь по утру, протираете глаза и подумаете: "не ужъ ли ещё ночь?"—Нѣтъ! на дворѣ ужё полдень—да вашъ домъ ужъ занесло мятелью и огромные сугробы снѣга лѣзутъ къ вамъ прямёхонько въ окна. Если иногда проглянетъ солнышко и улыбнётся по-лѣтнему—не спѣшите къ нему навстрѣчу, потому что на дворѣ ужъ вѣрно трескучій морозъ. Полюбуйтесь этимъ солнышкомъ сквозь двойныя стёкла и оставайтесь по прежнему въ натопленныхъ комнатахъ, въ которыхъ мы всѣ, какъ тепличныя растенія, должны прозябать большую часть жизни. Если наконецъ вамъ надоѣстъ это искуственное тепло и вы захотите подышать свѣжимъ воздухомъ, надѣвайте на себя шубу, шапку, тёплые сапоги и ступайте гулять, т. е. ходить взадъ и впередъ по утоптанной тропинкѣ, которая ведётъ отъ барскаго дома къ селу. Вѣроятно эта прогулка не принесётъ вамъ

---

[1] прожить. [2] виться. [3] God save.
[4] fut. of подъяться, modern—подняться.

большаго удовольствія—папротивъ, вамъ сдѣлается очень
грустно. Посмотрите вокругъ себя: неужели эти голыя,
огромныя ветлы были когда-нибудь роскошными, пушисты-
ми деревьями, подъ тѣнью которыхъ вы съ такимъ наслажд-
деніемъ отдыхали въ знойный полдень? Неужели это еди-
нообразное бѣлое поле, эти наносные бугры снѣга, эти
непроходимые сугробы тотъ самый лугъ, на которомъ вы
рвали цвѣты? А эта изгибистая дорожка, прорѣзанная глу-
бокими колеями, та самая рѣчка, въ которой вы купались
нѣсколько мѣсяцевъ тому назадъ? Согласитесь, что лучше,
сидѣть дома, въ тёплой комнатѣ, чѣмъ мёрзнуть и смотрѣть
на эти мёртвыя деревья, засыпанныя снѣгомъ поля, и это
безжизненное солнце, которое, вмѣсто тепла, обдаётъ васъ
холодомъ. Но чтожъ вы будете дѣлать дома? Читать безпрестанно нельзя: и голова устанетъ[1] и глаза заболятъ, а
общества въ деревнѣ нѣтъ. Бываютъ иногда сосѣди, да и
тутъ бѣда: на одного умнаго и пріятнаго собесѣдника забе-
рётся къ вамъ съ полдюжины такихъ пріятелей, для которыхъ
въ городѣ ваши двери были бы заперты,[2] а тутъ отворяйте
ихъ настежь. Деревенскій бытъ имѣетъ свои собственныя
условія и законы. Въ городѣ вы можете одного гостя принять, а другому сказать, что васъ нѣтъ дома—попытайтесь
это сдѣлать въ деревнѣ.... Да сохрани Господи! васъ
закидаютъ каменьями.... Нѣтъ, круглый годъ жить въ
деревнѣ можно только тамъ, гдѣ солнце грѣетъ и зимою, гдѣ
я могу и въ декабрѣ мѣсяцѣ открыть окно, сорвать на лугу
цвѣтокъ, покататься въ лодкѣ и отдохнуть подъ тѣнью
густаго дерева, покрытаго зелёными листьями.[3]

---

[1] устать.   [2] запереть.   [3] листъ.

53. *Юнуска — головорѣзъ.*[1]

Многочисленная толпа собралась въ узкихъ улицахъ, огибающихъ заднiе дворы дворца эмира. Толпа росла съ каждою минутою, даже большой бухарскiй базаръ опустѣлъ, и въ лавкахъ остались однѣ только ихъ владѣльцы, недоумѣвавшiе, куда это повалилъ весь народъ, и перекликавшiеся между собою изъ своихъ уютныхъ лавочекъ.

Глухой говоръ, гулъ движенiя, топотъ кованныхъ копытъ по камнямъ, перебранки, смѣхъ—наполнили воздухъ. Тѣсно было въ улицахъ, всякому хотѣлось пробиться впередъ, лѣзли чуть ли не черезъ головы, карабкались на заборы и стѣны, и на всѣхъ сосѣднихъ крышахъ, плоскихъ какъ столъ, усѣлись пёстрыя, разнокалиберныя группы волнующагося народа.

Полицейскiе (кавасы) съ длинными бѣлыми палками въ рукахъ пробирались сквозь толпу, пуская въ дѣло, гдѣ мало было словъ, своё оружiе.

На первомъ планѣ толпились сотни ребятишекъ, которые всегда успѣютъ протискаться впередъ подъ руками и даже ногами старшихъ; потомъ виднѣлись ряды самыхъ типичныхъ физiономiй, населяющихъ многолюдную Бухару: сарты и узбеки съ своими густыми, курчавыми бородами, съ строгими, библейскими лицами, въ необъятныхъ кисейныхъ чалмахъ; скуластые окрестные кочёвники въ верблюжьихъ халатахъ, остроконечныхъ шапкахъ; евреи съ лоснящимися локонами на вискахъ; индѣйцы съ красными значками между глазъ; авганы въ яркихъ красныхъ одеждахъ, съ распущенными по плечамъ волосами; безобразнѣйшiе нищiе въ отрёпьяхъ .... и на самыхъ заднихъ планахъ, на

---

[1] a sketch from popular life of Turkestan.

крышахъ п въ отверстіяхъ полуразрушенныхъ стѣнъ, строй-
ныя женскія фигуры въ накинутыхъ на головы синихъ
халатахъ, съ чёрными п бѣлыми вуалями на лицахъ.

Общее вниманіе было приковано къ маленькой двери,
вдѣланной въ глубокую нишу зубчатой глиняной стѣны,
огораживающей обширные дворы эмирскаго дворца. Дверь
эта была заперта; тяжёлая щеколда изъ луженаго узорнаго
желѣза была опущена на мѣдную скобку. У двери стояла
худая лошадёнка, вся мокрая отъ поту п дождя, моросившаго
словно сквозь мелкое сито: понуривъ голову, съ отвислою
нижнею губою, она разставила свои разбитыя ноги съ обло-
манными копытами. На лошади было привязано верёвоч-
ною подпругою деревянное сѣдло, ничѣмъ не покрытое;
оборванная збруя висѣла клочками. Кляча эта стояла безъ
всякой привязи, уныло глядя на пёструю дверку своими
прищуренными глазами.

Изъ-за стѣны, надъ самою дверью, торчалъ высокій
шестъ, а на шестѣ—вся посинѣлая, съ открытыми оловян-
ными глазами, съ искривленнымъ ртомъ п оскаленными
зубами—человѣческая голова. Борода у этой головы была
выбрита, рыжіе усы п короткіе бакенбарты торчали щети-
ною, остриженные волосы были перепачканы грязью п
чёрными пятнами запекшейся крови.

Эта голова была русская.

Голову эту только-что привёзъ на поклонъ эмиру Моза-
фару-Эддину извѣстный головорѣзъ Юнуска-джигитъ.[1] Онъ
ужё не разъ возилъ такіе подарки грозному повелителю бла-
городной Бухары; каждый разъ такой подарокъ отплачи-
вался однбю золотою *тиллею*[2] и новымъ полосатымъ халатомъ изъ блестящаго адрасса.[3]

---

[1] horseman.　　　[2] gold coin of four silver roubles.　　　[3] silk stuff.

Стоявшая у дверей ключа принадлежала "храброму" Юпускъ-джигиту и составляла чуть ли не единственную собственность свирѣпаго головорѣза, "грозы и бича безпечныхъ гяуровъ," какъ называли его на базарахъ многолюдной столицы Бухарскаго ханства.

За стѣною послышались шаги нѣсколькихъ человѣкъ: кованные каблуки звонко щелкали по плитамъ мощёнаго двора; запрыгала дверная щеколда, и одна половина дверей отворилась, визжа на заржавленныхъ петляхъ. Маленькая фигурка бочкомъ перешагнула высокій порогъ и показалась на улицѣ, шурша накинутымъ на плеча, поверхъ грязнаго платья, новымъ халатомъ: на кожаномъ поясѣ висѣлъ длинный ножъ, съ боку, задѣвая за порогъ и камни, прыгала дрянная шашка, зазубренный клинокъ которой торчалъ изъ протёртыхъ ножёнъ. Лицо у этого человѣка было скуластос, сморщенное и на подбородкѣ торчали пучочки скомканныхъ волосъ; косые глаза сіяли удовольствіемъ, хотя и забѣгали какъ-то неловко и безпокойно при видѣ такой многочисленной публики. Это былъ самъ виновникъ выставленнаго на шестѣ трофея. Одобрительный говоръ и крики пронеслись въ толпѣ. Юпуска ободрился.

За Юнуской вышли два дворцовыхъ сарбаза[1] въ красныхъ, шитыхъ золотомъ халатахъ, съ кривыми саблями, и ещё нѣсколько не вооруженыхъ, но богато одѣтыхъ людей; затѣмъ узорчатая дверка плотно захлопнулась. Толпа стала расходиться по разнымъ направленіямъ; большинство повалило вслѣдъ за Юнуской на базаръ, куда повелъ счастливаго джигита насыщаться и наливаться зелёнымъ чаемъ, послѣ многотрудной дороги.

---

[1] guards.

Въ одпой изъ угловыхъ чайпыхъ лавочекъ, на коврикѣ
у очага съ пылающими угольями, сидѣлъ, поджавши ноги,
Юнуска-головорѣзъ; онъ жадно ѣлъ жирный, приправлен-
ный мелко изрѣзанными корепьями нловъ;[1] онъ былъ
очень голоденъ и спѣшилъ вознаградить себя, дорвавшись до
вкуснаго блюда, запуская поочередно руки въ жирную массу
варенаго риса и облизывалъ лоснящіеся пальцы. Около
стоялъ большой мѣдный самоваръ, ведра въ три, тульской
работы; самоваръ этотъ шипѣлъ, свистѣлъ и испускалъ изъ
всѣхъ отверстій густые клубы пара, сквозь которые сверкали
цѣлые ряды развѣшанныхъ по стѣнамъ мѣдныхъ, покры-
тыхъ красивымъ чеканомъ, кумгановъ.[2] Пузатые мѣшки
съ кишмешемъ,[3] урюкомъ[4] и разными сушоными Фруктами
лѣпились по стѣнкамъ; по карнизамъ, въ камышёвыхъ
сѣткахъ, висѣли сберегаемыя на зиму дыни и связки краснаго стручковаго перца. У лавочки толпились мальчики
съ плетёными лотками на головахъ, а въ лоткахъ лежали
цѣлыя пирамиды горячихъ, только что вынутыхъ изъ печи,
лепёшекъ.

Юнуска ѣлъ и разсказывалъ; собравшаяся публика вни-
мательно слушала. Юнуска говорѣлъ:

"А остальные побѣжали . . . ."

"Это всѣ трое побѣжали? перебилъ разскащика кто-то
изъ толпы."

"Да, всѣ трое . . . Я какъ выскочилъ на нихъ изъ-за
стѣны, такъ сразу убилъ одного, а другіе трое испугались и
побѣжали . . . . Ихъ всѣхъ было четверо; понимаете ли?"
Четверо. И у всякаго было огромное ружьё, каждое ружьё
могло стрѣлять по два раза . . . .

---

[1] пловъ or пилавъ—boiled rice with some oil, raisins and sometimes
hashed mutton in it.   [2] kind of tea-pot.
[3] raisins without stones.   [4] kind of peach.

K

"А хорошія ружья у русскихъ, снова перебилъ одинъ изъ слушателей: — у насъ такихъ не умѣютъ дѣлать."

"Когда я былъ въ Ташкентѣ, тамъ видѣлъ у одного изъ ихъ начальниковъ маленькое ружьё,—такъ то восемь разъ стрѣляло .... Право такъ."

Всё дьявольская работа, перебилъ сѣдобородый мулла.

"Свяжешься съ чёртомъ, и сто разъ изъ одного. ружья выстрѣлишь."

"Такъ вотъ, продолжалъ Юпуска,—побѣжали они; я за ними и ещё убилъ двухъ, а ужъ третьяго не убилъ, не хочу лгать,—третьяго не убилъ: лошадь у него была очень хорошая,—ускакалъ проклятый."

"А вѣдь это онъ всё врётъ! раздался неожиданно смѣлый гортанный голосъ."

"Разскащикъ замолкъ; толпа оглянулась. У входа въ лавку стояли два вооружённые авгана и, подсмѣиваясь, поглядывали на осовѣвшаго Юпуску.

"Какъ врётъ! Почему врётъ? Что же тутъ невѣроятнаго? Вѣдь русскіе—это извѣстные трусы и сволочь! посыпалось изъ толпы."

"А потому врётъ, сказалъ авганъ, — что видѣли мы не разъ русскихъ въ полѣ. Не много ихъ было, — куда меньше нашего, а наши бѣжали какъ бараны и пушки бросали .... Да ты, послушай, не напирай такъ, а то вѣдь что же хорошаго? обратился онъ къ одному изъ узбековъ, который слишкомъ близко подошёлъ къ нему съ зловѣщимъ выраженіемъ въ глазахъ."

"Это вы, подлецы, бѣгали! послышалось въ толпѣ.—'Наёмщики голоногіе!' ...."

"Постой-ка, братъ, шепнулъ одинъ авганъ другому,—

я клинку нашихъ, а то вѣдь этой сволочи ишь¹ сколько набралось!.... И онъ хотѣлъ итти."

"Куда? Стой! заревѣлъ косматый бухарецъ, успѣвшій подобраться къ толпѣ и слышавшій всё, что происходило передъ этимъ.—Ни съ мѣста! и онъ схватилъ его за воротъ красной куртки, но тотчасъ же захрипѣлъ и присѣлъ на землю.... Поясной ножъ авгана угодилъ ему какъ разъ подъ рёбра."

Это было сигналомъ къ общей схваткѣ.

Первое мгновеніе авганы держались стойко, прижавшись спинами другъ къ другу; у нихъ были кривыя сабли съ желѣзными ручками, у нападающихъ же—одинъ только ножи, да и то не у всѣхъ. Вдругъ цѣлая чашка налитаго изъ самовара кипятку плеснула прямо въ смуглое, цыганское лицо; авганъ вскрикнулъ, схватился руками за голову и выпустилъ саблю.... Толпа хлынула.... Послышался задавленный стонъ.... Черезъ секунду всё было кончено для несчастныхъ горцевъ.

Изъ переулка послышался звукъ флейтъ. Красивые мальчики, не старше шестнадцати лѣтъ, ѣхали попарно по главной улицѣ; на нихъ было всё красное, а за плечами ружья съ раскрашенными узенькими прикладами. За ними два пѣшихъ старика въ парчевыхъ халатахъ вели подъ уздцы красиваго бѣлаго коня, у котораго между ушей торчалъ высокій золотой помпонъ; на конѣ сидѣлъ, согнувшись, самъ Мозафаръ-Эддинъ, поглядывая изъ подлобья своими недовѣрчивыми глазами.

Затихло всё. Толпа разступилась и стала на колѣни.

Какъ разъ посреди улицы лежали три истерзанныхъ трупа.

¹ you see.

к 2

Былъ холодный, дождливый день; по временамъ перепадалъ мокрый снѣгъ. Въ Джюзакскомъ ущельи вылъ рѣзкій вѣтеръ. Густой туманъ сползалъ внизъ по крутымъ, скалистымъ скатамъ. Каменистая, словно природное шоссе, дорога извивалась по ущелью, переплетаясь съ быстро бѣгущимъ ручьёмъ "Джаланъ-аты." На дорогѣ лежалъ издохшій верблюдъ, вытянувъ свои длинныя, мускулистыя ноги, и надъ нимъ кокошилась воронья стая, каркая и хлопая своими мокрыми крыльями.

Всё смотрѣло угрюмо и мрачно, наводя тоску и унынie.

Въ сторонѣ за огромною скалою, совершенно замаскированныя ею отъ дороги, притаились два живыхъ существа. Это были человѣкъ и лошадь. Оба предмета были совершенно неподвижны. Лошадь стояла, понуривъ голову и изрѣдка моргая сонными глазами, когда какая-нибудь черезчуръ назойливая капля дождя угодитъ прямо на ея длинныя рѣсницы; грива у ней скомкалась и слиплась, мокрый хвостъ путался между ногъ, всё тѣло слегка дрожало. Всадникъ сидѣлъ около, съёжившись, уткнувшись носомъ въ свой верблюжій халатъ и спрятавъ на чахлой груди освобожденныя изъ рукавовъ руки.

Еслибы кто-нибудь изъ проѣзжихъ по дорогѣ бухарцевъ замѣтилъ его, то сразу узналъ бы въ нёмъ "храбраго головорѣза—Юпуску."

Онъ уже цѣлый день сидитъ здѣсь, притаившись и промокнувъ насквозь отъ безпрестаннаго декабрьскаго дождя. Онъ продрогъ, онъ голоденъ, пальцы у него окоченѣли, а онъ всё сидитъ и ждётъ. Онъ ждётъ ночи и тогда, подъ покровомъ непроницаемой темноты, онъ вылѣзетъ изъ своего убѣжища. Скоро туманъ сталъ все гуще и гуще, начало быстро темнѣть, дождь пересталъ, но за то стало замѣтно холоднѣе. Юпуска всталъ, подошёлъ къ своему коню; тотъ будто очнулся отъ сна и тряхнулъ ушами. Джигитъ взлѣзъ на своё жалкое сѣдло и шажкомъ выбрался на дорогу; здѣсь онъ повернулъ къ Джюзаку. Измученная кляча, подгоняемая ременною плетью, заковыляла по твёрдому грунту своими разбитыми ногами.

Черезъ полчаса онъ повернулъ влѣво, поднялся на отлогую, по тѣмъ не менѣе высокую гору и опять свернулъ въ сторону. Онъ видимо боялся съ кѣмъ-нибудь встрѣтиться. Грунтъ, вмѣсто твёрдаго, каменистаго, сталъ топкимъ; конскія ноги проваливались чуть не по колѣно на каждомъ шагу. Юпуска слѣзъ, оставилъ клячу на произволъ судьбы и пошёлъ пѣшкомъ.

Впереди краснѣли въ туманѣ огненныя пятна: это виднѣлись освѣщённыя окна, передѣланной изъ тёмныхъ сакель,[1] низенькой, по длинной русской казармы. Юпуска тревожно поглядывалъ на эти зловѣщія пятна; ему поминутно чудились мѣрные шаги; онъ вздрагивалъ и припадалъ къ землѣ, гдѣ и лежалъ по нѣсколько минутъ неподвижно, затаивъ порывистое дыханіе. Вдали глухо грохоталъ подмокшій барабанъ. Это въ цитадели били вечернюю зорю.

Юпуска остановился, присѣлъ и началъ пытливо оглядываться. "Здѣсь" проговорилъ онъ, какъ будто что-то соображая. Тамъ, гдѣ горизонтъ сливается съ небомъ, протянулась свѣтлая полоска, на ней обозначились чёрными силуэтами воткнутые кое-какъ въ землю деревянные кресты. Юпуска находился на русскомъ кладбищѣ. Долго онъ ползалъ по разнымъ направленіямъ, будто разыскивая что-то, наконецъ остановился и началъ рыть. Онъ рылъ быстро, тревожно,—рылъ какъ собака. чующая подъ землёю спрятавшуюся крысу; рыхлая земля легко уступала его лихо-

---

[1] hut.

рядочпымъ усйліямъ, и скоро опъ дорылся до того, что его уже не было видно на поверхности.

Часа два продолжалась подземпая работа; накопецъ опа прекратилась. Запыхавшійся, тяжело дышащій Юпуска выбрался па поверхпость,—и пе одипъ опъ выбрался, а съ добычею. Добыча эта была круглая; у добычи этой были глаза, посъ, уши и добычу эту " храбрый" джигйтъ тащйлъ, крѣпко уцѣпившись пальцами за коротко острижепные волосы.

Юпуска выпрямился, положилъ около себя русскую голову я самодовольно улыбпулся. Опъ соображалъ: Еще одипъ халатъ; я его, конечпо, продамъ. Еще одпа тилля .... А славпая мопета эта тилля: сколько на пее можпо сдѣлать хорошаго ... Въ Бухарѣ будутъ опять кормить даромъ цѣлую педѣлю .... А какой безпокойпый пародъ эти авгапы ... Не хорошій пародъ .... Плохіе мусульмапе, плохіе .... А! что такое?!

За плечами Юпуски блеспулъ красный огопь п раздался выстрѣлъ. Безъ стопа, безъ малѣйшаго крика упалъ пичкомъ на землю " храбрый джигйтъ Юпуска-головорѣзъ."

"Эхъ, я его ошарашилъ![1] Ахтйтельно,[2] промежъ лопатокъ!—Впшь[3] ты, чѣмъ промышляетъ, собачья кость!—Это опъ покойпичка Савельева обработалъ.—А пе Макара Кузьмина?—Пѣтъ, тотъ малепько поправѣе будетъ.—Вотъ опо дѣло-то какое! ...."

Два солдата въ шипеляхъ, въ башлыкахъ, падѣтыхъ на головы, съ ружьями въ рукахъ, стояли у свѣже-разрытой могилы.

" Пу чтожъ, падоть[4] къ ротпому?"[5]

" Пу, подй, доложь[6] питьфебелю."[7]

---

[1] stunned. [2] excellently. [3] you see. [4] падобпо.
[5] commander of the company. [6] доложи. [7] Фельдфебелю.

54. Мёртвыя души.

Уже нѣсколько минутъ стоялъ Плюшкинъ, не говоря ни слова, а Чичиковъ всё ещё не могъ начать разговора, развлечённый какъ видомъ самого хозяина, такъ и всего того, что было въ его комнатѣ. Долго не могъ онъ придумать, въ какихъ бы словахъ изъяснить причину своего посѣщенія. Онъ уже хотѣлъ было[1] выразиться въ такомъ духѣ, что, наслышась о добродѣтели и рѣдкихъ свойствахъ души его, почёлъ[2] долгомъ принести лично дань уваженія, но спохватился и почувствовалъ, что это слишкомъ. Искоса бросивъ ещё одинъ взглядъ на всё, что было въ комнатѣ, онъ почувствовалъ, что слово добродѣтель и рѣдкія свойства души можно съ успѣхомъ замѣнить словами: экономія и порядокъ; и потому, преобразивши такимъ образомъ рѣчь, онъ сказалъ, что, наслышась объ экономіи его и рѣдкомъ управленіи имѣніями онъ почёлъ за долгъ познакомиться и принести лично своё почтеніе. Конечно, можно бы было привести иную лучшую причину, но ничего инаго не взбрело[3] тогда на умъ.

На это Плюшкинъ что-то пробормоталъ сквозь губы, ибо зубовъ не было, что именно, неизвѣстно, но вѣроятно смыслъ былъ таковъ: "А побралъ бы тебя чортъ съ твоимъ почтеніемъ!" Но такъ какъ гостепріимство у насъ въ такомъ ходу, что и скряга не въ силахъ преступить его законовъ, то онъ прибавилъ тутъ же нѣсколько внятнѣе: прошу покорнѣйше садиться!

" Я давненько не вижу гостей, сказалъ онъ, да, признаться сказать,[4] въ нихъ мало вижу проку. Завели преприличный обычай ѣздить другъ къ другу, а въ хозяйствѣ-то

---

[1] was on the point of.   [2] почесть.   [3] взбрести.   [4] must confess.

упуще́нія . . . да и лошаде́й ихъ корми́ се́номъ! Я давно́ ужъ отобе́далъ, а ку́хня у меня́ ни́зкая, прескве́рная, и труба́-то совсе́мъ развали́лась, начнешь[1] топи́ть, ещё пожа́ру наде́лаешь.

Во́нъ оно́ какъ![2] поду́малъ про себя́ Чи́чиковъ; хорошо́ же, что я у Собаке́вича перехвати́лъ ватру́шку да ломо́тъ бара́ньяго бо́ка.

"И тако́й скве́рный анекдо́тъ, что се́на хоть бы клокъ въ це́ломъ хозя́йствѣ! продолжа́лъ Плю́шкинъ. Да и въ са́момъ дѣлѣ, какъ прибережёшь[3] его? земляника[4] ма́ленькая, мужи́къ лѣни́въ, рабо́тать не лю́битъ, ду́маетъ какъ бы въ каба́къ . . . того́ и гляди́,[5] пойдёшь на ста́рости лѣтъ по мі́ру![6]

"Мнѣ одна́ко же ска́зывали, скро́мно замѣ́тилъ Чи́чиковъ, что у васъ бо́лѣе ты́сячи душъ.

"А кто э́то ска́зывалъ? А вы бы, ба́тюшка, наплева́ли въ глаза́ тому́, кото́рый э́го ска́зывалъ! Онъ пересмѣ́шникъ, ви́дно[7] хотѣ́лъ пошути́ть надъ ва́ми. Вотъ, ба́ютъ, ты́сячи душъ, а поди́тка[8] сосчита́й, а и ничего́ не начтёшь![9] Послѣ́дніе три го́да прокля́тая горя́чка вы́морила у меня́ здоро́венный кушъ[10] мужико́въ.

"Скажи́те![11] и мно́го вы́морила? воскли́кнулъ Чи́чиковъ съ уча́стіемъ."

"Да, снесли́ мно́гихъ."

"А позво́льте узна́ть: ско́лько число́мъ?"

"Душъ во́семьдесятъ."

"Нѣтъ?"

"Не ста́ну лгать, ба́тюшка."

---

1 fut. of нача́ть. 2 that is it. 3 прибере́чь. 4 dim. of земля́,
5 expect every moment. 6 begging. 7 apparently.
8 поди́-ка. 9 will find nothing in the result. 10 great number.
11 indeed.

"Позвольте ещё спросить: вѣдь эти души, я полагаю, вы считаете со дня послѣдней ревизіи?"[1]

"Это бы ещё слава Богу,[2] сказалъ Плюшкинъ, да лихъ-то, что съ того времени до ста двадцати наберётся."

"Въправду? цѣлыхъ сто двадцать? воскликнулъ Чичиковъ и даже разинулъ нѣсколько ротъ отъ изумленія."

"Старъ я, батюшка, чтобы лгать: седьмой десятокъ живу́! сказалъ Плюшкинъ. Онъ, казалось, обидѣлся такимъ, почти радостнымъ, восклицаніемъ. Чичиковъ замѣтилъ, что въ самомъ дѣлѣ неприлично подобное безучастіе къ чужому горю, и потому вздохнулъ тутъ же, и сказалъ, что соболѣзнуетъ."

"Да вѣдь соболѣзнованіе въ карманъ не положишь, сказалъ Плюшкинъ. Вотъ возлѣ меня живётъ капитанъ, чортъ знаетъ его откуда взялся, говоритъ родственникъ: дядюшка, дядюшка! и въ руку цѣлуетъ, а какъ начнётъ соболѣзновать, вой такой подыметъ, что уши береги. Съ лица весь красный: пѣнинку[3] чай на смерть придерживается.[4] Вѣрно спустилъ[5] денежки служа въ офицерахъ, или театральная актриса выманила, такъ вотъ онъ теперь и соболѣзнуетъ."

Чичиковъ постарался объяснить, что его соболѣзнованіе совсѣмъ не такого рода, какъ капитанское, и что онъ не пустыми словами, а дѣломъ готовъ доказать его, и не откладывая дѣла далѣе, безъ всякихъ обиняковъ, тутъ же, изъявилъ готовность принять на себя обязанность платить подати за всѣхъ крестьянъ, умершихъ такими несчастными случаями. Предложеніе, казалось, совершенно изумило Плюшкина. Онъ, вытаращилъ глаза, долго смотрѣлъ на него и наконецъ спросилъ: да вы, батюшка, не служили ли въ военной службѣ?

[1] census. [2] that would be nothing. [3] spirits. [4] fond. [5] lost

" Нѣтъ, отвѣчалъ Чичиковъ довольно лукаво, служилъ по статской."

" По статской? повторилъ Плюшкинъ и сталъ жевать губами, какъ будто что нибудь кушалъ. Да вѣдь какъ же? Вѣдь это вамъ самимъ-то въ убытокъ ?"

" Для удовольствія вашего готовъ и на убытокъ."

" Ахъ, батюшка! ахъ, благодѣтель мой! вскрикнулъ Плюшкинъ, не замѣчая отъ радости, что у него изъ носа выгляпулъ весьма некартинно[1] табакъ,[2] на образецъ густаго кофея, и полы халата, раскрывшись, показали платье, не весьма приличное для разсматриванья. " Вотъ утѣшилъ старика! Ахъ, Господи ты мой! ахъ Святители вы мои!" ...
Далѣе Плюшкинъ и говорить не могъ. Но не прошло и минуты, какъ эта радость, такъ мгновенно показавшаяся на деревянномъ лицѣ его, также мгновенно и прошла, будто ея вовсе не бывало, и лице его вновь приняло заботливое выраженіе. Онъ даже отёрся платкомъ и, свернувши его въ комокъ, сталъ имъ возить[3] себя по верхней губѣ."

" Какъ же, съ позволенія вашего, чтобы не разсердить васъ, вы за всякій годъ берётесь[4] платить за нихъ подать ? и деньги будете выдавать мнѣ, или въ казну ?"

" Да мы вотъ какъ сдѣлаемъ: мы совершимъ на нихъ купчую крѣпость, какъ бы[5] они были живые и какъ бы вы ихъ мнѣ продали."

" Да, купчую крѣпость ... сказалъ Плюшкинъ, задумался и сталъ опять кушать губами. Вѣдь вотъ купчую крѣпость —всё издержки. Приказные такіе безсовѣстные ! Прежде бывало полтиной мѣди отдѣлаешься да мѣшкомъ муки, а теперь пошли[6] цѣлую подводу[7] крупъ, да и красную бумажку[8] прибавь, такое сребролюбіе ! Я не знаю, какъ никто

---

[1] not picturesquely.   [2] snuff.   [3] to rub about.   [4] браться.
[5] as if.   [6] послать.   [7] cart-load.   [8] a ten-rouble note.

другой не обратитъ на это вниманіе. Ну, сказалъ бы ему какое-нибудь душеспасительное слово! Вѣдь[1] словомъ хоть кого проймёшь.[2] Кто что ни говори, а протпвъ душеспасительнаго слова не устоишь."

"Ну, ты, я думаю, устоишь! подумалъ про себя Чичиковъ, и произнёсъ тутъ же, что изъ уваженія къ нему онъ готовъ принять даже издержки по купчей на свой счётъ."

Услыша, что даже издержки по купчей онъ принимаетъ на себя, Плюшкинъ заключилъ, что гость долженъ быть совершенно глупъ и только прикидывается, будто служилъ по статской, а вѣрно былъ въ офицерахъ и волочился за актёрками.[3] При всёмъ томъ онъ однакожъ не могъ скрыть своей радости и пожелалъ всякихъ утѣшеній не только ему, но даже и дѣткамъ его, не спросивъ, были ли они у него, или нѣтъ. Подошедъ къ окну, постучалъ онъ пальцами въ стекло и закричалъ: "эй, Прошка." Черезъ минуту было слышно, кто-то вбѣжалъ въ попыхахъ[4] въ сѣни, долго возился тамъ и стучалъ сапогами, наконецъ дверь отворилась и вошёлъ Прошка, мальчикъ лѣтъ тринадцати, въ такихъ большихъ сапогахъ, что, ступая, едва не выпулъ изъ нихъ ноги. Почему у Прошки были такіе большіе сапоги, это можно узнать сейчасъ же: у Плюшкина для всей дворни, сколько ни было её въ домѣ, были одни только сапоги, которые должны были всегда находиться въ сѣняхъ. Всякій, призываемый въ барскіе покои, обыкновенно отплясывалъ черезъ весь дворъ босикомъ, но, входя въ сѣни, надѣвалъ сапоги и такимъ уже образомъ являлся въ комнату. Выходя изъ комнаты, онъ оставлялъ сапоги опять въ сѣняхъ и отправлялся вновь на собственной подошвѣ. Если бы кто взгля-

---

[1] you know. [2] by words one could produce impression upon anybody.
[3] актрисами. [4] out of breath.

пулъ изъ окошка въ осеннее время и особенно когда по утрамъ начинаются маленькія изморози, то бы увидѣлъ, что вся дворня дѣлала такіе скачки, какіе врядъ ли удастся[1] выдѣлать на театрахъ самому бойкому танцовщику.

"Вотъ посмотрите, батюшка, какая рожа! сказалъ Плюшкинъ Чичикову, указывая пальцемъ на лицё Прошки. Глупъ вѣдь какъ дерево, а попробуй что нибудь положить—мигомъ украдетъ! Ну, чего ты пришёлъ, дуракъ, скажи, чего? Тутъ онъ произвёлъ небольшое молчаніе, на которое Прошка отвѣчалъ тоже молчаніемъ. "Поставь самоваръ, слышишь, да вотъ возьми ключъ, да отдай Маврѣ, чтобы пошла въ кладовую: тамъ на полкѣ есть сухарь изъ кулича, который привезла Александра Степановна, чтобы подали его къ чаю ... постой,[2] куда же ты дурачина! эхва,[3] дурачина!... Бѣсъ у тебя въ ногахъ что ли чешется?... ты выслушай прежде. Сухарь-то сверху чай поиспортился, такъ пусть соскоблитъ его ножемъ, да крохъ не бросаетъ, а снесётъ въ курятникъ. Да смотри ты, ты, не входи, братъ, въ кладовую, не то я тебя запасъ! березовымъ-то вѣникомъ, чтобы для вкуса-то! вотъ у тебя теперь славный аппетитъ, такъ чтобы ещё былъ получше! Вотъ попробуй-ка пойти въ кладовую, а я тѣмъ временемъ изъ окна стану[4] глядѣть. Имъ ни въ чёмъ нельзя довѣрять, продолжалъ онъ, обратившись къ Чичикову послѣ того какъ Прошка убрался вмѣстѣ съ своими сапогами. Вслѣдъ затѣмъ онъ началъ и на Чичикова посматривать подозрительно. Черты такого необыкновеннаго великодушія стали ему казаться невѣроятными, и онъ подумалъ про себя: вѣдь чортъ его знаетъ, можетъ быть, онъ просто хвастунъ, какъ всѣ эти мотишки: навретъ, навретъ, чтобы поговорить, да напиться чаю, а

---

[1] удаться.   [2] stop, wait.   [3] Eh.   [4] shall.

потомъ и уѣдетъ ! А потому изъ предосторожности, и вмѣстѣ
желая нѣсколько поиспытать его, сказалъ онъ, что не дурно
бы совершить купчую поскорѣе, потому что-де[1] въ чело-
вѣкѣ не увѣренъ: сегдня живъ, а завтра и Богъ вѣсть.”[2]

Чичиковъ изъявилъ готовность совершить хоть сію же
минуту и потребовалъ только списка всѣмъ крестьянамъ.

Это успокоило Плюшкина. Замѣтно было, что онъ при-
думывалъ что-то сдѣлать, и точно, взявши ключи, приблизился къ шкафу и, отперши дверцу, рылся долго между
стаканами и чашками и наконецъ произнёсъ: вѣдь вотъ
не сыщешь,[3] а у меня былъ славный ликёрчикъ, если
только не выпили ! народъ такіе воры ! А вотъ развѣ не
это ли онъ ? Чичиковъ увидѣлъ въ рукахъ его графинчикъ,
который былъ весь въ пыли, какъ въ фуфайкѣ.—Еще
покойница дѣлала, продолжалъ Плюшкинъ, мошенница
ключница совсѣмъ было[4] его забросила и даже не заку-
порила, канилья ! Козявки и всякая дрянь было[5] напич-
кались туда, но я весь соръ-то повынулъ[6] теперь вотъ
чистенькая, я вамъ налью рюмочку.

Но Чичиковъ постарался отказаться отъ такого ликёр-
чика, сказавши, что онъ уже и пилъ, и ѣлъ.

“Пили уже и ѣли ! сказалъ Плюшкинъ.” Да, конечно,
хорошаго общества человѣка хоть гдѣ узнаешь: онъ не
ѣстъ, а сытъ; а какъ эдакой какой нибудь воришка, да его
сколько ни корми . . . Вѣдь вотъ капитанъ пріѣдетъ:
дядюшка, говоритъ, дайте чего нибудь поѣсть ! А я ему
такой же дядюшка, какъ онъ мнѣ дѣдушка. У себя дома
ѣсть вѣрно нечего, такъ вотъ онъ и шатается ! Да, вѣдь
вамъ нуженъ реестрикъ всѣхъ этихъ тунейдцевъ ? Какъ
же,[7] я какъ зналъ, всѣхъ ихъ списалъ на особую бумажку,

---

[1] де, “so to say.” [2] God knows. [3] сыскать. [4] almost.
[5] was on the point of— [6] выпуть. [7] yes.

чтобы при пе́рвой пода́чѣ реви́зіи всѣхъ ихъ вы́черк-
нуть.—Плю́шкипъ надѣлъ очки́ и сталъ ры́ться въ бума́-
гахъ. Развя́зывая вся́кія .свя́зки, онъ попо́тчивалъ своего́
го́стя тако́ю пы́лью, что тотъ чихну́лъ. Наконе́цъ вы́-
тащилъ бума́жку, всю испи́санную круго́мъ. Крестья́нскія
имена́ усы́пали её тѣ́сно какъ мо́шки. Бы́ли тамъ вся́кіе :
и Парамо́новъ, и Пимѐновъ, и Паптеле́ймоновъ, и да́же
вы́гляпулъ како́й-то Григо́рій Доѣзжа́й-не-доѣ́дешь ;[1] всѣхъ
бы́ло сто два́дцать сли́шкомъ.[2] Чи́чиковъ улыбну́лся при
ви́дѣ тако́й многочи́сленности, Спря́тавъ её въ карма́нъ,
онъ замѣ́тилъ Плю́шкину, что ему́ ну́жно бу́детъ для со-
вершѐнія крѣ́пости прiѣ́хать въ го́родъ.

“Въ го́родъ ?” Да какъ же ? . . . а домъ-то какъ оста́-
вить ? Вѣдь у меня́ наро́дъ или воръ, или моше́нникъ : въ
день такъ обсру́тъ,[3] что и кафта́па по на чёмъ бу́детъ
повѣ́сить.”

“Такъ не имѣ́ете ли кого́ нибу́дь знако́маго ?”

“Да кого́ же знако́маго ?” Всѣ мои́ знако́мые перемё́рли,
или раззнако́мились. Ахъ, ба́тюшка ! какъ не имѣ́ть, имѣ́ю !
вскрича́лъ онъ. Вѣдь знако́мъ самъ предсѣда́тель, ѣ́зжа́лъ[4]
да́же въ ста́рые го́ды ко мнѣ́, какъ не знать ! однокоры́тни-
ками бы́ли,[5] вмѣ́стѣ по забо́рамъ ла́зили ! какъ не знако́-
мый ? ужъ тако́й знако́мый ! такъ ужъ не къ нему́ ли напи-
са́ть ?

“И коне́чно къ нему́.”

“Какъ же, ужъ тако́й знако́мый ! въ шко́лѣ бы́ли прія́тели.”

И на э́томъ деревя́нномъ лицѣ вдругъ скользну́лъ како́й-то
тёплый лучъ, вы́разилось не чу́вство, а како́е-то блѣ́дное
отраже́ніе чу́вства, явле́ніе, подо́бное неожи́данному появле́-

---

[1] a family name.   [2] a little more than 120.   [3] обрать, обира́ть.
[4] iterat. from ѣ́здить.   [5] brought up in the same school.

нію на поверхности водъ утопающаго, произведшему радостный крикъ въ толпѣ, обступившей берегъ. Но напрасно обрадовавшіеся братья и сёстры кидаютъ съ берега верёвку и ждутъ, не мелкнётъ ли вновь спина, или утомлённыя бореньемъ[1] руки—появленіе было послѣднее. Глухо всё, и ещё страшнѣе и пустыннѣе становится послѣ того затихнувшая поверхность безотвѣтной стихіи. Такъ и лицѐ Плюшкина вслѣдъ за мгновенно скользнувшимъ на нёмъ чувствомъ стало ещё безчувственнѣй и ещё пошлѣе.

"Лежала на столѣ четвёртка[2] чистой бумаги, сказалъ онъ да не знаю куда запропастилась: люди у меня такіе негодные! — Тутъ сталъ онъ заглядывать и подъ столъ, и на столъ, шарилъ вездѣ, и наконецъ закричалъ: "Мавра! а Мавра!" На зовъ явилась женщина съ тарѣлкой въ рукахъ, на которой лежалъ сухарь, уже знакомый читателю. И между ними произошёлъ такой разговоръ."

"Куда ты дѣла,[3] разбойница, бумагу?"

"Ей Богу,[4] баринъ, не видывала, опричь[5] небольшаго лоскутка, которымъ изволили прикрыть рюмку."

"А вотъ я по глазамъ вижу, что подтибрила."[6]

"Да на чтожъ бы я подтибрила? Вѣдь мнѣ проку съ ней никакого; я грамотѣ не знаю."

"Врёшь, ты снесла пономарёнку: онъ маракуетъ,[7] такъ ты ему и снесла."

"Да пономарёнокъ, если захочетъ, такъ достанетъ себѣ бумаги. Не видалъ онъ вашего лоскутка!"

"Вотъ погоди-ко: на страшномъ судѣ черти припекутъ тебя за это желѣзными рогатками! вотъ посмотришь, какъ припекутъ!"

---

[1] struggle.   [2] half sheet of foolscap paper.   [3] дѣть, дѣвать.

[4] by God.   [5] кромѣ.   [6] that you have stolen.

[7] can read and write.

"Да за что же припскутъ, коли я пе брала̀ и въ ру́ки четвёртки? Ужъ скоре́е друго́й како́й ба́бьсй слабостью, а воровство́мъ меня̀ ещё никто̀ пс попрека́лъ."

"А вотъ че́рти-то тебя̀ и припскутъ! скажутъ: а вотъ тебѐ, моше́нница, за то, что ба́рипа-то обма́пывала, да горя́чими-то тебя̀ и припскутъ!"

"А я скажу́, пѐ за что! ей Богу, пѐ за что, пс бра́ла я . . . Да вопъ она̀ лежи́тъ на столѐ. Всегда̀ понапра́сли-пой[1] попрёкаете!"

Плю́шкипъ увиде́лъ то́чно четвёртку и на мину́ту остановился, пожева́лъ губа́ми и произпёсъ: "пу, чтожъ ты расходи́лась такъ: э́кая запози́стая![2] Ей скажѝ то́лько одно̀ сло́во, а опа̀ ужъ въ отве́тъ десято́къ! Подѝ-ко припсѝ огонько́у запеча́тать письмо̀. Да стой, ты схва́тишь са́льную све́чу́, са́ло де́ло то́пкое:[3] сгори́тъ—да и пе́тъ, то́лько убы́токъ, а ты припес́и-ко мпѐ лучи́ику!—

Ма́вра ушла̀, а Плю́шкипъ, се́вши въ кре́сла и взя́вши въ ру́ку перо̀, до́лго ещё ворочалъ на всѣ сто́ропы четвёртку, придумывая: пельзя̀-ли отде́лить отъ пей ещё осьму́шку, по паконе́цъ убѣди́лся, что ппка́къ пельзя̀; всу́пулъ перо̀ въ черни́льпицу съ какою-то запле́сневшею жи́дкостью и мпо́жествомъ мухъ на дпѣ, и сталъ писа́ть, вы́ставляя бу́квы, похо́жія па музыка́льныя по́ты, придёрживая помипу́тпо прыть руки́, которая разска́кивалась по всей бума́гѣ, лѣпѝ скупо строка̀ па стро́ку и пс безъ сожалѣ́пія поду́мывая о томъ, что всё остапется много чи́стаго пробѣ̀ла.

И до тако́й пичто́жпости, мѐлочпости, га́дости могъ спизойтѝ человѣкъ! могъ такъ измѣ́ниться! И похо́же это на пра́вду? Всё похо́же па пра́вду, всё мо́жетъ ста́ться съ человѣ̀комъ. Ны́нѣшпій же пла́меппый юноша отскочи́лъ бы

---

[1] unjustly.   [2] sharp.   [3] combustible material.

съ ужасомъ, если бы показали ему его же портретъ въ старости. Забирайте же съ собою въ путь, выходя изъ мягкихъ юношескихъ лѣтъ въ суровое ожесточающее мужество, забирайте съ собою всѣ человѣческія движенія, не оставляйте ихъ на дорогѣ, не подымете¹ потомъ! Грозна, страшна грядущая впереди старость, и ничего не отдаетъ назадъ и обратно! Могила милосерднѣе ей, на могилѣ напишется: здѣсь погребенъ человѣкъ! но ничего не прочитаешь въ хладныхъ, безчувственныхъ чертахъ безчеловѣчной старости.

"А не знаете ли вы какого нибудь вашего пріятеля?— сказалъ Плюшкинъ, складывая письмо, которому бы понадобились бѣглыя души."

"А у васъ есть и бѣглыя? быстро спросилъ Чичиковъ очнувшись."

"Въ томъ-то и дѣло, что есть." Зять дѣлалъ выправки: говоритъ, будто и слѣдъ простылъ, но вѣдь онъ человѣкъ военный: мастеръ притопывать шпорой, а если бы похлопотать по судамъ. . ."

"А сколько ихъ будетъ числомъ?"

"Да десятковъ до семи тоже наберется."

"Нѣтъ?"

"А ей Богу такъ! Вѣдь у меня что годъ,² то бѣгаютъ. Народъ-то больно прожорливъ, отъ праздности завелъ привычку трескать, а у меня ѣсть и самому нечего. . .А ужъ я бы за нихъ что ни дай взялъ бы. Такъ посовѣтуйте вашему пріятелю-то: отыщись³ вѣдь только десятокъ, такъ вотъ ужъ у него славная деньга. Вѣдь ревизская душа стоитъ въ пятистахъ рубляхъ."

"Нѣтъ, этого мы пріятелю и понюхать не дадимъ, сказалъ про себя Чичиковъ, и потомъ объяснилъ, что такого пріятеля

---

¹ fut. of поднять. ² every year. ³ should there be found.

инкакъ не найдётся, что однѣ издержки по этому дѣлу бу́-
дутъ сто́ить бо́лѣе, ибо отъ судо́въ нужно отрѣзать по́лы собственнаго кафта́на, да уходи́ть подалѣе; но что если онъ уже́
дѣйстви́тельно такъ сти́снутъ, то, бу́дучи подви́гнутъ уча́-
стіемъ, онъ гото́въ дать . . . но что это такая бездѣлица, о
которой да́же не сто́итъ и говори́ть."

"А ско́лько бы вы да́ли? спроси́лъ Плю́шкинъ, и самъ
ожидовѣлъ,[1] ру́ки его задрожа́ли какъ ртуть."

"Я бы да́лъ по двадцати́ пяти́ копѣекъ за ду́шу."

"А какъ вы покупа́ете, на чи́стыя?"[2]

"Да, сей-часъ де́ньги."

"То́лько, ба́тюшка, ра́ди нищеты́-то мое́й, уже́ да́ли бы
по сорока́ копѣекъ."

"Почте́ннѣйшій! сказа́лъ Чи́чиковъ, не то́лько по сорока́
копѣекъ, по пяти́ сотъ рубле́й заплати́лъ бы! съ удово́ль-
ствіемъ заплати́лъ бы, потому́ что ви́жу почте́нный, до́брый
стари́къ те́рпитъ по причи́нѣ со́бственнаго добро́душія."

"А ей Бо́гу такъ! ей Бо́гу пра́вда! сказа́лъ Плю́шкинъ,
свѣсивъ го́лову внизъ и сокруши́тельно покача́въ её. Всё
отъ добро́душія."

"Ну, ви́дите ли, я вдругъ пости́гнулъ вашъ хара́ктеръ. И
такъ почему́жъ не дать бы мнѣ по пяти́ сотъ рубле́й за
ду́шу, но . . . состоя́ны нѣтъ; по пяти́ копѣекъ, изво́льте,
гото́въ приба́вить, чтобы ка́ждая душа́ обошла́сь[3] таки́мъ
о́бразомъ въ три́дцать копѣекъ."

"Ну, ба́тюшка, во́ля ва́ша, хоть по двѣ копѣйки пристег-
ни́те."[4]

"Но двѣ копѣечки пристегну́, изво́льте. Ско́лько ихъ у
васъ? вы, ка́жется, говори́ли се́мьдесятъ?"

---

[1] became like a Jew.   [2] for cash.   [3] обойти́сь.
[4] add.

" Нѣтъ. Всего наберётся семьдесятъ восемь."

" Семьдесятъ восемь, семьдесятъ восемь; по тридцати копѣекъ за душу, это будетъ ... здѣсь герой нашъ одну
секунду, не болѣе, подумалъ и сказалъ вдругъ: это будетъ
двадцать четыре рубли девяносто шесть копѣекъ! онъ былъ
въ ариѳметикѣ силёнъ. Тутъ-же заставилъ онъ Плюшкина
написать росписку и выдалъ ему деньги, которыя тотъ принялъ въ обѣ руки и понёсъ ихъ въ бюро съ такою же осто-
рожностью, какъ будто бы нёсъ какую нибудь жидкость,[1]
ежеминутно боясь расхлестать[1] её. Подошедши къ бюро,
онъ переглядѣлъ ихъ ещё разъ и уложилъ тоже чрезвычайно
осторожно въ одинъ изъ ящиковъ, гдѣ вѣрно имъ суждено
быть погребёнными до тѣхъ поръ, покамѣстъ[2] отецъ Карпъ
и отецъ Поликарпъ, два священника его деревни, не погре-
бутъ его самого, къ неописанной радости зятя и дочери, а
можетъ быть и капитана, приписавшагося ему въ родню.
Спрятавши деньги, Плюшкинъ сѣлъ въ кресла и уже, казалось, больше не могъ найти матеріи о чёмъ говорить."

" А что, вы ужъ собираетесь ѣхать? сказалъ онъ, замѣтивъ небольшое движеніе, которое сдѣлалъ Чичиковъ для
того только, чтобы достать изъ кармана платокъ."

Этотъ вопросъ напомнилъ ему, что въ самомъ дѣлѣ неза-
чѣмъ болѣе мѣшкать.—Да, мнѣ пора! произнёсъ онъ взяв-
шись за шляпу.

" А чайку?"

" Нѣтъ, ужъ чайку пусть лучше когда нибудь въ другое
время."

" Какъ же, а я приказалъ самоваръ. Я, признаться сказать, не охотникъ до чаю: напитокъ дорогой, да и цѣна на
сахаръ поднялась немилосердная. Прошка! не нужно са-

---

[1] to spill.   [2] пока.

моварa! Сухарь отнеси Маврѣ, слышишь : пусть его поло́-
житъ на то же мѣсто, или нѣтъ, подай его сюда, я ужо снесу
его самъ. Прощайте, батюшка, да благословитъ васъ Богъ
а письмо-то предсѣдателю вы отдайте. Да! пусть прочтётъ,
онъ мой старый знакомый. Какъ же! были съ нимъ одно-
корытниками !

За симъ, это странное явленіе, этотъ съёжившійся стар-
чишка проводилъ его со двора, послѣ чего велѣлъ ворота
тотъ же часъ запереть, потомъ обошёлъ кладовыя, съ тѣмъ,
чтобы осмотрѣть, на своихъ ли мѣстахъ сторожа, которые
стояли на всѣхъ углахъ, колотя деревянными лопатками въ
пустой бочёнокъ, на мѣсто чугунной доски;[1] послѣ того
заглянулъ въ кухню, гдѣ подъ видомъ того чтобы попробовать, хорошо ли ѣдятъ люди, наѣлся препорядочно щей съ
кашею и, выбранивши всѣхъ до послѣдняго за воровство и
дурное поведеніе, возвратился въ свою комнату. Оставшись
одинъ, онъ даже подумалъ о томъ, какъ бы ему возблагодарить гостя за такое, въ самомъ дѣлѣ, безпримѣрное великодушіе. Я ему подарю, подумалъ онъ про себя, карманные
часы : они вѣдь хорошіе, серебряные часы, а не то чтобы
какіе нибудь томпаковые или бронзовые; не множко попе-
порчены,, да вѣдь онъ себѣ переправитъ, онъ человѣкъ ещё
молодой, такъ ему нужны карманные часы, чтобы поправиться своей невѣстѣ ! Или нѣтъ, прибавилъ онъ, послѣ
нѣкотораго размышленія, лучше я оставлю ихъ ему послѣ
моей смерти, въ духовной, чтобы вспоминалъ обо мнѣ.

54. Герой нашего времени.
(знакомство съ максимомъ максимовичемъ.)

Я ѣхалъ на перекладныхъ изъ Тифлиса. Вся поклажа

---

[1] Russian landowners employ night watchmen whose duty it is to beat a
small plate of iron with a club.

моей тележки состояла изъ одного небольшаго чемодана, который до половины былъ набитъ путевыми записками о Грузіи. Бóльшая часть изъ нихъ, къ счастію для васъ, потеряна, а чемоданъ съ остальными вещами, къ счастію для меня, остался цѣлъ.

Ужъ солнце начинало прятаться за снѣговой хребетъ, когда я въѣхалъ въ Койшаурскую долину. Осетинъ[1]-извощикъ неутомимо погонялъ лошадей, чтобъ успѣть до ночи взобраться на Койшаурскую гору, и во всё горло распѣвалъ пѣсни. Славное мѣсто—эта долина! Со всѣхъ сторонъ горы неприступныя, красноватыя скалы, обвѣшенныя зелёнымъ плющёмъ и увѣнчанныя купами чинаръ, жёлтые обрывы, исчерченные промоинами, а тамъ, высоко-высоко золотая бахрама снѣговъ, а внизу Арагва, обнявшись съ другой, безъименной рѣчкой, шумно вырывающейся изъ чёрнаго, полнаго мглою ущелья, тянется серебряною нитью и сверкаетъ, какъ змѣй своею чешуёю.

Подъѣхавъ къ подошвѣ Койшаурской горы, мы остановились возлѣ духана.[2] Тутъ толпилось шумно десятка два грузинъ и горцевъ : по близости караванъ верблюдовъ остановился для ночлега. Я долженъ былъ нанять быковъ, чтобъ втащить мою тележку на эту проклятую гору, потому что была ужé осень и гололедица,—а эта гора имѣетъ около двухъ вёрстъ длины.

Нечего дѣлать, я нанялъ шесть быковъ и нѣсколькихъ осетинъ. Одинъ изъ нихъ взвалилъ себѣ на плечи мой чемоданъ, другіе стали помогать быкамъ почти однимъ крикомъ.

За моею тележкою четвёрка быковъ тащила другую, какъ ни въ чёмъ не бывало,[3] не смотря на то, что она была до

---

[1] name of a tribe in Caucasus.   [2] inn.   [3] as if it were a mere trifle.

вѣрху накладена. Это обстоятельство меня удивило. За нею шёлъ ея хозяинъ, покуривая изъ маленькой кабардинской трубочки, обдѣланной въ серебро. На нёмъ былъ офицерскій сюртукъ безъ эполетъ и черкесская мохнатая шапка. Онъ казался лѣтъ пятидесяти; смуглый цвѣтъ лица его показывалъ, что оно давно знакомо съ кавказскимъ солнцемъ, и преждевременно посѣдѣвшіе усы не соотвѣтствовали его твёрдой походкѣ и бодрому виду. Я подошёлъ къ нему и поклонился: онъ, молча, отвѣчалъ мнѣ на поклонъ и пустилъ огромный клубъ дыма.

"Мы съ вами попутчики, кажется?"

Онъ, молча, опять поклонился.

"Вы, вѣрно, ѣдете въ Ставрополь?"

"Такъ-съ точно . . . съ казёнными вещами.

"Скажите, пожалуйста, отъ чего это вашу тяжёлую телѣжку четыре быка тащатъ шутя, а мою, пустую, шесть скотовъ едва подвигаютъ съ помощію этихъ осетинъ?"

Онъ лукаво улыбнулся и значительно взглянулъ на меня.

—Вы, вѣрно, недавно на Кавказѣ?

"Съ годъ," отвѣчалъ я.

Онъ улыбнулся вторично.

"А что-жъ?"

"Да такъ-съ! Ужасные бестіи[1] эти азіаты! Вы думаете, они помогаютъ, что кричатъ? А чортъ ихъ разберётъ, что они кричатъ! быки-то ихъ понимаютъ! запрягите хоть двадцать, такъ коли они крикнутъ по своему, быки всё ни съ мѣста.[2]. . Ужасные плуты! А что съ нихъ возьмёшь?[3]. . . Любятъ деньги драть[4] съ проѣзжающихъ.[5]. . Избаловали мошенниковъ! Увидите, они ещё съ васъ возьмутъ на водку. Ужъ я ихъ знаю, меня не проведутъ![6]

---

[1] rascals.   [2] do not move.   [3] fut. of взять.   [4] to rob

[5] traveller.   [6] fut. of провести, "to take in, to cheat."

"А вы давно здѣсь служите?"

"Да, я ужъ здѣсь служилъ при Алексѣѣ Петровичѣ,[1] отвѣ-чалъ онъ пріосанившись. Когда онъ пріѣхалъ на Линію,[2] я былъ подпоручикомъ—прибавилъ онъ—и при немъ полу-чилъ два чина за дѣло противъ горцевъ.

"А теперь вы?"

"А теперь считаюсь въ третьемъ линейномъ баталіонѣ. А вы, смѣю спросить?...

Я сказалъ ему.

Разговоръ этимъ кончился, и мы продолжали, молча, идти, другъ подлѣ друга. На вершинѣ горы нашли мы снѣгъ. Солнце закатилось, и ночь послѣдовала за днемъ безъ про-межутка, какъ это обыкновенно бываетъ на югѣ; но, бла-годаря отливу снѣговъ, мы легко могли различать дорогу, которая всё ещё шла на гору, хотя ужъ не такъ круто. Я велѣлъ положить чемоданъ свой въ тележку, замѣнить быковъ лошадьми, и въ послѣдній разъ оглянулся внизъ на долину; но густой туманъ, нахлынувшій волнами изъ ущелій, по-крывалъ её совершенно, и ни единый звукъ не долеталъ ужъ оттуда до нашего слуха. Осетины шумно обступили меня и требовали на водку; но штабсъ-капитанъ такъ грозно на нихъ прикрикнулъ, что они вмигъ разбѣжались.—"Вѣдь этакій народъ!" сказалъ онъ: "и хлѣба по-русски назвать не умѣютъ, а выучилъ "офицеръ, дай на водку!" Ужъ татары по мнѣ лучше: тѣ хоть непьющіе...[3]

До станціи оставалось ещё съ версту. Кругомъ было тихо, такъ тихо, что по жужжанію комара можно было слѣдить за его полётомъ. Налѣво чернѣло глубокое ущелье; за нимъ и впереди насъ темносинія вершины горъ, изрытыя морщинами, покрытыя слоями снѣга, рисовались на блѣд-

---

[1] General "Ермоловъ."   [2] military line.   [3] abstemious.

помъ небосклонѣ, еще сохранившемъ послѣдній отблескъ зари. На тёмномъ небѣ начинали мелькать звѣзды, и странно мнѣ показалось, что онѣ гораздо выше, чѣмъ у насъ на сѣверѣ. По обѣимъ сторонамъ дороги торчали голые, чёрные камни; кой-гдѣ изъ-подъ снѣга выглядывали кустарники, но ни одинъ сухой листокъ не шевелился, и весело было слышать, среди этого мёртваго сна природы, фырканье усталой почтовой тройки и невольное побрякиванье русскаго колокольчика.

"Завтра будетъ славная погода!" сказалъ я. Штабсъ-капитанъ не отвѣчалъ ни слова и указалъ мнѣ пальцемъ на высокую гору, поднимавшуюся прямо противъ насъ."

"Что-жъ это? спросилъ я."

"Гутъ-гора."

"Ну такъ что-жъ?"

"Посмотрите, какъ курится."

И въ самомъ дѣлѣ, Гутъ-гора курилась: по бокамъ ея ползли лёгкія струйки облаковъ, на вершинѣ лежала чёрная туча, такая чёрная, что на тёмномъ небѣ она казалась пятномъ.

Ужъ мы различали почтовую станцію, кровли окружающихъ её саклей,[1] и передъ нами мелькали привѣтные огоньки, когда пахнулъ сырой, холодный вѣтеръ; ущелье загудѣло и пошёлъ мелкій дождь. Едва успѣлъ я накинуть бурку,[2] какъ повалилъ снѣгъ. Я съ благоговѣніемъ посмотрѣлъ на штабсъ-капитана. . . .

"Намъ придётся здѣсь почевать, сказалъ онъ съ досадою; въ такую мятель черезъ горы не переѣдешь. Что, были ль обвалы на Крестовой?[3] спросилъ онъ извощика.

---

[1] hut.   [2] felt cloak worn by Circassians.

[3] name of a mountain.

"Нѐ было, господинъ," отвѣчалъ осетинъ-извозчикъ: "а висить много, много."

За неимѣніемъ комнаты для проѣзжающихъ на станціи, намъ отвели ночлегъ въ дымной саклѣ. Я пригласилъ своего спутника выпить вмѣстѣ стаканъ чаю, ибо со мною былъ чугунный чайникъ—единственная отрада моя въ путешествіяхъ по Кавказу.

Сакля была прилѣплена однимъ бокомъ къ скалѣ; три скользкія, мокрыя ступени вели къ ея двери. Ощупью вошёлъ я и наткнулся на корову (хлѣвъ у этихъ людей замѣняетъ лакейскую.[1] Я не зналъ куда дѣваться: тутъ блеятъ овцы, тамъ ворчитъ собака. Къ счастію, въ сторонѣ блеснулъ тусклый свѣтъ и помогъ мнѣ найти другое отверстіе, на подобіе двери. Тутъ открылась картина довольно занимательная: широкая сакля, которой крыша опиралась на два закопчённые столба, была полна народа. По срединѣ трещалъ огонёкъ, разложенный на землѣ, и дымъ, выталкиваемый обратно вѣтромъ изъ отверстія въ крышѣ, разстилался вокругъ такой густой пеленою, что я долго не могъ осмотрѣться; у огня сидѣли двѣ старухи, множество дѣтей и одинъ худощавый грузинъ, всѣ въ лохмотьяхъ. Нѣчего было дѣлать: мы пріютились у огня, закурили трубки, и скоро чайникъ зашипѣлъ привѣтливо.

"Жалкіе люди!" сказалъ я штабсъ-капитану, указывая на нашихъ грязныхъ хозяевъ, которые, молча, на насъ смотрѣли въ какомъ-то остолбенѣніи.

"Преглупый народъ! отвѣчалъ онъ. Повѣрите ли? ничего не умѣютъ, неспособны ни къ какому образованію! Ужъ по крайней мѣрѣ наши кабардинцы или черкесы, хотя разбойники, голыши, за то отчаянныя башки,[2] а у этихъ и

---

[1] servant's room.   [2] head.

къ ору́жію никако́й охоты нѣтъ: поря́дочнаго кинжа́ла ни на одно́мъ не уви́дишь. Ужъ по́длинно осети́ны!"

"А вы до́лго бы́ли въ Чечнѣ?"

"Да, я лѣтъ де́сять стоя́лъ тамъ въ крѣпости съ ро́тою, у Ка́меннаго Бро́да,—зна́ете?"

"Слыха́лъ."

"Вотъ, ба́тюшка, надоѣли намъ э́ти головорѣзы!¹ ны́нче, сла́ва Бо́гу, смирнѣе; а быва́ло, на сто шаго́въ отойдёшь за валъ, ужъ гдѣ-нибу́дь косма́тый дья́волъ сиди́тъ и карау́литъ: чуть зазѣва́лся, того́ и гляди́²—либо арка́нъ на шеѣ, либо пу́ля въ заты́лкѣ. А молодцы́!"...

"А, чай,³ мно́го съ ва́ми быва́ло приключе́ній?" сказа́лъ я, подстрека́емый любопы́тствомъ.

"Какъ не быва́ть! быва́ло."...

Тутъ онъ на́чалъ щипа́ть лѣвый усъ, повѣсилъ го́лову и призаду́мался. Мнѣ страхъ хотѣлось вы́тянуть изъ него́ каку́ю-нибу́дь исто́рійку,—жела́ніе, сво́йственное всѣмъ путе-ше́ствующимъ и запи́сывающимъ лю́дямъ. Между тѣмъ чай поспѣлъ; я вы́тащилъ изъ чемода́на два похо́дные стака́нчика, нали́лъ и поста́вилъ оди́нъ пе́редъ нимъ. Онъ отхлебну́лъ и сказа́лъ, какъ-бу́дто про себя́: "да, быва́ло!" Это восклица́ніе по́дало мнѣ больши́я наде́жды. Я зна́ю, ста́рые кавка́зцы лю́бятъ поговори́ть, порасказа́ть; имъ такъ рѣ́дко э́то удаётся; друго́й лѣтъ пять стои́тъ гдѣ нибу́дь въ захолу́стьѣ съ ро́той, и цѣлыя пять лѣтъ ему́ никто́ не ска́жетъ: здра́вствуйте,⁴ потому́ что фельдфе́бель говори́тъ: здра́вія жела́ю. А поболта́ть бы́ло бы о чёмъ: круго́мъ наро́дъ дикій, любопы́тный; ка́ждый день опа́сность; случаи быва́ютъ чу́дные, и тутъ по нево́лѣ пожалѣешь о томъ, что у насъ такъ ма́ло запи́сываютъ.

---

¹ cut-throats. ² be sure. ³ I dare say.
⁴ usual expression for greeting.

"Не хотите ли подбавить рому?"—сказалъ я моему собесѣднику: у меня есть бѣлый изъ Тифлиса; теперь холодно."

"Нѣтъ съ, благодарствуйте, не пью."

"Что такъ?"

"Да такъ. Я далъ себѣ заклятье. Когда я былъ ещё подпоручикомъ, разъ, знаете, мы погуляли между собою, а ночью сдѣлалась тревога: вотъ мы и вышли передъ фрунтъ навеселѣ,[1] да ужъ и досталось намъ, какъ Алексѣй Петровичъ узналъ; не дай Господи, какъ онъ разсердился! чуть-чуть не отдалъ подъ судъ. Оно и точно:[2] другой разъ цѣлый годъ живёшь, никого не видишь, да какъ тутъ ещё водка—пропащій человѣкъ!"

Услышавъ это, я почти потерялъ надежду.

"Да вотъ хоть черкесы, продолжалъ онъ: какъ напьются бузы[3] на свадьбѣ или на похоронахъ, такъ и пошла рубка.[4] Я разъ насилу ноги унёсъ,[5] а ещё у мирнаго князя былъ въ гостяхъ."

"Какъ же это случилось?"

"Вотъ (онъ набилъ трубку, затянулся и началъ разсказывать), вотъ извольте видѣть, я тогда стоялъ въ крѣпости за Терекомъ съ ротой—этому скоро пять лѣтъ. Разъ осенью пришёлъ транспортъ съ провіантомъ; въ транспортѣ былъ офицеръ, молодой человѣкъ лѣтъ двадцати-пяти. Онъ явился ко мнѣ въ полной формѣ и объявилъ, что ему велѣно остаться у меня въ крѣпости. Онъ былъ такой тоненькій, бѣленькій, на немъ мундиръ былъ такой новенькій, что я тотчасъ догадался, что онъ на Кавказѣ у насъ недавно. 'Вы, вѣрно, спросилъ я его, переведены сюда изъ Россіи?'"

---

[1] a little inebriated.   [2] this is just the way.

[3] intoxicating drink made of oats.   [4] fighting with swords begins.

[5] it was with great difficulty that I succeeded in getting away.

—Точно такъ, господинъ штабсъ-капитанъ, отвѣчалъ онъ.

—Я взялъ его за руку и сказалъ: "Очень радъ, очень радъ. Вамъ будетъ немножко скучно... ну, да мы съ вами будемъ жить по пріятельски. Да, пожалуйста, зовите меня просто Максимъ Максимычъ, и пожалуйста—къ чему эта полная форма?—приходите ко мнѣ всегда въ фуражкѣ." Ему отвели квартиру и онъ поселился въ крѣпости.

"А какъ его звали?" спросилъ я Максима Максимыча.

"Его звали... Григорьемъ Александровичемъ Печоринымъ;[1] Славный былъ малый,[2] смѣю васъ увѣрить; только немножко странепъ. Вѣдь, напримѣръ, въ дождикъ, въ холодъ, цѣлый день на охотѣ; всѣ иззябнутъ, устанутъ,—а ему ничего. А другой разъ сидитъ у себя въ комнатѣ, вѣтеръ пахнётъ—увѣряетъ, что простудился; ставнемъ стукнетъ—онъ вздрогнетъ и поблѣднѣетъ, а при мнѣ ходилъ на кабана одинъ на одинъ; бывало, по цѣлымъ часамъ слова не добьёшься, за то ужъ иногда какъ начнётъ разсказывать, такъ животики надорвёшь со смѣха... Да съ, съ большими странностями и, должно быть, богатый человѣкъ: сколько у него было разныхъ дорогихъ вещицъ!..."

"А долго онъ съ вами жилъ?" спросилъ я опять.

"Да съ годъ. Ну да ужъ за то памятенъ мнѣ этотъ годъ; надѣлалъ онъ мнѣ хлопотъ, не тѣмъ будь помянутъ.[3]"

Вѣдь есть, право, этакіе люди, у которыхъ народу написано,[4] что съ ними должны случаться разныя необыкновенныя вещи!

55. Лошадь Казбича.

(разсказъ кавказца.)

Душно стало въ саклѣ и я вышелъ на воздухъ, чтобы

---

[1] the hero of the novel.   [2] fellow.
[3] let it not be remembered, *i.e*, let me not recall that.   [4] whose fate is.

освѣжиться. Мнѣ вздумалось завернуть подъ навѣсъ, гдѣ стояли лошади; у меня же лошадь была славная.... Пробираюсь вдоль забора и слышу голоса; одинъ голосъ я тотчасъ узналъ; это былъ повѣса Азаматъ, сынъ нашего хозяина; другой говорилъ рѣже[1] и тише.[2]....

Я сталъ вглядываться и узналъ моего стараго знакомаго Казбича. Онъ, знаете, былъ не то, что-бы не мирной,[3] не то что-бы мирной. Подозрѣній на него было много, хоть онъ ни въ какой шалости не былъ замѣченъ. Бывало онъ приводилъ къ намъ въ крѣпость барановъ и продавалъ дёшево, только никогда не торговался: что запроситъ, давай, —хоть зарѣжь, не уступитъ. Говорили про него, что онъ любитъ таскаться за Кубань съ абрѣками, и, правду сказать, рожа у него была самая разбойничья: маленькій, сухой, широкоплечій.... А ужъ ловокъ-то, ловокъ былъ, какъ бѣсъ! Бешметъ всегда изорванный, въ заплаткахъ, а оружіе въ серебрѣ. А лошадь его славилась въ цѣлой Кабардѣ, и точно, лучше этой лошади ничего выдумать невозможно. Не даромъ ему завидовали всѣ наѣздники, и не разъ пытались ее украсть, только не удавалось. Какъ теперь гляжу на эту лошадь: вороная, какъ смоль, ноги—струнки, и какая сила! скачи хоть на 50 верстъ; а ужъ выѣзжена— какъ собака бѣгаетъ за хозяиномъ; голосъ его даже знала! Бывало онъ ее никогда и не привязывалъ. Ужъ такая разбойничья лошадь!

"Славная у тебя лошадь!" говорилъ Азаматъ Казбичу: "еслибъ я былъ хозяинъ въ домѣ и имѣлъ табунъ въ триста кобылъ, то отдалъ бы половину за твоего скакуна, Казбичъ!"

—"Да!" отвѣчалъ Казбичъ, послѣ нѣкотораго молчанія:—

---

[1] comp. of рѣзко. [2] comp. of тихо.
[3] In the time of Russian wars in Caucasus, the tribes which submitted were called мирной.

въ цѣлой Кабардѣ не найдёшь такой. Разъ—это было за Терекомъ—я ѣздилъ съ абрекани отбнвать русскіе табуны; намъ не посчастливилось, и мы разсыпались кто куда. За мной неслись четыре казака; ужъ я слышалъ за собою крики гяуровъ и предо мной былъ густой лѣсъ. Прилёгъ я на сѣдло, поручилъ себя Аллаху, и въ первый разъ въ жизни оскорбилъ коня ударомъ плети. Какъ птица нырнулъ онъ между вѣтвями; острыя колючки рвали мою одежду, сухіе сучья карагача¹ били меня по лицу. Конь мой прыгалъ черезъ пни, разрывалъ кусты грудью.

Лучше бы было мнѣ его бросить у опушки и скрыться въ лѣсу пѣшкомъ, да жаль было съ нимъ разстаться. Нѣсколько пуль провизжало надъ моей головой; я ужъ слышалъ, какъ спѣшившіеся казаки бѣжали по слѣдамъ. Вдругъ нередо мною рытвина глубокая; скакунъ мой призадумался— и прыгнулъ. Заднія его копыта оборвались съ противнаго берега и онъ повисъ на переднихъ ногахъ. Я бросилъ поводья и полетѣлъ въ оврагъ; это спасло моего коня: онъ выскочилъ. Казаки все это видѣли, только ни одинъ не пустился меня искать; они вѣрно думали, что я убился до смерти, и я слышалъ какъ они бросились ловить моего коня. Сердце мое облилось кровью, поползъ я по густой травѣ вдоль по оврагу—смотрю, лѣсъ кончился, нѣсколько казаковъ выѣзжаютъ изъ него на поляну, и вотъ выскакиваетъ прямо къ нимъ мой Карагёзъ; всѣ кинулись за нимъ съ крикомъ; долго, долго они за нимъ гонялись, особенно одинъ раза два чуть-чуть не накинулъ ему на шею арканъ; я задрожалъ, опустилъ глаза и началъ молиться. Через нѣсколько мгновеній подымаю ихъ—и вижу: мой Карагёзъ летитъ, разпѣвая хвостъ, вольный ·какъ вѣтеръ, а гяуры

¹ dry prickly bush, growing in Caucasus.

далеко одинъ за другимъ тянутся по степи на измученныхъ коняхъ. Это правда, истинная правда! До поздней ночи я сидѣлъ въ своёмъ оврагѣ. Вдругъ, чтожъ ты думаешь, Азаматъ? во мракѣ слышу, бѣгаетъ по берегу оврага мой конь, фыркаетъ, ржётъ и бьётъ копытами о землю; я узналъ голосъ моего Карагёза; это былъ онъ, мой товарищъ!... Съ тѣхъ поръ мы не разлучались.

И слышно было,[1] какъ онъ трепалъ рукою по гладкой шеѣ своего скакуна, давая ему разныя нѣжныя названія.

56. Бедуинъ.

Караванъ молельщиковъ выступалъ изъ вратъ Діарбека. Впереди его ѣхалъ Османъ и бросалъ въ народъ деньги; имамы благословляли отходящихъ странниковъ; жители усыпали цвѣтами путь ихъ.

Въ шестой разъ отправлялся Османъ съ караваномъ въ Мекку и начальствовалъ надъ охраннымъ войскомъ. Всѣ были увѣрены въ благополучномъ окончаніи своего путешествія, ибо ни однажды еще не случалось съ Османомъ никакого несчастія: бури не засыпали въ степяхъ Аравіи ни одного человѣка изъ шествовавшихъ съ Османомъ; ни однажды аравитяне не нападали на него. Такая благоуспѣшность въ предпріятіяхъ его почиталась плодомъ Османовой набожности, щедрости и мужества. Спустя нѣсколько недѣль послѣ отбытія изъ Діарбека, приблизился караванъ къ славному въ древности Евфрату, рѣкѣ, современной міру. При пѣніи стиховъ изъ алкорана, переправились черезъ нее молельщики и вступили на песчаныя равнины Аравіи. Тутъ присоединился къ каравану бедуинъ на прекрасной во-

---

[1] one could hear.

ропой лошади: онъ равнымъ образомъ ѣхалъ на поклоненіе къ святымъ мѣстамъ, колыбели и гробу Магомета.

Османъ вступилъ съ нимъ въ разговоръ, коснувшіися до преимущества ихъ народовъ. Бедуинъ отвѣчалъ коротко, но благоразумно; хвалилъ достойное похвалы въ своёмъ народѣ и охуждалъ то, что казалось ему дурнымъ. Непримѣтнымъ образомъ отдалились они отъ каравана. Османъ съ жаромъ началъ выхвалять оттомановъ.

"Турки," говорилъ онъ бедуину, "издавна славятся по всему востоку храбростію, добродушіемъ и милосердіемъ; издавна рѣдкія сіи качества снискали намъ уваженіе цѣлаго свѣта; вездѣ, ёжели хотятъ изобразить непобѣдимость воина, то говорятъ: *онъ храбръ, какъ турокъ !* Купцы, желая выразить чьё-нибудь безкорыстіе въ превосходной степени, говорятъ: *онъ справедливъ, какъ турокъ !* Чѣмъ, напротивъ того, отличился твой бѣдный народъ, шатаясь по степямъ каменистой и пустой Аравіи? Какая молва идётъ о васъ? То, что вы не имѣете ни чести, ни совѣсти; вы исповѣдуете одну вѣру съ нами, но вамъ платитъ султанъ ежегодно знатную сумму, дабы спасти отъ вашего хищничества главный караванъ молельщиковъ; грабительство сдѣлало васъ презрѣнными бродягами въ глазахъ всякаго истиннаго мусульманина. Признайся, товарищъ, въ справедливости моихъ словъ, признайся, что вашъ народъ не что иное, какъ шайка разбойниковъ."

"Мы послѣ окончимъ нашъ разговоръ, сказалъ ему бедуинъ, указывая на поскользнувшагося верблюда, который упалъ и придавилъ собою своего вожатаго,—послѣ; наперёдъ пособимъ несчастному :"

"Поди и пособи ты !" отвѣчалъ Османъ; "я не хочу оказать никакой услуги этому бездѣльнику: онъ перекупилъ у меня верблюда, четыре года тому назадъ; теперь я очень радъ, что сей же самый верблюдъ отмстилъ ему за меня. Ежели бы негодяй издыхалъ, и одно моё слово могло возвратить ему жизнь, то я, да простить моё согрешеніе Алла и его великій пророкъ! то я зашилъ бы себѣ ротъ."

Между тѣмъ бедуинъ высвободилъ изъ-подъ верблюда вожатаго и возвращался къ своему спутнику; онъ уже недалеко отъ него находился, какъ вдругъ страшный тигръ выскочилъ изъ-за куста, подлѣ котораго ѣхалъ неосторожный Османъ, отдалясь отъ каравана; онъ пришёлъ въ смятеніе, ужаснулся и упалъ безъ чувствъ на землю.

Бедуинъ бирометью поскакалъ—и не прочь отъ него, но прямо къ нему; вынулъ пистолетъ и въ ту самую минуту, какъ кровожадный звѣрь прыгнулъ на свою добычу, выстрѣлилъ по нёмъ: мёртвый тигръ растянулся подлѣ полумёртваго Османа.

Наконецъ Османъ открылъ глаза; спасеніе его казалось ему сверхъестественнымъ: онъ обнялъ бедуина и въ первомъ жару благодарности своей предлагалъ ему со слезами, какъ слабѣйшій знакъ должной признательности, кошелёкъ съ ста секинами.

Бедуинъ, къ немалому удивленію Османа, отказался. Въ сіе время подошёлъ къ нимъ нищій на деревянной ногѣ, покрытый рубищемъ и ранами; онъ обратился къ Осману, державшему кошелёкъ съ секинами, и говорилъ: "Милосердіе должно быть тебѣ знакомо, богатый странникъ: утоли голодъ и жажду твоего одноземца! удѣли неимущему одну рупію[1] изъ толстого кошелька твоего: одна рупія избавитъ меня отъ мучительнаго зноя; къ вечеру надѣюсь съ этою помощію добрести до города; безъ ней лишусь силъ и принужденъ буду погибнуть отъ лютости дикихъ животныхъ."

_____

[1] copper coin.

м

" Да помджетъ тебѣ Аллá !" отвѣчáлъ Осмáнъ, спрятавъ въ карманъ тóлстый кошелёкъ съ секúпами : "у меня же нѣтъ для тебя ни однóй рупíи, я иду на богомóлье въ Мéкку и Медíну изъ Діарбéка и бóлѣе дéнегъ, скóлько мнѣ нýжно для путú туда и обрáтно, не имѣю. Всѣ лúшнія роздáлъ я нарóду при вúѣздѣ изъ отéчества; жалѣю о тебѣ, но пособúть не могý."

Бедуúнъ вынулъ мѣшóкъ съ сарачúнскимъ пшеномъ[1] и мѣхъ съ водóю и подáлъ убóгому. На! утолú твой гóлодъ и жáжду; подкрѣпú ослабѣвшíя сúлы, и пойдёмъ вмѣстѣ. Гóродъ, куда ты идёшь, лежúтъ на дорóгѣ, по котóрой идётъ караванъ : я провожý тебя.

" Но я иду мéдленно, чáсто отдыхáю," говорúлъ нúщій.— Такъ сядь на мою лóшадь! отвѣчáлъ бедуúнъ; соскочúвъ съ ней, посадúлъ бѣднаго, взялъ за уздý и повёлъ потихóньку.

" Брось егó ! сказáлъ Осмáнъ бедуúну: кóнчимъ нашъ разговóръ, *докáжемъ* другъ дрýгу. . ." Разговóръ нашъ, отвѣчáлъ бедуúнъ, давнó ужé кóнчился; мы ясно доказáли другъ дрýгу превосхóдство нáшихъ нарóдовъ въ хрáбрости, добродýшіи и щéдрости. Замѣть себѣ, Осмáнъ, что вездѣ есть добродѣтельные люди, вездѣ есть и злые !

Осмáнъ выразумѣлъ всю кóлкость сегó отвѣта и поклялся бородóю своегó прáдѣда отмстúть бедуúну за егó дéрзость. Скóро случай къ исполнéнію намѣренія открылся. Бедуúнъ заснýлъ весьмá крѣпко; караванъ поднялся, и Осмáнъ остáвилъ своегó благодѣтеля среди пустыни, остáвилъ на жéртву всѣмъ бѣдствіямъ и дабы онъ не могъ настúчь каравана, то укрáлъ у негó прекрáсную воронýю лóшадь, всё имýщество бедуúна

И судьбá не наказáла егó ! Нѣтъ! онъ въ пóлномъ удовóльствіи жилъ и, окружёнъ рáдостями, ýмеръ.

---

[1] rice.

Діарбекирцы воспоминаютъ объ нёмъ съ сожалѣніемъ; отцы́ и ма́тери ста́вятъ его въ примѣръ дѣтямъ своимъ.

Увы! какъ много потре́бно знать, какъ до́лго на́добно изслѣдовать человѣка, дабы́ не ошибиться и въ са́мой его добродѣтели.

57. Юроди́вый[1] Гриша.

Не задо́лго передъ у́жиномъ въ ко́мнату вошёлъ Гриша. Онъ съ са́маго того вре́мени, какъ вошёлъ въ нашъ домъ не переставалъ вздыха́ть и пла́кать, что, по мнѣнію тѣхъ, которые вѣрили въ его способность предска́зывать, предвѣ-ща́ло какую-нибудь бѣду́ нашему до́му. Онъ сталъ проща́ться и сказа́лъ, что за́втра у́тромъ пойдётъ да́льше. Я подмигну́лъ бра́ту Воло́дѣ и вы́шелъ въ дверь.—Что?—Если хоти́те посмотрѣть Гри́шины вери́ги, то пойдёмте сейча́съ на мужско́й верхъ.[2]—Гриша спитъ во второ́й ко́мнатѣ—въ чула́нѣ прекра́сно мо́жно сидѣть, и мы всё увидимъ.—Отли́чно! Подожди здѣсь: я позову́ дѣвочекъ.—Дѣвочки вы́-бѣжали, и мы отпра́вились на верхъ. Не безъ спо́ру рѣ-ши́въ, кому́ пе́рвому войти въ тёмный чула́нъ, мы усѣлись и ста́ли ждать.

Намъ всѣмъ бы́ло жу́тко въ темнотѣ; мы жа́лись одинъ къ друго́му и ничего́ не говори́ли. Почти вслѣдъ за нами ти́-хими шага́ми вошёлъ Гриша. Въ одно́й рукѣ держа́лъ онъ свой посо́хъ, въ друго́й—са́льную свѣчу́ въ мѣдномъ под-свѣчникѣ. Мы не переводи́ли дыха́нія.

Го́споди Іису́се Христе́! Ма́ти[3] Пресвята́я Богоро́дица! Отцу́ и Сы́ну и Свято́му Ду́ху . . . вдыха́лъ въ себя́ во́здухъ, тверди́лъ онъ съ разли́чными интона́ціями и сокраще́ніями, сво́йственными то́лько тѣмъ, которые ча́сто повторя́ютъ эти

---

[1] religious fanatic.   [2] gentlemen's apartments upstairs.   [3] мать.

M 2

слова. Съ молитвой поставивъ свой посохъ въ уголъ и, осмотревъ постель, онъ сталъ раздеваться. Распоясавъ свой
старенькій чёрный кушакъ, онъ медленно снялъ изорванный
нанковый зипунъ, тщательно сложилъ его и повесилъ на
спинку стула. Лицё его теперь не выражало, какъ обыкновенно, торопливости и тупоумія; напротивъ, онъ былъ
спокоенъ, задумчивъ и даже величавъ. Движенія его были
медленны и обдуманны. Оставшись въ одномъ белье, онъ
тихо опустился на кровать, окрестилъ её со всехъ сторонъ, и,
какъ видно было, съ усиліемъ—потому что онъ поморщился
—поправилъ подъ рубашкой вериги. Посидевъ немного и
заботливо осмотревъ прорванное въ некоторыхъ местахъ
белье, онъ всталъ, съ молитвой поднялъ свечу въ уровень съ
кивотомъ, въ которомъ стояло несколько образовъ, перекрес-
тился на нихъ и перевернулъ свечу огнёмъ внизъ. Она съ
трескомъ потухла.

Въ окна, обращённыя на лесъ, ударяла почти полная
луна. Длинная белая фигура юродиваго съ одной стороны
была освещена бледными лучами месяца, съ другой—чёр-
ною тенью, вместе съ тенями отъ рамъ, падала на полъ
стены, и доставала до потолка. На дворе караульщикъ
стучалъ въ медную доску.

Сложивъ свои огромныя руки на груди, опустивъ голову
и безпрестанно тяжело вздыхая, Гриша молча стоялъ предъ
иконами, потомъ съ трудомъ опустился на колени и сталъ
молиться. Сначала онъ говорилъ известныя молитвы, ударяя
только на некоторыя слова, потомъ повторилъ ихъ, но громче
и съ большимъ одушевленіемъ. Онъ началъ говорить свои
слова, съ заметнымъ усиліемъ стараясь выражаться по-Сла-
вянски. Слова его были не складны, но трогательны. Онъ
молился о всехъ благодетеляхъ своихъ (такъ онъ называлъ
техъ, которые принимали его), въ томъ числе о матушке, о

насъ, молился о себѣ, просилъ, чтобы Богъ простилъ ему его тяжкіе грѣхи, твердилъ : "Боже, прости врагамъ моимъ !" кряхтя подпимался и, повторяя ещё и ещё тѣ же слова, припадалъ къ землѣ и опять подпимался, не смотря[1] на тяжесть веригъ, которыя издавали сухой, рѣзкій звукъ, ударяясь о землю.

Володя щипнулъ меня очень больно за ногу; по я даже не оглянулся: потёръ рукой то мѣсто и продолжалъ, съ чувствомъ дѣтскаго удивленія, жалости и благоговѣнія, слѣдить за всѣми движеніями и словами Гриши. Вмѣсто веселія и смѣха, на которые я располагалъ, входя въ чуланъ, я чувствовалъ дрожь и замираніе сердца.

Долго ещё находился Гриша въ этомъ положеніи религіознаго восторга и импровизировалъ молитвы. То твердилъ онъ нѣсколько разъ съ ряду: "Господи помилуй !" но каждый разъ съ новой силой и выраженіемъ ; то говорилъ онъ : "прости мя,[2] Господи, научи мя, что творить ... научи мя, что творити, Господи !" съ такимъ выраженіемъ, какъ будто ожидалъ сейчасъ же отвѣта на свои слова; то слышны были одни жалобныя рыданія.... Онъ приподнялся на колѣни, сложилъ руки на груди и замолкъ.

Я потихоньку высунулъ голову изъ двери и не переводилъ дыханія. Гриша не шевелился; изъ груди его вырывались тяжёлые вздохи ; въ мутномъ зрачкѣ его криваго глаза, освѣщённаго луною, остановилась слеза.

"Да будетъ воля Твоя ! вскричалъ онъ вдругъ съ неподражаемымъ выраженіемъ ; упалъ лбомъ на землю и зарыдалъ какъ ребёнокъ.

Много воды утекло[3] съ тѣхъ поръ, много воспоминаній о быломъ потеряли для меня значеніе и стали смутными меч-

---

[1] regardless.   [2] меня.   [3] many years have passed.

тами, даже странникъ Гриша давно окончилъ своё послѣднее странствованіе; но впечатлѣніе, которое онъ произвёлъ на меня, и чувство, которое возбудилъ, никогда не умрутъ въ моей памяти.

О, великій христіанинъ Гриша! Твоя вѣра была такъ сильна, что ты чувствовалъ близость Бога; твоя любовь такъ велика, что слова сами собою лились изъ устъ твоихъ— ты ихъ не повѣрялъ разсудкомъ. . . . И какую высокую хвалу ты принёсъ Его величію, когда, не находя словъ, въ слезахъ повалился на землю! . . .

58. Война и Миръ.

(Бородино).

Кутузовъ сидѣлъ, понуривъ сѣдую голову и опустившись тяжёлымъ тѣломъ на покрытой ковромъ лавкѣ. Онъ не дѣлалъ никакихъ распоряженій, а только соглашался или не соглашался на то, что предлагали ему.

"Да, да, сдѣлайте это," отвѣчалъ онъ на различныя предложенія. — "Да, да, съѣзди, голубчикъ, посмотри," обращался онъ то къ тому, то къ другому изъ приближённыхъ; или: "Нѣтъ, не надо, лучше подождать," говорилъ онъ. Онъ выслушивалъ привозимыя ему донесенія, отдавалъ приказанія, когда это требовалось подчинёнными; но, выслушивая донесенія, онъ, казалось, не интересовался смысломъ словъ того, что ему говорили, а что-то другое, въ выраженіи лицъ, въ тонѣ рѣчи доносившихъ, интересовало его. Долголѣтнимъ военнымъ опытомъ онъ зналъ и старческимъ умомъ понималъ, что руководить сотнями тысячъ человѣкъ, борющихся со смертью, нельзя одному человѣку, и зналъ, что рѣшаютъ участь сраженья не распоряженія главнокомандующаго, не мѣсто, на которомъ стоятъ войска, не количество пушекъ и убитыхъ людей, а та неуловимая сила, называемая духомъ войска, и онъ слѣдилъ за этой силой и руководилъ ею, насколько это было въ его власти.

Общее выраженіе лица Кутузова было сосредоточенное, спокойное вниманіе и напряженіе, едва превозмогавшее усталость слабаго и стараго тѣла.

Въ 11-ть часовъ утра ему привезли извѣстіе о томъ, что занятыя Французами флеши были опять отбиты, но что князь Багратіонъ раненъ. Кутузовъ ахнулъ и покачалъ головой.

"Поѣзжай къ князю Петру Ивановичу и подробно узнай, что и какъ,¹ сказалъ онъ одному изъ адъютантовъ, и вслѣдъ за тѣмъ обратился къ принцу Виртембергскому, стоявшему позади его.

"Неугодно ли будетъ вашему высочеству принять командованіе 1-ой арміей?"

Вскорѣ послѣ отъѣзда принца, такъ скоро, что онъ еще не могъ доѣхать до Семёновскаго,² адъютантъ принца вернулся отъ него и доложилъ свѣтлѣйшему, что принцъ проситъ войскъ.

Кутузовъ поморщился и послалъ Дохтурову приказаніе принять командованіе 1-ой арміей, а принца, безъ котораго, какъ онъ сказалъ, онъ не можетъ обойтись въ эти важныя минуты, просилъ вернуться къ себѣ. Когда привезено было извѣстіе о взятіи въ плѣнъ Мюрата и штабные поздравляли Кутузова, онъ улыбнулся.

"Подождите, господа, сказалъ онъ. Сраженье выиграно, и въ плѣненіи Мюрата нѣтъ ничего необыкновеннаго. Но лучше подождать радоваться.—Однако онъ послалъ адъютанта проѣхать по войскамъ съ этимъ извѣстіемъ.

¹ how the affairs are getting on. ² name of a village.

Когда съ лѣваго фланга прискакалъ Щербининъ съ донесѣ-
ніемъ о занятіи Французами флешей и Семёновскаго, Куту́-
зовъ по <u>звукамъ</u> поля сраженія и по лицу Щербинина уга-
далъ, что извѣстія были не хорошія, всталъ, какъ бы <u>разминая</u>
ноги и, взявъ подъ руку Щербинина, отвёлъ его въ сторону.
—Съѣзди, голу́бчикъ, сказалъ онъ Ермо́лову, посмотри́,
нельзя́ ли что сдѣлать.

Куту́зовъ былъ въ Го́ркахъ, въ цѣнтрѣ позиціи Русскаго
войска. Напра́вленная Наполео́номъ атака на нашъ лѣвый
флангъ была́ нѣсколько разъ отбива́ема. Въ цѣнтрѣ Французы не <u>подвинулись далѣе</u> Бородина́. Съ лѣваго фланга ка-
валерія Ува́рова заставила бѣжа́ть Французовъ.

Въ третьемъ часу́ атаки Французовъ прекратились. На
всѣхъ лицахъ, пріѣзжа́вшихъ съ поля сраже́нія и на тѣхъ,
которыя стояли вокругъ него, Куту́зовъ читалъ выраже́ніе
напряжённости, дошедшей до высшей <u>степени</u>. Куту́зовъ
былъ дово́ленъ успѣхомъ дня <u>сверхъ ожида́нія</u>. Но физи́-
ческія силы оставляли старика́. Нѣсколько разъ голова́ его
низко опуска́лась какъ бы падая, и онъ <u>задрёмывалъ</u>. Ему
по́дали обѣдать.

Флигель-адъютантъ Вольцо́генъ, тотъ самый, котораго такъ
ненави́дѣлъ Багратіо́нъ, во время обѣда подъѣхалъ къ Куту́-
зову. Вольцо́генъ пріѣхалъ отъ Баркла́я, съ донесе́ніемъ о
хо́дѣ дѣлъ на лѣвомъ флангѣ. Благоразу́мный Баркла́й-де-
То́лли, видя толпы отбѣга́ющихъ ра́неныхъ и разстро́енные
зады́ арміи, взвѣсивъ всё <u>обстоя́тельства</u> дѣла, рѣши́лъ, что
сраже́ніе проиграно, и съ этимъ извѣстіемъ прислалъ къ
главнокома́ндующему своего́ люби́мца.

Куту́зовъ съ трудо́мъ жевалъ жа́реную <u>курицу</u> и съу-
зившимися, повеселѣ́вшими глаза́ми взгляну́лъ на Воль-
цо́гена.

Вольцо́генъ, небрѣжно разминая ноги, съ полупрезри́-

тельпой улыбкой па губахъ, подошёлъ къ Кутузову, слегка дотронувшись до козырька рукою.

Вольцогепъ обращался съ Свѣтлѣйшпмъ съ пѣкоторой афектированной небрёжпостью, имѣющей цѣлью показать, что онъ, какъ высоко образованный воённый, предоставляетъ Русскимъ дѣлать кумира изъ этого стараго, безполёзнаго человѣка, а самъ знаетъ, съ кѣмъ онъ имѣетъ дѣло. "Der alte Herr (какъ называли Кутузова въ своёмъ кругу Нѣмцы), macht sich ganz bequem," подумалъ Вольцогепъ, и, строго взглянувъ на тарёлки, стоявшія передъ Кутузовымъ, пачалъ докладывать старому господину положёпіе дѣлъ на лѣвомъ флангѣ, такъ какъ приказалъ ему Барклай и какъ онъ самъ его видѣлъ и понялъ.

"Всѣ пупкты нашей позиціи въ рукахъ пепріятеля и отбить пéчѣмъ, потому что войскъ нѣтъ ; они бѣгутъ, и нѣтъ возможности остаповить ихъ, докладывалъ опъ."

Кутузовъ, остановившись жевать, удивлённо, какъ будто не понимая то, что ему говорили, уставился па Вольцогена. Вольцогепъ, замѣтивъ волнéніе des alten Herrn, съ улыбкой сказалъ.

"Я не считалъ себя въ правѣ скрыть отъ вашей свѣтлости того, что я видѣлъ. . . Войска въ полномъ разстройствѣ. . ."

"Вы видѣли? Вы видѣли?. . пахмурившись закричалъ Кутузовъ, быстро вставая и паступая па Вольцогепа.—Какъ вы. . . какъ вы смѣете!. . дѣлая угрожающіе жесты трясущимися руками и захлёбываясь, закричалъ опъ.—Какъ смѣете вы, милостивый государь, говорить это мнѣ. Вы ничего не знаете. Передайте отъ меня генералу Барклаю, что его свѣдѣнія несправедливы и что настоящій ходъ сраженія извѣстепъ мнѣ, фельдмаршалу, лучше, чѣмъ ему."

---

* the old gentleman takes it very easily,

Вольцогенъ хотѣлъ возразить что-то, но Кутузовъ пере-
бплъ его.

"Непріятель отбитъ на лѣвомъ и пораженъ на правомъ
флангѣ. Ежели вы плохо видѣли, милостивый государь, то
не позволяйте себѣ говорить того, чего вы не знаете. Извольте ѣхать къ генералу Барклаю и передать ему на завтра
моё намѣреніе атаковать непріятеля, строго сказалъ Кутузовъ.—Всѣ молчали, слышно было одно тяжёлое дыханіе
запыхавшагося стараго генерала.—Отбиты вездѣ, за что я
благодарю Бога и наше храброе войско. Непріятель побѣ-
жденъ и завтра погонимъ его изъ священной земли Русской,
сказалъ Кутузовъ, крестясь; и вдругъ всхлипнулъ отъ насту-
пившихъ слёзъ. Вольцогенъ, пожавъ плечами и, скрививъ
губы, молча отошёлъ къ сторонѣ, удивляясь über diese Ein-
genommenheit des alten Herrn.[1]

"Да, вотъ онъ мой герой, сказалъ Кутузовъ къ полному,
красивому, черноволосому генералу, который въ это время
входилъ на курганъ. Это былъ Раевскій, проведшій весь
день на главномъ пунктѣ Бородинскаго поля."

Раевскій доносилъ, что войска твёрдо стоятъ на своихъ
мѣстахъ и что Французы не смѣютъ атаковать болѣе.

Выслушавъ его, Кутузовъ по-французски сказалъ:

"Vous ne pensez donc pas *comme les autres* que nous
sommes obligés de nous retirer."

"Au contraire, votre altesse, dans les affaires indécises
c'est toujours le plus opiniâtre qui reste victorieux, ствѣ-
чалъ Раевскій,—et mon opinion. . . .[2]

Койсаровъ! кликнулъ Кутузовъ своего адъютанта. Садись,

---

[1] at this prepossession of the old gentleman.

[2] "You do not think then with the others, that we are forced to retreat?"
—"On the contrary, Your Excellency, in undecided affairs it is always the
most persistent who gain the day, answered Rayevsky, and my opinion . . ."

нпшй приказъ на завтрашній день. А ты, обратился онъ къ другому, поѣзжай по линіи и объяви, что завтра мы атакуемъ."

Пока шелъ разговоръ съ Раевскимъ и диктовался приказъ, Вольцогенъ вернулся отъ Барклая и доложилъ, что генералъ Барклай-де-Толли желалъ бы имѣть письменное подтвержденіе того приказа, который отдавалъ фельдмаршалъ.

Кутузовъ, не глядя на Вольцогена, приказалъ написать этотъ приказъ, который, весьма основательно для избѣжанія личной отвѣтственности, желалъ имѣть бывшій главнокомандующій.

И по неопредѣлимой, таинственной связи, поддерживающей во всей арміи одно и то же настроеніе, называемое духомъ арміи и составляющей главный нервъ войны, слова Кутузова, его приказъ къ сраженію на завтрашній день, передались одновременно во всѣ концы войска.

Далёко не самыя слова, не самый приказъ передавались въ послѣдней цѣпи этой связи. Даже ничего не было похожаго въ тѣхъ разсказахъ, которые передавали другъ другу на разныхъ концахъ арміи, на то, что сказалъ Кутузовъ; но смыслъ словъ его сообщился повсюду, потому что то, что сказалъ Кутузовъ, вытекало не изъ хитрыхъ соображеній, а изъ чувства, которое лежало въ душѣ фельдмаршала, также какъ и въ душѣ каждаго Русскаго человѣка.

И узнавъ то, что назавтра мы атакуемъ непрійтеля, изъ высшихъ сферъ арміи, услыхавъ подтвержденіе того, чему они хотѣли вѣрить, измученные, колеблющіеся люди утѣшались и ободрялись.

59. Дворянское Гнѣздо.

Воспитаніе Лизы.

Скажемъ нѣсколько словъ о воспитаніи Лизы. Ей минулъ 10 годъ, когда отецъ ея умеръ: но онъ мало занимался ею.

Зава́ленный дѣла́ми, постоя́нно озабо́ченный приращѐніемъ своего́ состоя́нія, жёлчный,[1] рѣзкій, петерпѣли́вый, онъ не скупя́сь дава́лъ де́ньги на учителе́й, гуверне́ровъ, на оде́жду и про́чія ну́жды дѣте́й; но терпѣ́ть не могъ, какъ онъ выража́лся, ня́ньчиться съ пискля́тами,—да и не́когда ему́ было ня́ньчиться съ ни́ми. Онъ рабо́талъ, возя́лся съ дѣла́ми, спалъ ма́ло, и́зрѣдка игра́лъ въ ка́рты, опя́ть рабо́талъ. Ма́рья Дми́тріевна въ су́щности немно́го бо́льше му́жа занима́лась Ли́зой; она́ одѣва́ла её, какъ ку́колку, при глаза́хъ[2] гла́дила её по голо́вкѣ и называ́ла въ глаза́ у́мницей и ду́шкой—и то́лько: лѣни́вую ба́рыню утомля́ла вся́кая постоя́нная рабо́та. При жи́зни отца́ Ли́за находи́лась на рука́хъ гуверна́тки, дѣви́цы Моро́ изъ Пари́жа. На Ли́зу она́ имѣ́ла ма́ло вліянія, тѣмъ сильнѣ́е было вліяніе на неё ея́ ня́ни, Ага́фьи Вла́сьевны.[3]

Ли́зу сперва́ испуга́ло серьёзное и стро́гое лицо́ ня́ни; но она́ ско́ро привы́кла къ ней и крѣ́пко её полюби́ла. Она́ сама́ была́ серьёзный ребёнокъ; глаза́ ея́ свѣти́лись ти́химъ внима́ніемъ и доброто́й, что рѣ́дко въ дѣ́тяхъ. Она́ въ ку́клы не люби́ла игра́ть, смѣя́лась не ча́сто, но почти́ всегда́ не да́ромъ; помолча́въ немно́го, она́ обыкнове́нно конча́ла тѣмъ, что обраща́лась къ кому́-нибу́дь ста́ршему съ вопро́сомъ, пока́зывавшимъ, что голова́ ея́ рабо́тала надъ но́вымъ впечатлѣ́ніемъ. Она́ о́чень ско́ро переста́ла карта́вить и уже́ на четвёртомъ году́ говори́ла соверше́нно чи́сто. Отца́ она́ боя́лась; чу́вство ея́ къ ма́тери было неопредѣлённо, она́ не боя́лась ей и не ласка́лась къ ней; впро́чемъ она́ и къ Ага́фьѣ не ласка́лась, хотя́ то́лько её одну́ и люби́ла. Ага́фья съ ней не разстава́лась. Стра́нно было ви́дѣть ихъ вдвоёмъ. Быва́ло Ага́фья вся въ чёрномъ, съ тёмнымъ платко́мъ на го-

---

[1] of bilious temperament. [2] in the presence of visitors.
[3] A peasant woman.

ловѣ, съ похудѣвшимъ лицёмъ, сидитъ прямо и вяжетъ чулокъ; у ногъ ся на маленькомъ креслецѣ сидитъ Лиза и тоже трудится надъ какой-нибудь работой или, важно поднявши свѣтлые глазки, слушаетъ, что разсказываетъ ей Агаѳья ; а Агаѳья разсказываетъ ей не сказки : мѣрнымъ и ровнымъ голосомъ разсказываетъ она житіе Пречистой Дѣвы, житіе отшельниковъ, угодниковъ Божіихъ, святыхъ мученицъ ; говоритъ она Лизѣ, какъ жили святые въ пустыняхъ, какъ спасались, голодъ терпѣли и нужду,—и царей не боялись, Христа исповѣдывали ; какъ имъ птицы небесныя кормъ носили, и звѣри ихъ слушались ; какъ на тѣхъ мѣстахъ, гдѣ кровь ихъ падала, цвѣты выростали. Агаѳья говорила съ Лизой важно и смиренно, точно она сама чувствовала, что не ей бы произносить такія высокія и святыя слова. Лиза ее слушала—и образъ Вездѣсущаго, Всезнающаго Бога съ какой-то сладкой силой втѣснился въ ея душу, наполнилъ ее чистымъ благоговѣйнымъ страхомъ, а Христосъ становился ей чѣмъ-то близкимъ, знакомымъ, чуть не роднымъ ; Агаѳья и молиться ее выучила. Иногда она будила Лизу рано на зарѣ, торопливо ее одѣвала и уводила тайкомъ къ заутренѣ ; Лиза шла за ней на цыпочкахъ, едва дыша ; холодъ и полусвѣтъ утра, свѣжесть и пустота церкви, самая таинственность этихъ неожиданныхъ отлучекъ, осторожное возвращеніе въ домъ, въ постельку,—вся эта смѣсь запрещённаго, страннаго, святаго потрясла дѣвочку, проникла въ самую глубь ея существа. Агаѳья никогда никого не осуждала и Лизу не бранила за шалости. Когда она бывала чѣмъ недовольна, она только молчала, и Лиза понимала это молчаніе. Года три съ небольшимъ[1] ходила Агаѳья за Лизой ; дѣвица Моро ее смѣнила ; но легкомысленная

[1] for a little more than three years.

Французенка съ своими сухими ухватками да восклицаніемъ : tout ca c'est des betises[1]—не могла вытѣснить изъ сердца Лизы ея любимую пѣнію : посѣянныя сѣмена[2] пустили слишкомъ глубокіе корни. / Слѣдъ, оставленный ею въ душѣ Лизы, не изгладился. Она по прежнему шла къ обѣднѣ какъ на праздникъ, молилась съ наслажденьемъ. . . . Училась Лиза хорошо, то есть усидчиво ; особенно блестящими способностями, большимъ умомъ её Богъ не наградилъ ; безъ труда ей ничего не давалось. Она хорошо играла на фортепьяно, но одинъ Леммъ[3] зналъ, чего ей это стоило. Читала она немного ; у ней не было "своихъ словъ," но были свои мысли—и шла она своей дорогой. Такъ росла она—покойно, неторопливо, такъ достигла девятнадцатилѣтняго возраста.[4] Она была очень мила, сама того не зная. Въ каждомъ ей движеніи высказывалась невольная, нѣсколько неловкая, грація ; голосъ ей звучалъ серебромъ[5] нетронутой юности ; малѣйшее ощущеніе удовольствія вызывало привлекательную улыбку на ея губы. . . . Вся проникнутая чувствомъ долга, боязнью оскорбить кого бы то ни было, съ сердцемъ добрымъ и кроткимъ, она любила всѣхъ и никого въ особенности ; она любила одного Бога восторженно, робко, нѣжно. Лаврецкій первый нарушилъ ея тихую внутреннюю жизнь. . . . Такова была Лиза.

60. Рѣшеніе Лизы.

У Лизы была особая, небольшая комнатка во второмъ этажѣ дома ей матери, чистая, свѣтлая, съ бѣлой кроваткой, съ горшками цвѣтовъ по угламъ и передъ окнами, съ маленькимъ письменнымъ столомъ, горкою[6] книгъ и Распятіемъ

---

1 that is all nonsense.   2 сѣмя.   3 Liza's music master.
4 the age of nineteen.   5 silver notes.   6 a set of bookshelves.

па стѣнѣ. Комнатка эта прозывалась дѣтской. Лиза родилась въ ней. Верпувшись изъ церкви, гдѣ её видѣлъ Лаврецкій, она тщательнѣе обыкновеннаго привела всё у себя́ въ порядокъ, отовсюду смела пыль; пересмотрѣла и перевязала лѣпточками всѣ свои тетради и письма пріятельницъ, заперла всѣ ящики, полила цвѣты и коснулась рукою каждаго цвѣтка. Всё это она дѣлала не спѣша, безъ шума, съ какой-то умиленпой и тихой заботливостью на лицѣ. Она остановилась паконецъ посреди комнаты, медленно оглянулась и, подойдя къ столу, падъ которымъ висѣло Распятіе, опустилась на колѣни, положила голову на стиснутыя руки и осталась неподвижпой.

Мароа Тимоѳеевна[1] вошла и застала её въ этомъ положеніи. Лиза пе замѣтила ся прихода. Старушка вышла на цыпочкахъ за дверь и пѣсколько разъ громко кашляпула. Лиза проворно поднялась и отёрла глаза, на которыхъ сіяли свѣтлыя, неспролившіяся слёзы.—А ты, я вижу опять прибирала свою келейку, промолвила Мароа Тимоѳеевпа.—Лиза задумчиво посмотрѣла на свою тётку.—Какое вы это произнесли слово, прошептала она.—Какое слово, какое, съ живостью подхватила старушка. Что ты хочешь сказать? Это ужасно, заговорила опа, вдругъ сбросивъ чепецъ и присѣвши[2] на Лизиной кроваткѣ:—это сверхъ силъ моихъ; четвёртый день сегодня, какъ я словно въ котлѣ киплю;[3] я не могу больше притворяться, что ничего пе замѣчаю, — пе могу видѣть, какъ ты блѣдпѣешь, сохпешь, плачешь,[4] — не могу, пе могу. — Да что съ вами, тётушка? промолвила Лиза: — я ничего . . .[5]—Ничего! воскликнула Мароа Тимоѳеевпа:— это ты другимъ говори, а пе мпѣ! Ничего! а кто сейчасъ

---

[1] Liza's aunt.   [2] присѣсть.   [3] кипѣть.   [4] плакать.
[5] there is nothing the matter with me.

стоя́лъ па колѣ́пяхъ? у кого рѣсни́цы ещё мокры́ отъ слёзъ! Ничего́. Да ты посмотри́ на себя́, что ты сдѣ́лала съ свои́мъ лицѣ́мъ? куда глаза́ свои дѣва́ла? Ничего́! ра́звѣ я пе всё зна́ю? — Это пройдётъ, тётушка, да́йте срокъ. — Пройдётъ, да когда́? Го́споди Бо́же мой Влады́ко! неужели ты такъ его полюби́ла? да вѣдь онъ стари́къ, Ли́зочка! Пу, я пе спо́рю, онъ хоро́шій человѣкъ, не куса́ется; да вѣдь чтожъ тако́е? всѣ мы хоро́шіе лю́ди; земля́ пе клипо́мъ сошла́сь:[1] э́того добра́ всегда́ бу́детъ мно́го. — Я вамъ говорю́, всё э́то уже́ прошло́. — Слу́шай, Ли́зочка, что я тебѣ́ скажу́, промо́лвила вдругъ Ма́рѳа Тимоѳе́евна: это тебѣ́ то́лько такъ сгоряча́[2] ка́жется, что го́рю твоему́ пособи́ть нельзя́. Эхъ, душа́ моя́, на одну́ смерть лѣка́рства нѣтъ! Ты то́лько вотъ скажи́ себѣ́ : "не подда́мся[3] — молъ я, — пу его́!"[4] и сама́ пото́мъ какъ ди́ву да́шься[5] — какъ оно́ ско́ро, хорошо́ прохо́дитъ. Ты то́лько потерпи́—Тётушка, возрази́ла Ли́за;— оно́ уже́ прошло́; всё прошло́!—Прошло́! како́е прошло́! Вотъ у тебя́ но́сикъ да́же завостри́лся, а ты говори́шь: прошло́. Хорошо́: прошло́!—Да, прошло́, тётушка! е́сли вы то́лько захоти́те мнѣ помо́чь, произнесла́ съ внеза́пнымъ одушевле́ніемъ Ли́за и бро́силась на ше́ю Ма́рѳы Тимоѳе́евны :—Ми́лая тётушка, бу́дьте мнѣ дру́гомъ, помоги́те мнѣ, пе серди́тесь, пойми́те меня́...—Да что тако́е, что тако́е, мать моя́?[6] Не пуга́й меня́, пожа́луйста, я сейча́съ закричу́,[7] не гляди́ такъ па меня́, говори́ скорѣ́е, что тако́е?—Я хочу́ . . . я хочу́...Ли́за спря́тала своё лицё на грудь Ма́рѳы Тимоѳе́евны. —Я хочу́ идти́ въ монасты́рь, проговори́ла опа́ глу́хо.

Стару́шка такъ и подпры́гнула на крова́ти.—Перекрести́сь, мать моя́[8] Ли́зочка! опо́мнись: что ты это, Богъ съ тобо́ю;

---

[1] the world is not shut up in a corner. [2] while excited.
[3] fut. of подда́ться.   [4] so much for him.   [5] will be surprised.
[6] my dear.   [7] I shall cry out.   [8] my dear.

ляг,¹ голубушка;² усни немножко; это всё у тебя отъ без-
сонницы, душа моя.³

Лиза подняла голову; щёки ей пылали.—Нѣтъ, тётушка!
не говорите такъ ; я рѣшилась, я молилась, я просила совѣта
у Бога ; всё кончено, кончена моя жизнь съ вами. Такой
урокъ недаромъ; да я ужъ не въ первый разъ объ этомъ
думаю. Счастье ко мнѣ не шло; даже когда у меня были
надежды на счастье, сердце у меня всё щемило. Я всё
знаю: и свои грѣхи, и чужіе, и какъ папенька богатство
наше нажилъ, я знаю всё. Всё это отмолить, отмолить надо.
Васъ мнѣ жаль, жаль мамаши, Лёночки,⁴ но дѣлать нечего ;
чувствую я, что мнѣ не житьё здѣсь ; я ужё со всѣмъ про-
стилась, всему въ домѣ поклонилась въ послѣдній разъ ; от-
зываетъ меня что-то ; тошно мнѣ, хочется запереться на
вѣкъ.⁵ Не удерживайте меня, не отговаривайте, помогите
мнѣ, не то я одна уйду. . .⁶

Мароа Тимооѣевна съ ужасомъ слушала свою племянницу.
“ Она больна, бредитъ, думала она :—надо послать за докторомъ.”—Но когда она убѣдилась, что Лиза не больна и не
бредитъ, Мароа Тимооѣевна испугалась не на шутку.⁷ — Да
вѣдь ты не знаешь, голубушка ты моя, какова жизнь-то въ
монастыряхъ! Вѣдь тебя, мою родную, масляищемъ⁸ коно-
плянымъ зелёнымъ кормить станутъ, бѣлыйце⁹ на тебя на-
дѣнутъ¹⁰ толстое-претолстое ;¹¹ по холоду ходить заставятъ ;
вѣдь ты всего не перенесёшь, Лизочка. Это всё въ тебѣ Агаш-
ны¹² слѣды ; это она тебя съ толку сбила.¹³ Да вѣдь она начала

---

¹ imper. of лечь. ² darling. ³ dearest.
⁴ dim. of Елена “ Ellen,” Liza's sister. ⁵ for ever. ⁶ fut. of уйти.
⁷ не на шутку, “ in earnest.” ⁸ augment. of масло.
⁹ augment. of бѣльё. ¹⁰ fut. of надѣть. ¹¹ augment. of толстый.
¹² dim. of Агаѳья. ¹³ has driven thee out of thy senses.

N

съ того, что пожила; поживи и ты. И кто-жь это видывалъ,[1] чтобъ изъ-за эдакой изъ-за козьей бороды, прости Господи, изъ-за мужчины въ монастырь идти? Ну, коли тебѣ тошно, съѣзди, помолись угоднику, молебенъ отслужи, да не надѣвай ты чёрнаго шлыка на свою голову, батюшка ты. мой, матушка ты моя . . . И Мароа Тимооеевна горько заплакала.

Лиза утѣшала её, отирала ей слёзы, сама плакала, но осталась непреклонной. Съ отчаянья Мароа Тимооеевна попыталась пустить въ ходъ угрозу: всё сказать матери . . . но и это не помогло.[2] Только вслѣдствіе усиленныхъ просьбъ старушки Лиза согласилась отложить исполненіе своего намѣренія на полгода; за то Мароа Тимооеевна должна была дать ей слово, что сама поможетъ ей и выхлопочетъ согласіе Марьи Дмитріевны, если черезъ шесть мѣсяцевъ она не измѣнитъ своего рѣшенія.

Лаврецкій прожилъ зиму въ Москвѣ, а весною слѣдующаго года дошла[3] до него вѣсть, что Лиза постриглась въ Б. . .мъ монастырѣ, въ одномъ изъ отдаленнѣйшихъ краёвъ Россіи.

---

[1] iterat. asp. of видѣть.   [2] помочь.   [3] past of дойти.

PART IV.

POETRY.

---

1. *Чужезе́мное расте́ніе.*

Что сде́лалось съ тобо́ю ны́нѣ?
О ми́лый кустъ! ты блѣденъ сталъ;
Гдѣ зе́лень, за́пахъ твой?—Увы! онъ отвѣча́лъ;
Я на чужби́нѣ.

2. *Полево́й цвѣто́къ.*

Просто́й цвѣто́чекъ ди́кой
Нача́нно попа́лъ въ оди́нъ пучо́къ съ гвозди́кой;
И что же? отъ ней души́стымъ сталъ и самъ.
Хоро́шее всегда́ знако́мство въ при́быль намъ.

3. *Прохо́жій и пчела́.*

О пчёлка! межъ цвѣто́въ, прекра́снѣйшихъ для взо́ра,
Есть ядови́тые: отра́вятъ жизнь твою́;
Смотри́ же, не сади́сь на ка́ждый безъ разбо́ра!
—Не бо́йся: ядъ при нихъ; я то́лько не́ктаръ пью.

4. *Дру́жба.*

Скати́вшись съ го́рной высоты́,
Лежа́лъ на пла́хѣ дубъ, перу́нами разби́тый,
А съ нимъ и ги́бкій плющъ, круго́мъ его́ обви́тый. . .
О дру́жба! Это ты!

5. Муха.

Быкъ съ плугомъ на покой тащился по трудахъ;
А Муха у него сидѣла на рогахъ;
И Муху же они дорогой повстрѣчали.
"Откуда ты, сестра? отъ этой былъ вопросъ.
        А та, поднявши носъ,
Въ отвѣтъ ей говоритъ: "откуда? мы пахали!"
        Отъ басни завсегда
        Нечаянно дойдёшь до были:
Случалось ли подчасъ вамъ слышать, господа:
        "Мы сбили![1] мы рѣшили!"

6. Орёлъ и Змѣя.

Орёлъ изъ области громовъ
Спустился отдохнуть на лугъ среди цвѣтовъ
И встрѣтилъ тамъ Змѣю, ползущую по праху.[2]
        Завистливая тварь
Шипитъ и на Орла кидается съ размаху.
        Что жъ дѣлаетъ пернатыхъ царь?
Бросаетъ гордый взглядъ и къ солнцу возлетаетъ.—
Такъ геній своему хулителю отмщаетъ!

7. Конь и Осёлъ.

        Конь, всадникомъ гордясь,
        И выступкой храбрясь,
            Рѣзвился
        И какъ-то оступился.
    На ту бѣду Осёлъ случился
И говоритъ Коню:—ну, если бы со мной
    Грѣхъ сдѣлался такой!

_____
[1] we have done it.   [2] on the ground.

Я, ходя цѣлый день, ниразу не споткнулся;
Да полно я и берегу́ся.—
"Тебѣ ли говорить!
Конь отвѣчалъ Ослу: "и ты туда́ жъ несёшься!
Твоею выступкой ходить.
И въ вѣкъ не споткнёшься."

8. Обозъ.

Шёлъ нѣкогда обозъ;
А въ томъ Обозѣ былъ такой престра́шный[1] возъ,
Что передъ прочими казался онъ возами,
Какими кажутся слоны предъ комарами:
Не возикъ[2] и не возъ, возище[3] то валитъ;[4]
        Но чѣмъ сей, баринъ, возъ набитъ?[5]
    Пузырями.

9. Тришкинъ кафтанъ.

У Тришки на локтяхъ кафтанъ продрался.
Что долго думать тутъ? Онъ за иглу принялся:
        По четверти[6] обрѣзалъ рукавовъ—
И локти заплатилъ[7] Кафтанъ опять готовъ,
    Лишь на четверть голѣе руки стали.
        Да что до этого печали?
Однакоже смѣется Тришкѣ всякъ.
А Тришка говоритъ: "Такъ я же не дуракъ
        И ту бѣду поправлю:
Длиннѣе прежняго я рукава наставлю."[9]
    О! Тришка малый не простой!
Обрѣзалъ фалды онъ и полы,[9]

---

1 immensely large.   2 dim. of возъ.   3 augm. of возъ.
4 is passing.   5 overloaded.   6 span.
7 patched.   8 will make.   9 pl. of пола, "skirt."

Наста́вилъ рукава́, и ве́селъ Тра́шка мой,
 Хоть но́ситъ онъ кафта́нъ тако́й,
Кото́раго дляннѣе и камзо́лы.—
 Таки́мъ-же о́бразомъ, вида́лъ я, иногда́
  Ины́е господа́,
Запу́тавши дѣла́, ихъ поправля́ютъ;
Посмо́тришь: въ Три́шкиномъ кафта́нѣ щеголя́ютъ.

10. *Змѣя́ и Пія́вица.*

 "Какъ я несча́стна!
  И какъ зави́дна часть¹ твоя́!"
Одна́жды говори́ла Пія́вицѣ Змѣя́:
"Ты у люде́й въ чести́, а я для нихъ ужа́сна;
Тебѣ охо́тно кровь свою́ даю́тъ,
Меня́ же всѣ бѣгу́тъ² и, е́сли мо́гутъ, бьютъ;
А ка́жется, равно́ мы съ ни́ми поступа́емъ:
  И ты и я люде́й куса́емъ."
—"Коне́чно!" былъ на то пія́вицынъ отвѣтъ,
 "Да въ цѣли на́шей схо́дства нѣтъ:
Я, напримѣръ, люде́й къ ихъ по́льзѣ уязвля́ю,
  А ты для ихъ вреда́;
Я мно́жество больны́хъ чрезъ э́то исцѣля́ю,
А ты и не больны́мъ смерте́льна завсегда́.
Спроси́ сами́хъ люде́й: всѣ ска́жутъ, что я пра́ва...³
Я—ихъ лѣка́рство, ты—отра́ва!"

11. *Волкъ на пса́рнѣ.⁴*

Волкъ но́чью, ду́мая зале́зть въ овча́рню,
  Попа́лъ на пса́рню.

¹ lot. ² avoid. ³ I am right.
⁴ this fable, which was printed in October, 1812, represents Napoleon in
       Russia.

Поднялся вдругъ весь псарный дворъ.
Почуя сѣраго[1] такъ близко забіяку,
Псы залились[2] въ хлѣвахъ и рвутся вонъ на драку;
Псари кричатъ: "Ахти,[3] ребята, воръ!"
И вмигъ ворота на запоръ;
Въ минуту псарня стала адомъ.
Бѣгутъ: иной съ дубьёмъ,[4]
Иной съ ружьёмъ.
"Огня," кричатъ: "огня!" Пришли съ огнёмъ.
Мой волкъ сидитъ, прижавшись въ уголъ задомъ.
Зубами щёлкая и ощетиня шерсть,
Глазами, кажется, хотѣлъ бы всѣхъ онъ съѣсть;
Но видя то, что тутъ не передъ стадомъ
И что приходитъ наконецъ
Ему[5] расчёсться за овецъ,
Пустился[6] мой хитрецъ
Въ переговоры
И началъ такъ: "Друзья! кчему весь этотъ шумъ?
Я вашъ старинный сватъ и кумъ,
Пришёлъ мириться къ вамъ, совсѣмъ не ради ссоры;
Забудемъ прошлое, уставимъ общій ладъ!
А я не только впредь не трону здѣшнихъ стадъ,
Но самъ за нихъ съ другими грызться радъ
И волчьей клятвой утверждаю,
Что я.". . .—"Послушай-ка, сосѣдъ,"
Тутъ ловчій[7] перервалъ въ отвѣтъ:
"Ты сѣръ,[8] а я, пріятель, сѣдъ,[9]
И волчью вашу я давно натуру знаю;
А потому обычай мой:

---

[1] the wolf.   [2] began to bark.   [3] halloo.   [4] club.
[5] that he is compelled.   [6] resorted.   [7] huntsman.
[8] gray-coated.   [9] gray-headed.

Съ волками ппаче пе дѣлать мировой,

    Какъ снявши шкуру съ нихъ долой."

И тутъ-же выпустилъ на Волка гончихъ стаю.

12. Щука и Котъ.[1]

Бѣда, коль ппроги начнётъ печи[2] сапожникъ

    А сапоги тачать пирожникъ,

    . И дѣло пе пойдётъ на ладъ.[3]

    Да и примѣчено стократъ,

Что кто за ремесло чужое браться любитъ,

Тотъ завсегда другихъ упрямѣй и вздорнѣй :

    Опъ лучше дѣло всё погубитъ,

    И радъ скорѣй

Посмѣшищемъ стать свѣта,

    Чѣмъ у честныхъ и знающихъ людей

Спросить иль выслушать разумнаго совѣта.

Зубастой Щукѣ въ мысль пришло

За кошачье принаться ремесло.

Пе знаю: завистью ль её лукавый мучилъ,

    Иль, можетъ—быть, сй рыбный столъ[4] наскучилъ ?

Но только вздумала Кота она просить,

    Чтобъ взялъ её съ собой опъ на охоту

    Мышей въ амбарѣ половить.

"Да полно, знаешь ли ты эту, свѣтъ,[5] работу?"

    Сталъ Щукѣ Васька[6] говорить :

"Смотри, кума, чтобъ не осрамиться :

---

[1] The pike in this fable represents Admiral Chichagof, who, although a naval officer, was entrusted with the command of the troops intended to prevent Napoleon from crossing the Berezina during the retreat from Moscow. With this view he was stationed at Borisof; but the French surprised him there, and drove him out of the place, thereby securing the passage of the river.   [2] to bake.   [3] well.   [4] dinner.

. [5] my dear.   [6] name usually given to a cat.

Не даромъ говорится,
Что дѣло мастера боится."
—И, полно, куманёкъ! Вотъ невидаль: мышей!
Мы лавливали[1] и ершей.—
"Такъ въ добрый часъ, пойдёмъ!"—Пошли, засѣли.
Натѣшился, наѣлся Котъ
И кумушку провѣдать онъ идётъ;
А Щука, чуть жива, лежитъ, разинувъ ротъ,
И крысы хвостъ у ней отъѣли.
Тутъ видя, что кумѣ совсѣмъ не въ силу[2] трудъ,
Кумъ замертво стащилъ её обратно въ прудъ.
И дѣльно![3] Это, Щука,
Тебѣ наука:[4]
Впередъ умнѣе быть
И за мышами не ходить.

13. Пѣсня русскому Царю.

Бóже! Царя храни!
Славному долгіе дни
Дай на земли!
Гордыхъ смирителю,
Слабыхъ хранителю,
Всѣхъ утѣшителю,
Всё ниспошли!
Перводержавную
Русь православную,
Боже, храни!
Царство ей стройное,
Въ силѣ спокойное!

Всё жъ недостойное
Прочь отжени![5]
Воинство бранное,
Славой избранное,
Боже, храни!
Воинамъ мстителямъ,
Чести спасителямъ,
Миротворителямъ
Долгіе дни!
Мирныхъ воителей
Правды блюстителей,
Боже, храни!

---

[1] iter. of ловить.   [2] beyond strength.   [3] deserved it well.
[4] lesson.   [5] imperat. of отогнать.

Жизнь ихъ прпмѣрную,
  Нелицемѣрную,
Доблестямъ вѣрную
  Ты помяни!
О Провидѣніе!
Благословеніе
  Намъ ниспошли!
Къ благу стремленіе,
Въ счастьп смиреніе,

Въ скорби терпѣніе
  Дай на земли!
Будь памъ заступникомъ,
Вѣрнымъ сопутникомъ
  Насъ провожай!
Свѣтлопрелестная
Жизнь поднебесная,
Сердцу извѣстная,
  Сердцу сіяй!

14. Зима.

Гдѣ сладкій шопотъ
Мойхъ лѣсовъ,
Потоковъ ропотъ,
Цвѣты луговъ?
  Деревья голы;
Ковёръ зимы
Покрылъ холмы,
Луга п долы.

Подъ леднпой
Своей корой
Ручей нѣмѣстъ;
Всё цепенѣстъ,
  Лишь вѣтеръ злой
Бушуя зостъ,
И небо кростъ
Сѣдою мглой.

15. Дѣдушка.

Лысый, съ бѣлой бородою,
  Дѣдушка сидитъ.
Чашка съ хлѣбомъ п водою
  Передъ нимъ стоитъ.

Бѣлъ, какъ лунь,[1] на лбу морщины,
  Съ испитымъ лицомъ
Много видѣлъ онъ кручины
  На вѣку[2] своёмъ.

Всё прошло; пропала сила,
  Притупился[3] взглядъ;
Смерть въ могилу уложила
  Дѣтокъ и внучатъ.

Съ нимъ въ избушкѣ закоптѣлой
  Котъ одинъ живётъ;
Старъ и онъ, и спитъ день цѣлый,
  Съ печки не спрыгнетъ.

[1] луна.   [2] lifetime.   [3] became weak.

Старику немного надо ;
Лапти сплесть да сбыть—
Вотъ и сытъ. Его отрада—
Въ Божій храмъ ходить.

Къ стѣнкѣ около порога
Станетъ тамъ кряхтя.
И за скорби славитъ Бога,
Божіе дитя.

Радъ онъ жить, испрочь' въ могилу,
Въ тёмный уголокъ . . .
Гдѣ ты черпалъ эту силу,
Бѣдный мужичёкъ ?

16. Картинка.[2]

Посмотри : въ избѣ мерцая
   Свѣтитъ огонёкъ ;
Возлѣ дѣвочки-малютки
   Собрался кружёкъ ;
И съ трудомъ, отъ слова къ слову
   Пальчикомъ водя,
По печатному читаетъ
   Мужичкамъ дитя.
Мужички въ глубокой думѣ
   Слушаютъ, молчатъ,
Развѣ крикнетъ кто, чтобъ бабы
   Уняли ребятъ ;
Бабы суютъ[3] дѣтямъ соску,
   Чтобы ротъ заткнуть,
Чтобъ самимъ хоть краемъ уха
   Слышать что-нибудь . . .
Даже съ печи не слѣзавшій
   Много, много лѣтъ,

[1] he does not mind.
[2] written after the promulgation of the manifesto of February 19, 1
on the emancipation of serfs.   [3] совать.

Свѣсилъ голову и смотритъ,
   Хоть не слышитъ, дѣдъ :
Что жъ такъ слушаютъ малютку?
   Аль ужъ[1] такъ умна? . . .
Нѣтъ, одна въ семьѣ умѣетъ
   Грамотѣ она.
И пришлося ей, младенцу,
   Старикамъ прочесть
Про желанную свободу
   Дорогую вѣсть !
Самой вѣсти смыслъ покамѣсть
   Тёменъ имъ и ей ;
Но всѣ чуютъ надъ собою
   Зорю новыхъ дней . . .
Вспыхнетъ, братцы, эта зорька !
   Тьма идётъ къ концу !
Ваши дѣтки ужъ увидятъ
   Свѣтъ лицомъ къ лицу !
Тьма пускай ещё ярится ;
   День взойдётъ могучъ :
Вѣщимъ окомъ я ужъ вижу
   Первый сладкій лучъ !
Онъ горитъ ужъ на головкѣ,
   Онъ горитъ въ очахъ
Этой умницы-малютки
   Съ книжкою въ рукахъ !
Воля, братцы, это только
   Первая ступень
Въ царство мысли, гдѣ сіяетъ
   Вѣковѣчный день.

---

[1] разв.

17. *Разсказъ про чудную бѣлку.*

Вѣтеръ весело шумитъ,
Судно весело бѣжитъ
Мимо острова Буяна,
Въ царство славнаго Салтана—
И желанная страна
Вотъ ужъ издали видна.
Вотъ на берегъ вышли гости;
Царь Салтанъ зоветъ ихъ въ гости.[1]
Царь Салтанъ гостей сажаетъ
За свой столъ и вопрошаетъ:
" Ой вы, гости-господа.
Долго ль ѣздили? куда?
Ладно ль за моремъ, иль худо
И кокосъ въ свѣтѣ чудо?"
Корабельщики въ отвѣтъ:
" Мы объѣхали весь свѣтъ;
За моремъ[2] житье нехудо;
Въ свѣтѣ жъ вотъ какое чудо:
Островъ на морѣ лежитъ,
Градъ на островѣ стоитъ
Съ златоглавыми[3] церквами,
Съ теремами да садами;
Ель ростётъ передъ дворцомъ,
А подъ ней хрустальный домъ:
Бѣлка тамъ живётъ ручная,
Да затѣйница какая!
Бѣлка пѣсенки[4] поётъ,
Да орѣшки[5] всё грызётъ;

---

[1] invites them. [2] abroad. [3] gilt cupolas.
[4] dim. of пѣсня. [5] dim. of орѣхъ.

А орѣшки не простые,
Всё скорлупки золотыя,
Ядра—чистый изумрудъ;
Слуги бѣлку стерегутъ,[1]
Служатъ ей прислугой разпой
И приставленъ дьякъ приказной[2]
Строгій счётъ орѣхамъ весть;
Отдаётъ ей войско честь;
Изъ скорлунокъ льютъ монету,
Да пускаютъ въ ходъ по свѣту;
Дѣвки сыплютъ[3] изумрудъ
Въ кладовыя да подспудъ;
Всѣ въ томъ островѣ богаты;
Изобъ[4] нѣтъ, вездѣ палаты;
А сидятъ въ нёмъ князь Гвидонъ,
Онъ прислалъ тебѣ поклонъ."
Царь Салтанъ дивится чуду.
"Если только жить я буду,
Чудный островъ навѣщу,[5]
У Гвидона погощу."[6]

18. *Казакъ-гонецъ.*

Кто при звѣздахъ и при лунѣ
Такъ поздно ѣдетъ на конѣ?
Чей это конь неутомимой?
Бѣжитъ въ степи необозримой?
Казакъ на сѣверъ держитъ путь,
Казакъ не хочетъ отдохнуть

---

[1] pres. of стеречь.   [2] an official clerk.   [3] pres. of сыпать.
[4] gen. pl. of изба.   [5] fut. of навѣстить.   [6] fut. of погостить.

Ни въ чистомъ полѣ, ни въ дубравѣ,
Ни при опасной переправѣ.

Какъ стекло,[1] булатъ его блеститъ,
Мѣшокъ за пазухой звенитъ;
Не спотыкаясь, конь ретивой
Бѣжитъ, размахивая гривой.

Червонцы нужны для гонца;
Булатъ потѣха молодца;
Ретивый конь потѣха тоже;
Но шапка для него дороже.

За шапку онъ оставить радъ
Коня, червонцы и булатъ;
Но выдастъ шапку только съ бою,
И то лишь съ буйной головою.

Зачѣмъ онъ шапкой дорожитъ?
Затѣмъ, что въ ней доносъ зашитъ,
Доносъ на гетмана-злодѣя
Царю Петру отъ Кочубея.

19. *Кочевой таборъ.*

Цыганы шумною толпой
По Бессарабіи кочуютъ.
Они сегодня надъ рѣкой
Въ шатрахъ изодранныхъ ночуютъ.
Между колесами телѣгъ,
Полузавѣшенныхъ коврами,
Горитъ огонь; семья кругомъ
Готовитъ ужинъ; въ чистомъ полѣ
Пасутся кони; за шатромъ
Ручной медвѣдь лежитъ на волѣ

[1] стекло.

Всё живо посреди степей:
Заботы мирныя семей,
Готовыхъ съ утромъ въ путь педальній,
И пѣсни жёнъ, и крикъ дѣтей,
И звонъ походной наковальни.
Но вотъ на таборъ кочевой
Нисходитъ сонное молчанье,
И слышно въ тишинѣ степной
Лишь лай собакъ да коней ржанье.
Огни вездѣ погашены,
Спокойно всё, луна сіяетъ
Одна съ небесной вышины
И тихій таборъ озаряетъ.
Въ шатрѣ одномъ старикъ не спитъ;
Онъ передъ углями сидитъ,
Согрѣтый ихъ послѣднимъ жаромъ,
И въ поле дальнее глядитъ,
Ночнымъ подёрнутое паромъ.

20. *Переходъ на другое кочевье.*

И съ шумомъ высыпалъ народъ:
Шатры разобраны; телѣги
Готовы двинуться въ походъ;
Всё вмѣстѣ тронулось: — и вотъ
Толпа валитъ¹ въ пустыхъ равнинахъ.
Ослы въ перекидныхъ корзинахъ
Дѣтей играющихъ несутъ;
Мужья и братья, жёны, дѣвы,
И старъ, и младъ во слѣдъ идутъ;

¹ is moving.

Крикъ, шумъ, цыганскіе припѣвы,
Медвѣдя рёвъ, его цѣпей
Нетерпѣливое бряцанье,
Лохмотьевъ яркихъ пестрота,
Дѣтей и старцевъ нагота,
Собакъ и лай и завыванье,
Волынки говоръ, скрыпъ телѣгъ—
Всё скудно, дико, всё нестройно;
Но всё такъ живо, непокойно,
Такъ чуждо мёртвыхъ нашихъ нѣгъ,
Такъ чуждо этой жизни праздной,
Какъ пѣснь рабовъ однообразной.

21. Пѣсня бѣдняка.

Куда мнѣ голову склонить?
Покинутъ я и сиръ![1]
Хотѣлъ бы весело хоть-разъ
Взглянуть на Божій міръ.

И я въ семьѣ моихъ родныхъ
Когда-то счастливъ былъ;
Но горе спутникъ мой съ тѣхъ поръ,
Какъ я ихъ схоронилъ.

Сады весёлыхъ богачей
И нивы ихъ кругомъ . . .
Мои жъ дорога мимо ихъ
Съ заботой и трудомъ.

Но я счастливыхъ не дичусь;
Моя печаль въ тиши;
Я всѣмъ весёлымъ радъ сказать:
"Богъ помочь!" отъ души.

[1] and I am an orphan.

O

О щедрый Богъ! не вовсе жъ я
Тобою позабытъ!
Источникъ милости Твоей
Для всѣхъ равно открытъ.

    Въ селеньи каждомъ есть Твой храмъ
    Съ сіяющимъ крестомъ,
    Съ молитвой сладкой и съ Твоимъ
    Доступнымъ алтаремъ.

Мнѣ свѣтитъ солнце и луна;
Любуюсь на зарю;
И, слыша благовѣсть, съ Тобой,
Создатель, говорю.

    И знаю: будетъ добрымъ пиръ
    Въ небесной сторонѣ:
    Тамъ буду праздновать и я;
    Тамъ мѣсто есть и мнѣ.

22. *Казачья колыбельная пѣсня.*

Спи, младенецъ мой прекрасный!
    Баюшки баю.
Тихо смотритъ мѣсяцъ ясный
    Въ колыбель твою.
Стану сказывать я сказки,
    Пѣсенку спою;
Ты жъ дремли, закрывши глазки,
    Баюшки баю.
По камнямъ струится Терекъ,
    Плещетъ[1] мутный валъ;
Злой Чеченъ[2] ползётъ на берегъ,
    Точитъ свой кинжалъ;

---

[1] pres. of плескать.   [2] name of a tribe in Caucasus.

По отецъ твой старый войнъ,
    Закалёнъ въ бою:
Спи, малютка, будь спокоенъ,
    Баюшки баю.

Самъ узнаешь—будетъ время,
    Бранное житье;
Смело вдепешь[1] ногу въ стремя
    И возьмёшь ружьё.

Я седельце боевое
    Шёлкомъ разошью...
Спи, дитя моё родное!
    Баюшки баю.

Богатырь ты будешь съ виду
    И казакъ душой;
Провожать тебя я выйду—
    Ты махнёшь рукой...

Сколько горькихъ слёзъ украдкой
    Я въ ту ночь пролью!...
Спи, мой ангелъ, тихо, сладко,
    Баюшки баю.

Стану я тоской томиться,
    Безутешно ждать;
Стану целый день молиться,
    По ночамъ гадать;

Стану думать, что скучаешь
    Ты въ чужомъ краю...
Спи жъ, пока заботъ не знаешь,
    Баюшки баю.

Дамъ тебе я на дорогу
    Образокъ святой:

---

[1] fut. of вдеть.

Ты его, моляся Богу,
Ставь передъ собой;
Да готовясь въ бой опасный,
Помни мать свою...
Спи, младенецъ мой прекрасный!
Баюшки баю.

23. *Послѣдняя борьба.*

Надо мною буря выла,
Громъ на небѣ грохоталъ;
Слабый умъ судьба страшила,
Холодъ въ душу проникалъ.

        Но не палъ я отъ страданья,
        Гордо выдержалъ ударъ,
        Сохранилъ въ душѣ желанья,
        Въ тѣлѣ силу, въ сердцѣ жаръ.

Что погибель! Что спасенье!
Будь что будетъ—всё равно!
На святое Провидѣнье
Положился я давно.

        Въ этой вѣрѣ нѣтъ сомнѣнья,
        Ею жизнь моя полна;
        Безконечно къ ней стремленье,
        Въ ней покой и тишина!

Не грози жъ ты мнѣ бѣдою,
Не зови, судьба, на бой!
Биться я готовъ съ тобою,
Но не сладишь ты со мной!

        У меня въ душѣ есть сила;
        У меня есть въ сердцѣ кровь;
        Подъ крестомъ моя могила,
        На крестѣ моя любовь!

21. *Бой съ барсомъ* (разсказъ мцыри).

Непроницаемой стѣной
Окружена передо мной
Была поляна. Вдругъ по ней
Мелькнула тѣнь, и двухъ огней
Промчались искры . . . и потомъ
Какой-то звѣрь однимъ прыжкомъ
Изъ чащи выскочилъ и лёгъ
Играя навзинчь на песокъ.
То былъ пустыни вѣчный гость—
Могучій барсъ. Сырую кость
Онъ грызъ и весело визжалъ;
То взоръ кровавый устремлялъ,
Мотая ласково хвостомъ,
На полный мѣсяцъ; и на нёмъ
Шерсть отливалась[1] серебромъ.
Я ждалъ, схвативъ рогатый сукъ,
Минуту битвы; сердце вдругъ
Зажглося[2] жаждою борьбы
И крови . . . да, рука судьбы
Меня вела инымъ путёмъ . . .
Но нынче я увѣренъ въ томъ,
Что быть бы могъ въ краю отцовъ
Не изъ послѣднихъ удальцовъ.

Я ждалъ. И вотъ въ тѣни ночной
Врага почуялъ онъ, и вой
Протяжный, жалобный, какъ стонъ,
Раздался вдругъ . . . . и началъ онъ
Сердито лапой рыть песокъ;

---

[1] reflected. [2] зажёчься.

Всталъ па дыбы́, потомъ прилёгъ,
И пе́рвый бѣшеный скачо́къ
Мнѣ стра́шной сме́ртію грозйлъ . . .
По я его́ предупредйлъ.
Уда́ръ мой вѣренъ былъ и скоръ.
Падёжный сукъ мой, какъ топо́ръ,
Широ́кій лобъ его́ разсѣкъ . . . .
Онъ застопа́лъ, какъ человѣкъ,
И опрокйнулся. По вновь—
Хотя лила́ изъ ра́ны кровь
Густо́й, широ́кою волно́й—
Бой закипѣлъ, смерте́льпый бой:
Ко мпѣ онъ кйпулся на грудь;
По въ го́рло я успѣлъ воткну́ть
И тамъ два раза поверну́ть
Моё ору́жіе . . . Онъ завы́лъ,
Рвану́лся изъ послѣднихъ силъ,
И мы, сплетя́сь, какъ па́ра змѣй,
Обня́вшись крѣпче двухъ друзе́й,
Упа́ли ра́зомъ, и во мглѣ
Бой продолжа́ли на землѣ.
И я былъ стра́шенъ въ э́тотъ мигъ;
Какъ барсъ пусты́нпый, золъ и дикъ,
Я пламспѣлъ, визжа́лъ, какъ онъ ;
Какъ будто самъ я былъ рождёнъ
Въ семе́йствѣ ба́рсовъ и волко́въ
Подъ свѣжимъ по́логомъ лѣсо́въ.
Каза́лось, что слова́ людей
Забы́лъ я—и въ груди́ моей
Родйлся тотъ ужа́сный крикъ,
Какъ будто съ дѣтства мой язы́къ
Къ ино́му зву́ку пе привы́къ . . . .

Но врагъ мой сталъ изнемогать,
Метаться, медленнѣй дышать,
Сдавивъ меня въ послѣдній разъ. . . .
Зрачки его недвижныхъ глазъ
Блеснули грозно—и потомъ
Закрылись тихо вѣчнымъ сномъ;
Но съ торжествующимъ врагомъ
Онъ встрѣтилъ смерть лицомъ къ лицу,
Какъ въ битвѣ слѣдуетъ бойцу!

ABBREVIATIONS

USED IN THE VOCABULARY.

---

acc., accusative.
adj., adjective.
adv., adverb.
augm., augmentative.
coll., collective.
comp., comparative.
conj., conjunction.
dat., dative.
dim., diminutive.
f., feminine.
fam., familiar expression.
fig., figurative sense.
gen., genitive.
ger., gerund.
imp. a., imperfect aspect.
indecl., indeclinable.
instrum., instrumental case.
interj., interjection.
irr., irregular.
iter. asp., iterative aspect.
m., masculine.
n., neuter.
pa., perfect aspect.

part., participle.
pl., plural.
pop., popular expression.
poss., possessive.
prep., preposition.
prepos., prepositional case.
pron., pronoun.
pron. dem., pronoun demonstrative.
pron. pers., pronoun personal.
pron. rel., pronoun relative.
prop., proper sense.
sc., substantive of common gender.
sf., substantive feminine.
sing., singular.
sl., Slavonic word.
sm., substantive masculine.
sn., substantive neuter.
superl., superlative.
va., verb active.
v. imp., verb impersonal.
vn., verb neuter.
vr., verb pronominal or reflective.
vs., verb substantive.

A VOCABULARY

OF ALL THE WORDS CONTAINED

IN

THE GRADUATED RUSSIAN READER.

NOTE.—*When two infinitives are given, the first represents the Imperfect and the second the Perfect Aspect of the Verb.*

A.

A, *conj.* but, and.
A! *interj.* ah! well!
Абре́къ, *sm.* Abrek.
Авга́нъ & Авга́нецъ, *sm.* an Afghan.
Августъ, *sm.* August, month of August.
Аво́сь, *adv. pop.* perhaps.
Авраа́мій & Авраа́мъ, *sm.* Abraham.
Ага́фья, *sf.* Agatha.
Ага́ша, *sf. dim.* Agatha; Ага́шинъ, *adj.* Agatha's.
Ада́мъ, *sm.* Adam.
Адмиралте́йскій, *adj.* belonging to the admiralty.
Адскій, *adj.* infernal; *fig.* diabolical.
Адъ, *sm.* hell.
Адъюта́нтъ, *sm.* aide-de-camp, adjutant.
Азіа́тъ & азіа́тецъ, *sm.* an Asiatic.
Азія, *sf.* Asia.
Акку́ла, *sf.* shark.
Акомпанеме́нтъ, *sm.* accompaniment.
Актри́са, *sf.* actress.
Аккура́тный, *adj.* punctual.
Алекса́ндра, *sf.* Alexandra.

Алекса́ндровская коло́нна, the Alexander's column.
Алекса́ндръ, *sm.* Alexander.
Алексе́й, *sm.* Alexis.
Алка́ть, *vn.* to be hungry, to hunger.
Алкора́нъ, *sm.* alcoran, the Koran.
Алла́ & Алла́хъ, *sm.* Allah.
Аллегори́ческій, *adj.* allegorical.
Алле́я, *sf.* avenue, walk.
Алма́зъ, *sm.* diamond.
Алта́рь, *sm.* the sanctuary, altar.
Амба́ръ, *sm.* warehouse.
Аме́рика, *sf.* America.
Анаста́сія, *sf.* Anastasie.
Ангелъ, *sm.* an angel.
Англійскій, *adj.* English.
Англича́нинъ, *sm.* an Englishman.
Англія, *sf.* England.
Андре́й, *sm.* Andrew.
Анекдо́тъ, *sm.* anecdote, occurrence.
Анна, *sf.* Anne.
Аппети́тъ, *sm.* appetite, relish.
Апре́ль, *sm.* April.
Апте́ка, *sf.* an apothecary's shop.
Ара́бъ & Араві́тянинъ, *sm.* an Arab.
Ара́бскій, *adj.* Arabian.
Араві́йскій, *adj.* Arabian.
Ара́вія, *sf.* Arabia.

Арагва, *sf.* Aragva.

Аривметика, *sf.* arithmetic, accounts.

Аривметикъ, *sm.* arithmetician.

Арія, *sf.* air, tune.

Аркан, *sm.* lasso, rope with a ruuing noose.

Армія, *sf.* army.

Артистическій, *adj.* artistic.

Артистъ, артистка, *s.* artist.

Арфа, *sf.* harp.

Архимандритъ, *sm.* archimandrite.

Архіепископъ, *sm.* archbishop.

Аршинъ, *sm.* arsheen (*Russian ell*).

Атаманъ, *sm.* hetman, chieftain.

Атлантическій, *adj.* Atlantic.

Аттака & атака, *sf.* attack, onset, charge.

Аттаковать, *ra.* to attack, charge.

Афектированный, *adj.* affected.

Ахнуть, *m. p.a.* to make an exclamation of astonishment or surprise.

Ахти, *interj.* heigh ho ! ah !

Аөины, *sf. pl.* Athens.

Б.

Баба, *sf. pop.* woman.

Бабій, *adj.* woman's, feminine.

Багдадъ, *sm.* Bagdad.

Багровый, *adj.* purple, livid.

Багрянородный, *adj.* porphyrogenitus.

Базаръ, *sm.* market, bazaar.

Баксибарты & баксибарды, *sf. pl.* whiskers.

Баклуша, *sf.* a cast iron wheel, a block.

Бакъ, *sm.* forecastle.

Балконъ, *sm.* balcony.

Балтійскій, *adj.* Baltic.

Баня, *sf.* bath.

Барабанъ, *sm.* drum.

Бараній, *adj.* sheep's, of sheep's skin.

Баранъ, *sm., dim.* барашекъ, the ram.

Барельефъ, *sm.* bas-relief.

Барка, *sf.* bark, ship.

Барскій, *adj.* lordly, master's.

Барсъ, *sm.* panther.

Бархатъ, *sm.* velvet.

Барыня, *sf.* mistress, lady, gentlewoman.

Баснописецъ, *sm.* fabulist.

Баснословіе, *sn.* fable, mythology.

Басня, *sf.* fable, tale, story.

Баталіонъ, *sm.* battalion.

Батый, *sm.* Batu-Khan.

Батюшка, *sm. dim.* father, my dear.

Бахрома, *sf.* fringe, trimming.

Башкарія, *sf.* land of the Bashkirs.

Башлыкъ, *sm.* Caucasian cowl.

Башмакъ, *sm.* shoe.

Башмачникъ, - ница, *s.* the shoemaker.

Башня, *sf.* tower, turret.

Балтъ, *rn.* to speak, talk.

Бдительность, *sf.* vigilance.

Бедуинъ, *sm.* Bedouin.

Безбожный, *adj.* impious, atheistical.

Безвредный, *adj.* harmless.

Безвѣріе, *sn.* incredulity, irreligion.

Бездарный, *adj.* without genius, untalented.

Бездѣлица, *sf.* trifle.

Бездѣльникъ, -ница, *s.* rascal, miscreant.

Безжизненный, *adj.* lifeless, inanimate.

Безконечно, *adv.* endlessly, infinitely.

Безконечный, *adj.* endless, infinite.

Безкорыстіе, *sn.* disinterestedness.

Безкорыстный, *adj.* disinterested.

Безмо́лвный, adj. silent.

Безмяте́жный, adj. undisturbed, tranquil.

Безнадёжный, adj. hopeless, desperate.

Безнра́вственный, adj. immoral.

Безобра́зный, adj. disfigured, ugly.

Безопа́сность, sf. safety.

Безопа́сный, adj. safe, secure ; -но, adv. -ly, without danger.

Безостано́вочный, adj. uninterrupted, unceasing ; -но, adv. -ly.

Безотве́тный, adj. unjustifiable, resigned, without answer.

Безпа́мятство, sn. swoon, want of memory.

Безпе́чно, adv. carelessly.

Безпе́чный, adj. unconcerned, careless.

Безпоко́йно, adv. restlessly, without ease.

Безпоко́йный, adj. uneasy, restless.

Безпоко́ить, va. to disturb, trouble.

Безпоко́иться, vr. to be disquieted, to fret.

Безполе́зный, adj. useless, to no purpose.

Безпреры́вно, adv. incessantly.

Безпреры́вный, & -преста́нный, adj. uninterrupted, incessant.

Безпреста́нно, adv. incessantly ; -а́нный, adj. incessant.

Безприме́рный, adj. unexampled.

Безпристра́стіе, sn. impartiality.

Безро́дный, adj. without parents.

Безсо́вѣстный, adj. dishonest, without conscience.

Безсо́нница, sf. sleeplessness.

Безспо́рный, adj. incontestable ; -но, adv. -bly.

Безстра́шно, adv. fearlessly.

Безукори́зненный, adj. irreproachable, blameless ; но, adv. -ly.

Безу́мецъ, sm. idiot, silly man.

Безусло́вный, adj. unconditional.

Безутѣ́шно, adv. inconsolably, hopelessly.

Безутѣ́шный, adj. inconsolable.

Безуча́стіе, sn. indifference.

Безцѣ́нный, adj. invaluable.

Безчелове́чный, adj. inhuman, cruel.

Безчи́нство, sn. licentiousness, indecorum.

Безчи́сленный, adj. innumerable.

Безчу́вственный, adj. unfeeling, senseless, insensible, inhuman.

Безъ & Безо, prep. gen. without.

Безъимя́нный, adj. anonymous, nameless.

Бе́регъ, sm. shore, coast, bank.

Бережли́вость, sf. savingness.

Бережли́вый, adj. careful, sparing.

Бе́режно, adv. cautiously.

Берёза, sf. birch tree.

Берёзовый, adj. birch, of birch.

Бере́чь, va. to keep, preserve.

Бере́чься, vr. to take care of one's self, take care of.

Бе́рингъ, sm. Herring.

Берли́нъ, sm. Berlin.

Бести́я, sf. a rogue, rascal.

Бесѣ́да, sf. conversation.

Бесѣ́довать, vn. to converse.

Бешме́тъ, sm. under tunic (of the Tartars).

Библе́йскій, adj. biblical, of the Bible.

Би́тва, sf. battle, fight.

Бить, va. to beat.

Би́ться, vr. to fight, struggle, palpitate.

Бичева & Бичевáя, *sf.* towing-rope.

Благíй & Благóй, *adj.* good.

Блáго, *sn.* good, welfare.

Благовѣйный, *adj.* reverent, respectful.

Благовѣпіе, *sn.* reverence.

Блáговѣстить, *vn.* (къ обѣднѣ), to ring to church.

Блáговѣсть, *sm.* ringing to church.

Благодарить, *va.* to thank.

Благодáрность, *sf.* gratitude, thanks.

Благодáрный, *adj.* grateful, thankful.

Благодáрствуйте, thanks, thank you.

Благодѣтель, -ница, *s.* benefactor, -tress.

Благодѣтельный, *adj.* beneficent.

Благодѣяніе, *sn.* good act, kindness.

Благополýчно, *adv.* safely, happily.

Благополýчный, *adj.* safe, happy.

Благопріятный, *adj.* favourable.

Благоразýміе, *sn.* wisdom, good sense.

Благоразýмно, *adv.* prudently, wisely.

Благоразýмный, *adj.* prudent, wise.

Благорóдіе, *sn.* nobility, (— егó) his honour.

Благорóдный, *adj.* noble.

Благорóдство, *sn.* nobleness.

Благорóдствованіе, *sn.* ennoblement.

Благосклóнный, *adj.* well-disposed, affectionate.

Благословéніе *sn.* benediction, blessing

Благословить, *va. pa.* to bless.

Благословлять, *va.* to bless.

Благоуспѣшность, *sf.* success, good success.

Блáгость, *sf.* kindness, clemency.

Благотворитель, -ница, *s.* benefactor, -tress.

Благотворительный, *adj.* beneficent, charitable.

Благочестивый, *adj.* pious, religious.

Блажéнство, *sn.* beatitude, happiness.

Блéскъ, *sm.* splendour, glitter.

Блёстка, *sf.* spangle.

Блеспýть, *pa.*, see блестѣть.

Блестѣть, блеспýть, *vn.* to shine, glitter.

Блестящій, *adj.* brilliant.

Блéять, *vn.* to bleat.

Ближній, *adj.* near, next ; *sm.* friend, relation, neighbour.

Близкій, *adj.* near, adjacent.

Близкій, *sm.* relative.

Близко, *adv.* nearly, close.

Блúзость & Близь, *sf.* nearness, neighbourhood.

Близъ, *prep. gen.* near, in the vicinity of.

Блистáть, *vn.*, see Блестѣть.

Блѣдный, *adj.* pale.

Блюдо, *sm.* dish.

Блюститель, -ница, *s.* keeper, guardian.

Бобръ & Бобёръ, *sm.* beaver ; -брóвый, *adj.*

Богáто, *adv.* richly.

Богáтство, *sn.* riches, opulence.

Богáтый, *adj.* rich.

Богатырь, *sm.* hero, giant.

Богатѣть, *vn.* to grow rich.

Богáчъ, *sm.* rich man.

Богдáнъ, *sm.* Deodatus.

Богобоязливый, *adj.* fearing God, pious.

Богомáтерь, *sf.* the Mother of Jesus.

Богомóліе & Богомóлье, *sn.* prayer, pilgrimage.

Богорóдица, *sf.* the Virgin Mary.

Богоугóдный, *adj.* charitable ; -ное заведéніе, charity institution.

Богъ, *sm.* God.

Бодриться, vr. to take courage, to go boldly.

Бодрость, sf. vigour, boldness.

Бодрый, adj. vigilant, alert.

Боевой, adj. battle, of battle.

Боже! vocative sl. God!

Божество, sn. divinity, deity.

Божий, adj. God's divine.

Бой, sm. battle, fight.

Бойкий, adj. brisk, rash, vigorous.

Бокъ, sm. side, flank.

Боль, sf. pain, ache.

Больно, adv. painfully; fig. very much.

Больной, adj. sick, ill.

Больше, adv. comp. more.

Большинство, sn. majority.

Большій, adj. comp. greater, larger.

Большой, adj. great, large.

Болѣе, adv. comp. more.

Болѣзненно, adv. painfully.

Болѣзненный, adj. sickly, painful.

Болѣзнь, sf. illness.

Бомба, sf. bomb.

Борéніе, sn. wrestling, agony.

Борисъ, sm. Borice.

Борода, sf. beard.

Бородино, sn. Borodino; -динскій, adj.

Бороться, vr. to wrestle, struggle, strive.

Бортъ, sm. board (of a ship).

Борьба, sf. wrestling, strife.

Босикóмъ, adv. barefoot.

Бочёнокъ, sm. keg, barrel.

Бочкóмъ, adv. sideways, with shoulder first.

Боязнь, sf. fear, apprehension.

Бояринъ, sm. lord, gentleman.

Боярскій, adj. boyard, lordly.

Боярина, sf. lady, mistress.

Бояться, vr. to fear, apprehend.

Браво, interj. bravo!

Бракъ, sm. marriage, wedlock.

Бранить, va. to scold, to abuse.

Бранный, adj. warlike, military.

Брань, sf. scolding, abuse.

Братецъ, sm. dim. dear brother, my dear, my boy.

Братія, sf. brotherhood.

Братскій, adj. brotherly, fraternal.

Братъ, sm. dim. братецъ, brother.

Брать, va. взять, pa. to take, seize.

Браться, vr. to take upon one's self, to undertake.

Брачный, adj. nuptial, wedding.

Бревно, sn. beam.

Брéдить, vn. to rave.

Бренчать, vn. to resound, to jingle.

Бреслáвль, sm. Breslau.

Брестú, vn. to ramble, wander.

Бриллiáнтъ, sm. brilliant, diamond; -товый, adj.

Бровь, sf. eye-brow.

Бродить, vn. to ramble, to wander.

Бродъ, sm. ford.

Бродяга, sc. rambler, wanderer, vagabond.

Брóнза, sf. bronze; -зовый, adj.

Бросáть, Брóсить, va. to throw, fling, to abandon.

Бросáться, Брóситься, vr. to throw one's self, to rush.

Брóсить, -ся, pa., see бросáть, -ся.

Брусъ, sm. square balk.

Брызгъ, sm. sprinkle, splash; брызги, pl. spray.

Брызгать & Брызнуть, va. to splash, to gush out.

Брякнуть, va. pa. to jingle, to clatter.

Бряцáніе, sn. rattle, jingle.

Бугóръ, sm. small hillock.

Будить, *та.* to waken.

Буду, I shall, I will.

Будто & Будто бы, *conj.* that, as if.

Будучи, *ger. pres.* being.

Будущее, *sn.* & -дущность, *sf.* the future.

Будущій, *adj.* future.

Буза, *sf.* buza, oat-ale.

Буйный, *adj.* boisterous, turbulent, impetuous.

Буква, *sf.* letter, character.

Булатъ, *sm.* steel, sabre.

Бульваръ, *sm.* boulevard.

Бумага, *sf.* paper, dead.

Бумаготкацкая фабрикація, manufacture of chintz or cotton goods.

Бумажка, *sf.* slip of paper, bank-note.

Бурный, *adj.* stormy, tempestuous.

Буря, *sf.* storm, tempest.

Бутылка, *sf.* bottle.

Бухара, *sf.* Bokhara.

Бухарецъ, *sm.* a Bokharian; -харскій, *adj.*

Бушевать, *vn.* to howl, rage.

Бы & Бъ, a sign of the *conditional* and *subjunctive* moods.

Бывало, it used to be.

Бывать, *vn.* to be sometimes, be usually.

Бывшій, *adj.* former, late, ex-.

Быкъ, *sm.* bull, ox.

Былой, *adj.* former, past.

Быль, Былина & Былица, *sf.* past occurrence, event, tradition.

Быстро, *adv.* rapidly, swiftly.

Быстрота, *sf.* rapidity.

Быстрый, *adj.* rapid, swift.

Бытіе, *sn.* being, existence.

Бытъ, *sm.* state, condition, household.

Быть, *vn. irr.* to be.

Бычачій & Бычій, *adj.* bull's, ox's.

Бѣгать, *vn.* to run.

Бѣглый, *sm.* runaway, deserter.

Бѣгомъ, *adv.* in a run, running fast.

Бѣгство, *sn.* flight, desertion.

Бѣгъ, *sm.* running.

Бѣда, *sf.* ill-luck, calamity, woe.

Бѣдность, *sf.* poverty.

Бѣдный, *adj. dim.* бѣдненькій, poor, miserable.

Бѣдняга & -някъ, *sm.* poor fellow.

Бѣдствіе, *sn.* calamity, misery.

Бѣжать, *vn.* & *indef.* бѣгать, to run, trot, avoid.

Бѣлка, *sf.* squirrel ; -лчій, *adj.*

Бѣлоруссія, *sf.* White-Russia.

Бѣлый, *adj.* white.

Бѣльё, *sn.* linen, linen-clothes.

Бѣсъ, *sm.* devil, demon.

Бѣшенство, *sn.* rage, madness.

Бѣшеный, *adj.* mad.

Бюро, *sn.* writing-table, desk, bureau.

В.

Важно, *adv.* seriously.

Важность, *sf.* seriousness, importance.

Важный, *adj.* serious, of consequence, important.

Валдай, *sm.* Valdai ; -дайскій, *adj.*

Валепочный, *adj.* of felt.

Валиться, *vr.* to throng, to crowd.

Валъ, *sm.* rampart, bulwark, wave.

Валяться, *vr.* to roll.

Варваръ, *sm.* a barbarian.

Варёный, *part.* cooked, boiled.

Варенье, *sn.* preserves.

Варить, *та.* to boil, to cook.

Варягъ, *sm.* a Variag, Norman.

Василій, *sm.* Basil ; Василиса, *fem.*

Ватага; *sf.* band.

Ватрушка, *sf.* cheese-cake.

Ваш, *adj. poss.* (*f.* ваша, *n.* ваше), your, your's.

Вбѣжать, *vn. pa.* to run in.

Ввергать ввѐргнуть, *va.* to cast in, precipitate.

Ввѐргнуть, *pa.,* see ввергать.

Вверху & Вверхъ, *adv.* upwards.

Ввести, *pa.,* see вводить.

Вводить ввести, *va.* to lead in, introduce.

Ввѣрять ввѐрить, *va.* to intrust, confide.

Вглядываться, -дѣться, *vr.* to look into, contemplate.

Вдали, *adv.* far, in the distance.

Вдвинуть, *va. pa.* to put in, to move in.

Вдвое, *adv.* doubly, twice.

Вдвоёмъ, *adv.* two together.

Вдова, *sf.* widow.

Вдоволь, *adv.* sufficiently, plenty.

Вдовствовать, *vn.* to be a widower.

Вдоль, *adv.* in length, along.

Вдохновѐніе, *sn.* inspiration.

Вдругъ, *adv.* at once, suddenly.

Вдыхать, вдохнуть, *va.* to breathe in, inspire.

Вдѣвать, вдѣть, *va.* to put in, thread.

Вдѣлать, *pa.,* see вдѣлывать.

Вдѣлывать, вдѣлать, *va.* to put in, set.

Вдѣть, *pa.,* see вдѣвать.

Ведро, *sn.* pail.

Вездѣ, *adv.* everywhere.

Вездѣсущій, *adj.* omnipresent.

Везувій, *sm.* Mount Vesuvius.

Великій, *adj.* great, grand.

Великодушіе, *sn.* magnanimity, generosity.

Великодушный, *adj.* magnanimous, generous ; -но, *adv.* -ly.

Великолѣпіе, *sn.* magnificence, pomp.

Великолѣпный, *adj.* magnificent.

Величавый, *adj.* lofty, stately, haughty.

Величаться, *vr.* to exalt one's self.

Величина, *sf.* size, quantity.

Величіе, *sn.* sublimity, grandeur.

Вельможа, *sm.* great lord, grandee.

Велѣть, *va.* to order, command.

Верба, *sf.* sallow, common sallow.

Верблюдъ, *sm.* camel.

Верблюжій, *adj.* camel's, made of camel's hair.

Верёвка, *sf. dim.* верѐвочка, горе, cord, string.

Верёвочный, *adj.* of rope.

Вериги, *sf. pl.* chains, fetters.

Вернуться, *vn. pa.* to return.

Верста, *sf.* verst (3500 *Engl. feet*).

Вертѣться, *vr.* to turn, to be turned.

Верфь, *sf.* dockyard.

Верхній, *adj.* upper.

Верховой, *sm.* horseman.

Верхомъ, *adv.* on horseback.

Верху (на-), up stairs.

Верхушка, *sf.* top, summit.

Верхъ, *sm.* upper part, top.

Вершина, *sf.* top, ridge, summit.

Вершокъ, *sm.* vershok (1¾ inches).

Веселиться, *vr.* to rejoice, divert one's self.

Весёлый, *adj.* lively, cheerful.

Весѐлье, *sn.* rejoicing, amusement.

Весло, *sn.* oar.

Весна, *sf.* spring; весною, in spring.

Вести, *va. & indef.* водить, to lead.

Вести себя, to behave.

Вестъ, *sm.* west.

Весть, see вести.

Весь, *pron.* (*f.* вся *n.* всё), all, entire.

Весьма, *adv.* very.

Вест Индія, *sf.* East India.

Ветла, *sf.* common white willow.

Вечерній, *adj.* of evening.

Вечерня, *sf.* vespers, evening prayers.

Вечеромъ, *adv.* in the evening.

Вечеръ, *sm.* evening.

Вечерѣть, *vn.* to incline towards evening.

Вещица, *sf.* a small thing, trifle.

Вещь, *sf.* thing, article.

Взадъ, *adv.* backwards.

Взбираться, взобраться, *vr.* to mount, climb.

Взбрести, *vn. pa.* to come into.

Взбѣситься, *vr. pa.* to become mad, to get into a rage.

Взваливать, взвалить, *va.* to lay on, to burden.

Взвѣсить, *pa.*, see взвѣшивать.

Взвѣшивать, взвѣсить, *va.* to weigh, consider.

Взгадать, *va. pa.* to conceive, imagine.

Взглядъ, *sm.* look, glance.

Взглянуть, *va. pa.* to give a look.

Вздёргивать, Вздёрнуть, *va.* to jerk up, draw up.

Вздёрнуть, *pa.*, see вздёргивать.

Вздохнуть, *pa.*, see вздыхать.

Вздохъ, *sm.* sigh.

Вздрагивать, вздрогнуть, *vn.* to shudder, tremble.

Вздрогнуть, *pa.*, see вздрагивать.

Вздумать, *va. pa.* to think of, imagine.

Вздуматься, *vr. imp.* to take into one's head.

Вздыхать, вздохнуть, *vn.* to sigh, breathe.

Вздѣть, (*fut.* вздѣну), *va. pa.* to put on.

Взлетать, Взлетѣть, *vn.* to fly up.

Взлѣзть, *vn. pa.* to climb up, creep up.

Взлюбить, *va. pa.* to take fancy to.

Взморье, *sn.* shore of the sea.

Взмылить, *va. pa.* to lather, to bring the sweat.

Взобраться, *pa.*, see взбираться.

Взойти, *vn. pa.* to go up, to mount.

Взоръ, *sm.* look, eyes.

Взывать, Воззвать, *va.* to invoke, call up.

Взыскательный, *adj.* exigent, severe.

Взыскать, *va. pa.* to exact, call to account.

Взятіе, *sn.* taking, capture.

Взять, *va. pa.* (*fut.* возьму), to take, capture, apprehend.

Взяться за, *vr. pa.* to undertake, to take upon one's self.

Взяться, *vr.* to appear, arrive, come from.

Видать, *va.* to see often.

Видимый, *adj.* visible, apparent; -мо, *adv.*

Видимому, (по-), *adv.* apparently.

Видно, *adv.* apparently.

Видный, *adj.* evident.

Виднѣться, *vr.* to be seen, to appear.

Видъ, *sm.* sight, view, aspect; быть въ виду, to be in sight; имѣть въ виду, to aim to; подъ видомъ, under pretence.

Видѣть, увидѣть, *va.* to see.

Видѣться, *vr.* to see one another.

Визгъ, *sm.* squeak, squall.

Византійскій, *adj.* Byzantine.

Визжать, визгнуть, *vn.* to squeak, whine, yelp.

Визирь, *sm.* the vizier.

Вилка, *sf.* fork.

Вилять, вильнуть,*vn.*to shuffle, flinch, evade.

Вина, *sf.* cause, fault.

Вино, *sn.* wine.

Виноватый, *adj.* culpable, in fault.

Виновникъ, *sm.* cause, author.

Виновный, *adj.* culpable, criminal.

Виртембергскій, *adj.* of Würtemberg.

Високъ, *sm.* temple, temple-lock.

Висѣлица, *sf.* gallows, gibbet.

Висѣть, *vn.* to hang, be suspended.

Вить, *va.* to twine, plait, to build (a nest).

Виться, *vr.* to twine, to coil, wind.

Вихрь, *sm.* whirlwind.

Вишня, *sf.* cherry-tree, cherry.

Вколотить, *va. pa.* to knock in, drive in.

Вкусный, *adj.* tasty, savoury.

Вкусъ, *sm.* taste, savour, style.

Владиміръ, *sm.* Vladimir; -скій, *adj.*

Владыка, Владыко, *sl. sm.* Lord, master, sovereign.

Владычество, *sn.* dominion, sovereignty.

Владѣлецъ, *sm.* owner, possessor.

Владѣніе, *sn.* possession, dominion.

Владѣть, *va.* to reign, rule, to possess, to make use of.

Власть, *sf.* power, authority.

Власъ, *sm.* Blase.

Вліяніе, *sn.* influence.

Вломиться, *vr. pa.* to break in.

Влѣво, *adv.* to the left.

Вмигъ, *adv.* in the twinkling of an eye, in a moment.

Вмѣсто, *prep. gen.* instead of, for.

Вмѣстѣ, *adv.* together.

Вмѣшиваться, Вмѣшаться, *vr.* to interfere.

Внезапный, *adj.* unexpected, sudden.

Внизу & Внизъ, *adv.* below, down, downwards.

Вниманіе, *sn.* attention.

Внимательный, *adj.* attentive.

Внимать, *va.* to hear, to grant.

Вновь, *adv.* anew, over again.

Внутренній, *adj.* interior, inward.

Внутренность, *sf.* interior, intestines.

Внучекъ, *sm. dim. pl.* внучата, grandchild.

Внушать, Внушить, *va.* to suggest, insinuate.

Внѣ, *prep. gen.* out of.

Внѣшній, *adj.* exterior, external.

Вовсе, *adv.* totally, quite, at all.

Вовторыхъ, *adv.* in the second instance.

Вода, *sf.* water.

Водить, *va.* to lead, conduct.

Водка, *sf.* brandy.

Водку, (на-), money for drink.

Водоворотъ, *sm.* whirlpool.

Водолазъ, *sm.* diver.

Воевать, *vn.* to make war.

Воевода, *sm.* captain, general.

Военный, *adj.* of war, military, martial.

Вожатый, *sm.* guide, leader.

Вождь, *sm.* chief, leader.

Возблагодарить, *va. pa.* to thank.

Возбудить, *pa.*, see возбуждать.

Возбуждать, Возбудить, *va.* to awaken, excite, incite.

Возвратить, -ся, see возвращать, -ся.

Возвратный, *adj.* returning, return.

Возвращать, возвратить, *va.* to return, restore.

P

Возвращаться, Возвратиться, *vr.* to return, be returned.

Возвращеніе, *sn.* return, restitution.

Возвыситься, *vr. pa.* to raise one's self.

Возвышать, Возвысить, *va.* to raise, elevate.

Воздвигнуть, *va. pa.* to erect.

Воздухъ, *sm.* air.

Воздѣлывать, *va.* to cultivate, to till.

Возжалѣть, *pa.,* see жалѣть.

Возить, *va.* to carry, transport.

Возиться, *vr.* to be carried, to bustle, labour much.

Возлетать, see взлетать.

Возложить, *va. pa.* to confer, to bestow upon.

Возлѣ, *prep. gen.* beside, near, by.

Возможно, *v. imp.* it is possible.

Возможность, *sf.* possibility.

Возможный, *adj.* possible.

Возмутить. *va. pa.* to agitate, to raise.

Вознаградить, *va. pa.,* see вознаграждать.

Возмущеніе, *sn.* commotion, rebellion.

Вознаграждать, -наградить, *va.* to remunerate, indemnify.

Возникать, *vn.* to arise, break out.

Возникнуть, *pa.,* see возникать.

Возобновить, -ся, *pa.,* see возобновлять, -ся.

Возобновлять, *va.* to renew, renovate, to begin anew, restore.

Возобновляться, Возобновиться, *vr.* to be renewed, be renovated.

Возражать, Возразить, *va.* to object, reply.

Возразить, *pa.,* see возражать.

Возрастъ, *sm.* age.

Возстановлять, Возстановить, *va.* to re-establish, restore, to reinstate.

Возъ, *sm.* cart.

Вой, *sm.* roar, howling, howl.

Война, *sf.* war.

Воинскій, *adj.* martial, military.

Воинственный, *adj.* warlike.

Воинство, *sn.* army.

Воинъ, *sm.* warrior, soldier.

Войско, *sn.* army, troops.

Войти, *pa.,* see входить.

Воитель, *sm.* warrior.

Вокругъ, *prep. gen.* round, around.

Волга, *sf.* Volga.

Волкъ, *sm.* wolf.

Волна, *sf.* wave.

Волненіе, *sn.* agitation, commotion.

Волноваться, *vr.* to rise, to be in commotion.

Володя, *dim.,* see Владимиръ.

Волость, *sf.* district.

Волосъ, *sm.* hair.

Волочиться, *vr.* to run after.

Волчій, *adj.* wolf's.

Волынка, *sf.* bag-pipe.

Вольный, *adj.* free, voluntary.

Воля, *sf.* will, liberty.

Волѣ (на-), loose, free.

Вонъ, *adv.* out, away.

Воображать, Вообразить, *va.* to imagine, conceive.

Воображеніе, *sn.* imagination.

Вообразить, *pa.,* see Воображать.

Вообще, *adv.* generally.

Вооружать, *va.* to arm.

Вооруженіе, *sn.* arming, armament.

Вооруженный, *part.* armed.

Вооружить, *va. pa.,* see Вооружать.

Вопервыхъ, *adv.* in the first instance.

Вопить, *vn.* to sob, lament.

Вопль, *sm.* sobs, lamentation.

Вопро́съ, *sm.* question.

Вопроша́ть, Вопроси́ть, *ra.* to question, interrogate.

Во́рвань, *sf.* train-oil.

Ворва́ться, *vr. pa.* to break in.

Воровство́, *sn.* theft.

Воро́на, *sf.* carrion crow.

Воро́ній, *adj.* crow's.

Вороно́й, *adj.* black.

Во́ронъ, *sm.* raven, crow.

Ворота́ & Воро́та, *sn. pl.* gate, gateway.

Вороти́ться, *vr. pa.* to return.

Во́ротъ, *sm.* collar.

Воро́чать, вороти́ть, *ra.* to turn, roll; to turn round, recover.

Ворча́ть, *vn.* to grumble, growl.

Воръ, *sm.* thief.

Во́семь, *num.* eight.

Во́семьдесять, *num.* eighty.

Воскли́кнуть, *pa.*, see Восклица́ть.

Восклица́ніе & Восклнкнове́ніе, *sn.* exclamation.

Восклица́ть, -кли́кнуть, *vn.* to exclaim, shout.

Воскресе́ніе, *sn.* Sunday.

Воскреси́ть, *pa.*, see Воскрешать.

Воскреша́ть, Воскреси́ть, *ra.* to raise from the dead, revive.

Воспита́ніе, *sn.* education.

Воспита́нникъ, *sm.* pupil.

Воспита́ть, *pa.*, see Воспи́тывать.

Воспи́тывать, Воспита́ть, *ra.* to bring up, educate.

Воспо́льзоваться, *vr. pa.* to profit, avail.

Воспомина́ніе, *sn.* remembrance, recollection.

Воспомина́ть, -помяну́ть, *ra.* to recollect, remember, call to mind.

Воспрі́емникъ, -ница, *s.* godfather, godmother.

Восто́къ, *sm.* East.

Восто́ргъ, *sm.* rapture, ecstasy.

Восторже́нно, *adv.* with rapture.

Восхищённый, *part.* delighted.

Восходи́ть, Взойти́, *vn.* to go up, mount; to rise.

Воткну́ть, *pa.*, see Втыка́ть.

Вотру́шка, see Ватру́шка.

Во́тчина, *sf.* manor, estate.

Вотъ, *adv.* there, here; take it!

Воцаре́ніе, *sn.* accession to the throne.

Впада́ть, Впасть, *vn.* to fall in, to flow into.

Впереди́, *adv.* in front of—, forward.

Впере́дъ, *adv.* forward, henceforth.

Впечатлѣ́ніе, *sn.* impression, sensation.

Впослѣ́дствіи, *adv.* subsequently, afterwards.

Вправду, *adv.* in truth, truly.

Впра́во, *adv.* to the right.

Впредь, *adv.* henceforth, in future.

Впро́чемъ, *adv.* as for the rest, however.

Впряга́ть, Впрячь, *ra.* to yoke in, to harness.

Впрячь, *pa.*, see Впряга́ть.

Врагъ, *sm.* enemy, foe.

Врата́, *sn. pl. sl.* gates, gate.

Врать, *vn.* to babble, talk idly, tell lies.

Враче́бный, *adj.* medical.

Врачъ, *sm.* physician, doctor.

Вреди́ть, *vn.* to injure, harm.

Вре́дный, *adj.* prejudicial, pernicious.

Вредъ, *sm.* damage, prejudice, harm.

Вре́мя, *sn.* time, season.

Врозь & Врознь, *adv.* asunder, apart.

Врядъ & Врядъ ли, *adv.* it is doubtful whether.

Всадникъ, *sm.* rider, horseman.

Всё, *pron. & adv.* everything, always, all.

Всевышній, *adj.* supreme, Most High.

Всевѣдущій, *adj.* omniscient.

Вседержитель, *sm.* the Almighty.

Всезнающій, *adj.* omniscient.

Всемірный, *adj.* universal.

Всемогущество, *sn.* omnipotence.

Всемогущій, *adj.* omnipotent.

Всенародно, *adv.* publicly, to the knowledge of all.

Всегда, *adv.* always, ever.

Всегдашній, *adj.* constant.

Вселенная, *adj. sf.* the universe.

Вселять, Вселить, *va.* to implant, to instil.

Вскорѣ, *adv.* soon, before long.

Вскочить, *vn. pa.* to jump up.

Вскрикивать, Вскричать & Вскрикнуть, *vn.* to cry out, shriek, shout.

Вскрикнуть & Вскричать, *pa.*, see Вскрикивать.

Вслухъ, *adv.* aloud.

Вслушиваться, *vr.* to listen.

Вслѣдъ, *adv.* immediately after.

Вслѣдствіе, *adv.* in consequence of—.

Всовывать, Всунуть, *va.* to shove, thrust in.

Вспоминать, Вспомнить, *va.* to recollect, think of.

Вспомнить, *pa.*, see Вспоминать.

Вспоможеніе, *sn.* assistance, help.

Вспыхивать, Вспыхнуть, *vn.* to flash, burst out, kindle, blush.

Вспыхнуть, *pa.*, see Вспыхивать.

Вспять, *adv.* backwards, back.

Вставить, *vn.* to get up, rise.

Встать, *vn. pa.*, see Вставать.

Встревожить, *va. pa.* to alarm, disturb.

Встрѣтить, -ся, *pa.*, see Встрѣчать, -ся.

Встрѣча, *sf.* meeting.

Встрѣчать, *va.* to meet, encounter ; -ся, *vr.* to meet each other.

Встрѣчный вѣтеръ, contrary wind.

Вступать, Вступить, *vn.* to enter.

Вступить, *pa.*, see Вступать.

Вступленіе, *sn.* entrance, introduction.

Всунуть, *pa.*, see Всовывать.

Всхлипнуть, *vn. pa.* to sob.

Всходить, see Восходить.

Всѣ, *pron. pl.* everybody.

Всюду, *adv.* everywhere.

Всякій & Всякъ, *adj.* every, each.

Всячески, *adv.* in every way.

Втайнѣ & Втай, *adv.* in secret, secretly.

Втаскивать, Втащить, *va.* to drag in.

Втащить, *pa.*, see Втаскивать.

Вторично, *adv.* for the second time, twice.

Второй, *adj.* second.

Второпяхъ, *adv.* in a hurry.

Втыкать, Воткнуть, *va.* to thrust in, stick in.

Втѣсняться, Втѣсниться, *vr.* to intrude, press in.

Входить, Войти, *vn.* to go in, come in, to enter into.

Входъ, *sm.* entrance, admission.

Вчера, *adv.* yesterday.

Вчерашній, *adj.* of yesterday.

Въ & Во, *prep. acc. & prep.* in, into, to, at.

Въѣздъ, *sm.* entrance, avenue.

Въѣзжать, Въѣхать, *vn.* to enter, ride in.

Въѣхать, *pa.*, see Въѣзжать.

Выбирать, Выбрать, *va.* to choose, to select, to elect.

Виборгъ, *sm.* Viborg.

Выборный, *adj.* chosen, a deputy, village justice.

Выборъ, *sm.* choice, election.

Выбранить, *va. pa.* to inveigh, revile, scold.

Выбрасывать, Выбросать & Выбросить, *va.* to throw out.

Выбраться, *vr. pa.* to get out, to extricate one's self.

Выбрить, *va. pa.* to shave out.

Выбѣжать, *vn. pa.* to run out.

Вывезти, *pa.*, see Вывозить.

Вывести, *pa.*, see Выводить.

Выводить, Вывесть, *va.* to lead out, to draw out.

Выводить, *va. pa.* to lead about sufficiently.

Вывозить, Вывезть, *va.* to export, to drive out.

Вывязать, *va. pa.* to knit out.

Выглядывать, Выглянуть, *vn.* to look out.

Выглянуть, *pa.*, see Выглядывать.

Выгода, *sf.* advantage, profit.

Выгодный, *adj.* advantageous, profitable.

Выгнать, *va. pa.* (*fut.* выгоню), to drive out, to expel.

Выдавать, Выдать, *va.* to give out, to deliver.

Выдавать за мужъ, to marry one's daughter to—.

Выдать, *pa.*, see Выдавать.

Выдержанность, *sf.* sustenance, holding out.

Выдерживать, Выдержать, *va.* to hold out, endure, sustain.

Выдолбить, *va. pa.* to hollow out, excavate.

Выдѣлать, *pa.*, see Выдѣлывать.

Выдѣлка, *sf.* manufacture, dressing.

Выдѣлывать, Выдѣлать, *va.* to make out, to manufacture.

Вызвать, -ся, *pa.*, see вызывать, -ся.

Выздоровѣть, *vn. pa.* to recover health.

Вызовъ, *sm.* calling out, challenge.

Вызывать, Вызвать, *va.* to call up, evoke ; to challenge.

Вызываться, Вызваться, *vr.* to be invited, to offer.

Вызывъ & -зовъ, *sm.* calling out, challenge, defiance.

Выиграть, *pa.*, see Выигрывать.

Выигрывать, Выиграть, *va.* to win, gain.

Выйти, *pa.*, see Выходить.

Выкинуть, *va. pa.* to throw out, to hoist.

Выкрасить, *va. pa.* to paint.

Выкупъ, *sm.* ransom.

Вылазка, *sf.* sally, sortie.

Вылить, *va. pa.* to pour out, cast.

Выломить, *va. pa.* to break out, break open.

Вылѣзать, Вылѣзть, *vn.* to climb out.

Вылѣзть, *pa.*, see Вылѣзать.

Вымазать, *va. pa.* to anoint.

Выманивать, Выманить, *va.* to entice out, to obtain by cunning.

Выманить, *pa.*, see Выманивать.

Вымаривать, Выморить, *va.* to starve out, kill.

Выморпть, *pa.*, see Вымарпвать.

Выппмать, Выпуть, *та.* to take out, to extract.

Выпосить, Вынести, *та.* to carry out of—, to bear, endure.

Вынуть, *pa.*, see Вынимать.

Вюрать, *та. pa.* to plough.

Выпасть, *тn. pa.* to fall out, drop out.

Выппвать, Выпить, *va.* to drink out, drink off; to get merry.

Выпить, *pa.*, see Выппвать.

Выппсать, *va. pa.* to write for, to extract.

Выплывать, Выплыть, *тn.* to swim out.

Выпроводить, *та. pa.* to drive out.

Выпрыгпуть, *тn. pa.* to jump out, skip out.

Выпрямпться, *pa.*, see Выпрямляться.

Выпрямляться, Выпрямиться, *тr.* to stand up straight.

Выпускать, Выпустить, *та.* to let go, let out, release, let loose.

Выпустить, *pa.*, see Выпускать.

Выработывать & -рабатывать, Выработать, *та.* to work out, manufacture.

Выражать, Выразить, *та.* to express.

Выражаться, Выразиться, *тr.* to express one's self.

Выражепіе, *sn.* expression.

Выразить, -ся *pa.*, see Выражать, -ся.

Выразуметь, *та. pa.* to understand thoroughly.

Вырастать, Вырости, *тn.* to grow up.

Вырвать, *та. pa.* to tear out, extract.

Вырости, *тn. pa.* to grow up.

Вырываться, Вырваться, *тr.* to be drawn ; to get away.

Вырезать, *та. pa.* to cut out, to slay.

Высадить, *та. pa.* to set out, to land (troops).

Высвободить, *va. pa.* to set free, liberate.

Выскакивать, Выскочить, *тn.* to leap out, spring out.

Выслушпвать, Выслушать, *та.* to hear out, listen to.

Высовывать, Высупуть, *va.* to shove out, to thrust out.

Высокій, *adj. (comp.* Высшій, *superl.* Высочайшій) high, tall, great.

Высоко & Высокó, *adv.* highly, high.

Высота, *sf.* height, altitude.

Высочество, *sn.* Highness.

Выставка, *sf.* exhibition.

Выставить, *pa.*, see Выставлять.

Выставлять, Выставить, *та.* to put out, expose, exhibit.

Выстрелить, *та. pa.* to fire, shoot off.

Выстрелъ, *sm.* shot, fire, discharge.

Выступать, Выступить, *тn.* to step out, march out, start.

Выступить, *pa.*, see Выступать.

Выступка & Выступь, *sf.* step, walk, gait.

Высунуть, *pa.*, see Высовывать.

Высыпать, Высыпать, *та.* to strew out, pour out, come out?

Выталкивать, Вытолкать & Вытолкпуть, *та.* to jostle out, push out.

Вытаращить, *та. pa.* to open wide (one's eyes).

Вытаскивать, -тащить, *та.* to drag out, pull out.

Вытащить, *pa.*, see Вытаскивать.

Вытекать, Вытечь, *тn.* to flow out, run out.

Вытребовать, *та. pa.* to demand, require, exact.

Выть, *тn. (pres.* вою) to roar, howl.

Вытѣснять, Вытѣснить, *та.* to thrust out, dislodge, drive away.

Вытѣснить, *ра.*, see Вытѣснять.

Вытянуть, *та. ра.* to draw out, pull out, stretch.

Выучить, *та. ра.* to learn by heart; to teach.

Выхвалять, Выхвалить, *та.* to praise, bepraise.

Выхлопотать, *та. ра.* to procure or get with some trouble.

Выходить, Выйти, *тп.* to go out, come out.

Вышина, *sf.* height.

Вышить, *та. ра.* to embroider.

Выѣздъ, *sm.* going out, departure.

Выѣзжать, *тп.* to ride out, to depart.

Выѣзжать, Выѣздить, *та.* to break in, train.

Выѣхать, *тп. ра.* to ride out, to go out.

Вьюга, *sf.* snow-storm.

Вѣдома (безъ-), without knowledge.

Вѣдь, *adv.* then, now you must know.

Вѣдьма, *sf.* witch.

Вѣковѣчный, *adj.* sempiternal, perpetual.

Вѣкъ, *sm.* century, age, life.

Вѣна, *sf.* Vienna.

Вѣнецъ, *sm.* crown.

Вѣникъ, *sm.* besom, broom.

Вѣнчаться, *rr.* to be crowned.

Вѣра, *sf.* faith, belief.

Вѣрить, *та.* to believe.

Вѣрно, *adv.* faithfully, certainly, probably.

Вѣрность, *sf.* fidelity, trust, preciseness.

Вѣрный, *adj.* faithful, true, loyal, sure.

Вѣроятно, *adv.* probably.

Вѣстникъ, *sm.* messenger, courier.

Вѣсть, *sf.* news, tidings.

Вѣсъ, *sm.* weight.

Вѣсы, *s. pl.* pair of scales.

Вѣтвь, *sf.* twig, branch.

Вѣтеръ & Вѣтръ, *sm. dim.* Вѣтерокъ, wind.

Вѣтка, *sf. dim.* branch.

Вѣче & Вѣче, *sn.* common council, diet.

Вѣчный, *adj.* eternal.

Вѣшать, Повѣсить, *та.* to hang, suspend.

Вѣщій, *adj.* ominous, eloquent, soothsaying.

Вѣять, *тп.* to blow.

Вязать, *та.* to tie, bind, knit.

Вязьма, *sf.* Viazma.

Вяло, *adv.* drowsily, slowly.

Г.

Гавань, *sf.* harbour.

Гадать, *та.* to divine, think, conjecture.

Гадость, *sf.* nastiness, odiousness.

Газета, *sf.* newspaper.

Газъ, *sm.* gas.

Гакъ, *sm.* a plot of land.

Галерея, *sf.* gallery.

Галичъ, *sm.* Galitsch; галицкій, *adj.*

Галстукъ & галстухъ, *sm.* cravat, neckerchief.

Галунъ, *sm.* galloon, trimming.

Гарнизонный, *adj.* of garrison.

Гарнизонъ, *sm.* garrison.

Гвардія, *sf.* the guards; -дейскій, *adj.*

Гвоздика, *sf.* clove, pink, carnation (flower).

Гвоздь, *sm.* nail, stud.

Гдѣ либо, гдѣ нибудь, *adv.* wheresoever, anywhere.

Гдѣ-то, *adv.* somewhere.

Ге & Гей, *interj.* hollo! holla! hey!

Генералъ, *sm.* general.

Гéній, *sm.* genius.

Георгій, *sm.* George.

Герáсимъ, *sm.* Gerizim.

Германія, *sf.* Germany, -скій, *adj.* German.

Германецъ, *sm.* a German.

Гермогенъ, *sm.* Hermogenes.

Геродотъ, *sm.* Herodotus.

Герóй, *sm.* hero.

Герóйскій, *adj.* heroic.

Герцогиня, *sf.* duchess.

Герцóгъ, *sm.* duke.

Гéтманъ, *sm.* hetman, chief.

Гибель, *sf.* perdition, ruin.

Гибкій, *adj.* flexible, pliant.

Гиппокрáтъ, *sm.* Hippocrates.

Гіéна, *sf.* hyena.

Главá, *sf.* head, cupola, chapter.

Главнокомáндующій, *adj. sm.* commander-in-chief.

Глáвный, *adj.* main, essential.

Глáдить, *va.* to smooth, to caress, stroke.

Глáдкій, *adj.* smooth, sleek.

Глазъ, *sm. dim.* глазóкъ, eye.

Глиняный, *adj.* clay, of clay, earthen.

Глотáть, *va.* to swallow.

Глубóкій, *adj.* deep, remote.

Глубь, *sf.* depth, bottom.

Глупéцъ, *sm.* stupid fellow, blockhead.

Глупóсть, *sf.* stupidity.

Глупый, *adj.* stupid, foolish, absurd.

Глухо, *adv.* deafly, dully, in a low voice.

Глухóй, *adj.* deaf, dull.

Глушь, *sf.* thicket, desert.

Глядѣть, *va.* to look upon, look at.

Гнусный, *adj.* hideous, abominable.

Гнуться, *vr.* to bend, be bent.

Гнѣваться, *vr.* to be angry.

Гнѣвъ, *sm.* anger.

Гнѣздó, *sn.* nest.

Говорить, *va.* to speak, tell.

Гóворъ, *sm.* noise of talking.

Говядина, *sf.* beef.

Говяжій, *adj.* of beef.

Годиться, *vr.* to suit, to do.

Гóдный, *adj.* suitable.

Годъ, *sm.* year.

Голлáндецъ, *sm.* Dutchman.

Голлáндія, *sf.* Holland, -дскій, *adj.* Dutch.

Головá. *sf.dim.* голóвка & -вýшка, head.

Головорѣзъ, *sm.* cut-throat, bully.

Голóдный, *adj.* starved, of famine.

Гóлодъ, *sm.* hunger, famine.

Гололéдица, *sf.* sleet.

Голонóгій, *adj. sm.* without boots or shoes.

Гóлосъ, *sm.* voice, vote.

Голубóй, *adj.* sky-blue, azure.

Голубчикъ, *sm.* -убушка, *sf.* darling, my dear.

Гóлубь, *sm.* pigeon.

Гóлый, *adj.* naked, bare.

Гóлышъ, *sm.* poor wretch.

Гонéцъ, *sm.* courier, messenger.

Гонимый, *part.* persecuted.

Гонáться за-, *vr.* to run after.

Горá, *sf.* mountain, hill.

Горáздо, *adv.* much, far.

Гордиться, *vr.* to be proud.

Гóрдо, *adv.* proudly.

Гóрдость, *sf.* pride.

Гóрдый, *adj.* proud.

Гóре, *sn.* sorrow.

Горевáть, *vn.* to grieve.

Го́рестный, *adj.* sad, sorrowful.
Го́рецъ, *sm.* mountaineer, highlander.
Горизо́нтъ, *sm.* horizon.
Горла́нить, *гл. pop.* to bawl, brawl.
Го́рло, *sn,* throat.
Го́рница, *sf.* room, chamber.
Го́рный, *adj* of mountain.
Го́родъ, *sm. dim.* городо́къ, town.
Горожа́нинъ, *sm.* citizen.
Горсть, *sf.* handful.
Горта́нный. *adj.* guttural.
Горта́нь, *sf.* throat.
Горшёкъ & горшо́къ, *sm.* pot, jug, tankard.
Го́рькій, *adj* bitter, sad.
Го́рько,*adv.comp.*го́рче,bitterly sadly.
Горѣ́ть, *гл.* to burn; *fig.* to glitter, shine.
Горя́чій, *adj.* hot, warm.
Горя́чка, *sf.* burning fever.
Го́споди ! *vocative of* Госпо́дь !
Господи́нъ, *sm.* lord, master.
Госпо́дство, *sn.* domination, reign.
Госпо́дствовать, *гл.* to dominate, rule, reign.
Госпо́дь, *sm.* Lord, God.
Госпожа́, *sf.* mistress, Mrs.
Гостепрiи́мный, *adj.* hospitable.
Гостепрiи́мство, *sn.* hospitality.
Гость, *sm.* guest.
Госуда́ревъ, *adj. poss.* monarch's, king's.
Госуда́рственный, *adj.* of the empire, state.
Госуда́рство, *sn.* empire, kingdom.
Госуда́рь, *sm.* -а́рыня, *sf.* sovereign, monarch, prince.
Гото́вить, *гл.* to prepare, make ready.
Гото́виться, *гл.* to get ready, be prepared.

Гото́вность, *sf.* readiness.
Гото́вый, *adj.* ready.
Гофма́ршалъ, *sm.*marshal to the court.
Граби́тель, *sm.* robber, spoiler.
Граби́тельство, *sn.* robbery, plunder.
Гра́бить, *гл.* to rob, plunder.
Гра́дъ, *sl.,* see го́родъ.
Гра́дъ, *sm.* hail.
Граждани́нъ, *sm.* citizen.
Гра́мата, *sf.* ediet, diploma.
Грамма́тика, *sf.* grammar.
Гра́мота, *sf.* reading and writing.
Гра́мотность, *sf.* reading and writing.
Грани́тъ, *sm.* granite, -итный, *adj.*
Грани́ца, *sf.* frontier, border.
Грани́цу, (ѣхать за-), to go abroad.
Грани́цею, (быть за-), to be abroad.
Графи́нъ, *sm. dim.* -чикъ, *sm.* decanter.
Графъ, *sm.* -иня, *sf.* count, countess.
Грацiо́зный, *adj.* graceful.
Гра́цiя, *sf.* grace, charm.
Гребе́цъ, *sm.* rower.
Грёзиться, *vr.* to dream, to rave.
Гремѣ́ть, гря́нуть, *гл.* to rattle, rumble.
Грекъ, *sm.* a Greek.
Гренаде́ръ, *sm.* grenadier.
Гре́цiя, *sf.* Greece.
Гре́ческій, *adj.* Greek.
Грибъ, *sm.* mushroom.
Гри́ва, *sf.* mane.
Григо́рій, *sm.* Gregory.
Гри́фель, *sm.* slate-pencil.
Гри́ша, *sm. dim.* Gregory; Гри́шинъ, Gregory's.
Гро́бъ, *sm.* coffin, tomb.
Гродетýръ, *sm.* gros-de-Tours, sarcenet; -ровый, *adj.*
Гроза́, *sf.* thunder-storm.
Грози́ть, *гл.* to threaten.

Грозно, *adv.* sternly, rigorously.

Грозный, *adj.* stern, rigorous.

Громкій, *adj.* loud, famous.

Громко, *adv. comp.* громче, loud, with a loud voice.

Громовой ударъ, a clap of thunder.

Громоотводъ, *sm.* lightning conductor.

Громъ, *sm.* thunder-clap.

Гротъ, *sm.* grotto, main mast.

Грохотать, *vn.* to make a noise.

Грохотъ, *sm.* crash.

Грубый, *adj.* coarse, rough, harsh, rude.

Грудной ребёнокъ, suckling child.

Грудь, *sf.* chest, breast ; -ной, *adj.*

Грузить, *va.* to load.

Грузія, *sf.* Georgia.

Грузъ, *sm.* load, cargo.

Грунтъ, *sm.* ground, soil.

Группа, *sf.* group.

Грустно, *adv.* sadly.

Грустный, *adj.* sad, dull.

Грусть, *sf.* melancholy, sadness.

Грызть, грызнуть, *va.* to gnaw, nibble, bite.

Грызться, *vr.* to bite each other, wrangle.

Греть, *va.* to heat, to warm.

Греться, *vr.* to warm one's self.

Грехъ, *sm.* sin, error.

Грешно, *v. imp.* it is sinful.

Грядущій, *adj.* coming, future.

Грязный, *adj.* muddy, dusty, dirty.

Грязь, *sf.* mud, dirt.

Грянуть ура! to shout hurrah !

Губа, *sf.* creek, bay.

Губа, *sf.* lip.

Губернаторъ, *sm.* governor.

Губернія, *sf.* government, county.

Губитель, *sm.* destroyer, ruiner.

Губить, *va.* to ruin, destroy.

Гувернантка, *sf.* governess.

Гувернёръ, *sm.* governor, tutor.

Гулъ, *sm.* rumbling, echo.

Гулять, *vn.* to walk.

Гумно, *sn.* thrashing-floor.

Густой, *adj.* thick, dense.

Гусь, *sm.* goose.

Гутъ-гора, *sf.* a volcano in Caucasus.

Д.

Да, *adv.* & *conj.* yes, and, but, may.

Давать, *va.* to give.

Даваться, даться, *vr.* to give one's self to, be given.

Давно, *adv.* long ago, long since.

Даже, *adv.* even.

Далёкій, *adj.* far, remote, distant.

Далеко, далёко & -лече, *adv.* far, far off.

Дальній & -ный, *adj.* far, distant, remote.

Дальновидный, *adj.* perspicacious.

Дальше & далее, *adv. comp.* farther.

Данило & Даніилъ, *sm.* Daniel.

Дань, *sf.* tribute, tax.

Дарить, *va.* to give, grant.

Даровитый, *adj.* endowed with talent.

Даромъ, *adv.* gratis, for nothing.

Даромъ что, *conj.* in vain, although.

Даръ, *sm.* gift, present.

Датчанинъ, *sm.* a Dane.

Дать, -ся, *pa.* (*fut.* дамъ, дашь, *etc.*), see давать, -ся.

Дача, *sf.* country-house.

Два, *num.* (*f.* две), two.

Двадцать, *num.* twenty ; -цатый twentieth.

Дверь, *sf.* & *pl.* двери, *dim.* дверка, дверца, *pl.* дверцы, door.

Двигать, двинуть, *ra.* to move, stir.

Двигаться, двинуться, *rr.* to move, start.

Движеніе, *sn.* motion, circulation.

Двина, *sf.* Dvina.

Двинуться, *pa.*, see двигаться.

Двое *num.* two.

Двойной, *adj.* double.

Дворецкій, *adj. sm.* house-steward.

Дворецъ, *sn.* palace.

Дворня, *sf.* domestics, servants.

Дворцовый, *adj.* palace, of the court.

Дворъ, *sm.* yard, court, house.

Дворянинъ, *sm.* nobleman.

Дворянскій, *adj.* noble, nobleman's, of nobility.

Дворянство, *sn.* nobility, nobles.

Двоюродный, *adj.* (—братъ), cousin german, first cousin.

Двѣнадцать, *num.* twelve.

Двѣсти, *num.* two hundred.

Девятнадцатилѣтній, *adj.* of nineteen years.

Девять, *num.* nine.

Деготь, *sm.* tar.

Декабрь, *sm.* December ; -кабрскій, *adj.*

Дельфинъ, *sm.* delphin.

Денежный, *adj.* of money, pecuniary.

Денщикъ, *sm.* officer's servant, footman.

День, *sm.* day, day-time.

Деньги, *sf. pl.* money; *dim.* денежки.

Дёргать, дёрнуть, *ra.* to draw, to pull.

Деревенскій, *adj.* of village, rural.

Деревня, *sf.* village, country.

Дерево, *sn.* tree, timber.

Деревянный, *adj.* wooden ; *fig.* stupid.

Державный, *adj.* sovereign, ruling, royal.

Держать, *ra.* to hold, keep.

Держаться, *rr.* to hold one's self, to stand.

Дерзкій, *adj.* daring, bold, impertinent.

Дерзнуть, *rn. pa.* to dare, take the liberty.

Дерзость, *sf.* audacity, insolence.

Дернуть, *pa.*, see дёргать.

Десятилѣтній, ten years old.

Десятокъ, *sm.* ten.

Десятый, *adj. num.* tenth.

Десять, *num.* ten.

Дёшево, *adv.* cheaply.

Дешёвый, *adj.* cheap.

Диванъ, *sm.* ottoman, sopha.

Дивиться, *rr.* to wonder, to be astonished.

Диво, *sn.* wonder, marvel.

Дикарь, *sm.* savage.

Дикій, *adj.* wild, savage.

Дико, *adv.* wildly, strangely.

Диковинка, *sf.* wonder, curiosity.

Диктовать, *ra.* to dictate.

Диктоваться, *rr.* to be dictated.

Димитрій, *sm.* Demetrius.

Дитя, *sn. irr.* (*pl.* дѣти), child.

Дичиться, *rr.* to shun, avoid.

Діана, *sf.* Diana.

Діарбекирецъ, *sm.* a native of Diarbekir.

Діарбекъ & Діарбекиръ, *sm.* Diarbekir ; -бекирскій, *adj.*

Діогенъ, *sm.* Diogenes.

Длина, *sf.* length.

Длинный, *adj.* long.

Для, *prep. gen.* for.

Дневный & -ной, *adj.* day, daily.

Дно, *sn.* bottom.

Днѣпръ, *sm.* Dnieper.

До, *prep. gen.* till, until, to.

Добиваться, добиться, *тr.* to endeavour to obtain, seek for, to get.

Добиться, *pa.,* see добиваться.

Доблесть, *sf.* valiantness, valour.

Добрести, *vn. pa.* to wander, ramble up to.

Добро, *sn.* goods, property, good.

Добро, *adv.* well.

Добровольно, *adv.* willingly.

Добродушіе, *sn.* kind-heartedness, sincerity.

Добродѣтель, *sf.* virtue.

Добродѣтельный, *adj.* virtuous.

Доброжелатель, *sm.* a wellwisher.

Добросовѣстность, *sf.* conscientiousness.

Добросовѣстный, *adj.* conscientious.

Доброта, *sf.* quality, kindness.

Добрый, *adj.* good.

Добрый (въ—часъ), well and good.

Добрый часъ, good luck !

Добыча, *sf.* booty, prey.

Довести, *pa.,* see доводить.

Доводить, to lead up to, to bring to.

Доводиться, *тr.* to be related.

Довольно, *adv.* sufficiently, enough, rather.

Довольный, *adj.* satisfied, content.

Довольство, *sn.* plenty, abundance.

Довѣренность, *sf.* confidence.

Довѣрять, довѣрить, *va.* to trust, confide.

Догадаться, *pa.,* see догадываться.

Догадываться, догадаться, *тr.* to guess, think.

Догнать, *pa.,* see догонять.

Догонъ, *sm.* ; overtaking ; (въ-гонку), in pursuit of.

Догонять, *va.* to overtake.

Дождаться, *pa.,* see дожидаться.

Дождливый, *adj.* rainy.

Дождь, *sm. dim.* дождикъ & дожжикъ, rain, shower.

Дожидаться, дождаться, *тr.* to wait for, await, expect.

Дозволеніе, *sn.* permission.

Дойти, *pa.* (*fut.* дойду), see доходить.

Доказывать, доказать, to demonstrate, prove.

Докладывать, доложить, *va.* to report, announce.

Докторъ, *sm.* doctor.

Долгій, *adj.* long.

Долго, *adv.* long, a long time.

Долговременный, *adj.* of long duration, long.

Долголѣтній, *adj.* of many years.

Долетать, долетѣть, *vn.* to fly up to, to reach.

Долгъ, *sm.* duty, debt.

Долженъ (я), I must, I am obliged.

Должность, *sf.* duty, function.

Должникъ, *sm.* debtor.

Должный, *adj.* due, in debt.

Долина, *sf.* & Долъ, *sm.* dale, valley.

Доложить, *pa.,* see докладывать.

Долой, *adv.* off, down, away.

Долото, *sn.* a mortise chisel.

Долъ, see долина.

Дома, *adv.* at home.

Домашній, *adj.* domestic, household.

Домой, *adv.* homewards.

Домъ, *sm. dim.* домикъ, house, domicile.

Донесеніе, *sn.* report.

Доноситься, донестись, *тr.* to be reported, be declared.

Доносъ, *sm.* information, delation.

Донъ, *sm.* Don.

Допрашивать. допросить, *va*. to question, examine.

Допускать, *та*. to give access, to allow, let.

Допустить, *pa.*, see допускать.

Дорваться до—, *vr. pa.* to fall upon.

Дорога, *sf.* road, way; -рогою, on the road.

Дорогой, *adj.* dear, costly.

Дорожка, *sf. dim.* a little road, path.

Дорожный, *adj.* road, travelling.

Дорыться, *vr. pa.* to come at in digging.

Досада, *sf.* sorrow, vexation, annoyance.

Доска, *sf.* plank.

Доставать, достать, *та*. to get, procure, reach.

Доставаться, достаться, *vr.* to fall to one's share, to belong, incur punishment.

Доставление, *sn.* furnishing, procuring.

Доставлять, доставить, to furnish, procure.

Достаться, *pa.* (*fut.* достанусь), see доставаться.

Достигать, достигнуть, to attain, reach.

Достижение, *sn.* attaining, reaching.

Достоверный, *adj.* authentic.

Достоинство, *sn.* merit, dignity, title.

Доступный, *adj.* accessible.

Дотрогиваться, дотронуться, *vr.* to touch.

Дотронуться, *pa.*, see дотрогиваться.

Доучиваться, *vr.* to learn sufficiently.

Доходить, дойти, *vn.* to go up to—.

Доход, *sn.* income, revenue.

Дочь & дочка, *sf.* daughter.

Доехать, *vn. pa.* to ride up to, arrive.

Драгоценность, *sf.* preciousness, a jewel.

Драгоценный, *adj.* precious.

Драка, *sf.* squabble, fight.

Драть, *та*. to tear, pull.

Драться, *vr.* to fight.

Древляне, *sn.* the Drevlians.

Древний, *adj.* ancient, antique.

Древность, *sf.* antiquity, great age.

Дремать, *vn.* to slumber, doze.

Дрова, *sn. pl.* fire-wood.

Дрожать, дрогнуть, *vn.* to tremble; shiver.

Дрожь, *sf.* shivering, shiver.

Другой, *adj.* other, another, second.

Друг, *sm.* (*pl.* друзья), friend.

Друг друга, one another, each other.

Дружба, *sf.* friendship.

Дружина, *sf.* troop, militia.

Дружно, *adv.* friendly, together.

Дружный, *adj.* amicable, familiar, unanimous.

Дрянной, *adj.* trashy, bad, miserable.

Дрянь, *sf.* trash, sweepings.

Дубина, *sf. dim.* дубинка, a cudgel, club, bat.

Дубовый, *adj.* of oak.

Дуброва & Дуброва, *sf.* grove of oaks, forest.

Дуб, *sm.* oak.

Дубьё, see дубина.

Дума, *sf.* a council, thought, idea.

Думать, *vn.* to think, mean.

Дуновение, *sn.* blowing, blow.

Дурак, *sm.* silly man, fool.

Дурачество, *sn.* folly, silliness.

Дурной, *adj.* ugly, bad.

Дуть, дунуть, *та*. to blow.

Духовенство, *sn.* clergy.

Духовная, *adj. sf.* will, testament.

Духовникъ, *sm.* confessor.

Духóвный, *adj.* spiritual, ecclesiastical.

Духъ, *sm.* spirit, breath, courage.

Душá, *sf.* soul, heart, creature.

Душéвный, *adj.* of the soul, hearty,
sincere.

Душегрѣйка, *sf.* a warm jacket.

Душегубецъ, *sm.* a homicide.

Душегубство, *sn.* murder.

Душенька, Душка & -шечка, *sf.*
dim. my dear.

Душеспасительный, *adj.* salutary.

Душистый, sweet-smelling, fragrant.

Душно, *v. imp.* it is stifling, sultry.

Дыбы, *sm. pl.* (стать на—), to stand
up on end, to rear.

Дымный, *adj.* smoky.

Дымъ, *sm.* smoke.

Дыня, *sf.* melon.

Дыхáніе, *sn.* breathing, breath.

Дышáть, дохнýть, *vn.* to breathe,
respire.

Дьяволъ & діáволъ, *sm.* devil.

Дьявольскій, *adj.* diabolical.

Дьякъ, *sm.* secretary.

Дѣва, *sf.* virgin, maid.

Дѣвáть, дѣть (*fut.* дѣну), *va.* to put.

Дѣвáться, дѣться, *vr.* to become, to
hide one's self, retire.

Дѣвица, *sf.* maid, maiden, girl, miss.

Дѣвка, *sf. dim.* дѣвочка & дѣвушкá,
maid, girl, a maid-servaut.

Дѣдушка, *sm. dim.,* see дѣдъ.

Дѣдъ, *sm.* grandfather ; *pl.* дѣды,
forefathers.

Дѣйствительно, *adv.* in fact, really.

Дѣйствительный, *adj.* efficacious, real.

Дѣйствіе, *sn.* action, act.

Дѣйствовать, *vn.* to act, operate.

Дѣлать, сдѣлать, *va.* to make, do.

Дѣлаться, сдѣлаться, *vr.* to become,
be made.

Дѣло, *sn.* affair, business, work, lawsuit.

Дѣльно, *adv.* reasonably.

Дѣльный, *adj.* fit for working, sensible.

Дѣти, *sn. pl. dim.* дѣтки, дѣточки &
дѣтушки, children.

Дѣтская, *adj. sf.* children's room,
nursery.

Дѣтскій, *adj.* children's, childish.

Дѣтство, *sn.* childhood.

Дѣтушки, *s. pl.* children.

Дѣть, дѣться, *pa.,* see дѣвáться, дѣться.

Дѣяніе, *sn.* action, deed.

Дѣятельность, *sf.* activity.

Дѣятельный, *adj.* active.

Дюжій, *adj.* stout, robust.

Дюймъ, *sm.* inch.

Дядька, *sm.* a man-nurse.

Дядюшка & дяденька, *dim.,* see дядя.

Дядя, *sm.* uncle ; дядинъ, а,о. *adj. poss.*

E.

Евангелистъ, *sm.* evangelist.

Европа, *sf.* Europe ; европéйскій, *adj.*
European.

Европéецъ, *sm.* an European.

Евфрáтъ, *sm.* Euphrates.

Египтянинъ, *sm.* an Egyptian.

Егóръ, *sm.* George.

Едвá, *adv.* hardly, scarcely.

Единоглáсно, *adv.* unanimously.

Единодýшный, *adj.* unanimous ; -но.
adv. -ly.

Единообрáзіе, *sn.* uniformity, mono-
tony.

Единообразный, adj. uniform, monotonous.

Единственно, adv. solely, only.

Единственный, adj. only, sole, unique.

Единый & Един, adj. sole, only.

Ежегодно, adv. yearly.

Ежедневно, adv. daily.

Ежели & Если, conj. if, in case.

Ежеминутно, adv. every moment.

Ей, dat. of pron. она, to her.

Ей, adv. indeed, verily.

Екатерина, sf. Catherine.

Елена, sf. Ellen.

Ель, sf fir, spruce.

Епископ, sm. bishop.

Ершъ, sm. the common gremille.

Если, conj. if, in case.

Естественный, adj. natural, physical.

Есть, v. imp. (past было, fut. будетъ),
there is, there are.

Есть ли у васъ? have you?

Ж.

Жаворонокъ, sm. lark.

Жадно, adv. greedily, with avidity.

Жадность, sf. avidity, greediness.

Жадный, adj. greedy, eager.

Жажда, sf. thirst.

Жалкий, adj. pitiable, miserable; -ко,
v. imp. it is a pity.

Жалоба, sf. complaint.

Жалобный, adj. complaining, plaintive.

Жалованье, sn. allowance, salary.

Жаловать, va. to grant, confer, bestow,
to like.

Жаловаться, vr. to complain.

Жалость, sf. pity, compassion.

Жаль, (есть) v. imp. it is pity, I am
sorry.

Жалѣть, vn. to regret, to pity.

Жареный, part. roasted, fried.

Жаркий, adj. hot, warm, ardent.

Жаровня, sf. chafing-dish.

Жаръ, sm. heat, ardour, fire.

Жать, va. (pres. жну), to reap, harvest.

Жать, va. (pres. жму), to press,
squeeze.

Жаться, vr. (pres. жмусь), to lay close,
lean, press against.

Ждать, va. to wait for, to expect.

Же & Жъ, conj. as to, but, also.

Жевать, va. to masticate.

Желание, sn. wish, desire.

Желанный, adj. wished; sm. sweatheart.

Желать, va. to wish, desire, long.

Жёлтый, adj. yellow.

Желчный, adj. bilious.

Желѣзный, adj. of iron.

Желѣзо, sn. iron.

Жёмчугъ, sm. coll. pearls.

Жена, sf. dim. жёнка, wife, spouse.

Жёнинъ, adj. poss. wife's.

Женить, va. to marry to—; -ся, vr.
to marry, to take a wife.

Женихъ, sm. bridegroom, suitor.

Женский, adj. woman's, feminine.

Женщина, sf. woman.

Жертва, sf. victim, sacrifice.

Жёсткий, adj. hard, harsh.

Жестокий, adj. cruel, atrocious, rigorous.

Жестокосердый, adj. hard-hearted.

Жестокость, sf. rigour, cruelty.

Жестъ, sm. gesture.

Жечь, va. (pres. жгу), to burn.

Жи́вопись, *sf.* painting.

Живо́й, *adj.* alive, live, brisk.

Животворя́щій, *part.* vivifying.

Жи́вость, *sf.* liveliness, vivacity.

Живо́тное, *sn.* animal.

Живо́тъ, *sm. dim.* живо́тикъ, belly, stomach.

Живъ, *adj.* alive, living.

Жи́дкость, *sf.* liquid.

Жизнь, *sf.* life.

Жи́ла, *sf.* vein.

Жилѣ́тъ, *sm.* waistcoat.

Жи́листый & Жилова́тый, *adj.* veiny, sinewy, musculous.

Жили́ще, *sn.* dwelling, abode.

Жиръ, *sm.* fat, grease.

Жи́тель, *sm.* inhabitant.

Жи́тельство, *sn.* residence, dwelling.

Житіе́, *sn.* life, biography (*of a* saint).

Жи́тница, *sf.* granary, corn-house.

Жить, *vn.* (*pres.* живу́), to live.

Житьё, *sn.* life, livelihood.

Жре́бій, *sm.* lot, fate.

Жужжа́нье, *sn.* humming, murmur.

Жу́ткій, *adj.* painful.

Жу́тко, *adv.* painfully.

3.

За, *prep. acc. and instr.* after, behind, beyond; for, on account of, at, to.

За годъ, a year ago.

Заба́ва, *sf.* amusement, sport.

Забавля́ть, *va.* to divert, amuse.

Забавля́ться, *vr.* to divert one's self.

Забія́ка, *sc.* squabbler, bully.

Заблаговре́менно, *adv.* in good time.

Заблужде́ніе, *sn.* error, mistake.

Заболѣ́ть, *vn. pa.* to become ill, to begin to ache.

Забо́ръ, *sm.* partition, fence, enclosure.

Забо́та, *sf.* care, solicitude, trouble.

Забо́титься, *vr.* to care, take care of.

Забо́тливо, *adv.* with solicitude or care, busily.

Забо́тливость, *sf.* solicitude, care, anxiety.

Забо́тливый, *adj.* solicitous, busy, officious.

Забра́сывать, Забро́сить, *va.* to throw away, abandon, mislay.

Забра́ть, *va. pa.* to take away, grub.

Забра́ться, *vr. pa.* to come in by stealth.

Забро́сить, *pa.*, see Забра́сывать.

Забыва́ть, Забы́ть, *va.* to forget; -ся, *vr.* to forget one's self.

Забѣга́ть, Забѣжа́ть, *vn.* to run in, to give a short call.

Забѣ́гать, *vn. pa.* to begin to run.

Завали́ть, *va. pa.* to fill up, overload, overwhelm.

Заведе́ніе, *sn.* institution, establishment, usage.

Заверну́ть, *va. pa.* to take a turn in, call upon.

Завести́, *va. pa.*, see заводи́ть.

Зави́дный, *adj.* enviable, to be envied.

Зави́довать, *vn.* to envy.

Завидѣ́ть, *va. pa.* to perceive from afar.

Зави́стливый, *adj.* envious, jealous.

За́висть, *sf.* envy.

Зави́сѣть, *vn.* to depend upon.

Завладѣ́тель, *sm.* illegal possessor.

Завладѣ́ть, *va. pa.* to take possession, seize.

Заводи́ть, *va.* to lead, to establish.

Заво́дъ, *sm.* manufactory, works.
Завоева́тель, *sm.* conqueror.
Завоева́ть, *va. pa.* to conquer.
Завопи́ть, *vn. pa.* to begin to sob, wail.
Завостри́ться, *vr. pa.* to become sharp, become pointed.
Завсегда́, *adv.* always, ever.
За́втра, *adv.* to-morrow.
За́втракать, *vn.* to breakfast.
За́втракъ, *sm.* breakfast.
За́втрашній, *adj.* of to-morrow.
Завыва́нье, *sn.* howling, crying.
Завыва́ть, завы́ть, *vn.* to begin to howl, to cry.
Завѣса, *sf.* curtain, veil.
Завяза́ть, *va. pa.* to tie, bind.
Зага́дка, *sf.* enigma, riddle.
Загля́дывать, загляну́ть, *vn.* to look in, to call in.
Загляну́ть, *pa.*, see загля́дывать.
Заговори́ть, *va. pa.* to begin to speak.
Загово́рщикъ, *sm.* conspirator.
Загово́ръ, *sm.* conspiracy, plot.
Загорѣ́ться, *vn. pa.* to begin to burn, catch fire.
Загражда́ть, *va.* to bar up, stop.
Заграни́цу (я ѣ́ду), I am going abroad.
Заграни́чный, *adj.* foreign.
Загудѣ́ть, *va.* to tinkle, resound.
Задави́ть, *va. pa.* to crush, strangle.
За́дній, *adj.* back, hind.
Задо́лго, *adv.* long before.
За́домъ, *adv.* backwards, behind.
Задрёмывать задрема́ть, *vn.* to slumber, doze.
Задува́ть, заду́ть, *va.* to blow out (a light); to begin to blow.
Задрожа́ть, *vn. pa.* to begin to tremble.

Заду́мывать, заду́мать, *va.* to conceive, take in one's head; -ся, *vr.* to be pensive, think.
Задуши́ть, *va. pa.* to stifle.
Задъ, *sm.* back part.
Задыха́ться, задо́хнуться, *vr.* to lose one's breath, be out of breath.
Задѣва́ть, задѣ́ть, *va.* to catch, catch hold of, hook.
Заёмъ, *sm.* loan.
Зажѐчься, *vr. pa.* (*fut.* зажгу́сь), to catch fire, kindle.
Зажига́ть, зажѐчь, *va.* to light, set fire to.
Зажи́точный, *adj.* wealthy, opulent.
Зазвони́ть, *vn. pa.* to begin to ringing.
Зазубри́ть, *va. pa.* to notch, jagg.
Зазѣва́ться, *vr. pa.* to gape, to stand gaping in the air.
Зака́зывать, заказа́ть, *va.* to forbid, to bespeak, order.
Закали́ть, *va. pa.* to temper, harden.
Закати́ться, *vr. pa.* to set, sink.
Закида́ть, *va. pa.* to cast beyond or behind, to fill, cover.
Закипѣ́ть, *vn. pa.* to begin to boil; *fig.* to go on smartly.
Закла́дывать, заложи́ть, *va.* to block up, to lay the foundation, to pledge, pawn.
Заключа́ть, заключи́ть, *va.* to conclude, infer, enclose, confine.
Заключе́ніе, *sn.* confinement, conclusion.
Закля́тье, *sn.* vow.
Заковыля́ть, *vn. pa.* to hobble, *imp.*
Зако́нчить, *va. pa.* to finish, end.
Зако́нъ, *sm.* law, faith.

Q

Закопте́лый, *adj.* blackened with smoke.

Закрича́ть, *vn. pa.* to begin to cry out.

Закры́ть, *va. pa.* to cover, shut.

Закры́ться. *vr. pa.* to cover one's self, to be shut.

Заку́порить, *va. pa.* to cork.

Закури́ть, *va. pa.* to begin to smoke.

Заку́ска, *sf.* a snack, desert.

За́ла & Залъ, *sf.* hall.

Заля́ять, *vn. pa.* to begin to bark.

Зали́ва́ться, зали́ться, *vr. pa.* (слеза́ми), to weep bitterly ; (speaking of dogs), to yell, yawl.

Зали́въ. *sm.* gulf, bay.

Заложи́ть, *va. pa.*, see закла́дывать.

Залѣза́ть, залѣзть, *vn.* to climb in or behind.

Замаскирова́ть, *va.pa.*to mask, screen.

Заме́длить, *vn. pa.* to delay, retard.

Замерза́ть, замёрзнуть, *vn.* to freeze.

За́мертво, *adv.* dead, for dead.

Замира́ніе, *sn.* torpor, fainting.

Замира́ть, замере́ть, *vn.* to get torpid, tremble with.

Замо́лкнуть, *vn. pa.* to cease, be hushed.

Замолча́ть, *vn. pa.* to become silent.

За́мужемъ, married (to a man).

За́мужъ (выходи́ть, вы́йти), to marry (for women).

Замѣни́ть, *pa.*, see замѣня́ть.

Замѣня́ть, замѣни́ть, *va.* to substitute, replace.

Замѣ́тить. *pa.*, see замѣча́ть.

Замѣ́тно, *adv.* visibly, observably.

Замѣ́тный, *adj.* observable, visible.

Замѣча́ніе, *sn.* remark, observation.

Замѣча́тельный, *adj.* remarkable ; -но, *adv.* -bly.

Замѣча́ть, *va.* to mark, to remark.

Замѣша́тельство, *sn.* confusion.

Занести́, *pa.*, see заноси́ть.

Занима́тельность, *sf.* interest.

Занима́тельный, *adj.* interesting ; -но, *adv.* -ly.

Занима́ть, заня́ть, *va.*to occupy, employ, borrow ; -ся, *vr.* to occupy one's self, be interested with.

Зано́зистый, *adj.* prickly ; *fig.* quarreller.

Заноси́ть, занести́, *va.* to leave in passing, to carry, to drift, block up.

Заня́тіе, *sn.* occupation, borrowing.

За́нятый & Занято́й, *adj.* occupied, busy.

Заня́ть, -ся, *pa.* (*fut.* займу́, -сь), see занима́ть, -ся.

Запа́сный, *adj.* of store, spare.

За́пахъ, *sm.* smell, odour.

Запека́ться, запе́чься, *vr.* to clot.

Запере́ть, -ся, *pa.*, see запира́ть, -ся.

Запеча́тать, *va. pa.* to seal up.

Запира́ть, запере́ть, *va.* to close, shut.

Запира́ться, запере́ться, *vr.* to shut one's self up, to deny, disavow.

Запи́ска, *sf.* inscribing, note.

Запи́сывать, записа́ть, *va.* to write in, inscribe.

Запла́та, *dim.* запла́тка, *sf.* patch.

Заплати́ть, *va. pa.* (*imp. a.* запла́чивать), to patch, patch up.

Заплати́ть, *va. pa.* (*imp. a.* плати́ть), to pay, to be paid.

Заплѣ́снѣть, *vn. pa.*to become mouldy.

За́повѣдь, *sf.* commandment.

Запороши́ть, *va.* to cover slightly.

Запо́ръ, *sm.* bolt.

Запрашивать, запросить, *va.* to over-
charge, ask too much.

Запретить, *va. pa.* to prohibit, forbid.

Запропаститься, *vr. pa.* to be mislaid,
be lost.

Запросто, *adv.* without ceremony.

Запрягать, запрячь, to harness.

Запряжка, *sf.* putting to, harnessiug.

Запрячь, *pa.,* see запрягать.

Запускать, запустить, *va.* to put,
thrust.

Запутать, *va. pa.* to entangle, mis-
manage.

Запылать, *vn. pa.* to begin to blaze,
flame.

Запыхаться, *vr. pa.* to get out of
breath.

Зареветь, *vn. pa.* to begin to roar.

Заржавленный, *part.* rusted, rusty.

Зарубить, *va. pa.* to kill with a sword.

Зарыдать, *vn. pa.* to begin to sob.

Зарезать, *va. pa.* to cut one's throat,
murder.

Заря, *sf.* redness of the sky, dawn
of day.

Заряжать, зарядить, *va.* to load
(a gun).

Заслуга, *sf.* merit, desert.

Заслуживать, заслужить, *va.* to
deserve, merit.

Засмеяться, *vr. pa.* to begin to laugh.

Заснуть, *vn. pa.,* see васыпать.

Заспорить, *vn. pa.* to begin to dispute, bet.

Заставать, застать, *va.* to find, surprise.

Заставлять, заставить, *va.* to compel,
oblige, to set before.

Застать, *pa.,* see заставать.

Застигать, вастигнуть, *va.* to catch,
overtake.

Застопать, *vn. pa.* to begin to groan.

Застреливать, застрелять, *va.* to
shoot, kill.

Заступпик, *sm.* intercessor, defender.

Застенчивость, *sf.* timidity, shyness.

Засуетиться, *vr. pa.* to take much
pains.

Засуха, *sf.* drought, dryness.

Засыпать, *vn.* to fall asleep, slumber.

Засыпать, высыпать, *va.* to cover
over, fill up.

Заседание, *sn.* sitting, session.

Засесть, *vn. pa.* to place one's self
in ambuscade.

Затаить, *va. pa.* to secrete, conceal.

Затвор, *sm.* bar, sluice.

Затворять, затворить, *va.* to shut, close.

Затихнуть, *vn. pa.* to abate, become
calm.

Заткнуть, *pa.,* see затыкать.

Заточать, -чить, *va.* to confine, banish.

Заточение, *sn.* banishment, imprison-
ment.

Затрачивать, затратить, *va.* to spend,
to lay out.

Затыкать, затнуть, *va.* to stop up,
shut.

Затылок, *sm.* nape of the neck,
collar.

Затейник, -ница, *s.* wag.

Затем, *adv.* thereupon, whereupon.

Затягивать, затянуть, *va.* to tighten.

Затянуть, *pa.,* see затягивать.

Затянуться, *vr. pa. (imp. a.* затяги-
ваться) (табаком), to swallow
the smoke.

Заутреня, *sf.* lauds, matins.

Захватывать, захватить, *va.* to catch,
seize.

Захворáть, *vn. pa.* to fall ill.

Захлёбываться, захлебнýться, *vr.* to choke one's self.

Захлóпнуться, *vr. pa.* to be shut with a clap.

Захождéніе, *sn.* setting.

Захолýстье, *sn.* by-place, by-corner.

Захотѣть, *vn.* to have a mind, wish for.

Захрипѣть, *vn. pa.* to have a rattling in the throat.

Захромáть, *vn. pa.* to fall lame.

Зачѣмъ, *adv.* why !

Зашивáть, Зашить, *va.* to sew up.

Зашипѣть, *vn. pa.* to begin to hiss.

Зашить, *pa.*, see зашивáть.

Защита, *sf.* defence, protection, cover.

Защитникъ, *sm.* defender, protector.

Защищáть *va.* защитить, *pa.* to defend, protect.

Заѣхать, *vn. pa.* to call in driving past.

Зáяцъ, *sm.* a hare; -ячій, *adj.* hare's.

Збрýя, *sf.* harness.

Звать, *va.* to call, invite.

Звенѣть, *vn.* to ring, jingle.

Звонáрь, *sm.* bellringer.

Звонить, *va.* to ring.

Звóнкій, *adj.* sonorous, loud.

Звонъ, *sm.* ring (of bells).

Звукъ, *sm.* sound, clang.

Звучáть, звýкнуть, *vn.* to sound, resound.

Звѣздá, *sf.* star.

Звѣрскій, *adj.* brutal, ferocious.

Звѣрство, *sn.* ferocity.

Звѣрь, *sm.* wild beast.

Здáніе, *sn.* edifice, building.

Здорóво, *adv.* healthily ; *fam.* good morning !

Здорóвый, *adj.* healthy, wholesome, robust.

Здорóвье, *sn.* health.

Здрáвіе, *sn. sl.,* see здорóвье.

Здрáвствовать, *vn.* to be in health ; -*va.* to hail, salute.

Здрáвый, *adj.* sound, sane.

Здѣсь, *adv.* here.

Здѣшній, *adj.* of this place.

Зелёный, *adj.* green.

Зéлень, *sf.* verdure, vegetables.

Зéліе, *sn.* herb, poison.

Земледѣлецъ, *sm.* agriculturist, husbandman.

Землекóпъ, *sm.* digger.

Землѝ, *sf.* earth, ground, land, country.

Землякъ, *sm.* fellow-countryman.

Землянóй, *adj.* earthen.

Земнóй, *adj.* earth, terrestrial.

Зéмскій, *adj.* territorial, provincial, district.

Зéркало, *sn.* looking-glass, mirror.

Зернó, *sn.* grain, kernel.

Зимá, *sf.* winter.

Зимній, *adj.* winter, winterly.

Зимóю, *adv.* in winter.

Зипýнъ, *sm.* jacket.

Злиться, *vr.* to be in a rage.

Зло, *sn.* evil.

Зловѣщій, *adj.* ominous, of ill omen.

Злодѣй, *sm.* villain, sworn enemy.

Злодѣйство & злодѣяніе, *sn.* villainy, misdeed.

Злополýчный, *adj.* unfortunate.

Злой, *adj.* bad, malicious, wicked.

Змѣй, *sm.* & Змѣя, *sf.* serpent, snake.

Знакóмство, *sn.* acquaintance, connexion.

Знакóмый, *adj.* acquainted, known.

Знакомый & знакомецъ, *sm.* acquaintance.

Знакъ, *sm. dim.* значёкъ, sign, token, signal.

Знаменитый, *adj.* distinguished, eminent.

Знамя, *sn.* colours, banner, standard.

Знаніе, *sn.* knowledge.

Знатный, *adj.* of note, eminent.

Знать, *va.* to know.

Значеніе, *sn.* signification, importance.

Значительный, *adj.* important, considerable ; -но, *adv.* -bly.

Значить, *va.* to signify.

Значёкъ & Значёкъ, see Знакъ.

Зной, *sm.* sultriness, heat.

Знойный, *adj.* sultry, burning.

Зовъ, *sm.* call, invitation.

Золотникъ, *sm.* the 96th part of a Russian pound.

Золото, *sn.* gold.

Золотой, *adj.* golden.

Зоря, *dim.* зорюшка & зорька, see заря.

Зоркій, *adj.* sharp-sighted.

Зрачёкъ & зрачёкъ, *sm.* pupil (of the eye).

Зритель, *sm.* spectator.

Зрить, see зрѣть.

Зрѣлище, *sn.* spectacle, show.

Зрѣлый, *adj.* ripe, mature.

Зрѣніе, *sn.* sight, eye-sight, ripening.

Зрѣть, *va.* to see.

Зубастый & Зубатый, *adj.* with large or long teeth.

Зубчатый, *adj.* toothed, cogged.

Зубъ, *sm.* tooth.

Зыбь, *sf.* swell, surge.

Зѣвать, Зѣвнуть, *vn.* to yawn, gape.

Зять, *sm.* son-in-law, brother-in-law.

И.

И, *conj.* and, also, too, even.

Ибо, *conj.* for, because.

Иванъ, *sm.* John.

Игла, *sf.; dim.* иголка, needle, prickle (of plants).

Игнатій, *sm.* Ignatius.

Иго, *sn.* yoke.

Игорь, *sm.* Igor.

Игра, *sf.* play, game.

Играть, *vn.* & *va.* to play.

Игривый, *adj.* playful.

Игуменъ, *sm.* abbot, superior (of a convent).

Идолъ, *sm.* idol.

Идти & Итти, *vn. irr.* to go, come.

Изба, *sf.; dim.* избушка, peasant's house, hut.

Избавить, *pa.,* see избавлять.

Избавленіе, *sn.* deliverance.

Избавлять, избавить, *va.* to deliver, free, set free.

Избаловать, *va. pa.* to spoil, indulge.

Избираніе & Избраніе, *sn.* election, choice.

Избирательный, *adj.* electoral.

Избирать, избрать, *va.* to elect, to choose.

Изборскъ, *sm.* Isborsk.

Избрать, *va. pa.,* see избирать.

Избушка, *dim.* of изба.

Избытокъ, *sm.* abundance.

Избѣжаніе (во-), in order to avoid.

Извергъ, *sm.* outcast, cruel man.

Изверженіе, *sn.* eruption.

Извиваться, *vr.* to coil up, to crawl, cringe.

Извинить, *pa.*, see извинять.

Извиняать, извинить, *vr.* to excuse, forgive.

Извлекать, извлечь, *va.* to extract, draw out.

Изволить, *va. pa.* to be pleased, think proper ; -воль, -вольте, well ! be it so !

Извощикъ, *sm.* carrier, hackney-coachman; -щичій, *adj.*

Извѣдать, *va. pa.* to ascertain, learn, investigate, try.

Извѣстіе, *sn.* advice, news.

Извѣстио, *v. imp.* it is known.

Извѣстность, *sf.* repute, notoriety.

Извѣстный, *adj.* known, renowned, certain.

Извѣстить, *va. pa.* ; (извѣщать, *imp. a.*), to inform, notify.

Изгибистый, *adj.* winding, sinuous, pliant.

Изгладить, -ся, *pa.*, see изглаживать, -ся.

Изглаживать, изгладить, *va.* to efface ; -ся, *vr.* to be effaced.

Изгнать, *va. pa.* (*fut.* изгоню), to expel, drive out, banish.

Изготовлять, изготовить, to prepare, to manufacture.

Издавать, издать, *va.* to promulgate, publish, give out, produce.

Издавна, *adv.* long ago, this great while.

Издали, *adv.* at a distance, afar.

Издержка, *sf.* expense.

Издыхать, издохнуть, *vn.* to die, expire.

Издѣліе, *sn.* work, handiwork.

Иззябнуть, *vn. pa.* to be starved, grow cold.

Изможденный, *adj.* macerated.

Измоздить, *va. pa.* to macerate, enervate.

Изморозь, *sf.* hoar-frost, sleet.

Измучить, *va. pa.* to tire out, exhaust.

Измѣна, *sf.* treachery, treason.

Измѣнить, *pa.*, see измѣнять.

Измѣнникъ, *sm.* betrayer, traitor.

Измѣнять, измѣнить, *va.* to change, alter, betray.

Измѣняться, измѣниться, *vr.* to change, be changed, to vary.

Изнемогать, изнемочь, *vn.* to grow feeble, lose strength.

Изнемочь, *pa.* (*fut.* изнемогу), see изнемогать.

Изобиловать, *vn.* to abound.

Изображать, изобразить, *va.* to depict, represent.

Изображеніе, *sn.* representation, picture, description.

Изобрѣтать, изобрѣсть, *va.* to invent.

Изобрѣтеніе, *sn.* invention.

Изодрать, *va. pa.* to tear up.

Изорвать, *va. pa.* to tear up, pull to pieces.

Израсходывать, -ходовать, *va.* to lay out, expend.

Изрыть, *va. pa.* to dig up.

Изрѣдка, *adv.* rarely, seldom, sometimes.

Изрѣзать, *va. pa.* to cut up.

Изслѣдовать, *va. pa.* to investigate, explore.

Изступленіе, *sn.* enthusiasm, ecstasy.

Изувѣченный, *part.* mutilated, lame.

Изумить, -ся, *pa.*, see изумлять, -ся.

Изумленіе, *sn.* astonishment, amazement.

Изумлённый, part. astonished.

Изумлять, изумить, va. to astonish; -ся, vr. to be astonished.

Изумрутъ, sm. emerald; -рудный, adj.

Изученіе, sn. study.

Изчертить, va. pa. to streak, scratch all over.

Изъ & Изо, prep. gen. out of, from; изъ за, from behind; изъ подъ, from under.

Изъявлять, va. to testify, show.

Изъяснить, -ся. pa., see изъяснять, -ся.

Изъяснять, изъяснить, va. to explain, elucidate; -ся, to explain one's self.

Икона, sf. image.

Икра, sf. roe, calf of the leg.

Или & Иль, conj. or.

Имамъ, sm. Imam.

Именно, adv. specially, particularly; (а-), and namely.

Именоваться, vr. to be named.

Императорскій, adj. emperor's, imperial.

Императоръ, sm. emperor.

Императрица, sf. empress.

Имперіалъ, sm. imperial, roof (of coaches).

Имперія, sf. empire.

Имущество, sn. property, goods.

Имѣніе, sn. property, estate.

Имѣть, va. to have.

Имя, sn. name, renown, noun.

Иначе, adv. otherwise, if not.

Индѣецъ & Индіецъ, sm. an Indian.

Индія, sf. India.

Инкогнито, adj. incognito.

Иногда, adv. sometimes.

Иноземный, adj. foreign.

Иной, adj. other.

Инокиня, sf. nun.

Инокъ, sm. monk.

Иностранецъ, sm. foreigner.

Иностранный, adj. foreign.

Инструментъ, sm. instrument, tool.

Интересовать, va. to interest.

Интересоваться, vr. to take interest in.

Ирина, sf. Irene.

Интонація, sf. intonation.

Искатель, sm. seeker, searcher.

Искать, va. to seek, search.

Искоса, adv. asquint, aslant.

Искра, sf. spark.

Искренній, adj. sincere, frank.

Искренность, sf. sincerity, frankness.

Искривить, va. pa. to make crooked, bend, curl.

Искусный, adj. skilful, clever.

Искуственный, adj. artificial; -но,-ly.

Искуство, sn. skill, art.

Исписать, va. pa. to fill with writing, write all over.

Испитой, adj. meagre, lean.

Исповѣдывать, исповѣдать, va. to profess, believe in, to confess.

Исполненіе, sn. execution, fulfilment.

Исполненный, part. fulfilled, full of.

Исполнить, pa., see исполнять.

Исполнять, исполнить, va. to fulfil, execute.

Испортить, va. pa. to spoil, damage.

Исправленіе, sn. repairing, reformation.

Исправно, adv. exactly, punctually.

Испробовать, va. pa. to try.

Испугать, *va. pa.* to frighten ; -ся, *vr.* to be frightened.

Испускать, испустить, *va.* to exhale, breathe, let out ; -духъ or ды-хáпіе, to expire, die.

Испытáніе, *sn.* assay, trial.

Истекáть (крóгью), *vn.* to be bleeding ; истéчь (крóвью), to bleed to death.

Истерéться, *vn. pa.* (*past* истёрся, *fut.* изотрусь), to be worn out.

Истерзáть, *va. pa.* to tear to pieces.

Истина, *sf.* truth.

Истинный,*adj.* true, real ; -но,*adv.*-ly.

Истóпникъ, *sm.* oven-heater, stoker.

Истóрикъ, *sm.* historian.

Историческій, *adj.* historical.

Истóрія, *sf. dim.* истóрійка, history.

Истóчникъ, *sm.* spring, source.

Истреблять, истребить,*va.* to destroy, extírpate.

Исхóдъ, *sm.* Exodus, issue.

Исчезáть, исчéзнуть, to disappear, vanish.

Исчертить, see изчертить.

Итáкъ, *adv.* thus, so.

Итáлія, *sf.* Italy.

Итти & итá, see идти.

I.

Іезуитъ & Езуитъ, *sf.* Jesuit.

Іисусъ, *sm.* (-Хрпстóсъ), Jesus Christ ; *vocative,* Іисусе Христé!

Іоáннъ, *sm.* John.

Іóсифъ, *sm.* Joseph.

Ісаáкъ, *sm.* Isaac.

Іюль, *sm.* July.

Іюнь, *sm.* June.

К.

Ка & ко, *a suffix added to the imper.*

Кабáкъ, *sm.* tavern, public-house, wine-shop.

Кабáпъ, *sm.* boar, wild boar.

Кабардá, *sf.* Kabarda ; -динскій, *adj.*

Кабинетъ, *sm.* cabinet, closet, private room.

Каблукъ, *sm.* heel (of a boot or shoe).

Кавалéрія, *sf.* cavalry.

Кавкáзецъ, *sm.* a native or inhabitant of Caucasus.

Кавкáзъ, *sm.* Caucasus ; -кáзскій, *adj.*

Кадéтъ, *sm.* cadet ; -дéтскій кóрпусъ, military academy.

Кáдка, *sf. dim.* -дочка & -душка, tub.

Кáждый, *adj.* and *pron.* each, every, every one.

Кáжется, *v. imp.* it appears, it seems.

Казáкъ, *sm.* Cossack or Cazack ; -зáчій, -зáцкій, *adj.*

Казáнь, *sm.* Kazan ; -зáнскій, *adj.*

Казáрма, *sf.* barracks.

Казáться, *vr.* to appear, show one's self.

Казённый, *adj.* of the crown.

Казнá, *sf.* the public chest, treasury.

Казначéйство, *sn.* exchequer.

Казнить, *va.* to punish with death, execute.

Каковóй & Какóвъ, *adj. pron.* what kind of ? what sort of ?

Какóй, *adj.* what kind or sort of ? какóй-то, some kind, a certain ; какóй-нибудь, какóй-либо, some, any kind of.

Какъ, *adv.* how ? as, like.

Какъ то, *adv.* once upon a time, such as.

Калмыкъ, Kalmuk, *sm.* ; -мыцкій, *adj.*

Каменистый, *adj.* stony, lapideous.

Каменный, *adj.* stone, stony.

Каменоломня, *sf.* quarry.

Каменщикъ, *sm.* mason.

Камень, *sm. dim.* -мешекъ & -мышекъ, stone.

Камеръ-Лакей, *sm.* chamber-lackey.

Камзолъ, *sm.* under-waistcoat.

Камйнъ, *sm.* fire-place.

Камчатка, *sf.* Kamtchatka.

Камышъ, *sm.* reed, cane ; -мышёвый, *adj.*

Канава, *sf.* gutter, ditch.

Каналъ, *sm.* canal, channel.

Канальья, *sc.* rascal.

Кантель, *sf.* wire-ribbon.

Канунъ, *sm.* eve.

Капиталъ, *sm.* capital.

Капитанъ, *sm.* captain.

Капитолій, *sm.* capitol.

Капля, *sf.* drop.

Капризный, *adj.* capricious.

Караванъ, *sm.* caravan.

Карандашъ, *sm.* lead-pencil, graphite.

Караулить, *va.* to watch, guard, to spy.

Караульный & Караульщикъ, *sm.* watchman.

Карета, *sf.* coach, carriage.

Каркать, каркнуть, *vn.* to croak.

Карманный, *adj.* of pocket, portable.

Карманъ, *sm.* pocket.

Карнизъ, *sm.* cornice.

Карпъ, *sm.* carp.

Карта, *sf.* card, map.

Картавить, *vn.* to lisp.

Картечь, *sf.* grape-shot.

Картина, *sf. dim.* картинка, picture.

Картинка,-тиночка,*sf.dim.*print,cut.

Картонъ, *sm.* pasteboard.

Картузъ, *sm.* cap. travelling-cap.

Касаться, коснуться, *vr.* to touch, relate to.

Каспійское Море, Caspian Sea.

Кастрюля, *sf.* saucepan.

Катаніе, *sn.* rolling, driving.

Катеръ, *sm.* transport-boat, barge.

Католикъ, -ичка, *s.* Catholic.

Католицизмъ, *sm.* Catholicism.

Каторжникъ, *sm.* convict, galley-slave.

Кафтанъ, *sm.* coat.

Качать, качнуть, *va.* to shake, swing, to pump.

Качаться, *vr.* to swing, rock, roll.

Качество, *sn.* quality.

Каша, *sf.* gruel.

Кашлянуть, *pa.*, see кашлять.

Кашлять, кашлянуть, *vn.* to cough.

Каюта, *sf.* cabin.

Каютъ-кампанія, *sf.* ward-room.

Квадратный, *adj* square.

Квадратъ, *sm.* a square, square number.

Квартира, *sf.* lodgings, apartments.

Квасъ, *sm.* kvass (a drink), acid taste.

Келарь, *sm.* cellarer.

Келья & Келлія, *sf. dim.* келейка, a cell.

Кивотъ, *sm.* image-case.

Кидать, кинуть, *va.* to throw, abandon.

Кидаться, кинуться, *vr.* to cast one's self, to fall upon.

Киль, *sm.* keel, bottom (of ships).

Кинжалъ, *sm.* poniard, dagger.

Кинуться, *pa.*, see кидаться.

Кипѣть, *vn.* to boil, to swarm (of insects).

Кипятокъ, *sm.* boiling water.

Кирпичъ, *sm.* brick.

Кисейный, *adj.* of muslin.

Кисть, *sf.* tassel, brush, wrist (of the hand).

Кіевлянинъ, *sm.* an inhabitant of Kieff.

Кіевъ, *sm.* Kieff; -вскій, *adj.*

Китай, *sm.* China; -ецъ, a Chinese.

Китайскій, *adj.* Chinese.

Кладбище, *sn.* cemetery.

Кладовая, *sf.* store-house, lumber room.

Кланяться, *vr.* to make a bow, salute.

Классъ, *sm.* class, rank.

Класть, положить, *va.* to lay, put, set.

Клевать, клюнуть, *va.* to pick, peck.

Клевета, *sf.* calumny, slander.

Клеветать, *va.* (на кого), to calumniate, slander.

Клевретъ, *sm.* comrade, companion.

Кликнуть, *va. pa.* to call, call in.

Климатъ, *sm.* climate.

Клинокъ, *sm.* blade (of a sword).

Клинъ, *sm.* coin, wedge, stake.

Клокъ *sm. dim.* клочёкъ, tuft, lock, small piece.

Клониться, *vr.* to incline, tend, draw towards.

Клочёкъ, *sm.* & Клочье, *sn.*, see клокъ.

Клубъ, *sm.* curling cloud (of smoke or steam), club.

Клетка, *sf.* cage, den.

Клюнуть, *va. pa.*, see клевать.

Ключница, *sf.* housekeeper.

Ключъ, *sm.* key, spring, fountain.

Клясться, *vr.* to take an oath, to swear.

Кляча, *sf.* a jade, sorry horse.

Книга, *sf.* book.

Книжка, *sf. dim.* a little book, pocket-book.

Княгиня, *sf.* princess (married).

Княжескій, *adj.* prince's, princely.

Княжество, *sn.* principality.

Княжить, *vn.* to reign.

Князь, *sm.* prince.

Кобыла, *sf.* mare.

Коварство, *sn.* craft, art, cunning.

Ковать, *va.* to forge, to shoe (a horse).

Коверъ, *sm. dim.* коврикъ, carpet.

Ковка, *sf.* hammering, forged work.

Когда, *adv.* when! -нибудь, -либо, some time or other, some day.

Когда-то, *adv.* once upon a time some day.

Кое-гдѣ, *adv.* somewhere.

Кое-какъ, *adv.* somehow, so so.

Кое-что, *pron.* something.

Кожаный, *adj.* leathern.

Кожевенный, *adj.* of a tanyard.

Коза, *sf.* she-goat; козій, *adj.*

Козёлъ, *sm.* he-goat.

Козырёкъ, *sm.* shade, visor.

Козявка, *sf.* small beetle.

Кой, *pron.* (*f.* коя, *n.* кое), who, which, that.

Коишауръ, *sm.* Koishawr; рскій, *adj.*

Колебаніе, *sn.* shaking, hesitation.

Колебать, *va.* to agitate, shake.

Колебаться, *vr.* to waver, shake.

Колесо, *sn.* wheel.

Колея, *sf.* rut.

Коли, *adv.* when, if.

Количество, *sn.* quantity.

Колкость, *sf.* sharpness, causticity.

Колоколъ, *sm.* bell; -кольный, *adj.*

Колокольня, *sf.* belfry.

Колокольчикъ, *sm. dim.* little bell.
Колонна, *sf.* column.
Колосъ, *sm.* an ear (of corn).
Колотить, *va.* to beat, thrash.
Колоть, кольнуть, *va.* to prick, sting.
Колпакъ, *sm.* night-cap.
Колумбъ, *sm.* Columbus.
Колыбель, *sf.* cradle ; -бельный, *adj.*
Колыхать, колыхнуть, *vn.* to rock, swing.
Коль, *adv.* when, if.
Кольнуть, *pa.*, see колоть.
Колѣно, *sn.* knee, branch, generation.
Колючка, *sf.* prickle, prickly thing.
Команда, *sf.* detachment, crew.
Командиръ, *sm.* commander.
Командованіе, *sn.* command.
Комаръ, *sm.* gnat, musquito.
Комедія, *sf.* comedy.
Комендантъ, *sm.* commandant of a town.
Комната, *sf. dim.* -натка, room, chamber.
Комодъ, *sm.* chest of drawers.
Комъ, *sm. dim.* комокъ, lump, call, clod.
Конвой, *sm.* convoy, escort ; -войный, *adj.*
Конецъ, *sm.* end, aim.
Конечно, *adv.* certainly.
Конечный, *adj.* final, last.
Конный, *adj.* horse, equestrian.
Конопляный, *adj.* hemp, of hemp.
Консервы, *sf. pl.* preserves.
Конскій, *adj.* horse, of horses'.
Константинъ, *sm.* Constantine.
Константинополь, *sm.* Constantinople.
Констанція, *sf.* Constance.
Консулъ, *sm.* consul.
Конфектъ, *sm.* & Конфекта, *sf.* sweet-meat.

Кончать, кончить, *va.* to finish, end.
Кончаться, кончиться, *vr.* to be at an end, to be expiring, to die.
Конь, *sm.* horse.
Копошиться, *vr.* to swarm, teem.
Копыто, *sn.* hoof.
Копьё, *sn.* lance.
Копѣйка, *sf.* copeek (100th part of a rooble).
Кора, *sf.* bark, crust.
Корабельщикъ, *sm.* master of a ship.
Кораблекрушеніе, *sn.* shipwreck.
Корабль, *sm.* ship.
Корень, *sm.* root.
Корзина, *sf.* basket.
Кормилица, *sf.* wet-nurse.
Кормить, *va.* to nurse, feed.
Кормъ, *sm.* feed, fodder.
Корнелія, *sf.* Cornelia.
Корова, *sf.* cow ; -ровій, *adj.*
Королева, *sf.* queen.
Король, *sm.* king.
Коромысло, *sn.* yoke (of water bearers).
Корона, *sf.* crown.
Коронація, *sf.* & -нованіе, *sn.* coronation, crowning.
Короткій, *adj.* short, brief, intimate.
Корпусъ, *sm.* detached building, corps, college.
Кортикъ, *sm.* cutlass.
Корыстолюбіе, *sn.* love of gain.
Коса, *sf.* tress, scythe.
Косвенный, *adj.* oblique, slant, indirect.
Косматый, *adj.* shagged, shaggy.
Коснуться, *pa.*, see касаться.
Косой, *adj.* slanting, sloping, squinting.
Костёръ, *sm.* wood pile.
Кострома, *sf.* Kostroma ; -мской, *adj.*

Кость,*sf.* bone ; (слоповая), ivory.

Косынка, *sf.* triangular neckerchief.

Котёлъ, *sm.* kettle, copper, boiler.

Который, *pron. interr.* which ? what?

Который, *pron. rel.* which, who, that.

Который нибудь, some one. any one.

Котъ, *sm.* tom-cat.

Кофей, *sm.* & Кофе, *indeclin.* coffee ; -фейный, *adj.*

Кочевать, *vn.* to lead a nomad life, wander.

Кочевникъ, *sm.* a nomad.

Кочевой, *adj.* nomad, nomadic.

Кошечій, *adj.* cat's.

Кошелёкъ, *sm.* purse.

Кошка, *sf.* she-cat.

Край, *sm.* edge, country.

Крайне, *adv.* extremely.

Крайній, *adj.* last, extreme, utmost.

Крайность, *sf.* extremity, necessity.

Красавица, *sf.* beautiful woman.

Красивый, *adj.* pretty.

Красить, *va.* to paint, dye.

Краска, *sf.* colour, paint.

Краснобайство, *sn.* talkativeness.

Красноватый, *adj. dim.* reddish.

Красное дерево, mahogany.

Красный, *adj.* red.

Краснеть, *vn.* to grow red, redden.

Красота, *sf.* beauty.

Кредиторъ, *sm.* creditor.

Кремль, *sm.* citadel, Kreml (in Moscow) ; -лёвскій, *adj.*

Крендель, *sm.* cracknel.

Кресло, *sn. & pl.* кресла, arm chair, easy chair ; *dim.* креслецо.

Креститель, *sm.* baptist.

Крестить, *va.* to baptize, to mark with a cross.

Креститься, *vr.* to be baptized.

Крёстный, *adj.* of a cross, of baptism ; -ходъ, procession.

Крестъ, *sm.* cross.

Крестьянинъ, *sm.* peasant ; -тьянскій, *adj.*

Крестьянство, *sn.* peasantry.

Крещеніе, *sn.* baptism.

Кривой, *adj.* crooked, blind of one eye.

Крикнуть, *vn. pa.* to give a shriek, to shout.

Крикунъ, *sm.* cryer, clamourer.

Крикъ, *sm.* cry, clamour, shrieks.

Кричать, *vn.* to cry, shout.

Кровавый, *adj.* bloody, stained with blood.

Кровать, *sf. dim.* -ватка, bedstead, bed.

Кровля, *sf.* roof.

Кровожадный, *adj.* blood-thirsty.

Кровопролитіе, *sn.* bloodshed.

Кровъ, *sm.* roof ; *fig.* protection.

Кровь, *sf.* blood.

Кроликъ, *sm.* rabbit ; -личій, *adj.*

Кромѣ, *prep. gen.* except, besides.

Кропштадтъ, *sn.* Cronstadt ; -тádт-скій, *adj.*

Кроткій, *adj.* kind, benign.

Кротость, *sf.* kindness, mildness.

Кроха, *sf.* crumb, morsel.

Крошка, *sf.* little one, nursling.

Круглый, *adj.* round.

Круговой, *adj.* circular.

Кругомъ, *adv.* around.

Кругъ, *sm. dim.* кружёкъ, round, circle.

Кружка, *sf.* tankard, jug, cup.

Кружокъ, *dim.,* see кругъ.

Крупа, *sf.* groats, grits.

Крупный, *adj.* large, coarse.

Крутить, *va.* -ся, *vr.* to twist, twirl.

Крутóй, *adj.* steep, thick.

Кручúна, *sf. dim.* sorrow, affliction.

Крылó, *sn.* wing.

Крыльцó, *sn.* porch.

Крымъ, *sm.* Crimea ; -мскій, *adj.*

Крыса, *sf.* rat.

Крыть, *ra. (pres.* крóю,) to cover.

Крыша, *sf.* roof.

Крѣпкій, *adj.* strong, firm.

Крѣпко, *adc. comp.* крѣпче, strongly, firmly.

Крѣпостнóй, *adj.* of a fortress, bound to the soil.

Крѣпость, *sf.* strength, fortress, title-deed of possession.

Кряхтѣть, *rn.* to groan.

Кто, *pron. interr.* who ?

Кто, *pron. rel.* who, that which.

Кто куда, in all directions.

Кто нибудь, кто либо, any one.

Кто-то, somebody, some one.

Кубань, *sf.* Cuban.

Куда, *adr.* whither ? where ?

Кудри *pl.* кудря, *sf.* curls, lock of hair.

Кузнéцъ, *sm.* blacksmith.

Кузнéчество, *sn.* the business of a blacksmith.

Кузьма, *sm.* Cosmus, Cosmo.

Кукла, *sf. dim.* кýколка, doll, puppet.

Кулúчъ, *sm.* sweet loaf, Easter cake.

Кума, *sf. dim.* кумушка, godmother, gossip.

Кумúръ, *sm.* idol.

Кумъ, *sm. irr. (pl.* кумовья), *dim.* кумашёкъ, godfather, gossip.

Кунашúръ, *sm.* Kunashire.

Купа, *sf.* heap, crowd, group.

Купáльщикъ, *sm.* bather.

Купáнie, *sn.* bathing.

Купáть, *ra.* to bathe ; -ся, to bathe one's self.

Купéль & Купѣль, *sf.* the font.

Купéцъ, *sm.* merchant, buyer ; -нéческій, *adj.*

Купúть, *ra. pa.* to buy, purchase.

Кургáнъ, *sm.* tumulus, barrow.

Курúлецъ, *sm.* a native of Kurile Islands.

Курúть, *ra.* to smoke.

Курúться, *rr.* to smoke, be smoked.

Кýрица, *sf.* hen.

Курсъ, *sm.* course.

Кýртка, *sf.* jacket, doublet.

Курфúрстъ, *sm.* Elector.

Курчáвый, *adj.* curly, woolly-headed.

Курятникъ, *sm.* poultry-house.

Кусáть, *ra.* & Кусáться, *rr.* to bite.

Кусóкъ, *sm.* morsel, piece.

Кустáрникъ, *sm.* shrub, bush.

Кустъ, *sm.* bush, shrub.

Кýхня, *sf.* kitchen.

Кýча, *sf. dim.* кýчка, heap, crowd.

Кушáкъ, *sm.* sash, belt.

Кýшанье, *sn.* food, dish.

Кýшать, *ra.* to eat or drink.

Кушъ, *sm.* sum, stake.

Къ чему ? why ? for what reason ?

Къ & Ко, *prep. dat.* to, towards.

Кяхта, *sf.* Kiachta.

Л.

Лáвка, *sf. dim.* лáвочка, bench, shop.

Лáгерь, *sm.* camp.

Лáдно, *adv.* in accord, in tune, on good terms, pretty well.

Ладóнь, *sf.* palm of the hand.

Ладъ, *sm.* concord, harmony.

Лáзить, *rn.* to climb, crawl, creep, dive (in water).

Лай, *sm.* barking.

Лакéй, *sm.* lackey, footman.

Лáкомство, *sn.* dainties, sweetmeats.

Лáпа, *sf. dim.* лáпка, paw.

Лаплáндія, *sf.* Lapland.

Лаплáндецъ, *sm.* Laplander.

Лáпоть, *sm.* bast shoe.

Лáска, *sf.* caress, kindness.

Ласкáть, *va.* to caress.

Ласкáться, *vr.* to fawn.

Лáсково, *adv.* affably, kindly.

Лáсковый, *adj.* affable, kind.

Лáсточка, *sf.* swallow (a bird).

Лáты, *sf. pl.* armour.

Лафéтъ, *sm.* gun-carriage.

Лáять, *vn.* to bark.

Лéбедь, *sm. sf.* swan.

Лéвктры, *sf. pl.* Leuctra.

Левъ, *sm.* lion.

Легіóнъ, *sm.* legion.

Лёгкій, *adj. dim.* лёгонькій, light, easy.

Легкó, *adv. dim.* легóнько, *comp.* лéгче, lightly, easily.

Легковѣрie, *sn.* credulity.

Легковѣрный, *adj.* credulous.

Легкомысленный, *adj.* light-minded, unsteady ; -но, *adv.*

Легкомысліе, *sn.* unsteadiness.

Лёдъ, *sm.* ice ; -дяной, *adj.*

Лежáть, *vn.* to lie, be situated.

Лéпочка, *dim.* of Елéна, Ellen.

Лéнта, *sf. dim.* лéпточка, ribbon.

Лёнъ, *sm.* flax.

Леонúдъ, *sm.* Leonidas.

Лепёшка, *sf.* cake, bun.

Лечь, *pa.* (*past* лёгъ, *fut.* лягу), see лежáть.

Ли & Ль, *interrogat particle,* whether if. Ask whether he was there, "Спросú, былъ ли онъ тамъ?"

Лúбо, *adv.* either, or.

Лúвій, *sm.* Livius, Livy.

Лиза, *sf. dim.* Лúзочка & Лúзенька, Elizabeth.

Лизáть, *va.* to lick.

Ликёръ, *sm. dim.* ликёрчикъ, liquor.

Ликýргъ, *sm.* Lycurgus.

Ликъ, *sm.* face, image.

Линéйный, *adj.* line, of line.

Лúнія, *sf.* line.

Лúпа, *sf.* lime-tree.

Лисúца & Лисá, *sf.* fox ; лисíй, *adj.*

Листъ, *dim.* лúстикъ, *pl.* лúстья, leaf (of plants).

Листъ, *dim.* листóкъ, *pl.* листы́, leaf, sheet, plate (of a book, etc.).

Литвá, *sf.* Lithuania ; -товскій, *adj.* Lithuanian.

Литóй, *part.* cast (of metals).

Лить, *va.* to pour, cast, coin.

Лúться, *vr.* to flow, to be cast.

Лúхва, *sf.* usury, profit.

Лихóй, *adj.* evil, wicked, mischievous, ardent.

Лихорáдка, *sf.* fever, ague.

Лихорáдочный, *adj.* feverish.

Лицé & Лицó, *sn.* face, figure, person.

Лицемѣрie, *sn.* hypocrisy.

Лúчный, *adj.* personal, individual.

Лúчно, *adv.* personally, individually.

Лишáть, лишúть, *va.* to deprive, bereave ; -ся, to lose, be deprived.

Лишéніе, *sn.* loss, privation.

Лúшній, *adj.* superfluous.

Лишь, *adv.* only, but ; (-только), as soon as.

Лобзáть, *va.* to kiss.

Лобпое мѣсто, place of execution.
Лобъ, *sm.* forehead.
Ловить, *ra.* to catch, seize.
Ловкій, *adj.* easy, clever, alert.
Ловко, *adv.* easily, cleverly.
Ловчій, *adj.* hunting (of chase) ; *sm.* huntsman.
Логовпще, *sn.* den.
Лодка, *sf.* boat.
Ложиться, лечь, *rn.* to lie down.
Ложка, *sf.* spoon.
Ложь, *sf.* lie.
Локопъ, *sm.* lock, curl.
Локоть, *sm.* elbow.
Ломоть, *sm.* slice, shive.
Лохъ, *sm.* gout, pains.
Лопдопъ, *sm.* London ; -скій, *adj.*
Лопата, *sf. dim.* лопатка, shovel.
Лопатка, *sf. dim.* -точка, shoulder-blade.
Лоскутъ, *sm. dim.* -кутокъ, shred, piece, rag.
Лосниться, *rr.* to be glossy, have a polish.
Лососина, *sf.* flesh of salmon.
Лосось, *dim.* лососокъ, salmon.
Лотокъ, *sm.* a tray (of the hawkers), gutter, trough.
Лохмотье, *sf. coll.* rags.
Лоцмапъ, *sm.* pilot.
Лошадёпка, *dim.* a miserable little horse.
Лошадь, *sf. dim.* лошадка, horse.
Лугъ, *sm.* meadow.
Лужепый, *part.* tinned.
Лукаво, *adv.* slily, cunningly.
Лукавый, *adj.* sly, cunning.
Лукавый, *sm.* evil spirit.
Лукъ, *sm.* bow.
Луна, *sf.* moon.

Лучина, *sf. dim.* -чинка, splint, thin piece of wood.
Лучъ, *sm.* ray.
Лысый, *adj.* bald.
Льняной, *adj.* flax, flaxen, linen (unbleached).
Лѣвый, *adj.* left.
Лѣзть, *rn.* to climb, clamber.
Лѣкарство, *sn.* physic, medicament.
Лѣнивый, *adj.* idle, lazy.
Лѣниться, *rr.* to be idle, be lazy.
Лѣпость, *sf.* laziness.
Лѣпь, *sf.* laziness ; *imp. v.* (мнѣ·) I feel lazy.
Лѣпить, *ra.* to stick, model ; -ся, *rr.* to cling, cleave.
Лѣса, *sm. pl.* scaffolding.
Лѣсистый, *adj.* woody.
Лѣсной, *adj.* of forest, woody.
Лѣстница, *sf.* staircase, ladder.
Лѣсъ, *sm.* wood, forest, timber, scaffolding.
Лѣта, *pl.* age.
Лѣтпему, (по-) summer like.
Лѣто, *sn.* summer ; лѣтпій, *adj.*
Лѣтомъ, *adv.* in summer.
Лѣтописецъ, *sm.* chronicler.
Лѣтопись, *sf.* annals.
Любезпый, *adj.* dear, amiable.
Любимецъ, *sm.* darling, favourite.
Любимый, *adj.* loved, favourite.
Любитель, *sm.* amateur.
Любить, *ra.* to love, to be fond of.
Любоваться, *rr.* to admire, delight in.
Любовь, *sf.* love, affection.
Любо, *r. imp.* it is pleasing.
Любой, *adj.* any you like.
Любопытный, *adj.* curious, interesting.

Любопытство, sn. curiosity.

Людовикъ, sm. Louis.

Люкъ, sm. hatchway.

Лютость, sf. ferocity, cruelty.

Лютый, adj. ferocious, violent, terrible.

M.

Маґра, sf. christian name.

Магометанинъ, sm. Mahometan.

Магнитъ, sm. magnet.

Магометъ, sm. Mahomet.

Май, sm. month of May.

Майоръ & Маіоръ, sm. major (milit.).

Макаръ & Макарій, sm. Macarius.

Македонія, sf. Macedonia; -нскій, adj. Macedonian.

Максимъ, sm. Maximus.

Маленькій, dim., see малый.

Маленько, adv. a little, somewhat, rather.

Мало, adv. little, but little.

Мало по малу, by degrees, little by little.

Малодушіе, sn. pusillanimity, cowardice.

Малодушный, adj. pusillanimous, faint-hearted.

Малороссія, sf. Little Russia; малороссійскій, adj. of Little Russia.

Малый, adj. dim. маленькій, comp. меньшій, little, small.

Малый, sm. lad, boy, servant.

Мальчикъ, sm. boy.

Малютка, sf. little one, child.

Мамаша, sf. dim. dear mamma.

Мамка, sf. nurse.

Мандаринъ, sm. mandarin.

Манежъ, sm. riding-school.

Мановеніе, sm. nod, sign.

Мантинея, sf. Mantinea.

Мануфактурный, adj. manufactured.

Марать, va. to dirty, soil.

Марина, sf. Mary-Anne.

Марія & Марья, sf. Mary.

Маркиза, sf. markee, window-blind.

Марсъ, sm. top, Mars (a planet).

Мартъ, sm. month of March.

Марфа & Мареа, sf. Martha.

Масло, sn. oil ; (коровье-), butter.

Масляница, sf. butter-week, carnival.

Масса, sf. mass.

Мастеровой, sm. workmen.

Мастерски, adv. skilfully, masterly.

Мастерство, sn. profession, handicraft.

Мастеръ, sm. master.

Матерія, sf. matter, substance, stuff, cloth.

Матица, sf. tie-beam.

Матросъ & Матрозъ, sm. sailor.

Матсмай, sm. Matsmai.

Мать, sf. mother.

Махать, махнуть, va. to wave, brandish.

Махъ, sm. swing, stroke.

Мачта, sf. mast.

Мгла, sf. mist, fog.

Мгновеніе, sn. instant, moment.

Мгновенно, adv. instantaneously, in a moment.

Мебель, sf. furniture.

Медведь, sm. bear; -вежій, adj.

Медина, sf. Medina.

Медленный, adj. slow ; -но, adv. -ly.

Медъ, sm. honey.

Между & Межъ, prep. instr. and gen. between, amidst.

Между темъ, adv. meanwhile.

Между темъ какъ, adv. whilst.

Мекка, *sf.* Мecca.

Мелкій, *adj.* fine, small, shallow ; -ко, *adv.*

Мелочность, *sf.* shabbiness.

Мель, *sf.* shallow, sand-bank.

Мелькать, -кнуть, *vn.* to glance, glimpse, gleam.

Мелькнуть, *pa.,* see мелькать.

Мерзить, *vn.* to have dislike, be disgusted.

Мёрзнуть, *vn.* to freeze.

Мертвецки, (раз-) пьянъ, dead-drunk.

Мертвецъ, *sm.* corpse, dead man.

Мертвечина, *sf.* carrion.

Мёртвый, *adj.* dead.

Мерцать, *vn.* to glimmer, grow dim.

Металлическій, *adj.* metallic.

Металлъ, *sm.* metal.

Метать, *va.* to cast, throw.

Метаться, *vr.* to throw one's self about.

Мечта, *sf.* & Мечтаніе, *sn.* fancy, dreams.

Мечтательность, *sf.* fancifulness.

Мечтать, *vn.* to dream, conceit, imagine.

Мигомъ, *adv.* in an instant, in no time.

Мигъ, *sm.* instant.

Микстура, *sf.* mixture.

Милліонъ, *sm.* million.

Милосердіе, *sn.* mercy, compassion.

Милосердый, *adj.* clement, charitable.

Милостыня, *sf.* alms, charity.

Милость, *sf.* favour, grace, charity.

Милый, *adj.* amiable, charming.

Мимо, *adv.* past, by.

Миновать, Минуть, *va.* to avoid, pass over.

Миноваться, *vr.* to pass, be over.

Минута, *sf.* minute.

Минуть, *pa.,* see миновать.

Мириться, *vr.* to make peace with, be reconciled.

Мирный, *adj.* peaceful.

Мировая, *sf.* amicable arrangement.

Миролюбивый, *adj.* peace loving, peaceable.

Миротворитель & Миротворецъ, *sm.* pacificator, peace-maker.

Миръ, *sm.* peace.

Митрополитъ, *sm.* metropolitan.

Михаилъ & Михайло, *sm.* Michael.

Міръ, *sm.* world, universe.

Младенецъ, *sm.* infant.

Младой, *sl.,* see молодой.

Мнимоумершій, *adj.* being in a trance, taken for dead.

Мнимый, *adj.* pretended, imaginary.

Многіе, *adj. pl.* many, several.

Много, *adv.* much, many.

Многоженство, *sn.* polygamy.

Многолюдный, *adj.* populous.

Многолюдство, *sn.* populousness, large population.

Многотрудный, *adj.* very difficult, most laborious.

Многочисленность, *sf.* great number.

Многочисленный, *adj.* numerous.

Множество, *sn.* multitude, great quantity.

Мнѣніе, *sn.* opinion.

Могила, *sf.* grave, tomb.

Могильщикъ, *sm.* grave-digger.

Могучій, *adj.* powerful, robust.

Можетъ быть, *adv.* perhaps.

Можно, *v. imp.* it is possible.

Мой, *adj. & pron. poss.* (*f.* моя, *n.* моё), my, mine.

Мокрый, *adj.* wet, moist.

Молва, *sf.* report, rumour.

R

Моле́бенъ, *sm.* public prayers, thanksgiving.

Моли́тва, *sf.* prayer.

Моли́ть, *va.* to pray, supplicate.

Моли́ться, *vr.* to pray God.

Мо́лнія, *sf.* lightning.

Молоде́цъ, *sm.* young man, a clever fellow.

Молодо́й, *adj.* young.

Молодо́й, -да́я, *s.* newly married.

Мо́лодость, *sf.* youth.

Мо́лотъ, *sm.* hammer.

Моло́ть, *va.* (*pres.*, мелю́), to grind, to talk, clatter.

Молча́ніе, *sn.* silence.

Молча́ть, *vn.* to be silent.

Молъ, particle, *fam.* then.

Моме́нтъ, *sm.* moment.

Мона́рхія, *sf.* monarchy.

Мона́рхъ, *sm.* ; -хиня, *f.* monarch, sovereign.

Монасты́рь, *sm.* monastery, convent.

Мона́хиня, *sf.* nun.

Мона́хъ, *sm.* monk, friar.

Мона́шескій, *adj.* monastic.

Моне́та, *sf.* coin, money.

Монуме́нтъ, *sm.* monument.

Морга́ть, моргну́ть, *vn.* to blink, twinkle.

Мо́рда, *sf.* muzzle, snout.

Мо́ре, *sn.* sea.

Морко́вь, *sf.* carrot.

Моро́зитъ, *v. imp.* it freezes.

Моро́зъ, *sm.* frost.

Мороси́ть, to fall ; *v. imp.* it drizzles.

Морско́й, *adj.* sea, naval, maritime.

Морти́ра, *sf.* mortar.

Морщи́на, *sf. dim.* -щи́нка, wrinkle.

Москаль, *sm.* Russian (term used by natives of Little Russia).

Москва́, *sf.* Moscow ; -ко́вскій, *adj.*

Москви́чь, *sm.* inhabitant of Moscow.

Мостъ, *sm. dim.* мо́стикъ, bridge.

Мота́ть, *va.* to wind, reel, shake, squander, spend.

Моти́въ, *sm.* melody, tune.

Мотъ, *sm. dim.* моти́шка, spendthrift.

Мохна́тый, *adj.* shaggy, rough.

Мочь, *vn.* to be able.

Моше́нникъ, -ница, *s.* rogue.

Мо́шка, *sf.* thrips (small insects).

Моще́ный, *part.* paved.

Мракъ, *sm.* obscurity, gloom.

Мра́моръ, *sm.* marble.

Мра́чно, *adv.* gloomy, sullenly.

Мра́чность, *sf.* darkness, obscurity.

Мра́чный, *adj.* gloomy, obscure.

Мсти́тель, *sm.* avenger.

Мсти́ть, *va.* to avenge.

Мудре́цъ, *sm.* sage, wise man.

Му́дрый, *adj.* wise.

Му́жественный, *adj.* valiant, valorous.

Му́жество, *sn.* manhood, valour, courage.

Мужи́къ, *sm. dim.* мужичёкъ, peasant.

Мужско́й, *adj.* man's.

Мужчи́на & Мущи́на, *sm.* man, male.

Мужъ, *sm.* man, husband.

Му́за, *sf.* muse.

Му́зыка, *sf.* music.

Музыка́льный, *adj.* musical.

Музыка́нтъ, *sm.* musician.

Му́ка, *sf.* torment, pain.

Мулла́ & Мула́, *sm.* Mula.

Мунди́ръ, *sm.* uniform.

Мурлы́кать, *va.* to pur, purr, mutter, hum.

Муску́листый, *adj.* musculous, brawny.

Мусульма́нинъ, *sm.* Mussulman, Mahomedan.

Му́тный, *adj.* muddy, turbid.

Му́ха, *sf.* fly.

Му́ченикъ, -ница, *s.* martyr.

Муче́ніе, *sn.* torment, suffering.

Мучи́тельный, *adj.* painful, tormenting.

Му́чить, *va.* to torment, torture.

Му́читься, *vr.* to suffer, be anxious.

Мча́ться, *vr.* to hurry away, whirl, go fast.

Мще́ніе, *sn.* & Месть, *sf.* vengeance.

Мы́ло, *sn.* soap.

Мылова́ръ, *sm.* soap-maker.

Мы́слить, *va.* to think, reflect.

Мысль, *sf.* thought.

Мыть, *va.* (*pres.* мо́ю), to wash.

Мышь, *sf.* mouse.

Мѣ́дный, *adj.* of copper.

Мѣдь, *sf.* copper.

Мѣ́ра, *sf.* measure.

Мѣ́рный, *adj.* according to measure, measured.

Мѣ́стность, *sf.* locality.

Мѣ́стный, *adj.* local.

Мѣ́сто, *sn.* place, spot.

Мѣ́сяцъ, *sm.* month, moon.

Мѣхъ, *sm.* (*pl.* мѣха́), fur, skin.

Мѣхъ, *sm.* (*pl.* мѣхи́), bellows.

Мѣшкать, *vn.* to loiter, linger, dally.

Мѣшо́къ, *sm.* sack, bag.

Мѣщани́нъ, *sm.* burger, commoner.

Мягкій, *adj.* soft, meek.

Мя́со, *sn.* flesh, meat.

Мятеж́никъ, *sm.* rebel, mutineer.

Мяте́жъ, *sm.* mutiny, rebellion.

Мяте́ль & Мяте́лица, *sf.* snow-storm.

II.

На, *prep. acc. and prep.* on, upon, up, in, against, at.

Набалда́шникъ, *sm.* cane-head.

Набатъ, *sm.* alarm-bell,

Набережная, *adj.* quay, embankment.

Набить, *va. pa.* to fill up.

Набира́ть, набра́ть, *va.* to gather, to levy, recruit.

Набира́ться, набра́ться, *vr.* to assemble, gather, get together.

Набо́жность, *sf.* devoutness, devotion.

Набо́жный, *adj.* devout.

Набрести́, *vn. pa.* to walk upon.

Набра́ть, -ся, *pa.*, see набира́ть, -ся.

Набѣжа́ть, *vn.* to run upon, get together, make an incursion.

Навзни́чь, *adv.* backwards, upon one's back.

Навзры́дъ, *adv.* sobbing, crying bitterly.

Навле́чь, *va. pa.* (*fut.* навлеку́), to occasion, bring on.

Наводи́ть, навести́, *va.* to lead on, bring many.

Наводне́ніе, *sn.* inundation.

Навра́ть, *va. pa.* to tell plenty of lies.

Навсегда́, *adv.* for ever.

Навстрѣ́чу, *adv.* towards, against.

Навѣсти́ть, *pa.*, see навѣща́ть.

Навѣ́съ, *sm.* pent-house, canopy.

Навѣща́ть, навѣсти́ть, *va.* to visit, pay a visit.

Наго́й, *adj.* naked, bare.

Нагота́, *sf.* nakedness, bareness.

Награ́да, *sf.* reward, remuneration.

Награжда́ть, награди́ть, *va.* to reward, endow.

Награжде́ніе, *sn.* remuneration, recompense.

Нагрузи́ть, *va. pa.* (*imp. a.* нагружа́ть) to load, ship.

Нагуля́ться, *vr. pa.* to have enough of walking.

Надвинуть, *га. ра.* to move upon.

Надёжда, *sf.* hope.

Надёжный, *adj.* trusty, secure.

Надзирать, *vn.* to oversee, have the inspection.

Надзоръ, *sm.* surveillance, inspection, watch.

Надлежать, *imp.* (надлежитъ), it is necessary, one ought.

Надлежащій, *adj.* due, necessary.

Надмённость, *sf.* haughtiness.

Надо, see Надъ.

Надобно, & Надо, *v. imp.* it is necessary, one ought.

Надорвать, *га. ра.* to tear a little, strain ; (животики), to burst with laughing.

Надоѣдать, надоѣсть,*vn.* to weary,tire.

Надоѣсть, *ра.,* see надоѣдатъ.

Надпись, *sf.* inscription, superscription.

Надъ & Надо, *prep. instr.* over, on, upon.

Надѣвать,надѣть,*га.*to put on(clothes).

Надѣлать, *га. ра.,* to do or make a great deal.

Надѣяться, *vr.* to hope, rely upon.

Наёмникъ, *sm.* a hireling, mercenary.

Наёмщикъ, *sm.* hirer, renter.

Наёмъ, *sm.* hire.

Наживать, нажить, *га.* to get, earn, to grow rich.

Назавтра, *adv.* on the morrow, for the next day.

Назади, *adv.* behind.

Назадъ, *adv.* back, back again.

И задъ, (-тому), ago.

Назвать, *ра.* see называть.

Назначать, назначить,*га.* to appoint, fix, designate.

Назначенный, *part.* appointed, fixed.

Назойливый, *adj.* tiresome, troublesome.

Называть, назвать, *га.* to call, denominate.

Наивный, *adj.* naive, ingenuous.

Наименованіе, *sn.* denomination.

Наименовать, *га. ра.* to name, nominate.

Найти, *ра.,* see находить.

Найтись, *vr. ра.,* to have presence of mind, be found.

Наказъ, *sm.* order, instruction.

Наказывать, наказать, *га.* to chastise, punish, order.

Наканунѣ, *adv.* on the eve.

Накинуть, *га. ра.* to throw or fling on.

Накладывать, накласть, *га.* to lay on or upon abundantly.

Наклонность, *sf.* slope, inclination.

Наклонный, *adj.* sloping, inclined.

Наклонятьса, -ниться, *vr.* to bend, stoop.

Наковальня, *sf.* anvil.

Наконецъ, *adv.* at last, finally.

Накоплять, накопить, *га.* to heap up, accumulate.

Накрывать, накрыть, *га.* to cover.

Налагать, наложить, *га.* to lay on, put on, impose.

Наливать, налить, *га.* to pour in, fill ; -ся, *vr.* to be poured, be filled, to fill one's self with.

Наличный, *adj.* effective, ready cash.

Наложить, see налагать.

Налѣво, *adv.* to the left.

Намазывать, намазать, *га.* to grease, smear upon.

Памёкъ, *sn.* hints, *pl.*; allusion.

Намѣреваться, *rr.* to intent, purpose.

Намѣреніе, *sn.* intention, design.

Нанести, see наносить.

Нанимать, нанять, *va.* to hire.

Наниматься, наняться, *rr.* to hire, or engage one's self.

Нанковый, *adj.* of nankeen.

Наносить, нанесть, *va.* to bear on, to do, cause.

Наносный, *adj.* heaped up, alluvious.

Нанять, *pa.* (*fut.* найму), see нанимать.

Нападать, напасть, *vn.* to fall on or upon, attack, assail.

Нападеніе, *sn.* attack.

Напередъ, *adv.* before, in future.

Напечь, *va. pa.* (*past* напёкъ, *fut.* напеку), to bake abundantly.

Напирать, напереть, *va.* to press on or against, to force.

Написать, *va. pa.* to write; -ся, to be written.

Напитокъ, *sn.* drink, beverage.

Напиться, *va. pa.* to drink, quench thirst.

Напичкать, *va. pa.* to stuff, cram; -ся, *rr.* to be stuffed or crammed, to get into.

Наплевать, *va. pa.* to spit much.

Напоить, *va. pa.* to water.

Наполеонъ, *sn.* Napoleon.

Наполнить, наполнить, *va. pa.* to fill; -ся, *rr.* to be filled.

Напоминать, -помнить, *va.* to remind.

Направлять, направить, *va.* to direct, guide.

Направить, *pa.* see направлять.

Напрасный, *adj.* vain, fruitless.

Напримѣръ, *adv.* for example.

Напротивъ & Напротивъ того, *adv.* on the contrary.

Напротивъ, *prep. gen.* over against, opposite.

Напутствовать, *va.* to provide for the journey.

Напѣвъ, *sn.* song, chant, tune.

Нарекать, наречь, *va.* to name, call.

Наречь, *pa.*, see нарекать.

Народный, *adj.* national, public.

Народъ, *sn.* people, nation.

Нарочно, *adv.* expressly, on purpose.

Нарушать, нарушить, *va.* to infringe, violate, disturb.

Нарывъ, *sn.* abscess.

Нарядить ⸝ -ся, *pa.*, see наряжать; -ся.

Нарядъ, *sn.* attire, order.

Наряжать, нарядить, *va.* to adorn, trim, order, appoint.

Наряжаться, нарядиться, *rr.* to dress one's self with luxury.

Населеніе, *sn.* population.

Населять, населить, *va.* to settle, people.

Насиліе & Насильство, *sn.* violence, force.

Насильственный, *adj.* forcible, violent.

Насквозь, *adv.* through and through.

Насколько, *adv.* as far as.

Наскучивать, наскучить, *vn.* to tire, weary, get tired of.

Наслаждаться, насладиться, *rr.* to enjoy, delight in.

Наслажденіе, *sn.* enjoyment, delight.

Наслышаться, *rr. pa.* to hear much about.

Наслѣдникъ, *sn.* heir, successor.

Насмѣшливый, *adj.* derisive, mocking.

Наставать, настать, *vn.* to come on.

Наставленіе, *sn.* instruction.

Настовлять, наставить, *va.* to set on, lengthen, to direct, instruct.

Наставникъ, -ница, *s.* tutor, tutoress; preceptor.

Настаивать, настоять, *va.* to infuse, insist.

Настежъ, *adv.* wide open.

Настоять, see Настаивать.

Настоящій, *adj.* present, true, real.

Настращать, *va. pa.* to intimidate, frighten.

Настроеніе, *sn.* disposition, mood.

Наступать, наступить, *vn.* to step upon, attack, to come on, approach.

Наступленіе, *sn.* coming on, attack.

Насыпать, насыпать, *va.* to strew upon, fill.

Насыщаться, насытиться, *vr.* to satiate, fill one's self with.

Натапливать, натопить, *va.* to heat much.

Натереть, *pa.,* see натирать.

Натирать, натереть, *va.* to rub.

Натискъ, *sm.* onslaught.

Наткнуться, *pa.,* see натыкаться.

Натопить, *pa.,* see натапливать.

Натура, *sf.* nature.

Натыкаться, наткнуться, *vr.* to stumble upon or against.

Натѣшиться, *vr. pa.* to divert one's self much.

Наудачу, *adv.* at random.

Наука, *sf.* science, apprenticeship.

На-ухо, *adv.* in a low voice, whispering.

Научать, научить, *va.* to teach, instruct.

Нахлынуть, *vn. pa.* to invade, overrun.

Нахмуриться, *vr. pa.* to frown.

Находить, найти, *va.* to find.

Находиться, *vr.* to be found, exist, be.

Находка, *sf.* God-send, thing found.

Находчивость, *sf.* presence of mind.

Національный, *adj.* national.

Начало, *sn.* beginning, origin.

Начальникъ, *sm.* chief, commander.

Начальство, *sn.* command, authorities.

Начальствовать, *vn.* to command, be at the head of.

Начать, -ся, see начинать, -ся.

Начинать, начать, *va.* to commence; -ся, *vr.* to be commenced.

Начитаться, *vr. pa.* to read sufficiently.

Нашъ, *pron. poss.* (*f.* наша, *n.* наше), our, ours.

Наѣздникъ, *sm.* partisan, rider.

Наѣзжать, наѣхать, *vn.* to ride, or drive upon or against.

Наѣсться, *vr. pa.* to be satiated, to eat enough.

Наяву, *adv.* awake, in reality.

Не, *adv.* not, un-, in-.

Небесный, *adj.* heavenly.

Неблагодарность, *sf.* ingratitude.

Неблагодарный, *adj.* ungrateful.

Неблагопріятный, *adj.* unfavourable.

Небо, *sn. irr.* (*pl.* небеса), Heaven.

Небольшой, *adj.* little, small.

Небосклонъ, *sm.* horizon.

Небрежность, *sf.* negligence.

Небрежный, *adj.* negligent.

Нева, *sf.* Neva.

Невидаль, *sf.* rarity, wonder.

Невидимый, *adj.* invisible.

Невинность, *sf.* innocence.

Невинный, *adj.* innocent.

Нѐводъ, *sm.* fishing-net.

Невозмо́жно, *v. imp.* it is impossible.

Невозмо́жность, *sf.* impossibility.

Невозмо́жный, *adj.* impossible.

Нево́льно, *adv.* involuntarily.

Нево́льный, *adj.* involuntary.

Нево́лѣ (по-), against one's will.

Нево́ля, *sf.* slavery, servitude.

Невысо́кій, *adj.* not high, low.

Невѣ́жество, *sn.* ignorance.

Невѣ́рность, *sf.* untruth, infidelity.

Невѣроя́тность, *sf.* improbability ; не- вѣроя́тное, incredible things.

Невѣроя́тный, *adj.* improbable, in- credible.

Невѣ́ста, *sf.* bride.

Невѣ́стка, *sf.* daughter-in-law, sister- in-law.

Него́дный, *adj.* good for nothing, bad.

Негодова́ніе, *sn.* indignation.

Него́дяй, *sm.* a worthless man, bad man.

Неда́вній, *adj.* late, recent.

Неда́вно, *adv.* recently.

Недалеко́, *adv.* near, not far.

Неда́льній, *adj.* not distant.

Неда́ромъ, *adv.* not without a cause or reason.

Недви́жный, *adj.* immovable, motion- less.

Недово́льный, *adj.* unsatisfied, dis- contented.

Недовѣ́рчивый, *adj.* mistrustful.

Недо́лго, *adv.* not long time.

Недоко́нченный, *adj.* unfinished.

Недоста́токъ, *sm.* want, deficiency, defect, fault.

Недосто́йный, *adj.* unworthy, unde- serving.

Недоумѣва́ть, недоумѣ́ть, *vn.* not to understand, to wonder.

Недоумѣ́ніе, *sn.* doubt, perplexity.

Недѣ́ля, *sf.* a week.

Нѐжели, *conj.* than.

Незадо́лго, *adv.* not long before.

Нѐ за что, without reason or cause, for nothing.

Незва́ный, *adj.* unasked, uninvited.

Незнако́мый, *adj.* unknown ; *sm* stranger.

Незри́мый, *adj.* invisible.

Неизбѣ́жный, *adj.* inevitable.

Неизвѣ́стно, *v. imp.* it is unknown.

Неизвѣ́стный, *adj.* unknown, un- certain.

Неизмѣ́нный, *adj.* invariable, im- mutable.

Неизъясни́мый, *adj.* inexplicable.

Неимовѣ́рный, *adj.* incredible.

Неиму́щій, *adj.* indigent, needy.

Неимѣ́ніемъ, (за-), for want of.

Неи́стовый, *adj.* furious, violent.

Нѐкогда, *adv.* (мнѣ-), I have no time.

Нѐкому, there is nobody, to no- body.

Нѐктаръ, *sm.* nectar.

Нелицемѣ́рный, *adj.* not hypocritical, sincere.

Нело́вкій, *adj.* awkward.

Нело́вко, *adv.* awkwardly, uncom- fortably.

Нельзя́, *v. imp.* (есть); one cannot, it is impossible.

Нема́лый, *adj.* not little.

Немѐдленно, *adv.* immediately.

Немилосе́рдый, *adj.* unmerciful.

Неминуѐмый, *adj.* impending, inevi- table.

Немно́го, *adv. dim.* -мно́жко & -жеч- ко, not much, a little.

Ненавидѣть, ѵa. to hate.
Ненависть, sf. hatred.
Необозримый, adj. immense.
Необъятный, adj. immense, vast.
Необыкновенный, adj. unusual, extraordinary.
Неоднократно, adv. many times, more than once.
Неожиданно, adv. unexpectedly, unawares.
Неожиданный, adj. unexpected.
Неоконченный, adj. unfinished.
Неописанный, adj. inexpressible, ineffable.
Неопредѣлённый, adj. indefinite, indeterminate.
Неопредѣлимый, adj. indefinable.
Неопрятный, adj. slovenly, untidy.
Неосторожность, sf. carelessness, inadvertence.
Неосторожный, adj. incautious, inadvertent.
Неотразимый, adj. unavoidable.
Неохота, sf. unwillingness.
Неохотно, adv. unwillingly.
Непобѣдимость, sf. invincibility.
Неподвижно, adv. immovably, still.
Неподвижный, adj. motionless, immovable.
Неподражаемый, adj. inimitable.
Непокойно, adv. restlessly, unquietly.
Непоколебимый, adj. immovable, steady.
Непонятный, adj. unintelligible, inconceivable.
Неправда, sf. untruth.
Непреклонность, sf. inflexibility.
Непреклонный, adj. inflexible, inexorable.

Непремѣнно, adv. certainly, without fail.
Непрерывный, adj. uninterrupted, incessant.
Непрестанно, adv. unceasingly, constantly.
Неприличный & Непристойный, adj. unseemly, unbecoming.
Непримѣтный, adj. imperceptible.
Неприступный, adj. inaccessible.
Непритворно, adv. frankly, sincerely.
Непріятель, sm. enemy.
Непролившійся, part. unshed.
Непропицаемый, adj. impermeable.
Непроходимый, adj. impassable.
Нервъ, sm. nerve.
Нерѣдко, adv. often.
Неспосный, adj. intolerable.
Неспособный, adj. incapable, unfit.
Несправедливость, sf. injustice.
Несправедливый, adj. unjust.
Несравненно, adv. incomparably.
Несравненный, adj. incomparable.
Нестерпимый, adj. insufferable, intolerable.
Нести, ѵa. to bring, carry, bear.
Нестись, ѵr. to be carried, to go fast.
Нестройно, adv. confused, disorderly.
Нестройный, adj. dissonant, inharmonious.
Несчастіе, sn. misfortune, ill-luck.
Несчастливый & Несчастный, adj. unfortunate, unhappy.
Нетерпѣливо, adv. impatiently.
Нетерпѣливый, adj. impatient.
Неторопливо, adv. slowly, without hurrying.
Нетронутый, adj. untouched, chaste.
Неугодно, v. imp. it pleases not.

Неудержимый, *adj.* unrestrainable, irresistible.

Неудовольствіе, *sn.* discontent, displeasure.

Неужёли or Неужли & Неужто, *adv.* is it possible ? indeed !

Неуловимый, *adj.* uncaught, unattainable.

Неумѣстный, *adj.* misplaced.

Неусыпный, *adj.* watchful, indefatigable.

Неутомимо, *adv.* indefatigably.

Неутомимый, *adj.* indefatigable.

Неучтивый, *adj.* unpolite, uncivil.

Нефть, *sf.* naphtha.

Нехудо, *adv.* not bad ; *v. imp.* it is not bad.

Нечаянно, *adv.* inadvertently, unexpectedly.

Нечего, *adv.* it is useless to, there is nothing.

Ни, *conj.* not, neither.

Ни—ни, neither—nor.

Нива, *sf.* field, cornfield.

Нижній, *adj.* lower, inferior.

Нижній-Новгородъ, *sm.* Nijni-Novgorod ; нижегородскій, *adj.*

Низвергать, низвергнуть, *va.* to thrust down.

Низкій, *adj. dim.* -зенькій, low, base.

Низость, *sf.* baseness.

Низъ, *sm.* lower part.

Никакой, *pron.* not of any kind.

Никакъ, *adv.* by no means, in no wise.

Никакъ нѣтъ, *adv.* no, not at all.

Никита, *sm.* Nicetas.

Никифоръ, *sm.* Nicephorus.

Никогда, *adv.* never.

Николай, *sm.* Nicolas.

Никто, *pron.* nobody.

Никуда, *adv.* nowhere.

Нимвегенъ, *sm.* Nimvegen.

Нимало не, *adv.* not at all.

Ниразу, *adv.* not once, never.

Ниспосылать, ниспослать, *va.* to send down.

Ниспровергать, ниспровергнуть, *va.* to overthrow, subvert ; -ся, *vr.* to be overthrown.

Нисходить, низойти, *vn.* to go down, descend.

Нить & Нитка, *sf.* thread.

Ничего, *adv.* nothing, it is all right.

Ничкомъ, *adv.* prone, upon one's face.

Ничто, *pron.* nothing.

Ничтожность, *sf.* nothingness, nullity.

Ничуть, *adv.* not at all.

Ниша, *sf.* niche.

Нищета, *sf.* indigence, poverty.

Нищій, *adj.* poor ; *sm.* beggar.

Но, *conj.* but, yet.

Новгородецъ, *sm.* inhabitant of Novgorod.

Новгородъ, *sm.* Novgorod ; -городскій, *adj.*

Поворождённый, *adj.* new-born.

Новый, *adj. dim.* новенькій, new, modern.

Нога, *sf.* foot, leg.

Ножницы, *sf. pl.* pair of scissors.

Ножъ, *sm.* knife.

Норвегія, *sf.* Norway.

Норманскій, *adj.* Norman.

Норманнъ, *sm.* Norman.

Носить, *va.* to bear, carry, wear.

Носиться, нестись, *vr.* to go or rush about, to go fast.

Носъ, *sm. dim.* носикъ & носокъ, nose, beak.

Ноты, *sf. pl.* music-book, note (of music).

Почевать, *vn.* to pass the night, lodge at night.

Ночлѐгъ, *sm.* night's lodging, night halt.

Ночь, *sf.* night.

Ночью, *adv.* at night.

Ноябрь, *sm.* November.

Нравиться, *vn.* to please.

Нравственный, *adj.* moral.

Ну or Нуже, *interj.* now! well! come!

Ну его! let him!

Нужда, *sf.* want, necessity.

Нуждаться, *vr.* to want, be in want of.

Нужно, *v. imp.* it is necessary.

Нужный, *adj.* necessary.

Нунцій, *sm.* nuncio.

Нынче, *adv.* now, to-day.

Нынѣ, *adv.* now, at present.

Нынѣшній, *adj.* present, to-day's.

Нырнуть, *pa.*, see нырять.

Нырять, нырнуть, *vn.* to dive.

Ньютонъ, *sm.* Newton.

Нѣга, *sf.* effeminacy, indulgence.

Нѣдро, *sn.* bosom, womb.

Нѣжно, *adv.* tenderly.

Нѣжный, *adj.* tender, delicate.

Нѣкогда. *adv.* once, some time, formerly.

Нѣкоторый, *adj.* certain, some.

Нѣкто, *pron. ind.* somebody, some one.

Нѣмецъ, *sm.* German.

Нѣмѣть, *vn.* to grow dumb, to be benumbed.

Нѣсколькіе, *pron.* (*pl.* only), some, few.

Нѣсколько, *adv.* some, a few.

Нѣтъ, *adv.* no, not ; *v. imp.* there is not.

Нюхать, *va.* to smell.

Нянчить, *va.* & -ся, *vr.* to nurse, dandle.

Няня, *sf. dim.* нянька & нянюшка, nursery-maid.

O.

O or Объ & Обо, *prep. acc.* and *prepos.* against, of, about, concerning, round.

Оба, *adj. pl.* (*f.* обѣ) & Обое, (*pl.* обои), both, the two, one and another.

Обвалъ, *sm.* falling, part fallen in.

Обведёнъ, *part.* surrounded.

Обвести, *pa.*, see обводить.

Обвивать, обвить, *va.* to wind round, wrap.

Обвинять, обвинить, *va.* to accuse.

Обводить, обвести, *va.* to lead round to enclose, surround.

Обвѣнчать, *va. pa.* to marry, perform marriage ceremony.

Обдавать, обдать, *va.* to pour water upon.

Обдумывать, обдумать, *va.* to consider, deliberate.

Обдѣлывать, обдѣлать, *va.* to set, mount, settle, arrange.

Обезопасить, *va. pa.* to free from damage, secure.

Обезоруживать, -оружить, *va.* to disarm.

Обезьяна, *sf.* ape, monkey.

Оберъ-Егермейстеръ, *sm.* grand master of the hounds.

Обивáть, обить, *та.* to beat down, nail round, clout.

Обида, *sf.* affront, offence.

Обидный, *adj.* prejudicial, offensive.

Обижáть, обидеть, *та.* to affront, offend.

Обижáться, обидеться, *тr.* to take offence.

Обильный, *adj.* abundant.

Обинякú, *sm. pl.* obscure words, equivoques.

Обитáтель, *sm.* inhabitant, dweller.

Обитáть, *тn.* to dwell, live.

Обитель, *sf.* convent, cloister.

Обить, *ра.,* see обивáть.

Обихóдъ, *sm.* household necessities.

Обклáдывать, обложить & обклáсть, *va.* to lay round, to tax.

Облако, *sn.* cloud.

Обласкáть, *та. ра.* to make much of, to treat kindly.

Область, *sf.* province, region ; *fig.* domain.

Облегáть, облéчь, *та.* to enclose, surround.

Облегчáть, облегчить, *та.* to lighten, relieve.

Облегчéние, *sn.* relief.

Обливáть, облить, *та.* to pour over, water.

Облúзывать, -лизáть, *та.* to lick clean.

Обливáться, облиться, *тr.* to be watered (слезáми), to weep bitterly ; (сéрдце -вáется крóвью), the heart bleeds.

Обличáть, обличить, *та.* to convict, expose.

Облобызáть, *та. ра.* to kiss.

Обложить, *ра.,* see обклáдывать.

Облокáчиваться, облокотиться, *тr.* to lean on one's elbow.

Облóманный, *part.* broken round.

Облукъ, *sm. dim.* облучёкъ, ledge (of a sledge or cart).

Обмáнутый, *part.* deceived.

Обманýть, *та. ра.,* see обмáнывать.

Обмáнщикъ, *sm.* deceiver, cheat.

Обмáнъ, *sm.* fraud, deception.

Обмáнывать, обманýть, *та.* to deceive.

Обморокъ, *sm.* fainting fit, swoon.

Обнимáть, обнять, *та.* to embrace.

Обнищáть, *тn. ра.* to be reduced to beggary.

Обнюхивать, обнюхать, *та.* to smell all over.

Обняться, *тr. ра.* to embrace each other.

Обобрáть, *та. ра. (imp. a.* обирáть), to pilfer, spoil.

Ободрéние, *sn.* encouragement.

Ободрительный, *adj.* encouraging.

Ободрять, ободрить, *та.* to encourage.

Ободряться, ободриться, *тr.* to regain courage, take courage.

Обозначáться, обозначиться, *vr.* to be marked out, be designated.

Обóзъ, *sm.* train of waggons.

Обойти, -сь, *ра.,* see обходить, -ся.

Оборáчиваться, оборотиться, *тr.* to turn one's self round, to be turned.

Оборвáть, -ся, *ра.,* see обрывáть, -ся.

Оборóна, *sf.* defence.

Оборóтливый, *adj.* clever in business, sharp.

Обрабóтывать, обрабóтать, *та.* to cultivate, to serve one badly.

Обрáдовать, *та. ра.* to rejoice, cause joy ; -ся, *тr.* to rejoice, be glad.

Образе́цъ, *sm.* model, sample.

Образова́ніе, *sn.* formation, education.

Образо́ванный, *part.* formed, educated.

Образова́ть, *va. pa.* to form, educate.

Образо́къ, *sm. dim.* charm, image (of a saint).

Образомъ ? (какимъ-), how ? in what manner ? (такимъ-) thus, in this manner.

Образъ, *sm.* form, figure, shape, image ; way, manner.

Обрати́ть, -ся, *pa.,* see обраща́ть, -ся.

Обра́тно, *adv.* back again.

Обра́тный путь, return journey.

Обраща́ть, обрати́ть, *va.* to turn, convert, change.

Обраща́ться, обрати́ться, *vr.* to turn, circulate, apply to, turn to, be converted, to behave.

Обраще́ніе, *sn.* rotation, circulation, conversion, the manners.

Обрека́ть, обре́чь, *va.* to vow, destine.

Обременя́ть, обремѣни́ть, *va.* to overburden, overload.

Обре́чь, *pa.,* see обрека́ть.

Обру́шиться, *vr. pa.* to fall down.

Обрыва́ть, оборва́ть, *va.* to tear or pluck round ; -ся, *vr.* to break down, to fall off.

Обры́въ, *sm.* steep place.

Обрѣзывать, обрѣзать, *va.* to cut round, clip.

Обря́дъ, *sm.* ceremony, practice, rite.

Обстоя́тельство, *sn.* circumstance.

Обступи́ть, -пи́ть, *va.* to surround, invest.

Обстри́чь, see острига́ть.

Обсѣ́ять, *va. pa.* to sow, finish sowing.

Обта́чивать, обточи́ть, *va.* to turn round (in a lathe).

Обтира́ть & Отира́ть, обтере́ть & отере́ть, *va.* to rub round, wipe over or off; -ся, *vr.* to wipe one's self.

Обувь, *sf.* covering for the feet : boots or shoes.

Обходи́тельный, *adj.* sociable, affable.

Обходи́ть, обойти́, *va.* to go round, outgo.

Обходи́ться, обойти́сь, *vr.* to treat, behave, to do without, to cost.

Обшива́ть, обши́ть, *va.* to sew round, cover.

Обши́рный, *adj.* spacious, vast.

Обще́ственный, *adj.* public, social.

Обще́ство, *sn.* society, body.

О́бщій, *adj.* common, general.

Объѣ́здъ, *sm.* going round, tour, patrol.

Объѣзжа́ть, объѣ́хать, *va.* to ride round, make the tour.

Объѣ́хать, *pa.,* see объѣзжа́ть.

Объявле́ніе, *sn.* declaration, announcement.

Объявля́ть, объяви́ть, *va.* to declare, announce.

Объясне́ніе, *sn.* explanation.

Объясня́ть, объясни́ть, *va.* to explain.

Объя́тіе, *sn.* embrace.

Обыкнове́ніе, *sn.* custom, usage.

Обыкнове́нно, *adv.* ordinarily, as usual.

Обыкнове́нный, *adj.* ordinary, common.

Обы́скивать, обыска́ть, *va.* to search.

Обы́чай, *sm.* custom, usage.

Обы́чный, *adj.* ordinary, customary.

Об, *pron. f.* both.

Обѣдать, _vn._ to dine.

Обѣдня, _sf._ mass.

Обѣдъ, _sm._ dinner.

Обѣщаніе, _sn._ promise.

Обѣщать, _va._ to promise.

Обязанность, _sf._ duty, obligation.

Обязанный, _part._ obliged.

Обязывать, обязать, _va._ to oblige.

Обязываться, обязаться, _vr._ to bind one's self.

Овёсъ, _sm._ oats, _pl._

Овечка, _sf. dim._ lamb.

Оврагъ, _sm._ ravine, cavern.

Овца, _sf._ sheep.

Овчарня, _sf._ sheepfold, pen.

Огибать, _va._ to bend round, go round.

Оглавленіе, _sn._ table of contents, heading.

Оглашать, огласить, _va._ to resound.

Оглядываться, оглянуться, _vr._ to look back, look about one's self.

Огненный, _adj._ of fire.

Огонь, _sm. dim._ огонёкъ, fire ; _fig._ light.

Огораживать, огородить, _va._ to enclose.

Огородникъ, _sm._ kitchen-gardener.

Огорченіе, _sn._ grief.

Ограждать, оградить, _va._ to fence, guard.

Огромный, _adj._ huge, enormous, vast.

Одаренный, _part._ gifted, endowed.

Одежда, _sf._ dress, clothes.

Одинаково, _adv._ in the same manner, equally.

Одинадцать, _num._ eleven.

Одинёшенекъ, _adj. augm._ quite alone.

Одинъ, _num._ (_f._ одна, _n._ одно), one, single, sole, alone.

Однажды, _adv._ once upon a time.

Однако & Однако же, _adv._ but, however, yet.

Одновремепно, _adv._ simultaneously.

Одноземецъ, _sm._ fellow countryman.

Одноколка, _sf._ cabriolet.

Однообразный, _adj._ monotonous, uniform ; -но, _adv._ -ly.

Одобреніе, _sn._ approbation.

Одобрять, одобрить, _va._ to approve, approve of.

Одолжать, одолжить, _va._ to lend, oblige.

Одолѣвать, одолѣть, _va._ to vanquish, overpower.

Одурѣть, _vn. pa._ to become crazy.

Одушевленіе, _sn._ animation.

Одѣвать, одѣть, _va._ to clothe, dress.

Одѣваться, одѣться, _vr._ to dress one's self.

Одѣтый, _part._ dressed, clothed.

Одѣяло, _sn._ blanket, counterpane.

Ожерелье, _sn._ necklace.

Ожесточать, ожесточить, _va._ to harden, make obdurate.

Ожесточеніе, _sn._ obduracy.

Оживать, ожить, _vn._ to revive.

Ожиданіе, _sn._ expectation.

Ожидать, _va._ to expect.

Озабочивать, озаботить, _va._ to occupy, busy.

Озарять, озарить, _va._ to illuminate, enlighten.

Озеро, _sn._ lake.

Ознаменовать, _va. pa._ to signalize, mark.

Ой, _interj._ oh ! ah !

Оказывать, оказать, _va._ to show, express.

Окаймлять, _va._ to border, limit.

Окаянный, *sm.* impious wretch.

Окаянный, *adj.* damned, cursed.

Океанъ, *sm.* ocean.

Окно́, *sn.* window.

Око, *sn. irr.* (*pl.* о́чи), eye.

Око́лйчность, *sf.* circuit, circumlocution, detail.

Около, *prep. gen.* roundabout, about, near.

Около́токъ, *sm.* neighbourhood, vicinity.

Око́льничій, *adj.* high officer of state.

Околѣва́ть, околѣть, *vn.* to perish, die.

Окончаніе, *sn.* end, termination.

Око́нчить, *va. pa.* to finish.

Окоченѣть, *vn. pa.* to become stiff or benumbed.

Око́шко, *sn. dim.* of окно́, window.

Окрестить, *va. pa.* to christen, baptise, to cross all round.

Окре́стность, *sf.* environs, neighbourhood.

Окре́стный, *adj.* adjacent, neighbouring.

Окрова́вить, *va. pa.* to stain with blood, cover with blood.

Округле́ніе, *sn.* rounding.

Округъ, *sm.* district, circuit.

Окружа́ть, окружи́ть, *va.* to encircle, surround.

Окру́жность, *sf.* circumference, environs.

Октя́брь, *sm.* October.

Окну́ться, *vr. pa.* to dip, immerse one's self.

Оледенѣлый, *adj.* frozen, benumbed.

Олень, *sm.* deer, stag ; оленій, *adj.*

Олово, *sn.* pewter.

Оловя́нный, *adj.* of pewter, tin.

Олонецкій, *adj.* of Olonets.

Ольга, *sf.* Olga.

Омрача́ться, *vr.* to be darkened.

Онъ, *pron. pers.* (*f.* она́, *n.* оно́ ; *pl.* они, онѣ), he.

Сный, *pron.* this, that, the said.

Опаса́ться, *vr.* to fear, dread.

Опасе́ніе, *sn.* fear, apprehension.

Опа́сность, *sf.* danger.

Опа́сный, *adj.* dangerous.

Опеку́нъ, *sm.* guardian.

Опира́ться, опере́ться, *vr.* to lean.

Опи́сывать, описа́ть, *va.* to describe.

Опла́кивать, опла́кать, *va.* to weep, bewail.

Опло́шность, *sf.* carelessness, negligence.

Опоекъ, *sm.* calf-leather ; опо́йковый, *adj.*

Опо́мниться, *vr. pa.* to come to one's self, bethink one's self.

Оправда́ніе, *sn.* justification, acquittal.

Опра́вдывать, оправда́ть, *va.* to justify, acquit.

Опредѣле́ніе, *sn.* definition, decision, verdict.

Опредѣлённый, *adj.* definite.

Опредѣля́ть, опредѣли́ть, *va.* to define, ordain, fix.

Опрове́ргнуть, *va. pa.* to refute, overthrow.

Опроки́дывать, опроки́нуть, *va.* to overthrow, upset ; -ся, *vr.* to overturn, fall.

Опро́метью, *adv.* rashly, headlong.

Опря́тность, *sf.* neatness, tidiness.

Опря́тный, *adj.* tidy, neat.

Оптими́змъ, *sm.* optimism.

Опуска́ть, опусти́ть, *va.* to let down, lower.

Опускаться, опуститься, *vr.* to lower, go down, to be let down.

Опустить, -ся, *pa.*, see опускать, -ся.

Опухнуть, *vn. pa.* to swell.

Опушка, *sf.* fur trimming, border, skirt (of a wood).

Опытность, *sf.* experience.

Опытный, *adj.* experienced.

Опытъ, *sm.* experience, experiment.

Опять, *adv.* again.

Орать, *va.* (*pres.* орю), to plough, till.

Организмъ, *sm.* organism.

Орёлъ, *sm.* eagle.

Оренбургъ, *sm.* Orenburg ; -бургскій, *adj.*

Оробѣлый, *adj.* grown timid.

Оробѣть, *vn. pa.* to become timid, quail.

Орошать, оросить, *va.* to water, wet.

Орудіе, *sn.* instrument, cannon, gun.

Оружіе, *sn.* arm, weapon.

Орѣхъ, *sm. dim.* орѣшекъ, nut, hazelnut.

Освобождать, освободить, *va.* to free, deliver, liberate.

Освобожденіе, *sn.* deliverance, liberation.

Освобожденный, *part.* liberated, freed.

Освѣдомляться, освѣдомиться, *vr.* to inquire about.

Освѣжать, освѣжить, *va.* to freshen, cool.

Освѣжиться, *vr. pa.* to freshen one's self.

Освѣщать, освѣтить, *va.* to light, illuminate.

Осемь or восемь, *num.* eight.

Оселъ, *sm.* ass, donkey.

Осенній, *adj.* autumnal.   •

Осень, *sf.* autumn.

Осина, *sf.* aspen tree ; осиновый, *adj.*

Осипъ, *sm. pop.* Joseph.

Оскаливать, оскалить, *va.* to show (one's teeth).

Оскорбительный, *adj.* offensive, insulting.

Оскорбленіе, *sn.* offence, insult.

Оскорблять, оскорбить, *va.* to offend, insult.

Ослабнуть *pa.*, see ослаблять.

Ослаблять, ослабить, *va.* to weaken, loosen, slacken.

Ослабнуть, *pa.*, see ослабѣвать.

Ослабѣвать, ослабѣть & ослабнуть, *vn.* to grow weak or feeble; to relax.

Ослушникъ, *sm.* disobedient person.

Ослѣпнуть, *vn. pa.* to become blind.

Осматривать, осмотрѣть, *va.* to examine, search ; -ся, *vr.* to look round one's self.

Осмотрѣсь, -ся, *pa.*, see осматривать, -ся,

Осмѣливаться, -литься, *vr.* to dare, take the liberty.

Основатель, *sm.* founder.

Основательно, *adv.* solidly, fundamentally.

Основывать, основать, *va.* to lay the foundation, found.

Основываться, основаться, *vr.* to be founded, rely upon.

Особа, *sf.* person.

Особенно & Особливо, *adv.* particularly, specially.

Особенность, *sf.* peculiarity, speciality.

Особенный & Особливый, *adj.* particular, special.

Особо, *adv.* separately.

Особый, *adj.* separate.

Осовѣть, *гn. pa. pop.* to lose one's senses, to become crazy.

Осрамиться, *vr. pa.* to bring shame upon one's self.

Оставаться, остаться, *vr.* to remain, be left.

Оставить, *pa.*, see оставлять.

Оставлять, оставить, *гa.* to leave, abandon.

Остальной, *adj.* remaining.

Останавливать, остановить, *гa.* to stop, arrest, detain ; -ся, *vr.* to stop, be stopped.

Остановить, -ся, see останавливать, -ся.

Остатокъ, *sm.* remainder, remnant.

Остаться, *pa.*, see оставаться.

Остерегаться, остеречься, *vr.* to be on one's guard, to guard one's self.

Остолбенѣніе, *sn.* stupefaction.

Остолбенѣть, *vn. pa.* to become stupified.

Осторожно, *adv.* carefully, cautiously.

Осторожность, *sf.* caution, circumspection.

Осторожный, *adj.* careful, cautious.

Остригать, остричь, *гa.* to shear or cut round.

Остроконечный, *adj.* sharp-pointed.

Островъ, *sm. dim.* островокъ, island.

Остроуміе, *sn.* wit.

Острый, *adj.* sharp, acute.

Оступаться, оступиться, *vr.* to make a false step.

Остывать, остынуть, *vn.* to grow cool.

Остыть or остынуть, *pa.*, see остывать.

Осуждать, осудить, *гa.* to condemn, blame.

Осунуться, *vr. pa.* to become raw-boned, to thrust aside by mistake.

Осыпать, осыпать, *va.* to strew round, to cover, load.

Осыпаться, осыпаться, *vr.* to fall, drop.

Осьмиугольный, *adj.* octagonal.

Осьмуха, *sf. dim.* осьмушка, an eighth, eighth part.

Осѣдлывать, осѣдлать, *va.* to saddle.

Осѣнять, осѣнить, *va.* to shade, shadow.

Отбивать, отбить, *va.* to repel, repulse, break off, to retake, drive away.

Отблескъ, *sm.* reflection, reflex.

Отборный, *adj.* choice, select.

Отбѣгать, -бѣжать, *vn.* to run away, escape.

Отвага, *sf.* boldness.

Отваживаться, отважиться, *vr.* to dare, risk one's self.

Отважный, *adj.* daring, bold.

Отваливать, отвалить, *va.* to roll away, to put off (from shore).

Отвезти, *pa.*, see отвозить.

Отвергать, отвергнуть, *va.* to cast away, reject.

Отверзтіе, *sn.* aperture.

Отвести, *pa.* (*fut.* отведу), see отводить.

Отвислый, *adj.* hanging down.

Отводить, отвести, *va.* to lead away, to avert, to assign.

Отвозить, отвезти, *va.* to drive away, transport.

Отворачиваться, отворотиться, *vr.* to turn away.

Отворять, отворить, *va.* to open ; -ся, *vr.* to open, be opened.

Отвращать, отвратить, *та.* to avert, divert, ward off.

Отвыкать, отвыкнуть, *тп.* to dis-accustom one's self.

Ответственность, *sf.* responsibility.

Отвѣтъ, *sm.* answer, account.

Отвѣчать, -вѣтить, *та.* to answer, to account for.

Отвязывать, отвязать, *та.* to untie, detach.

Отвязываться, отвязаться, *тр.* to get loose, to get rid of.

Отговаривать, отговорить, *та.* to dissuade.

Отговариваться, *тр.* to make excuses, to deny, shift.

Отгонять, отогнать, *та.* to drive away.

Отдавать, отдать, *та.* to give back, return, give up.

Отдаваться, отдаться, *vr.* to be given back, be rendered, give one's self up.

Отдалённый, *adj.* distant, remote.

Отдать, -ся, *ра.,* see отдавать, -ся.

Отдыхать, отдохнуть, *тп.* to repose, take rest.

Отдѣлаться, *ра.,* see отдѣлываться.

Отдѣлить, *ра.,* see отдѣлять.

Отдѣлка, *sf.* finishing, finish.

Отдѣлываться, отдѣлаться, *vr.* to get rid of, be finished.

Отдѣльный, *adj.* separate.

Отдѣлять, отдѣлить, *та.* to separate, disjoin.

Отереть, -ся, *ра.,* see обтирать, -ся.

Отецъ, *sm.* father.

Отечество, *sn.* native country, fatherland.

Отзывать, отозвать, *та.* to call away, recall.

Отзываться, отозваться, *vr.* to speak of, declare, answer to a call.

Отзывъ, *sm.* recall, answer to a call.

Отзывъ (почётный), honourable mention.

Отказывать, отказать, *та.* to refuse; -ся, *тр.* to renounce, be refused.

Откладывать, отложить, *та.* to lay aside, to put off, adjourn.

Откровенно, *adv.* frankly, openly.

Откровенность, *sf.* frankness.

Открывать, открыть, *та.* to open, reveal, discover; -ся, *тр.* to be opened, reveal one's self.

Открытый, *part.* opened, open.

Открыть, -ся, *ра.,* see открывать, -ся.

Откуда & *pop.* откудова, *adv.* whence !

Отливать, отлить, *та.* to pour, cast, found.

Отливъ, *sm.* cast, ebb-tide, play of colours.

Отлить, *ра.,* see отливать.

Отличать, отличить, *та.* to discern, distinguish.

Отличаться, отличиться, *тр.* to distinguish one's self, be distinguished.

Отличительный, *adj.* distinctive, characteristic.

Отличить, -ся, *ра.,* see отличать, -ся.

Отличіе, *sn.* distinction.

Отлично, *adv.* excellently.

Отличный, *adj.* distinct, excellent.

Отлогій, *adj.* sloping.

Отложить, *ра.,* see откладывать.

Отлучка, *sf.* absence, leave.

Отмаливать, отмолить, *та.* to avert by prayer, escape by praying.

Отмщать, отмстить, *та.* to revenge.

S

Отнести, va. pa. to bear away, to take off.

Отнимать, отнять, va. to take away.

Отношеніе, sn. relation, respect.

Отныне, adv. henceforth.

Отнюдь, adv. (-не), not at all, by no means.

Отнять, pa., see отнимать.

Отобедать, va. pa. to have done dining.

Отовсюду, adv. from everywhere.

Отогнать, va. pa. to drive away.

Отомстить, pa., see отмщать.

Отойти, vn. pa. to go away from.

Отпадать, отпасть, vn. to fall away, fall off.

Отплачивать, отплатить, va. to pay off, repay ; -ся, to be repaid, evade by paying.

Отплясывать, отплясать, va. to dance, to cease dancing.

Отправить, -ся, see отправлять, -ся.

Отправлять, отправить, va. to despatch, forward, perform, exercise.

Отправляться, отправиться, vr. to be despatched, be forwarded, to set off, depart.

Отпускать, отпустить, va. to let go, dismiss, lay out.

Отрава, sf. poison.

Отравлять, отравить, va to poison.

Отрада, sf. comfort, consolation.

Отраженіе, sn. repelling, repulsing, reflection, reverberation.

Отрекаться, отречься, vr. to disown, disavow, renounce.

Отрепье, sn. rags, tatters.

Отречься, pa., see отрекаться.

Отрубить, va. pa. to cut off.

Отрезывать, отрезать, va. to cut off.

Отряхиваться, отряхнуться, vr. to shake, shake off.

Отскакивать, отскочить, va. to leap away from, to bound back.

Отслуживать, отслужить, va. to serve out, to finish (the service).

Отставка, sf. dismission, discharge.

Отступать, отступить, vn. to step back, retire, to abjure.

Отсчитывать, -считать, va. to count off.

Отсекать, отсечь, va. to cut off.

Оттого, adv. therefore, because.

Оттоманъ, sm. an ottoman.

Оттуда, adv. thence, from thence.

Отхлебнуть, va. pa. to sip off, sup off.

Отхлынуть, vn. pa. to gush out, rush back.

Отходить, отойти, vn. to go away, come away.

Отчаяніе, sn. despair.

Отчаянный, adj. desperate.

Отчего ? adv. why? what is the cause ?

Отчётъ, sm. account.

Отшельникъ, sm. hermit.

Отъ & Ото, prep. gen. from, out, of, for, against.

Отъездъ, sm. departure.

Отъезжать, отъехать, vn. to set off, take one's departure.

Отъесть, va. pa., to eat off, gnaw off.

Отъехать, pa., see отъезжать.

Отыскать, -ся, pa., see отыскивать, -ся.

Отыскивать, отыскать, va. to seek, find ; -ся, vr. to be sought, be found.

Оффицерскій, adj. officer's.

Офицеръ, sm. officer.

Охватывать, охватить, va. to embrace, envelop.

Охота, sf. mind, love of, hunting.

Охо́тникъ, *sm.* amateur, lover of, hunter, sportsman, volunteer.
Охра́нный, *adj.* guarding, protective ; *sm.* guard, escort.
Охраня́ть, охрани́ть, *va.* to keep, guard.
Охужда́ть, охули́ть, *va.* to censure, blame, vilify.
Оцѣпенѣ́ть, *vn. pa.* to grow numb.
Оча́гъ, *sm.* hearth.
Очарова́тельный, *adj.* enchanting, charming.
Очеви́децъ, *sm.* eye-witness.
Очень, *adv.* very.
О́чередь, *sf.* turn, in one's turn.
О́чи, *pl.,* see о́ко.
Очи́стить, *pa.,* see очища́ть.
Очища́ть, очи́стить, *va.* to clean, purify.
Очище́ніе, *sn.* & Очи́стка, *sf.* cleaning, purification.
Очки́, *sm. pl.* pair of spectacles.
Очну́ться, *vr. pa.* to awake, to pluck up one's spirits.
Очути́ться, *vr. pa.* to appear, find one's self suddenly.
Ошара́шить, *va. pa.* pop, to stun.
Ошиба́ться, ошиби́ться, *vr.* to make a mistake.
Оши́бка, *sf.* mistake, fault.
Ощети́нить, *va. pa.* to bristle.
О́щупью, *adv.* by groping, gropingly.
Ощуще́ніе, *sn.* feeling, sensation.

П.

Па́велъ, *sm.* Paul.
Па́даль, *sf.* carrion.
Па́дать, пасть, *vn.* to fall.
Паде́ніе, *sn.* falling, fall.

Паду́чая болѣзнь, epilepsy.
Па́зуха, *sf.* bosom, breast.
Пала́та, *sf.* chamber, court of justice, palace.
Пала́тка, *sf.* tent.
Пала́чъ, *sm.* executioner, hangman.
Па́лецъ, *sm.* finger, toe.
Пали́ть, *va.* to burn, to fire.
Па́лка, *sm. dim.* па́лочка, stick.
Палла́да, *sf.* Pallas.
Па́луба, *sf.* deck.
Па́лый, *part.* dead, fallen.
Пальба́, *sf.* firing, cannonade.
Пальто́, *sn.* paletot, overcoat.
Па́льчикъ, *sm. dim.* of па́лецъ.
Па́мятникъ, *sm.* monument, memorial.
Па́мятный, *adj.* memorial, memorable.
Па́мять, *sf.* memory, remembrance.
Панъ, *sm.* Polish lord or gentleman.
Па́па, *sm.* Pope.
Папа́, *sm. dim.* па́пенька, *fam.* papa, father.
Папи́русъ, *sm.* papyrus.
Па́ра, *sf.* pair, couple.
Пара́дный, *adj.* state, main.
Пара́дъ, *sm.* parade, review.
Парапе́тъ, *sm.* breast-work.
Пари́жъ, *sm.* Paris.
Пари́къ, *sm.* wig.
Парохо́дъ, *sm.* steamboat.
Па́русъ, *sm.* sail.
Парча́, *sf.* brocade ; -чово́й, *adj.*
Паръ, *sm.* steam, vapour.
Пасти́, *va.* to pasture.
Пасту́хъ, *sm.* shepherd.
Па́стырь (духо́вный), *sm.* pastor, confessor.
Пасть, *pa.,* see па́дать.

Патріархъ, *sm.* patriarch; -аршій, *adj.*

Патріотизмъ, *sm.* patriotism.

Пахарь, *sm.* ploughman.

Пахать, *va.* to plough.

Пахнуть, *vn.* to smell.

Пекинъ, *sm.* Pekin.

Пелена, *sf.* cloth, shroud, swaddling-band, veil.

Пенсія, *sf.* pension.

Пень, *sm.* stump.

Пенька, *sf.* hemp.

Пепелъ, *sm.* ashes.

Первобытный, *adj.* primitive.

Перводержавный, *adj.* most mighty.

Первоклассный, *adj.* of the first class or rank.

Первый, *adj.* first.

Перебивать, перебить, *va.* to break to pieces, kill all, interrupt.

Перебить, *pa.*, see перебивать.

Перебранка, *sf.* mutual quarrel.

Перевезти, *pa.*, see перевозить.

Перевести, *pa.*, see переводить.

Перевёртывать, -вернуть, *va.* to turn over, turn.

Переводить, перевести, *va.* to transplant, transfer, remove, translate ; (духъ or дыханіе), to recover breath.

Переводчикъ, *sm.* translator.

Перевозить, перевезти, *va.* to convey, transport.

Перевязывать, перевязать, *va.* to tie bind, bandage.

Переглядѣть, *va. pa.* to look over, revise.

Переговоръ, *sm.* conference, negotiation.

Перегораживать, -городить, *va.* to partition, compart.

Передавать, передать, *va.* to give over, to transmit, give too much.

Передаваться, передаться, *vr.* to be transmitted, to go over.

Передній, *adj.* fore, first.

Передразнивать, передразнить, *va.* to mimic, mock.

Передъ & Передо, *prep.* see предъ.

Передѣлывать, передѣлать, *va.* to do again, remake.

Переимчивость, *sf.* aptness, intellect.

Переимчивый, *adj.* apt, intelligent.

Перейти, *pa.*, see переходить.

Перекидной, *adj.* that may be thrown over.

Перекидывать, перекинуть, *va.* to throw over or across.

Перекинутый, *part.* thrown across or over.

Перекинуть, *pa.*, see перекидывать.

Перекладина, *sf.* cross-beam.

Перекладной, *adj.* (ѣхать на -ныхъ), to travel post and change carriage at every stage.

Перекликаться, -кликнуться, *vr.* to call one another.

Перекреститься, *vr. pa.* to christen one's self again, to cross one's self, sign with the cross.

Перекупать, перекупить, *va.* to buy up, to outbid.

Переламывать, -ломить, *va.* to break in two, break up.

Переложить, *va. pa.* to lay over again, to relay.

Переломать, *va. pa.* to break all.

Переломить, *pa.*, see переламывать.

Перемереть, *vn. pa.* to die wholesale.

Перемѣна, *sf.* change.

Перемѣнять, перемѣнить, *va.* to change ; -ся, *vr.* to be changed.

Перенести, *pa.*, see переносить.

Переносить, перенести, *va.* to transfer, remove, to bear, endure.

Перепадать, перепасть, *vn.* to fall at intervals, to have by-profits.

Перепачкать, *va. pa.* to bedaub, besmear all over.

Переплетаться, переплестись, *vr.* to interlace, be interlaced.

Переправа, *sf.* passage, crossing.

Переправлять, переправить, *va.* to pass, ferry over, to repair ; -ся. *vr.* to pass over or across.

Перервать, *va. pa.* to tear, interrupt.

Перерубать, перерубить, *va.* to cut in two.

Переселеніе, *sn.* emigration, transmigration.

Переселять, переселить, *va.* to settle in another place.

Переселяться, переселиться, *vr.* to emigrate, remove.

Пересказывать, -сказать, *va.* to tell over again, repeat.

Пересмотрѣть, *va. pa.* to re-examine, look over.

Пересмѣшникъ, *sm.* mocker.

Переставать, перестать, *vn.* to cease.

Пересулокъ, *sm.* lane, by-lane.

Перехватить, *va. pa.* to seize, intercept, take a snack.

Переходить, перейти, *vn.* to go across, go over.

Переходъ, *sm.* passage, crossing, transition.

Перецъ, *sm.* pepper ; (стручковый), capsicum.

Перешагнуть, *vn. pa.* to stride over, step over.

Переѣзжать, переѣхать, *vn.* to pass, ride over, traverse.

Перина, *sf.* feather-bed.

Пернатый, *adj.* feathered ; -тыя, *sf. pl.* the flying birds.

Перо, *sn.* feather.

Персидскій, *adj.* Persian.

Перстень, *sm.* ring (with a stone).

Перунъ, *sm.* thunder.

Песокъ, *sm.* sand.

Пестрота, *sf.* medley, party-colour.

Пёстрый, *adj.* party-coloured, variegated.

Песчаный, *adj.* sandy.

Пёсъ, *sm.* dog.

Петербургъ, *sm.* St. Petersburg ; -бургскій, *adj.*

Петля, *sf.* running knot, noose, hinge, button-hole.

Пётръ, *sm.* Peter.

Печаль, *sf.* affliction, grief.

Печальный, *adj.* sad, afflicting.

Печататься, *vr.* to be printed.

Печатный, *adj.* printed ; -ое, *n.* printed matter.

Печать, *sf.* seal, print, press.

Печь, *sf. dim.* печка, oven, stove, furnace.

Печь, *va.* (*pres.* пеку, *past* пёкъ), to bake ; *vn.* to burn.

Пика, *sf.* lance.

Пила, *sf.* saw.

Пилюля, *sf.* pill.

Пирамида, *sf.* pyramid.

Пировать, *vn.* to feast.

Пирогъ, *sm.* pie, cake.

Пирожникъ, *sm.* pastry-cook.

Пиршество, *sn.* feast, banquet.

Пиръ, *sm.* feast, banquet.

Писа́тель, *sm.* writer, author.

Писа́ть, *va.* to write.

Писклёнокъ, *sm. dim.* (*pl.* пискля́та), squaller.

Пистоле́тъ, *sm.* pistol.

Пи́сьменный, *adj.* written ; (-ный столъ), writing-table.

Письмо́, *sn.* letter, epistle, writing (action and art).

Пита́ть, *va.* to nourish, nurse.

Пита́ться, *vr.* to live upon, subsist.

Пито́мецъ, *sm.* nursling.

Пито́мникъ, *sm.* nursery.

Пить, *va.* to drink.

Питьё, *sn.* drink, beverage.

Пи́ться, *vr.* to be drank.

Пи́ща, *sf.* nourishment, food.

Пія́вица & Пія́вка, *sf.* leech.

Пла́ваніе, *sn.* swimming, sailing.

Пла́вать, *vn.* to swim, navigate.

Пла́кать, *vn.* to weep.

Пла́менный, *adj.* of flame, fiery, flaming.

Пламене́ть, *vn.* to be in flame, to burn with.

Пла́мя, *sn.* flame.

Планъ, *sm.* plan ; (за́дній), back ground.

Плати́ть, *va.* to pay.

Плато́къ, *sm.* handkerchief.

Пла́тье, *sn.* dress, clothes, garment.

Пла́ха, *sf.* block, log.

Плева́ть, плю́нуть, *vn.* to spit.

Пле́мя, *sn.* tribe, race, generation.

Племя́нникъ, *sm.* nephew.

Племя́нница, *sf.* niece.

Плеска́ть, плесну́ть, *va.* to splash, sprinkle.

Плесть, *va.* to plait, tress.

Плетёный, *part.* plaited.

Плеть, *sf.* whip.

Плечи́стый, *adj.* broad-shouldered.

Плечо́, *sn.* shoulder.

Пли́ній, *sm.* Plinius.

Плита́, *sf.* flag-stone, sand-stone.

Плодоно́сный, *adj.* fertile, fruitful.

Плодоро́діе, *sn.* fertility.

Плодоро́дный, *adj.* fertile, fruitful.

Плодъ, *sm.* fruit.

Пло́скій, *adj.* flat, plane, level.

Плоти́на, *sf.* dam, dike.

Пло́тникъ, *sm.* carpenter.

Пло́тный, *adj.* compact, dense.

Плохо́, *adv.* badly, pitifully.

Плохо́й, *adj.* bad, poor, pitiful.

Пло́щадь, *sf.* square, market-place.

Плугъ, *sm.* plough.

Плутъ, *sm.* rogue, cheat, sharper.

Плыть, *vn. def.* to sail, navigate, float.

Плѣне́ніе, *sn.* captivity.

Плѣни́тельный, *adj.* ravishing, charming.

Плѣни́ть, *pa.,* see плѣня́ть.

Плѣнникъ, *sm.* prisoner, captive.

Плѣнный, *adj. sm.* captive, prisoner.

Плѣнъ, *sm.* captivity, slavery.

Плѣня́ть, плѣни́ть, *va.* to take captive, to captivate.

Плю́нуть, *pa.,* see плевать.

Плющъ, *sm.* ivy, creeper.

Пляса́ть, *vn.* to dance.

Плясу́нъ, *sm.* dancer.

По *prep. dat. acc. & prepos.* on, by, at, up to, as far as, to, after, according to.

Побере́чься, *vr. pa.* to take care of one's self, to be cautious.

Поблагодарить, *va. pa.* to thank, make thanks.

Поболтать, *va. pa.* to prat, blab a little.

Побранить, *va. pa.* to scold a little.

Побрать, *va. pa.* to take all.

Побрякиваніе, *sn.* rattling.

Побуждать, побудить, *va.* to incite, induce.

Побывать, *vn. pa.* to visit, give a call.

Побѣда, *sf.* victory, triumph.

Побѣдитель, *sm.* vanquisher, victor.

Побѣдить, *pa.* see побѣждать.

Побѣдоносный, *adj.* victorious, triumphant.

Побѣжать, *vn. pa.* to run.

Побѣждать, побѣдить, *va.* to vanquish, conquer.

Повалка, *sf.* (въ-ку) lying side by side.

Повалить, *va. pa.* to throw down; *vn.* to fall, rush; -ся, *vr.* to be thrown down, to fall down.

Повариха, *sf.* cook-maid, cook.

Поваръ, *sm.* cook.

Поведеніе, *sn.* conduct, behaviour.

Повезти, *va. pa.* to carry, drive.

Повелитель, *sm.* commander, master, ruler.

Повелѣвать, -велѣть, *va.* to command, order.

Повелѣніе, *sn.* command, order

Повернуть, *va. pa.* to turn round, turn.

Поверхность, *sf.* surface.

Поверхъ. *prep. gen.* above, over, upon.

Повеселиться, *vr. pa.* to enjoy or amuse one's self a little.

Повеселѣть, *vn.* to become lively, become cheerful.

Повести, *vn. pa.* to lead, conduct.

Повинность, *sf.* obligation, tax.

Повиноваться, *vr.* to obey.

Повиснуть, *vn. pa.* (*past* повисъ), to hang down.

Поводъ, *sm.* rein, motive, occasion.

Повозка, *sf.* carriage, vehicle.

Поворачивать, поворотить, *va.* to turn round, turn.

Поворотить, *pa.*, see поворачивать.

Повредить, -ся, *pa.*, see поврежддать, -ся.

Повреждать, повредить, *va.* to damage, spoil; -ся, *vr.* to spoil, be damaged.

Повстрѣчать, *va. pa.* to meet.

Повстрѣчаться, *vr. pa.* to meet, fall in with.

Повсюду, *adv.* everywhere.

Повторять, повторить, *va.* to repeat.

Повынуть, *va. pa.* to take out a little.

Повѣрить, *vn. pa.* to believe.

Повѣрять, повѣрить, *va.* to trust, confide, verify, collate.

Повѣса, *sc.* hare-brained fellow.

Повѣсить, *va. pa.* to hang.

Повѣствователь, *sm.* relator, narrator.

Погашать, погасить, *va.* to extinguish, put out.

Погибать, погибнуть, *vn.* to perish.

Погибель, *sf.* perdition, ruin.

Погибнуть, *pa.*, see погибать.

Поглядывать, *va.* to look sometimes, to survey.

Поглядѣть, *va. pa.* to look a little.

Погнать, *pa.*, see погонять.

Погнаться, *vr. pa.* to run in pursuit, go after.

Поговорить, *va. pa.* to speak a little.

Погода, *sf.* weather.

Погодить, *vn. pa.* to wait a little.

Поголовно, *adv.* by the head, one by one.

Погоня, *sf.* chasing, pursuit.

Погонять, погнать, *va.* to drive, drive out, to conduct, lead.

Погостить, *vn. pa.* to be on a short visit, to make a short stay.

Погребать, погребсти, *va.* to bury, inter.

Погребение, *sn.* burying, funeral.

Погребенный, *part.* buried.

Погребсти, *pa.,* see погребать.

Погрозить, *va. pa.* to threaten.

Погружать, погрузить, *va.* to immerse, to load, freight.

Погрешность, *sf.* error, mistake.

Погубить, *va. pa.* to ruin, destroy, spoil.

Погулять, *vn. pa.* to take a short walk.

Подавать, подать, *va.* to give, to hand.

Подарить, *va. pa.* to give away, make a present.

Подарок, *sm.* present gift.

Подать, *sf.* tax, tribute.

Подать, *pa.,* see подавать.

Подача, *sf.* giving, presenting.

Подание, *sn.* donation, alms.

Подбавлять, подбавить, *va.* to add besides, add up.

Подбираться, подобраться, *vr.* to be matched, to insinuate one's self, to make one's way to.

Подбить, *va. pa.* to line, cover.

Подбородок, *sm.* chin.

Подвергать, подвергнуть, *va.* to subject, expose ; -ся, *vr.* to submit, be subject or exposed.

Подверженный, *part.* subjected, exposed.

Подвести, *va. pa.* to lead up.

Подвигать, подвинуть, *va.* to move forward ; -ся, *vr.* to advance, approach.

Подвигнуть, *pa.* to affect, excite.

Подвода, *sf.* horse and cart.

Подгонять, подогнать, *va.* to drive under, on, or up to.

Поддаваться, поддаться, *vr.* to submit, give in.

Подданный, *adj. sm.* subject.

Подданство, *sn.* subjection.

Поддерживать, поддержать, *va.* to hold up, keep up, maintain ; -ся, *vr.* to be held up, be maintained.

Подержать, *va. pa.* to hold or keep some time.

Подёрнуть, *va. pa.* to cover slightly.

Поджаренный, *part.* roasted or toasted a little.

Поджарить, *va. pa.* to roast or fry a little.

Поджимать, поджать, *va.* (*fut.* поджму), to cross, fold.

Подземный, *adj.* subterranean, underground.

Подкова, *sf.* horse-shoe.

Подковать, *va. pa.* to shoe.

Подкрадываться, -красться, *vr.* to steal up to.

Подкреплять, подкрепить, *va.* to reinforce, strengthen.

Подкуп, *sm.* bribery, corruption.

Подлец, *sm.* an abject man, villain.

Подлинно, *adv.* really, indeed, in truth.

Подлобье, *sn.* lower part of the forehead ; (смотрѣть изъ -бья), to look askance upon one.

Подлый, *adv.* abject, base.

Подлѣ, *prep. gen.* beside, near.

Подмигивать, подмигнуть, *va.* to give a wink.

Поднебесный, *adj.* sub-celestial, terrestrial.

Поднести, *pa.*, see подносить.

Поднимать, поднять, *va.* to raise, lift, take up ; -ся, *vr.* to rise, arise, set out.

Подножie, *sn.* pedestal.

Подносить, поднести, *va.* to bring up, offer.

Подняться на, to have recourse to.

Подобіе, *sn.* likeness, similitude ; (на-), similar to.

Подобно, *adv.* similar, alike.

Подобный, *adj.* similar, alike, like, such.

Подобострастie, *sn.* servility, baseness.

Подобраться, *pa.*, see подбираться.

Подогнать, *pa.*, see подгонять.

Подождать, *va. pa.* to wait a little.

Подозвать, *va. pa.* to call up.

Подойти, *pa.*, see подходить.

Подозрительный, *adj.* suspicious.

Подозрѣвать, *va.* to suspect.

Подозрѣнie, *sn.* suspicion.

Подошва, *sf.* sole of the feet, sole, foot (of a hill).

Подпоручикъ, *sm.* sub-lieutenant.

Подпруга, *sf.* the gird of a saddle.

Подпрыгнуть, *vn. pa.* to bounce, bound.

Подпускать, -пустить, *va.* to allow to approach, let.

Подражанie, *sn.* imitation.

Подражать, *va.* to imitate.

Подробно, *adv.* in detail.

Подробность, *sf.* detail.

Подруга, *sf. dim.* подружка, female friend, companion.

Подсвѣчникъ, *sm.* candlestick.

Подсмѣиваться, *vr.* to laugh at.

Подспудъ, into a recluse place.

Подстрекать, -стрекнуть, *va.* to stimulate, instigate.

Подсудимый, *adj. sm.* convict, impeached.

Подтвержденie, *sn.* confirmation.

Подтибривать, -тибрить, *va. fam.* to swindle, juggle away.

Подумать, *va. pa.* to think of, reflect on ; -думывать, *imp. a.* to think sometimes, think a little.

Подхватывать, подхватить, *va.* to catch, take up, to reply.

Подходить, подойти, *vn.* to come, approach, resemble.

Подчасъ, *adv.* now and then.

Подчиненный, *adj. sm.* subordinate, subaltern.

Подчинить, подчинить, *va.* to subordinate, subject ; -ся, *vr.* to be subordinate, subject one's self.

Подъ & Подо, *prep. acc. & instr.* under, near, at, to.

Подъять, *pa.* (*fut.* подыму), see поднять.

Подъѣзжать, подъѣхать, *vn.* to ride up to, approach.

Подымать, -ся, see поднимать, -ся.

Подышать, *vn. pa.* to breathe a little.

Подѣйствовать, *vn. pa.* to act, have effect.

Пожаловать, *va. pa.* to grant, confer.

Пожаловать, *vn. pa.* to go, come.

Пожаловаться, *vr. pa.* to complain.

Пожалуй, if you like !

Пожалуйста, if you please, pray.

Пожалѣть, *va. pa.* to pity, be sorry for.

Пожаръ, *sm.* fire, conflagration.

Пожать, *pa.* (*fut.* пожму), see пожимать.

Пожать, *pa.* (*fut.* пожну), see пожинать.

Пожевать, *va. pa.* to chew a little.

Пожелтѣть, *vn. pa.* to turn yellow.

Пожелать, *va. pa.* to wish, have a wish.

Пожертвованіе, *sn.* offering, donation.

Пожертвовать, *va. pa.* to sacrifice, make a donation.

Пожимать, пожать, *va.* to press, squeeze a little, to shrug (one's shoulders).

Пожинать, пожать, *va.* to reap, harvest.

Пожить, *vn. pa.* to live, to dwell some time.

Позабыть, *va. pa.* to forget.

Позади, *adv. & prep. gen.* behind.

Позвать, *va. pa.* to call.

Позволеніе *sn.* permission.

Позволить, *pa.* see позволять.

Позволять, -зволить, *va.* to permit.

Поздній, *adj.* late, tardy.

Поздно & Поздо, *adv. comp.* позже, late, tardily.

Поздороваться, *vr. pa.* to salute, greet.

Поздравлять, поздравить, *va.* to congratulate, felicitate.

Позиція, *sf.* position.

Познакомиться, *vr. pa.* to get acquainted.

Позолотить, *va.* to gild.

Поймать, *va. pa.* to catch, apprehend.

Поискать, *va. pa.* to seek, search a little.

Пойти, *vn. pa.* to go, be gone.

Поиспортить, *va. pa.* to spoil a little; -ся, *vr.* to be spoiled.

Поиспытать, *va. pa.* to experience, undergo.

Пока, *conj.* while, so long as ; (-не), until.

Показаніе, *sn.* deposition, testimony.

Показать, -ся, *pa.*, see показывать, -ся.

Показывать, показать, *va.* to show ; -ся, *vr.* to appear, to seem.

Покамѣст, *adv.* meanwhile, in the mean time.

Покататься, *vr. pa.* to ride, sail a little.

Покачать, *va. pa.* to shake, swing a little.

Покаяніе, *sn.* sacrament of penitence, penance.

Покидать, покинуть, *va.* to forsake, abandon.

Поклажа, *sf.* laying, luggage.

Поклапяться, *vr.* to worship, adore.

Поклониться, *vr. pa.* to bow, salute, give one's compliments.

Поклоненіе, *sn.* worship, adoration.

Поклонъ, *sm.* bow, salute, compliment.

Поклонъ (идти на), to wait on and to pay one's respects to.

Поклясться, *vr. pa.* to swear, take an oath.

Покой, *sm.* rest, repose, room.

Покойникъ, *sm. dim.* покойничекъ, deceased man.

Покойно, *adv.* quietly.

Покойный, *adj.* quiet, easy, deceased, defunct.

Поколотить, *va. pa.* to knock, thrash.

Покориться, *pa.*, see покориться.

Покормить, *va. pa.* to nourish, feed a little.

Покорность, *sf.* submission, obedience.

Покорный, *adj.* submissive, humble.

Покоряться, покориться, *vr.* to be subjected or submissive.

Покровитель, -ница, *s.* protector, -tress.

Покровъ, *sm.* veil, cover.

Покрывать, покрыть, *va.* to cover ; -ся, *vr.* to cover one's self, be covered.

Покупать, купить, *va.* to buy.

Покуривать, *va.* to smoke sometimes.

Покурильски, *adv.* in Kurilian language.

Покурить, *va. pa.* to smoke a little.

Покуситься, *pa.*, see покушаться.

Покушаться, покуситься, *vr.* to attempt, to make an attempt upon.

Покушеніе, *sn.* attempt.

Пола, *sf.* skirt (of a coat).

Полагать, положить, *va.* to lay, put, purpose.

Полагаться, положиться, *vr.* to rely upon.

Полакомить, *va. pa.* to treat, give a treat.

Полгода, *sm.* half a year.

Полдень, *sm.* mid-day, noon.

Полдюжины, half a dozen.

Поле, *sn.* field.

Полевой, *adj.* rural, of the field.

Полежать, *vn. pa.* to lie down a little.

Полезный, *adj.* useful.

Полётъ *sm.* flight.

Полетѣть, *vn. pa.* to fly away ; *fig.* to fall.

Ползти & Ползать, *vn.* to crawl, creep.

Поликарпъ, *sm.* Polycarp.

Поливать, полить, *va.* to pour on, water.

Поливаться, *vr.* to be watered.

Политься, *vr. pa.* to flow, be poured, be shed.

Полицейскій, *adj.* of the police ; *sm.* policeman.

Полиція, *sf.* police.

Полка, *sf.* shelf.

Полководецъ, *sm.* leader of an army.

Полкъ, *sm.* regiment.

Полно, *adv.* fully, full ; *interj.* enough! stop!

Полночь, *sf.* midnight.

Полный, *adj.* full, complete, fat.

Половина, *sf.* a half ; -винный, *adj.*

Половить, *va. pa.* to have a short sport, to catch.

Пологъ, *sm.* bed-curtain, veil.

Положеніе, *sn.* laying, putting, situation, position, state.

Положить, *va. pa.* to lay, put ; (*impa.* класть).

Положиться, *pa.*, see полагаться.

Полокъ, *sm.* sweating bench, stall.

Полоса, *sf. dim.* полоска, streak, stripe.

Полосатый, *adj.* striped.

Полотно, *sn.* linen, linen-cloth.

Полтина, *sf.* half a rooble.

Полтора, *num.* one and a half.

Полузавѣсить, *va. pa.* to half veil.

Полумёртвый, *adj.* half-dead.

Полупрезрительный, *adj.* half-contemptible.

Полуразрушенный, *adj.* half - destroyed.

Полусвѣтъ, *sm.* twilight.

Получать, получить, *va.* to receive, obtain.

Полученіе, *sn.* reception, obtainment.

Получить, *pa.,* see получать.

Полушаріе, *sn.* hemisphere.

Полчаса, *sm.* half an hour, a half-hour.

Полъ, *sm.* floor, sex, half.

Полынья, *sf.* an open place among ice.

Польза, *sf.* advantage, use, utility.

Пользоваться, *vr.* to profit, avail.

Польша, *sf.* Poland ; польскій, *adj.* Polish.

Полѣзть, *vn. pa.* to go in, to climb, creep.

Полюбоваться, *vr. pa.* to admire a little.

Полякъ, *sm.* Pole.

Поляна, *sf.* glade.

Полюбить, *va. pa.* to take a liking to.

Полюбопытствовать, *vn. pa.* to be curious.

Померѣть, *vn. pa.* to die.

Помертвѣлый, *adj.* as pale as death.

Помилованіе, *sn.* pardon, mercy.

Помиловать, *va. pa.* to pardon.

Помилуй (Господи-), Lord, have mercy upon me.

Поминать, помянуть, *va.* to mention, remember, think of.

Поминки, *sf. pl.* prayers for the dead.

Поминутно, *adv.* every minute, constantly.

Помириться, *vr. pa.* to make peace with, be reconciled.

Помнить, *va.* to remember, recollect.

Помогать, помочь, *vn.* to assist, help.

Помолиться, *vr. pa.* to pray a little, to say one's prayers.

Помолчать, *vn. pa.* to be silent for a little while.

Поморщиться, *vr. pa.* to knit one's brows.

Помочить, *va. pa.* to wet, water a little.

Помочь, *pa.,* see помогать.

Помощникъ, *sm.* assistant, helper.

Помощь & Помочь, *sf.* assistance, aid, help.

Помпонъ, *sm.* tuft.

Помчаться, *vr. pa.* to hurry away, to gallop.

Помыслить, *va. pa.* to think, give a thought.

Помѣстить, *pa.,* see помѣщать.

Помѣстье, *sn.* estate, domain.

Помѣшаться, *vr. pa.* to loose one's senses.

Помѣщать, помѣстить, *va.* to place, put.

Помѣщаться, помѣститься, *vr.* to be placed, to lodge.

Помѣщикъ, *sm.* owner of an estate.

Понадобиться, *vr. pa.* to be necessary.

Понапраслина, *sf.* a false or undeserved accusation.

Поневолѣ, *adv.* against one's will.

Помянуть, *pa.,* see поминать.

Понамарь, *sm. dim.* -марёнокъ, sexton.

Попести, *va. pa.* to carry, carry away, bear.

Попикать, попикнуть, *vn.* to bow one's head, cast one's eyes down.

Попимать, попять, *va.* to understand, conceive.

Поправиться, *vr. pa.* to please, obtain favour from.

Попуждать, попудить, *va.* to compel, urge.

Попуривать, попурить, *va.* to hang down, drop down.

Попыне, *adv.* until now, hitherto.

Попюхать, *va. pa.* to scent, inhale (a smell), take (snuff).

Попятливый, *adj.* quick of apprehension.

Попять, *pa.* (*fut.* попиму), see попимать.

Поочередно, *adv.* by turns, alternately.

Попадать, попасть, *vn.* to fall, fall in with.

Попадаться, попасться, *vr.* to fall into, be caught.

Попариться, *vr. pa.* to sweat some time.

Попарно, *adv.* by pairs.

Попасть, *pa.,* see попадать.

Попеременно, *adv.* alternately, by turns.

Поперечник, *sm.* diameter, breadth.

Попечение, *sn.* care, attention.

Попирать, попрать, *va.* to trample under one's feet, to throw down.

Поплавать, *vn. pa.* to swim or sail a little.

Поплавок, *sm.* float, buoy.

Поплакать, *vn. pa.* to weep a little.

Поплатиться, *vr. pa.* to pay for, be punished.

Поплыть, *vn. pa.* to swim, navigate, sail off.

Попотчивать, *va. pa.* to treat, entertain.

Поправее, a little more to the right.

Поправлять, поправить, *va.* to repair, restore, correct, recover.

Попрежнему, *adv.* as before.

Попрекать, -прекнуть, *va.* to reproach.

Поприще, *sn.* career.

Попробовать, *va. pa.* to try, test.

Попросить, *va. pa.* to ask, beg.

Попутчик, *sm.* a fellow-traveller.

Попытаться, *vr. pa.* to try, attempt.

Попятиться, *vr. pa.* to draw back.

Попыхах (въ-), *adv.* in a hurry, out of breath.

Пора, *sf.* time, season.

Пора (есть), *v. imp.* it is time.

Поражать, поразить, *va.* to strike, defeat.

Порождать, породить, *va.* to beget, engender.

Поражение, *sn.* defeat.

Поразить, *pa.,* see поражать.

Поразсказать, *va. pa.* to tell or narrate a little.

Порог, *sm.* threshold of a door.

Порода, *sf.* extraction, race, breed.

Порок, *sm.* vice, defect.

Поросёнок, *sm. dim.* sucking-pig.

Портной, *adj. sm.* tailor.

Портрет, *sm.* portrait.

Португалец, *sm.* a Portuguese.

Поручать, поручить, *va.* to confide, intrust, commit.

Поручение, *sn.* commission.

Поручикъ & Порутчикъ, *sm.* lieu-
tenant.

Поручать, *pa.* see поручать.

Порывистый, *adj.* gusty, squally,
abrupt.

Порывъ, *sm.* start, spring, transport.

Порывъ вѣтра, a gust of wind.

Порядокъ, *sm.* order.

Порядочный, *adj.* orderly, passable.

Посадить, *va. pa.* to seat, place, set,
plant, put on.

Посвящать, посвятить, *va.* to con-
secrate, devote, dedicate.

Поселеніе, *sn.* colony, settlement.

Поселиться, *vr. pa.* to settle, establish
one's self.

Поселянинъ, *sm.* villager, settler.

Посему, *adv.* therefore.

Посидѣть, *vn. pa.* to sit a little.

Посинѣлый, *adj.* grown blue.

Поскакать, *vn. pa.* to gallop off.

Поскользнуться, *vr. pa.* to slip, make
a slip.

Посланникъ, *sm.* envoy, ambassador.

Посланный, *adj. sm.* messenger.

Послать, *pa.* (*fut.* пошлю), see посылать.

Пословица, *sf.* proverb.

Послушать, *va. pa.* to hear, listen a
little.

Послышать, *va. pa.* to hear; -ся, *vr.*
to resound, to think one hears.

Послѣ, *prep. gen.* after, afterwards.

Послѣдній, *adj.* last, final.

Послѣдовать, *vn. pa.* to follow.

Посматривать, *va.* to look sometimes.

Посмотрѣть, *vn. pa.* to look.

Посмѣшище, *sn.* laughing-stock, butt.

Пособіе, *sn.* help, assistance.

Пособлять, -собить, *vn.* to help, assist.

Пособникъ, *sm.* helper, assistant.

Посовѣтовать, *va. pa.* to counsel, give
advice.

Посолъ, *sm.* ambassador; -сольскій,
adj.

Посольство, *sn.* embassy, legation.

Посохъ, *sm.* staff, crook, crosier.

Поспорить, *vn. pa.* to dispute a
little.

Поспѣвать, поспѣть, *vn.* to ripen, get
ready, arrive in time.

Поспѣшать, поспѣшить, *vn.* to hasten.

Поспѣшно, *adv.* hastily, hurriedly.

Поспѣшный, *adj.* speedy, quick.

Посреди, *adv. prep. gen.* among,
amidst.

Посредствомъ, *adv.* by, by means of.

Поссориться, *vr. pa.* to quarrel.

Поставить, *va. pa.* to set, put, place,
erect.

Постановлять, постановить, *va.* to
establish, ordain.

Постараться, *vr. pa.* to endeavour,
try.

Постель & Постеля, *sf.* bed, bed-
ding.

Постигать, постигнуть & постичь, *va.*
to reach, comprehend, conceive;
vn. to befall.

Поститься, *vr.* to fast, keep fast.

Постлать, *va. pa.* to lay, spread
down.

Постороній, *adj.* foreign, accessory;
sm. stranger.

Постоянно, *adv.* constantly.

Постоянный, *adj.* constant.

Постоять, *vn. pa.* to stand a little, to
stop, wait.

Пострадать, *vn. pa.* to suffer.

Постригать, постричь, *va.* to shear a little, give the tonsure ; -ся, *vr.* to take the religious habit or veil.

Постройка, *sf.* building, structure.

Построить, *va. pa.* to build, range, form.

Поступать, -ступить, *vn.* to act, do, deal.

Поступокъ, *sm.* behaviour, act.

Постучать, *vn.* to knock, give a few knocks.

Постъ, *sm.* fasting, fast, lent.

Посуда, *sf.* ware, dishes and plates.

Посулить. *va. pa.* to promise.

Посчастливиться, *v. imp. pa.* to have the luck of.

Посылать, послать, *va.* to send.

Посыпаться, *vr. pa.* to fall, strew out.

Посѣвъ, *sm.* seed, corn sown.

Посѣдѣть, *vn. pa.* to grow grey-headed.

Посѣтить, *pa.,* see посѣщать.

Посѣщать, посѣтить, *va.* to visit.

Посѣщеніе, *sn.* visiting, visit.

Посѣять, *va. pa.,* to sow.

Потакать, -такнуть, *vn.* to indulge, connive at.

Потереть, *va. pa.* (*past* потёръ, *fut.* потру), to rub a little.

Потерпѣть, *va. pa.* to suffer, tolerate.

Потеря, *sf.* loss.

Потерять, *va. pa.* to lose.

Потихоньку, *adv.* quietly, calmly.

Потокъ, *sm.* stream, torrent.

Потолокъ, *sm.* ceiling.

Потомокъ, *sm.* descendant.

Потомство, *sn.* posterity.

Потому, *adv.* hence ; и потому, therefore.

Потому что, *conj.* because, for.

Потомъ, *adv.* after that, then.

Поторопиться, *vr. pa.* to hurry or hasten a little.

Потребно, *v. imp.* it is necessary.

Потребовать, *va. pa.* to demand, require, call.

Потрудиться, *vr. pa.* to trouble one's self, take pains.

Потрясти, *va. pa.* to shake or jolt a little.

Потухать, потухнуть, *vn.* to be extinguished, go out.

Потчивать, *va.* to treat.

Потъ, *sm.* sweat.

Потѣха, *sf.* amusement, diversion.

Потянуть, *va. pa.* to draw, stretch.

Поутру, *adv.* in the morning.

Поучительный, *adj.* instructive.

Похвала, *sf.* praise, laud.

Похваливать, похвалить, *va.* to praise, laud.

Похвалиться, *vr. pa.* to pride one's self.

Похвальный, *adj.* praise-worthy, of praise.

Похититель, *sm.* ravisher, usurper.

Похитить, *pa.,* see похищать.

Похищать, похитить, *va.* to ravish, steal.

Похищеніе, *sn.* ravishment, carrying away.

Похлёбка, *sf.* soup.

Похлопотать, *vn. pa.* to busy or stir one's self a little, to solicit.

Походить, *vn. pa.* to walk a little.

Походить на-, *vn.* to resemble, be like.

Походка, *sf.* gait, walk.

Походный, *adj.* of campaign, field.

Походъ, *sm.* campaign.

Похожде́ніе, *sn.* adventure, event.

Похо́жій, *adj.* resembling, like.

По́хороны, *sf. pl.* funeral.

Похуде́ть, *vn. pa.* to grow thin, grow meagre.

Поце́ловать, *va. pa.* to kiss.

По́чва, *sf.* soil, ground.

Почему́ & Почёмъ, *adv.* why ?

Почерне́ть, *vn. pa.* to become black.

Почерпа́ть, почерпну́ть, *va.* to dip, draw, borrow.

Поче́сть, *va. pa.* (*fut.* почту́), see Почита́ть.

По́честь, *sf.* honour.

Почётъ, *sm.* respect.

Почита́ніе, *sn.* respecting, revering.

Почита́ть, почти́ть, *va.* to respect, revere ; поче́сть, *pa.* to consider as, repute.

Почита́ться, *vr.* to be respected, considered as.

По́чта, *sf.* post.

Почте́ніе, *sn.* respect, consideration, homage.

Почте́нный, *adj.* respectable, honourable.

Почти́, *adv.* almost.

Почти́тельно, *adv.* respectfully.

Почти́ть, *pa.*, see почита́ть.

Почто́, *adv.* why ? wherefore ?

Почтово́й & Почто́вый, *adj.* post, of post-office.

Почу́вствовать, *vn. pa.* to feel.

Почу́ять, *va. pa.* to scent, smell, hear.

Пошевели́ться, *vr. pa.* to stir one's self, move a little.

По́шлый, *adj.* common, trivial.

Пошути́ть, *vn. pa.* to joke, have a joke.

Пое́здка, *sf.* excursion.

По́ездъ, *sm.* retinue, attendants, train.

Поезжа́й, -те, *imperat.* of пое́хать, go ! drive on !

Пое́сть, *va. pa.* to eat, finish eating.

Пое́хать, *vn. pa.* to go, set off, depart.

Поэ́зія, *sf.* poesy, poetry.

Поэ́ма, *sf.* poem.

Поэ́тому, *adv.* for that reason, therefore.

Поэ́тъ, *sm.* poet.

Появи́ться, *pa.*, see появля́ться.

Появле́ніе, *sn.* appearance, appearing.

Появля́ться, появи́ться, *vr.* to appear.

Поя́рковый, *adj.* of felt, of lamb's wool.

По́ясъ, *sm.* girdle, belt ; -ясно́й, *adj.*

Пра́вда, *sf.* truth, it is true.

Пра́вда (ва́ша), you are in the right.

Пра́ведный, *adj.* just, righteous.

Пра́вило, *sn.* rule, maxim, principle.

Прави́тель, *sm.* administrator, ruler, regent.

Прави́тельство, *sn.* government, administration.

Прави́тельствовать, *vn.* to govern, direct ; прави́тельствующій сена́тъ, the senate directing.

Пра́вить, *va.* to rule, govern, direct, guide.

Правле́ніе, *sn.* government, direction, administration.

Пра́во, *sn.* right.

Пра́во, *adv.* truly, indeed.

Правосла́віе, *sn.* orthodoxy.

Правосла́вный, *adj.* orthodox.

Правосу́діе, *sn.* justice.

Пра́вый, *adj.* right, innocent ; вы пра́вы, you are in the right.

Пра́дѣдъ, *sm.* great-grandfather.

Пра́здникъ, *sm.* holiday, feast.

Пра́здновать, *va.* to feast, celebrate.

Пра́здность, *sf.* idleness, sloth.

Пра́здный, *adj.* vacant, idle.

Прахъ, *sm.* dust, ashes.

Пребыва́ніе, *sn.* stay, sojourn.

Пребыва́ть, пребы́ть, *vn.* to sojourn, reside.

Превозмога́ть, превозмо́чь, *va.* to overcome, subdue.

Превозноси́ть, превознести́, *va.* to exalt, extol.

Превосходи́тельство, *sn.* excellence.

Превосходи́ть, -зойти́, *va.* to surpass, excel.

Превосхо́дный, *adj.* superior, excellent.

Превосхо́дство, *sn.* excellence, superiority.

Преврати́ть, -ся, *pa.*, see превраща́ть, -ся.

Превраща́ть, преврати́ть, *va.* to change, transform.

Превраща́ться, преврати́ться, *vr.* to change one's self, be changed, be transformed.

Прегра́да, *sf.* bar, impediment.

Прегражда́ть, -гради́ть, *va.* to bar, impede.

Прегрѣше́ніе, *sn.* sin, transgression.

Предава́ть, преда́ть, *va.* to give up, betray.

Преда́ніе, *sn.* tradition.

Преда́ть, *pa.*, see предава́ть.

Предви́дѣть, *va.* to foresee.

Предводи́тель, *sm.* leader, general.

Предводи́тельствовать, *vn.* to lead, command.

Предвѣща́ть, предвѣсти́ть, *va.* to foretell, prognosticate.

Пре́дки, *s. pl.* forefathers, ancestors.

Предлага́ть, предложи́ть, *va.* to offer propose.

Предложе́ніе, *sn.* proposal, offer.

Предложи́ть, *pa.*, see предлага́ть.

Предме́тъ, *sm.* object, subject.

Предназнача́ть, -назна́чить, *va.* to fore-appoint, fore-design.

Пре́докъ, *sm.* forefather.

Предостерега́ть, -стере́чь, *va.* to warn, caution.

Предосторо́жность, *sf.* caution, wariness.

Предполага́ть, предположи́ть, *va.* to suppose, presuppose.

Предпочита́ть, -поче́сть, *va.* to prefer.

Предпочти́тельно, *adv.* preferably.

Предпринима́ть, -приня́ть, *va.* to undertake.

Предпрія́тіе, *sn.* undertaking, enterprise.

Предска́зывать, -сказа́ть, *va.* to foretell, predict.

Предста́вить, *pa.*, see представля́ть.

Представле́ніе, *sn.* representation, presentation.

Представля́ть, -ста́вить, *va.* to present, represent, imagine.

Предсто́ять, *vn.* to stand before, to be imminent.

Предсѣда́тель, *sm.* president.

Предупрежда́ть, -упреди́ть, *va.* to prevent, anticipate, inform, warn.

Предчу́вствовать, *va.* to have a presentiment, forebode.

T

Предъ & Передъ, *prep. acc.* and *instr.* before.

Предѣлъ, *sm.* bound, limit.

Прежде, *adv.* before, formerly.

Преждевременно, *adv.* prematurely.

Прежнiй, *adj.* foregoing, first, former.

Презирать, презрѣть, *va.* to despise.

Прѣзрать, *va. pa.* to treat with contempt, reject.

Презрѣнiе, *sn.* contempt, disdain.

Презрѣнный, *adj.* contemptible.

Преимущественно, *adv.* in preference, chiefly.

Преимущество, *sn.* preference, prerogative.

Прекрасно, *adv.* beautifully, excellent.

Прекрасный, *adj.* beautiful, pretty.

Прекратить, -ся, *pa.*, see прекращать, -ся.

Прекращать, прекратить, *va.* to put an end to, stop; -ся, *vr.* to cease, be stopped.

Прелестный, *adj.* charming.

Прелесть, *sf.* charm.

Пренебрегать, -небречь, *va.* to neglect.

Преображать, преобразить, *va.* to transform, transfigure.

Преодолѣвать, преодолѣть, *va.* to surmount, overcome.

Преподавать, преподать, *va.* to lecture, teach.

Препона, *sf.* impediment, obstacle.

Препорядочно, *adv.* tolerably well.

Препятствiе, *sn.* impediment, obstacle.

Препятствовать, *vn.* to impede, hinder.

Прерывать, прервать, *va.* to break off, interrupt.

Пресвятый, *adj.* most holy.

Прескверный, *adj.* very bad.

Преслѣдователь, *sm.* pursuer, persecutor.

Преслѣдовать, *va.* to pursue, persecute.

Престолъ, *sm.* altar, throne.

Преступать, преступить, *va.* to transgress, violate.

Преступленiе, *sn.* crime.

Пресытить, *va. pa.* to satiate, glut.

Пресыщенный, *part.* satiated.

Претерпѣвать, претерпѣть, *va.* to bear, suffer.

Пречистый, *adj.* very pure, most pure.

При, *prep. prepos.* near, at, on, in the presence of, under.

Прибавлять, прибавить, *va.* to add.

Приберечь, *va. pa.* to preserve, save.

Прибивать, прибить, *va.* to fix, fasten, beat, drive to.

Прибирать, прибрать, *va.* to put in order, arrange.

Приближаться, приблизиться, *vr.* to approach.

Приближенiе, *sn.* approach.

Приближенный, *adj.* being on familiar terms; *pl.* -ые, persons around, *entourage.*

Приблизиться, *pa.*, see приближаться.

Прибрать, *pa.*, see прибрать.

Прибыль, *sf.* gain, profit.

Прибыть, *vn. pa.* to arrive, come, increase.

Прибѣгать, прибѣгнуть (къ кому), *vn.* to have recourse to.

Прибѣгать, прибѣжать, *vn.* to run up.

Привезти, *pa.*, see привозить.

Привести, *pa.*, see приводить.

Привлекательный, *adj.* attractive, charming.

Привлекать, прпвлечь, *va.* to attract.

Приводить, привестй & привесть, *va.* to lead up, bring.

Привозить, привезти & привезть, *va.* to convey, bring, carry.

Привыкать, -выкнуть, *vh.* to habituate one's self to.

Привычка, *sf.* habit, custom.

Приветливый, *adj.* affable.

Приветный, *adj.* kind, welcome.

Привязать, *pa.,* see прпвязывать.

Привязанный, *adj.* attached, devoted.

Привязывать, привязать, *va.* to tie, bind, attach.

Привязь, *sf.* tie, string, tether.

Приглашать, пригласить, *va.* to invite.

Пригнать, *pa.,* see пригонять.

Приговаривать, *va.* to say more, add.

Приговоръ, *sm.* sentence, verdict.

Пригонять, пригнать, *va.* to drive to, drive up, to float.

Приготовить, -ся, *pa.,* see приготовлять, -ся.

Приготовление, *sn.* preparation, manufacture.

Приготовлять, приготовить, *va.* to prepare, make ; -ся, to prepare one's self, be prepared.

Припгревать, пригреть, *va.* to warm, give warmth.

Придавать, придать, *va.* to add, to give.

Придавить, *va. pa.* to press to.

Придворный, *adj.* of the court ; *sm.* courtier.

Придерживать, придержать, *va.* to hold, detain ; -ся, *vr.* to hold to, be held.

Придумывать, -думать, *va.* to imagine, devise.

Прижимать, прижать, to press to or against ; -ся, *vr.* to lay close.

Призадуматься, *vr. pa.* to become pensive.

Призадумываться, *vr.* to be rather pensive.

Призвать, *pa.,* see призывать.

Признавать, -знать, *va.* to acknowledge.

Признаваться, признаться, *vr.* to avow, confess.

Признание, *sn.* avowal, confession.

Признательность, *sf.* gratitude.

Призывать, призвать, *va.* to call, call up, invoke.

Приказание, *sn.* order, command.

Приказать, *pa.,* see приказывать.

Приказный, *adj.* of an office ; *sm.* office clerk.

Приказывать, приказать, *va.* to order, command.

Прикидываться, прикинуться, *vr.* to feign.

Прикладъ, *sm.* but-end (of a gun).

Прикладывать, приклacть, *va.* to lay to, add.

Приключение, *sn.* adventure.

Приковать, *va. pa.* to chain to, to hold in chains.

Прикрикнуть, *vn. pa.* to threaten, scold.

Прикрывать, прикрыть, *va.* to cover, protect.

Прилагать, приложить, *va.* to add, apply (one's hand).

Прилежание, *sn.* application, assiduity.

Прилечь, *vn. pa.* to lie down a little.

Прилячіе, *sn.* decency, decorum.

Примайчивый, *adj.* alluring, enticing.

Примолвить, *va. pa.* to say further, add.

Примѣрпый, *adj.* exemplary.

Примѣръ, *sm.* example.

Примѣтить, *pa.*, see примѣчать.

Примѣчать, примѣтить, *va.* to remark, observe.

Принадлежать, *vn.* to belong.

Принести, *pa.*, see припосить.

Принимать, принять, *va.* to receive, accept, adopt; -ся, *vr.* to undertake, begin, set to.

Приносить, принести & припѣсть, *va.* to bring.

Принудить, *pa.*, see принуждать.

Принуждать, принудить, *va.* to constrain, force.

Принужденіе, *sn.* constraint, force.

Принужденный, *adj.* constrained, forced.

Принцъ, *sm.* prince.

Принять, -ся, *pa. (fut.* приму, -сь), see принимать, -ся.

Припадать, припасть, *vn.* to fall down, to press close to.

Припечь, *va. pa.* to bake too much; *vn.* to burn.

Приписывать, приписать, *va.* to add in writing, to attribute; -ся, *vr.* to inscribe one's self, be attributed.

Приплыть, *vn. pa.* to sail up, swim up.

Приподняться, *vr. pa.* to rise up a little.

Приправлять, приправить, *va.* to season, spice.

Припѣвъ, *sm.* accompaniment.

Приращеніе, *sn.* increase, augmentation.

Природа, *sf.* nature.

Природный, *adj.* natural, inborn.

Присвоять, присвоить, *va.* to appropriate to one's self, usurp.

Прискакать, *vn. pa.* to gallop up, come galloping.

Прискорбно (есть), *v. imp.* it is afflicting, sad.

Прислать, *pa.*, see присылать.

Прислуга, *sf.* servants.

Прислуживать, *vn.* to serve, attend.

Прислушиваться, *vr.* to listen to.

Присмотрѣть, *va. pa.* to look after, see to.

Присоединять, присоединить, *va.* to annex, adjoin; -ся, *vr.* to join, be adjoined.

Приставать, пристать, *vn.* to lodge, land, put in, adhere, come up, join.

Приставить, *pa.*, see приставлять.

Приставлять, приставить, *va.* to set to, set on, set over.

Пристально, *adv.* attentively; (-но смотрѣть, to stare at).

Пристань, *sf.* harbour, port.

Пристать, *pa.*, see приставать.

Пристегнуть, *va. pa.* to baste or sew to, to put alongside; *fig.* to add.

Приступать, -ступить, *vn.* to approach, enter upon, begin, importune.

Приступъ, *sm.* approach, beginning, assult.

Присутствовать, *vn.* to be present.

Присылать, прислать, *va.* to send to.

Присѣсть, *vn. pa. (fut.* присяду), to squat down, sit down.

Присяга, *sf.* oath.

Присягать, присягнуть, *va.* to swear, take an oath.

Притаиться, *vr. pa.* to conceal one's self, feign.

Притащить, *va. pa.* to drag to.

Притворяться, притвориться, *vr.* to be closed, to feign, dissemble.

Притомъ, *adv.* with this, besides.

Притопывать, притопнуть, *vn.* to stamp with the feet.

Притупить, -ся, *pa.*, see притуплять, .ся.

Притупленный, *part.* blunt, weakened.

Притуплять, притупить, *va.* to blunt, weaken; -ся, *vr.* to be blunted, to grow weak.

Приходить, пріити & придти, *vn.* to come, arrive.

Приходиться, пріитись, *v. imp.* to fit, suit, to happen, to be obliged.

Приходъ, *sm.* arrival.

Прицѣпить, *va. pa.* to hook, fasten to.

Причина, *sf.* cause, reason.

Пришпорить, *va. pa.* to spur, spur on.

Прищуривать, -щурить, *va.* to blink, twinkle a little.

Пріити, -сь, *pa.*, see приходить, -ся.

Пріобрести, *pa.*, see пріобрѣтать.

Пріобрѣтать, пріобрѣсть, *va.* to acquire, obtain.

Пріосаниться, *vr. pa.* to assume an air of dignity.

Пріѣзжать, пріѣхать, *vn.* to come, arrive.

Пріѣзжающій, *sm.* a new comer, traveller.

Пріѣзжій, *adj. sm.* a new comer.

Пріѣхать, *pa.*, see пріѣзжать.

Пріютиться, *vr. pa.* to take refuge.

Пріютъ, *sm.* asylum, refuge.

Пріятель, -ница, *s.* a friend, acquaintance; (по -ски), friendly.

Пріятно, *v. imp.* it is agreeable.

Пріятный, *adj.* agreeable.

Про, *prep. acc.* for, of, about, to.

Пробираться, пробраться, *vr.* to make one's way through.

Пробиться, *vr. pa.* to break, make one's way through.

Пробормотать, *va. pa.* to mutter, murmur.

Пробраться, *pa.*, see пробираться.

Пробыть, *vn. pa.* to stay, remain, pass.

Пробѣлъ, *sm.* blank, void space.

Проваливаться, провалиться, *vr.* to fall through, break in.

Провалъ, *sm.* downfall, hole.

Провести, *pa.*, see проводить.

Провидѣніе, *sn.* providence.

Провизжать, *vn. pa.* to whiz through.

Провинція, *sf.* province.

Провіантъ, *sm.* provisions.

Проводить, провести, *va.* to lead through, accompany, pass (time).

Провожать, проводить, *va.* to escort, accompany, to see off.

Провозглашать, -возгласить, *va.* to proclaim.

Проворно, *adv.* quickly, promptly.

Проворчать, *va. pa.* to grumble, growl.

Провѣдывать, провѣдать, *vn.* to inquire about; *va.* to visit, pay a visit.

Проглатывать, проглотить, *va.* to swallow, swallow down.

Проглянуть, *vn. pa.* to appear, look out.

Прогнать, *va. pa.*, see прогонять.

Прогнѣваться, *vr.* to become angry.

Проговорить, *va. pa.* to utter, finish speaking.

Прогонять, прогнать, *va.* to drive through, dispel.

Прогуливаться, прогуляться, *va.* to walk, take a walk.

Прогулка, *sf.* walking, walk.

Продавать, продать, *va.* to sell ; -ся, *vr.* to sell one's self, be sold.

Продажа, *sf.* sale.

Продать, -ся, *pa.*, see продавать, -ся.

Продержать, *va. pa.* to hold, keep some time.

Продолжать, продолжить, *va.* to continue, prolong ; -ся, *vr.* to be continued.

Продолжѣніе, *sn.* continuation, prolongation.

Продолжительный, *adj.* lasting, of long duration.

Продраться, *vr. pa.* to be torn or worn out.

Продрогнуть, *vn. pa.* to be benumbed with cold.

Продѣвать, продѣть, *va.* to put through.

Продѣлка, *sf.* hole, trick, wile.

Продѣть, *va. pa.*, see продѣвать.

Прожнвать, прожить, *vn.* to live, spend one's life, to stay.

Прожорливый, *adj.* gluttonous, voracious.

Прозваніе, *sn.* surname.

Прозвать, -ся, *pa.*, see прозывать, -ся.

Прозывать, прозвать, *va.* to surname ; -ся, *vr.* to be surnamed, be called.

Прозябать, *vn.* to vegetate, shoot.

Проигрывать, проиграть, *va.* to lose at play, to lose.

Произведеніе, *sn.* production, produce, work, product.

Произвести, *pa.*, see производить.

Производить, -извести, *va.* to produce, effect, to derive.

Производство, *sn.* production, process, preferment.

Произволъ, *sm.* pleasure, will, discretion.

Произнести, *va. pa.*, see произносить.

Произносить, -известй, *va.* to pronounce, utter.

Произойти, *vn. pa.*, see происходить.

Произшествіе, *sn.* event, occurrence.

Пробиски, *sm. pl.* intrigues, stratagems.

Происходить, произойти, *vn.* to happen, occur, to arise, issue.

Происхожденіе, *sn.* origin, extraction.

Пройти, *pa.*, see проходить.

Прокармливать, -кормить, *va.* to nurse, keep.

Проклятый, *part.* damned, cursed.

Прокормить, *pa.*, see прокармливать.

Прокъ, *sm.* utility, benefit ; (въ-), of use.

Пролетать, пролетѣть, *vn.* to fly through, fly past, pass rapidly.

Пролетѣть, *pa.*, see пролетать.

Проливной, *adj.* (-дождь), a heavy shower of rain.

Проливъ, *sm.* strait.

Проливать, пролить, *va.* to pour out, spill, shed.

Пролить, *pa.*, see проливать.

Промежутокъ *sm.* interval.

Промежъ, *prep. instr.* between, amongst.

Промо́ина, *sf.* ravine, pool.

Промока́ть, промо́кнуть, *vn.* to be drenched, get wet.

Промо́лвить, *va. pa.* to put in a word.

Промча́ться, *vr. pa.* to pass rapidly.

Про́мысел, *sm.* business, trade, profession.

Промы́шленность, *sf.* industry, trade.

Промы́шленный, *adj.* industrial, manufacturing.

Промышля́ть, *vn.* to follow (a business).

Пронести́сь, *vr. pa.* to pass through or over, to resound, be heard.

Пронзи́ть, *va. pa.* to pierce.

Проника́ть & Пронизать, -ни́кнуть, *vn.* to pass through, penetrate.

Пройти́, *va. pa.* (*fut.* пройду́), to pierce, penetrate; *fig.* to bring to reason.

Пропада́ть, пропа́сть, *vn.* to be lost, to disappear.

Пропа́щий, *adj.* lost.

Пропита́ние, *sn.* subsistence, livelihood.

Пропита́ть, -ся, *pa.*, see пропи́тывать, -ся.

Пропи́тывать, пропита́ть, *va.* to nourish, support; -ся, *vr.* to subsist, live.

Пропо́рция, *sf.* proportion.

Пропуска́ть, пропусти́ть, *va.* to let pass, to miss, slip.

Пропе́ть, *va. pa.*, to finish singing.

Прорва́ть, *va. pa.* to tear through, break; -ся, *vr.* to break through, be torn.

Проро́къ, *sm.* prophet.

Проруби́ть, *va. pa.* to cut through.

Про́рубь, *sf.* ice-hole.

Прорезывать, прорезать, *va.* to cut through.

Просвеще́ние, *sn.* instruction, civilization.

Просиде́ть, *vn. pa.* to sit some time.

Проси́тель, -ница, *s.* solicitor, -tress.

Проси́ть, *va.* to ask, demand, beg.

Просла́вить, -ся, *pa.* see прославля́ть, -ся.

Прославля́ть, просла́вить, *va.* to render famous, to glorify, to pass for.

Прославля́ться, просла́виться, *vr.* to signalize one's self, be renowned, become famous, pass for.

Прослужи́ть, *vn. pa.* to serve one's time.

Проспа́ться, *pa.*, see просыпа́ться.

Прости́ть, -ся, *pa.*, see проща́ть, -ся.

Про́сто, *adv.* simply.

Просто́й, *adj.* simple, ordinary, common.

Простолюди́нъ, *sm.* commoner, plebeian.

Простонаро́дие, *sn.* the vulgar, common people.

Простота́, *sf.* plainness, simplicity.

Простоя́ть, *vn. pa.* to finish standing or sojourning.

Простра́нство, *sn.* space, extent.

Просту́да, *sf.* chill, catarrh.

Простуди́ться, *vr.* to catch cold.

Просты́ть, *vn. pa.* to become cold.

Просыпа́ться, просну́ться, *vr.* to awake, wake.

Про́сьба, *sf.* entreaty, request, petition.

Про́седь, *sf.* some grey hairs.

Протвержи́вать, -тверди́ть, *va.* to rehearse, repeat.

Протёртый, *part.* worn out, in holes.

Противиться, *vr.* to oppose, resist.

Противникъ, *sm.* adversary, antagonist.

Противный, *adj.* opposite, contrary, adverse.

Противоположность, *sf.* contrast, opposition.

Противоположный, *adj.* contrary, opposite.

Противорѣчіе, *sn.* contradiction.

Противъ & Противу, *prep. gen.* opposite, against.

Протирать, протереть, *va.* to rub through ; (глаза́), to rub one's eyes.

Протискаться, *vr. pa.* to squeeze through a crowd.

Протянуть, *va. pa.* to stretch, extend ; -ся, *vr.* to stretch, be stretched.

Протяжный, *adj.* drawling, slow.

Прохладный, *adj.* cool.

Проходить, пройти, *vn.* to go through, to elapse.

Прохожій, *sm.* passer, traveller.

Прочесть, *va. pa.* (*fut.* прочту), to read through, peruse.

Прочитать, *va. pa.* to finish reading.

Прочій, *adj.* other.

Прочность, *sf.* durability, solidity.

Прочный, *adj.* durable, solid.

Прочь, *adv.* and *interj.* away, off.

Прошедшій, *adj.* past.

Прошеніе, *sn.* petition, request.

Прошептать, *va.* to whisper.

Прошка, *sm. dim.* of Прокопій, Procopius.

Прошлый, *adj.* last, past, preceding.

Прощай! прости! good-bye! farewell !

Прощаніе, *sn.* farewell, parting, leave.

Прощать, простить, *va.* to pardon, absolve.

Прощаться, проститься, *vr.* to take leave, bid farewell.

Прощеніе, *sn.* pardon, forgiveness.

Проѣздъ, *sm.* passing through, passage.

Проѣзжать, проѣхать, *vn.* to drive or ride through, ride round.

Проѣзжій, *sm.* passenger.

Проѣхать, *pa.*, see проѣзжать.

Проэктъ & проэктъ, *sm.* project, scheme.

Прудъ, *sm.* pond.

Пруссія, *sf.* Prussia.

Прусскій, *adj.* Prussian.

Прыгать, прыгнуть, *vn.* to jump, hop.

Прыжокъ, *sm.* jump, hop.

Прыть, *sf.* speed ; (во всю-), at full speed.

Пряжка, *sf.* buckle.

Прямо, *adv.* straightly, straightways, frankly, really.

Прямой, *adj.* straight, upright, frank.

Прямёхонько, *adv. augm.* quite straight.

Пряникъ, *sm.* ginger-bread.

Прятать, *va.* to hide; -ся, *vr.* to hide one's self.

Псарня, *sf.* dog-kennel, pack (of hounds); псарный дворъ, kennel.

Псарь, *sm.* whipper-in.

Псковъ, *sm.* Pskof ; псковскій, *adj.*

Птица, *sf.* bird.

Публика, *sf.* the public.

Публичный, *adj.* public.

Пугать, пугнуть, *va.* to frighten.

Пугаться, *vr.* to take fright.

Пудель, *sm.* poodle-dog.

Пудъ, *sm.* (40 Russ. pounds), pood.

Пузатый, *adj.* big-bellied, inflated.

Пузырь, *sm. dim.* пузырёкъ, bladder, bubble, phial.

Пукъ, *sm. dim.* пучёкъ & -чёчекъ, bundle, fagot, bunch.

Пуля, *sf.* bullet, ball.

Пунктъ, *sm.* point, centre.

Пускай & пусть, *adv.* let.

Пускать, пустить, *va.* to let, let go, allow, to dart, shoot; (-въ ходъ), have recourse to.

Пускаться, пуститься, *vr.* to set upon, undertake, rush.

Пустить, -ся, *pa.*, see пускать, -ся.

Пустой, *adj.* empty, stupid.

Пустота, *sf.* emptiness.

Пустыня, *sf.* desert; -тынный, *adj.*

Пустякъ, *sm.* nonsense, trifle.

Пусть, *adv.* let, (-онъ придётъ), let him come.

Путеводитель, *sm.* guide.

Путеводный, *adj.* guiding, leading.

Путаться, *vr.* to tangle, be entangled.

Путевой, *adj.* of road, travelling.

Путешественникъ, *sm.* traveller.

Путешествіе, *sn.* travel, voyage.

Путешествовать, *vn.* to travel.

Путь, *sm.* road, way, travel.

Пучёкъ, & пучёчекъ, see пукъ.

Пухъ, *sm.* down.

Пушка, *sf.* cannon; пушечный, *adj.*

Пчела, *sf.* bee.

Пшеница, *sf.* wheat.

Пылать, *vn.* to flame, blaze, burn.

Пыль, *sf.* dust.

Пытать, *va.* to assay, punish with tortures.

Пытаться, *vr.* to attempt, try.

Пытка, *sf.* rack, torture.

Пытливо, *adv.* inquisitively.

Пышность, *sf.* pomp, splendour.

Пьедесталъ, *sm.* pedestal.

Пьяный, *adj.* drunk, tipsy.

Пѣвецъ, *sm.* -вица, *sf.* singer.

Пѣна, *sf.* froth, foam.

Пѣніе, *sn.* singing.

Пѣсенка, see пѣсня.

Пѣсенникъ, *sm.* singer, song-book.

Пѣсня, *sf. dim.* пѣсенка, song.

Пѣтухъ, *sm.* cock, chanticleer.

Пѣть, *va.* (*pres.* пою), to sing.

Пѣшій, *adj.* on foot, pedestrian.

Пѣшкомъ, *adv.* on foot.

Пютерлакъ, *sm.* Puterlake; -лак- скій, *adj.*

Пятиться, *vr.* to draw back.

Пятнадцать, *num.* fifteen.

Пятно, *sn.* spot, stain.

Пятый, *adj.* fifth.

Пять, *num.* five.

Пятьдесятъ, *num.* fifty.

Пятьсотъ, *num.* five hundred.

Р.

Работа, *sf.* work, labour.

Работать, *va.* to work, labour.

Работникъ, *sm.* workman, labourer.

Рабочій, *adj.* working; *sm.* workman.

Рабскій, *adj.* slave's, slavish.

Рабство, *sn.* slavery.

Рабъ, *sm.* slave.

Равнина, *sf.* a plain.

Равновѣсіе, *sn.* equipoise.

Равнодушно, *adv.* indifferently.

Равнодушный, *adj.* indifferent.

Равно, *adv.* equally.

Ра́вный, *adj.* equal.

Ра́ди, *prep. gen.* for the sake of.

Ра́довать, *va.* to rejoice, delight.

Ра́доваться, *vr.* to rejoice, be glad.

Ра́достный, *adj.* joyous, joyful.

Ра́дость, *sf.* joy.

Радъ, *adj.* glad, happy.

Разбива́ть, разби́ть, *va.* to break to pieces, to beat, defeat.

Разбива́ться, разби́ться, *vr.* to break, be broken.

Разбира́ть, разобра́ть, *va.* to take to pieces, disjoint, to decipher, examine, analyze.

Разби́ть, -ся, *pa.*, see разбива́ть, -ся.

Разбогатѣ́ть, *vn. pa.* to become rich.

Разбо́йникъ, *sm.* -ница, *sf.* robber, highwayman ; *fig.* rogue ; -ни-чій, *adj.*

Разбо́ръ, *sm.* choice, distinction.

Разбуди́ть, *va. pa.* to awake.

Разбѣга́ться, разбѣжа́ться, *vr.* to run asunder, disperse.

Разва́лина, *sf.* ruin.

Развали́ться, *vr. pa.* to fall down, stretch one's self.

Развести́, *pa.*, see разводи́ть.

Развива́ть, разви́ть, *va.* to untwine, to develope.

Развива́ться, разви́ться, *vr.* to develope one's self.

Разви́тіе, *sn.* development.

Разви́ть, -ся, *pa.*, see развива́ть, -ся.

Развлека́ть, развле́чь, *va.* to divert, distract.

Разводи́ть, развести́, *va.* to separate, divorce, to breed ; (-огонь), to make up fire.

Ра́звѣ, *adv.* then, perhaps, it must be ; *conj.* if, when.

Развѣ́сить & Развѣ́шать, *va. pa.* to hang about, hang out.

Развя́зывать, -вяза́ть, *va.* to untie, unbind.

Разгнѣва́ть, *va. pa.* to make angry, provoke.

Разговори́ться, *vr. pa.* to get into a fit of talking, to begin to talk.

Разгово́ръ, *sm.* conversation.

Разгу́ливать, *vn.* to take a walk, wander.

Раздава́ть, разда́ть, *va.* to distribute.

Раздава́ться, разда́ться, *vr.* to be distributed, to resound, be heard.

Разда́ть, -ся, *pa.*, see раздава́ть, -ся.

Раздо́ръ, *sm.* dissension, quarrel.

Раздраже́ніе, *sn.* irritation.

Раздѣва́ться, раздѣ́ться, *vr.* to undress one's self.

Раздѣли́ть, *pa.*, see раздѣля́ть.

Раздѣля́ть, раздѣли́ть *va.* to divide, share.

Раззнако́миться, *vr. pa.* to break off one's acquaintance.

Разину́ть, *va. pa.* to open wide.

Разле́чься, *vr. pa.* to stretch one's self, lie down.

Разлива́ться, разли́ться, *vr.* to spread, overflow.

Различа́ть, различи́ть, *va.* to distinguish, discern.

Разли́чный, *adj.* distinct, different.

Разложи́ть, *va. pa.* to lay out, to fix, apportion, settle.

Разлу́ка, *sf.* separation, parting.

Разлуча́ть, разлучи́ть, *va.* to part, separate.

Разлуча́ться, разлучи́ться, *vr.* to part, leave.

Размахивать, -махну́ть, *va.* to swing, braudish, flourish.

Размахъ & Розмахъ, *sm.* oscillation ; (съ -маху), with all one's might.

Разметать, *va. pa.* to throw asunder, disperse, break up, tear to pieces.

Размина́ть, размя́ть, *va.* to knead well, to stretch.

Размышле́ніе, *sn.* reflection, meditation.

Размышля́ть, -мы́слить, *vn.* to reflect upon, meditate.

Разнести́, *va. pa.* to bear about, to scatter, break up.

Разнести́сь, *vr. pa.* to spread, be abroad.

Разнокалиберный, *adj.* mixed, of a different size or shape.

Разнообра́зный, *adj.* diverse, various.

Разноси́ться, разнести́сь, *vr.* to be borne about, be spread, be abroad.

Ра́зный, *adj.* different, diverse.

Разобрать, *pa.*, see разбира́ть.

Разогнать, *va. pa.* to drive away, disperse.

Разойти́сь, *vr. pa.*, see расходи́ться.

Ра́зомъ, *adv.* at once, with one stroke.

Разорвать, *va. pa.* to tear to pieces.

Разоре́ніе, *sn.* ruin.

Разоря́ть, разори́ть, *va.* to ruin, desolate.

Разосла́ть, *va. pa.* to send in various directions, send about.

Разостла́ть, -ся, *pa.*, see разстила́ть, -ся.

Разруба́ть, разруби́ть, *va.* to cut asunder.

Разрыва́ть, разры́ть, *va.* to dig, rummage.

Разрыча́ть, разорвать, *va.* to tear to pieces, violate.

Разры́ть, *va. pa.* to dig, rummage.

Разрѣше́ніе, *sn.* solution, permission.

Разря́дный, *adj.* of category, official.

Разря́дъ, *sm.* category.

Разса́живать, разсади́ть, *va.* to plant about.

Разсвѣта́етъ, *vn. imp. pres.* it dawns, (*past,* разсвѣ́ло ; *fut* разсвѣтётъ ; *infinit.* разсвѣта́ть).

Разсвѣтъ, *sm.* break of day, dawn.

Разсерди́ть, *va. pa.* to make angry, provoke.

Разсерди́ться, *vr. pa.* to fall into a passion, get angry.

Разсказать, *pa.*, see разска́зывать.

Разска́зъ, *sm.* tale, narrative.

Разска́зывать, разсказа́ть, *va.* to relate, narrate.

Разска́киваться, -кака́ться, *vr.* to gallop or jump about.

Разска́щикъ & разска́зчикъ, *sm.* teller, relater.

Разслы́шать, *va. pa.* to hear well.

Разсма́триваніе, *sn.* examination, investigation.

Разсма́тривать, разсмотрѣ́ть, *va.* to see well, examine, consider.

Разсмотрѣ́ть, *pa.*, see разсма́тривать.

Разстава́ться, разста́ться, *vr.* to part, take leave.

Разста́вить, *pa.*, see разставля́ть.

Разставля́ть, разста́вить, *va.* to set, put in various places, to widen, let out.

Разста́ться, *pa.*, see разставля́ться.

Разстилать, разостлать, *va.* to spread ; -ся, *vr.* to spread, be spread.

Разстояніе, *sn.* distance.

Разстраивать, разстроить, *va.* to set at variance, to disorder, derange.

Разстроенный, *part.* disorderly, confused, deranged.

Разстроить, *pa.*, see разстраивать.

Разстройство, *sn.* disorder, derangement.

Руступаться, разступиться, *vr.* to give way, retire.

Разсудительный, *adj.* considerate, judicious.

Разсудокъ, *sm.* reason, judgment.

Разсуждать, разсудить, *vn.* to reason, deliberate, think.

Разсужденіе, *sn.* reasoning, deliberation.

Разсчесть, -ся, *pa.*, see разсчитывать, -ся.

Разсчётливый, *adj.* economical, saving, prudent.

Разсчитывать, разсчитать & разсчесть, *va.* to calculate, reckon.

Разсчитываться, разсчитаться & разсчесться, *vr.* to reckon with, pay off.

Разсыпаться, разсыпаться, *vr.* to scatter, disperse.

Разсыпную (въ-), in skirmishing order, by detached groups.

Разсекать, разсечь, *va.* to cut up, dissect, cleave.

Разсечь, *pa.*, see разсекать.

Разсеяніе, *sn.* dispersion, distraction.

Разсеянность, *sf.* absence of mind, abstraction.

Разсеять, *va. pa.* to disperse, to sow in various places

Разумный, *adj.* reasonable, prudent.

Разумъ, *sm.* reason, sense.

Разуметь, *va.* to understand, conceive.

Разшивать, разшить, *va.* to embroider.

Разширять, разширить, *va.* to widen, enlarge.

Разшить, *pa.*, see разшивать.

Разъ, *adv.* one day, once, formerly.

Разъ, *sm.* one time.

Разъяренный, *part.* enraged, furious.

Разыскивать, разыскать, *va.* to search about, investigate.

Разевать, разинуть, *va.* to open wide.

Рама, *sf.* frame.

Рана, *sf.* wound.

Раненый, *part.* wounded.

Ранить, *va.* to inflict a wound.

Ранній, *adj.* early, forward.

Рано, *adv.* early.

Раскатываться, раскатиться, *vr.* to roll asunder.

Раскачиваться, раскачаться, *vr.* to take a swing, to shake loose.

Раскаленный, *part.* made red hot.

Раскаиваться, раскаяться, *vr.* to repent, regret.

Раскаяніе, *sn.* repentance, regret.

Раскидывать, раскидать, *va.* to throw asunder, scatter.

Раскинуть, *va. pa.* to pitch (a tent), spread.

Раскладывать, раскласть, *va. pa.* to lay out, spread.

Расколоть, *va. pa.* to split, cleave.

Раскрашивать, раскрасить, *va.* to paint, colour all over.

Раскрываться, раскрыться, *vr.* to uncover one's self, to be opened ; *fig.* to shine forth.

Распадаться, -пасться, *vr.* to fall to pieces, fall to ruin.

Расписка, *sf.* receipt, quittance.

Расплачиваться, -платиться, *vr.* to pay off, be quits.

Расплескать, *va. pa.* to splash about.

Располагать, расположить, *va.* to place, dispose, to purpose.

Располагаться, -ложиться, *vr.* to be disposed, to encamp.

Расположённый, *adj.* disposed, situated.

Расположиться, *pa.*, see располагаться.

Распоряжёніе, *sn.* arrangement, disposition, order.

Распоясывать, -поясать, *va.* to ungird, ungirth.

Расправа, *sf.* court, justice, punishment.

Распрашивать, -просить, *va.* to question, interrogate.

Распродать, *va. pa.* to sell off.

Распространять, -странить, *va.* to extend, enlarge, propagate ; -ся, *vr.* to enlarge, spread.

Распускать, распустить, *va.* to let go, dismiss, to unfurl, spread.

Распѣвать, *va.* to sing in a drawling voice, to sing over.

Распятіе, *sn.* crucifix.

Растеніе, *sn.* plant.

Расти, *vn.* to grow, increase.

Растолковать, *va. pa.* to explain, interpret.

Расточать, расточить, *va.* to dissipate, lavish.

Растягиваться, растянуться, *vr.* to stretch one's self, to extend.

Растянутый, *part.* stretched, extended.

Расхаживать, *va.* to go up and down, walk about.

Расхищать, расхитить, *va.* to plunder, spoil.

Расхлёстывать, расхлестать, *va.* to lash away ; *fig.* to criticize rigidly.

Расхлопотаться, *vr. pa.* to make one's self very busy, to stir one's self much.

Расходиться, разойтись, *vr.* to go asunder, separate.

Расходиться, *vr. pa.* to get very angry.

Расходъ, *sm.* expense, expenditure.

Расхохотаться, *vr. pa.* to burst out laughing.

Расчёсться, see разсчёсться.

Расчётливый, see разсчётливый.

Расчитывать, see разсчитывать.

Рвать, рвануть, *va.* to tear, pluck ; -ся, *vr.* to tear, strive.

Рвануться, *vr. pa.* to tear, break, to strive.

Ребёнокъ, *sm.* child ; *pl.* -бята, children.

Ребро, *sm.* rib, edge.

Ребромъ, *adv.* sideways.

Ребята! (*pl.* of ребёнокъ), boys !

Ребятишки, *sn. pl. dim.* children.

Ревизія, *sf.* census (of population) ; -вінэскій, *adj.*

Ревностный, *adj.* zealous.

Рёвъ, *sm.* roar, roaring.

Реестръ, *sm. dim.* реёстрикъ, register, list.

Результа́тъ, *sm.* result.

Ре́крутъ, *sm.* recruit, conscript ; -скій, *adj.*

Религіо́зный, *adj.* religious.

Реме́нь, *sm.* strap ; -менный, *adj.*

Реме́сленникъ, *sm.* artisan, mechanic.

Ремесло́, *sn.* handicraft, trade.

Ремъ, *sm.* Remus.

Репертуа́ръ, *sm.* repertoire.

Ресница, see рѣсница.

Рети́вый, *adj.* brisk, fiery.

Ри́га, *sf.* Riga.

Ржа́ніе, *sn.* neighing.

Ржать, *vn.* to neigh.

Ри́млянинъ, *sm.* a Roman.

Ри́мскій, *adj.* Roman.

Римъ, *sm.* Rome.

Рискну́ть, *va. pa.* to risk, venture.

Рисова́ть, *va.* to draw, sketch ; -ся, *vr.* to be drawn ; *fig.* to represent one's self.

Рисъ, *sm.* rice.

Ро́бко, *adv.* timidly.

Ро́вный, *adj.* even, equal, plain.

Ровъ, *sm.* ditch.

Рога́тина, *sf.* spear, spike.

Рога́тка, *sf.* chevaux de frise, spiked collar.

Рога́тый, *adj.* horned.

Рого́жа, *sf.* mat.

Рогъ, *sm.* horn.

Роди́мый, *adj.* natal.

Ро́дина, *sf.* native land.

Роди́тели, *s. pl.* parents (father and mother).

Роди́тельскій, *adj.* parental, paternal.

Роди́ть, *va. pa.* to beget, engender, produce.

Роди́ться, *vr. pa.* to be born.

Родно́й, *adj.* natal, german, own.

Родно́й, *sm.* my dear, my own ; *pl.* -ны́е, relatives.

Родонача́льникъ, *sm.* the stock (of a family).

Ро́дственникъ, -ница, *s.* kinsman, kinswoman ; relative.

Ро́дство́, *sn.* kindred, affinity.

Родъ, *sm.* race, kind, species, gender.

Ро́жа, *sf.* phiz, ugly creature.

Рожде́ніе, *sn.* birth.

Рождённый, *part.* born.

Рожь, *sf.* rye.

Ро́за, *sf.* rose.

Ро́зовый, *adj.* of rose, rose-coloured.

Роково́й, *adj.* fatal.

Рома́нъ, *sm.* Romanus.

Ро́мулъ, *sm.* Remulus.

Ромъ, *sm.* rum.

Ро́потъ, *sm.* & Ропта́ніе, *sn.* murmur, grumble.

Ропта́ть, *vn.* to murmur, grumble.

Роспи́ска, see распи́ска.

Роско́шный, *adj.* sumptuous, luxurious.

Ро́скошь, *sf.* luxury.

Ро́спись, *sf.* list, catalogue.

Россі́йскій, *adj* Russian.

Россі́я, *sf.* Russia.

Россія́нинъ, *sm.* a Russian.

Рости́, see расти́.

Ро́стъ, *sm.* stature, size, growth.

Ро́та, *sf.* company (of soldiers) ; ро́тный, *adj.*

Ротъ, *sm.* mouth.

Ро́ща, *sf.* grove, thicket.

Ртуть, *sf.* mercury.

Руба́ха & Руба́шка, *sf.* shirt.

Ру́бище, *sn.* rags, tatters.

Рубль, *sm.* rouble (100 copecs).

Руга́ть, *va.* to abuse, scold.

Ружьё, *sn.* gun, musket.

Рука́, *sf. dim.* ру́чка, arm, hand ; по́дъ руку, or объ руку, arm in arm.

Рука́въ, *sm.* sleeve, arm, branch.

Руководи́ть & Руково́дствовать, *ta.* to guide, direct.

Рукоплеска́ніе, *sn.* applause.

Румя́ный, *adj.* rosy, rosy-coloured.

Ру́сскій, *adj.* Russian ; *sm.* a Russian.

Русь, *sf.* Russia, Russians.

Ру́хлядь, *sf. coll.* furniture, utensils.

Руча́ться, *ta.* to answer for, guarantee, vouch.

Руче́й, *sm.* brook.

Ру́чка, *sf. dim.* small hand, handle.

Ручно́й, *adj.* manual, tame.

Ры́ба, *sf.* fish.

Ры́бная ло́вля, fishery, fishing.

Ры́бный, *adj.* fish, abounding with fish.

Рыда́ніе, *sn.* sobbing, wailing.

Рыда́ть, *vn.* to sob, wail.

Ры́жій, *adj.* red, carroty.

Ры́мникъ, *sm.* Rimnik ; -никскій, *adj.*

Рыть, *ta.* (*pres.* ро́ю), to dig, rake ; -ся, *vr.* to be dug, to dig, rummage.

Ры́хлый, *adj.* porous, light.

Ры́царь, *sm.* knight, hero ; -царскій, *adj.*

Ре́дкій, *adj.* thin, sparse, rare.

Ре́дко, *adv.* rarely, seldom.

Ре́дкость, *sf.* rarity, curiosity.

Ре́зать, *ta.* to cut up, to slaughter.

Ре́звиться, *vr.* to sport, frolic.

Ре́зкій, *adj.* sharp, harsh, cutting.

Рѣка́, *sf. dim.* ре́чка, river.

Рѣсни́ца, *sf.* eye-lash.

Ре́чка, see рѣка́.

Рѣчь, *sf.* speech, harangue, oration.

Рѣша́ть, рѣши́ть, *ta.* to decide, resolve, judge.

Рѣша́ться, рѣши́ться, *vr.* to resolve, be decided.

Рѣше́ніе, *sn.* decision, judgment.

Рѣшётка, *sf.* grate, railing.

Рѣши́тельно, *adv.* decidedly.

Рѣши́тельный, *adj.* resolute, decisive.

Рѣши́ть, -ся, *pa.*, see рѣша́ть, -ся.

Рѣ́ять, to rush, gush, to blow.

Рю́мка, *sf. dim.* рю́мочка, wine-glass.

Рядъ, *sm.* row, file, line.

Ряза́нь, *sf.* Riazan ; -нскій, *adj.*

Ря́са, *sf.* cassock.

С.

Саарда́мъ, *sm.* Saardam.

Са́бля, *sf.* sabre.

Са́го, *sn.* sago.

Сади́ться, *vr.* (*pa.* сѣсть), to sit down, to set.

Садъ, *sm.* garden.

Сажа́ть, *ta.* to seat, set, place, plant.

Са́жень, *sf.* Russian fathom.

Са́кля, *sf.* mountain hut.

Саксо́нія, *sf.* Saxony ; -нскій, *adj.*

Са́ло, *sn.* grease, tallow.

Салфе́тный холстъ, table linen.

Са́льный, *adj.* of tallow, greasy.

Самарка́ндъ, *sm.* Samarkand ; -ка́ндскій, *adj.*

Самова́ръ, *sm.* tea-urn.

Самоде́ржецъ, *sm.* autocrat.

Самодово́льно, *adv.* conceitedly, self-contentedly.

Самозва́нецъ, *sm.* pretender, impostor.

Самозва́нство, *sn.* assuming a false name, imposture.

Самоувѣренность, sf. self-confidence.
Самоцвѣтный, adj. of a natural colour.
Самъ, pron. self, one's self.
Сáмый, adj. same, self-same, self, the very, the most.
Сáни, sf. pl. sledge.
Сапóгъ, sm. boot.
Сапóжникъ, sm. bootmaker.
Сапóжное мастерствó, boot making.
Сарáй, sm. shed.
Сарачинскiй, adj. (-ское пшенó), rice.
Сардина & сардинка, sf. pilchard.
Сартъ, sm. Sart.
Сáхаръ, sm. sugar.
Сберегáть, сберéчь, va. to preserve, keep.
Сбирáться, собрáться, vr. to prepare, get ready, assemble.
Сбить, va. pa. to beat off, beat down, put together; fig. to settle, do.
Сбóрный, adj. of meeting.
Сбóръ, sm. meeting, gathering, collection.
Сбрóсить, va. pa. to throw off, throw down.
Сбывáть, сбыть, va. to sell, get rid off.
Сбѣгáться, сбѣжáться, vr. to run together, flock.
Свáдебный, adj. of wedding, nuptial.
Свáдьба, sf. wedding, marriage.
Свáливаться, свалúться, vr. to fall down.
Сватъ, sm. a marriage-broker.
Свёкоръ, sm. father-in-law.
Свергáться, свéргнуться, vr. to be thrown down.
Сверкáть, сверкнýть, vn. to sparkle, glimmer, glisten.
Свернýть, pa., see свёртывать.

Свёртывать, свернýть, va. to roll up, wrench, turn off; vn. to turn, go aside.
Сверхтогó, adv. besides this, in addition to.
Свéрху, adv. from above, above, over.
Сверхъ, prep. gen. besides, in addition.
Свершúть, va. pa. to accomplish.
Сверхъестéственный, adj. supernatural.
Свестú, va. pa. to accompany, bring together.
Свидáнie, sn. interview, meeting.
Свидѣтель, sm. witness.
Свирѣпый, adj. ferocious, cruel.
Свистáть & Свистѣть, свистнýть, vn. to whistle.
Свúта, sf. suite, retinue.
Свобóда, sf. freedom.
Свобóдно, adv. freely, at liberty.
Свобóдный, adj. free, exempt of.
Своемý (по-), in one's own way.
Свой, adj. poss. my, thy, his, her, our, your, their.
Свóйственникъ, -ница, s. relation.
Свóйственный, adj. proper, natural.
Свóйство, sn. property, nature.
Свóлочь, sf. rabble, riffraff.
Свѣдѣнie, sn. knowledge.
Свѣжесть, sf. freshness, coolness.
Свѣжiй, adj. fresh, recent, new.
Свѣсить, pa., see свѣшивать.
Свѣтúть, va. to light, give light.
Свѣтúться, vr. to shine, glimmer.
Свѣтло-прелéстный, adj. bright and beautiful.
Свѣтлость, sf. clearness, serenity, Serene Highness.

Свѣтлый, *adj.* light, luminous.

Свѣтлѣйшій, *adj.* Most Serene.

Свѣтиться, *vr.* to shine.

Свѣтло-прелестный, *adj.* bright and beautiful.

Свѣтъ, *sm.* light, world.

Свѣтъ, *dim.* свѣтикъ (-мой), my dear.

Свѣча, *sf.* candle.

Свѣшивать, свѣсить, *та.* to weigh down, weigh out.

Связать, -ся, *ра.*, see связывать, -ся.

Связывать, связать, *та.* to tie together, to knit ; -ся, *тr.* to be tied, to engage or deal with.

Связь, *sf.* tie, connexion.

Святитель, *sm.* bishop.

Святой, & *sl.* Святый, *adj.* holy.

Святыя мѣста, Holy Land.

Святославъ, *sm.* Sviatoslav.

Святость, *sf.* holiness, sanctity.

Священникъ, *sm.* priest, clergyman.

Священный, *adj.* sacred.

Сгибать, согнуть, *та.* to bend together.

Сгинуть, *тn. ра.* to perish, to be lost.

Сгоряча, *adr.* in a heat, in a passion.

Сгорѣть, *vn. ра.* to burn down.

Сдавить, *та. ра.* to press, compress.

Сдвигать, сдвинуть, *та.* to move off.

Сдвинуть, *ра.*, see сдвигать.

Сдерживать, сдержать, *та.* to keep, support, withhold.

Сдѣлать, *та. ра.* to do, make.

Сдѣлаться, *тr. ра.* to become.

Себя, *pron. pers.* one's self (myself, thyself, etc.).

Сегодня, *adr.* to-day.

Седьмой, *adj.* seventh.

Сей, *pron. dem.* (*f.*сія, *n.* сіе ; *pl.*сіи), this.

Сейчасъ, *adr.* this moment, by and by.

Секинъ, *sm.* a Sekin (gold coin).

Секунда, *sf.* a second.

Селеніе, *sn.* village.

Селиться, *тr.* to settle, establish one's self.

Село, *sn.* village, church-village.

Сельдь, *sf.* herring.

Сельдяной, *adj.* of herring.

Сельскій, *adj.* of village, rural.

Семейный, *adj.* family, with a family.

Семейственный, *adj.* family, household.

Семейство, *sn.* family, household.

Семёнъ, *sm.* Simon.

Семпроній, *sm.* Sempronius.

Семь, *num.* seven.

Семьдесятъ, *num.* seventy.

Семья, *sf.* family, household.

Сентябрь, *sm.* September.

Сердечный, *adj.* hearty, cordial.

Сердито, *adr.* angrily.

Сердиться, *vr.* to be angry.

Сердце, *sn.* heart.

Серебро, *sn.* silver.

Серебряный, *adj.* silver, of silver.

Сержантъ, *sm.* sergeant.

Серіозный & Серьёзный, *adj.* serious.

Сертукъ, *sm.* frock-coat.

Сестра, *sf.* sister ; сестринъ, sister's.

Сжалиться, *vr. ра.* to take pity.

Сжечь, *та.* (*fut.* сожгу), to burn, consume.

Сзади, *adv.* from behind.

Сибирь, *sf.* Siberia ; сибирскій, *adj.* Siberian.

Сигизмундъ, *sm.* Sigismund.

Сигналъ, *sm.* signal.

Сидѣть, сѣсть, *vn.* to sit.

U

Сӣла, *sf.* force, strength.

Силуэтъ, *sm.* a silhouette.

Сӣльный, *adj.* strong, vigorous.

Симбирскъ, *sm.* Simbirsk.

Сӣний, *adj.* blue, dark blue.

Сирота, *sc.* orphan.

Система, *sf.* system.

Сӣтецъ, *sm.* chintz, cotton print.

Сӣто, *sm.* sieve.

Сӣтцевый, *adj.* chintz, cotton.

Сиять, *vn.* to shine, beam.

Сказать, *va. pa.* (*imp. a.* говорить), to say, speak.

Сказка, *sf.* tale, story.

Сказывать, сказать, *va.* to say, speak, recite.

Скакать, скокнуть, *vn.* to leap, bound, to gallop.

Скакунъ, *sm.* racer, race-horse.

Скала, *sf.* rock, cliff.

Скалистый, *adj.* rocky.

Скамейка, *sf. dim.* bench.

Скатиться, *vr. pa.* to roll down.

Скатъ, *sm.* slope, declivity.

Скачёкъ, *sm.* a leap, bound.

Сквёрный, *adj.* nasty, obscene.

Сквозь, *prep. acc.* through.

Скӣрда, *sf* & скирдъ, *sm.* rick.

Складный, *adj.* harmonious, proportionate, with meaning.

Складывать, скласть, *va.* to lay together, lay up ; *pa.* сложить, to fold, plait.

Склонӣть, *pa.*, see склонять.

Склонность, *sf.* disposition, inclination.

Склонный, *adj.* inclined, disposed.

Склонять, склонить, *va.* to incline.

Скоба, *sf. dim.* скобка, cramp, brace.

Скользнуть, *vn. pa.* to slide, glide, slip.

Скользкій, *adj.* slippery.

Сколько, *adv.* how much ? how many ?

Скомкивать, скомкать, *va.* to crumple, tumble ; -ся, *vr.* to be crumpled.

Скончаться, *vr.* to die, decease.

Скорбь, *sf.* affliction, sorrow.

Скорлупа, *sf. dim.* -лупка, shell (of nuts, of eggs).

Скоро, *adv.* soon.

Скорый, *adj.* quick, rapid.

Скотина, *sf.* cattle.

Скотоводство, *sn.* breeding of cattle.

Скотъ, *sm.* cattle, a brute.

Скривлять, скривить, *va* to crook, curl.

Скрипъ, *sm.* & Скрипеніе, *sn.* creak, screak.

Скромно, *adv.* modestly.

Скромность, *sf.* modesty.

Скромный, *adj.* modest.

Скрывать, скрыть, *va.* to conceal ; -ся, *vr.* to conceal one's self, to avoid.

Скрыть, -ся, *pa.*, see скрывать, -ся.

Скряга, *sc.* niggard, miser.

Скудный, *adj.* scanty, poor.

Скука, *sf.* tediousness.

Скуластый, *adj.* with large cheekbones.

Скульптура, *sf.* sculpture ; -турный, *adj.*

Скупиться, *vr.* to be stingy.

Скупой, *adj.* avaricious, mean.

Скуфья, *sf. dim.* скуфейка, calotte.

Скучать, *vn.* to be weary, to have a tedious time.

Скучный, *adj.* tedious, tiresome.

Скучно, *v. imp.* it is annoying ; мнѣ скучно, I feel annoyed, weary.

Слабость, *sf.* weakness.

Слабый, *adj.* weak, feeble, slack.

Слава, sf. glory, fame ; (Богу), thank God!

Славить, va. to glorify, to worship, carol.

Славиться, vr. to be renowned, be glorified.

Славный, adj. renowned, glorious, excellent.

Славянинъ, sm. a Slavonian, Slav.

Славянскій, adj. Slavonic ; (по -ски), in Slavonic language.

Сладить, va. pa. to arrange, settle, do with.

Сладкій, adj. sweet, soft.

Сладостный, adj. sweet, delightful.

Сласть, (въ) adv. sufficiently, plenty.

Слегка, adv. lightly.

Слеза, sf. tear.

Слетать, слетѣть, vn. to fly off, fly down.

Сливаться, слиться, vr. to flow together, to join.

Сливки, sf. pl. cream.

Слипаться, слипнуться, vr. to stick together.

Слишкомъ, adv. too much, too, more than.

Слобода, sf. a village on the high road, outskirt.

Словесность, sf. literature.

Словно, conj. as, almost, as if.

Слово, sn. word.

Словомъ, adv. in a word.

Сложеніе, sn. constitution, temperament.

Сложить, va. pa. to put together, lay down, cross (arms), to fold, depose.

Сломать & Сломить, va. pa. to break.

Слоновая кость, ivory.

Слонъ, sm. elephant.

Слуга, sc. servant.

Служба, sf. service, office.

Служитель, sm. servant, attendant.

Служить, vn. to serve.

Слухъ, sm. hearing, ear, report, rumour.

Случай, sm. occasion, accident.

Случайный, adj. casual, accidental.

Случаться, случиться, vr. to happen.

Слушатель, sm. hearer, auditor.

Слушать, va. to hear.

Слушаться, vr. to obey, attend to.

Слыхать, va. to hear, hear one say.

Слышать, va. to hear, hear one say ; -ся, vr. to be heard.

Слышный, adj. audible.

Слѣдить, va. to follow, pursue ; vn. to observe.

Слѣдовательно, adv. consequently.

Слѣдовать, vn. to follow.

Слѣдственно, adv. consequently.

Слѣдствіе, sn. consequence, examination.

Слѣдуетъ, v. imp. it follows, one ought.

Слѣдующій, adj. following, due.

Слѣдъ, sm. trace, track ; въ слѣдъ & слѣдомъ, in pursuit, after.

Слѣзать, слѣзть, vn. to climb off, come down.

Слѣпецъ, sm. blind man.

Слѣпо, adv. blindly.

Слѣпой, adj. blind.

Слѣпой, sm. -пая, sf. a blind man er woman.

Слякоть, sf. rain and sleet.

Смертельный, adj. mortal, deadly.

Смертный, adj. mortal, capital.

Смертоно́сный, *adj.* mortiferous, deathful.

Смерть, *sf.* death.

Смести́, *pa.* (*fut.* смету́), see сметáть.

Сметáна, *sf.* sour cream.

Сметáть, смести́, *va.* to sweep off, sweep down.

Смире́ніе, *sn.* humility, meekness.

Смире́нно, *adv.* humbly, meekly.

Смире́нный, *adj.* humble, meek.

Смири́тель, *sm.* subduer, reducer.

Смирно, *adv.* quietly, gently.

Смирный, *adj.* tame, gentle, quiet.

Смоле́нскъ, *sm.* Smolensk.

Смоль & Смолá, *sf.* resin, bitumen ; чёрный какъ смоль, as black as jet.

Смóрщивать, смóрщить, *va.* to wrinkle, shrivel.

Смотри́тель, *sm.* inspector, overseer.

Смотръ, *sm.* review.

Смотрѣ́ть, *vn.* to look, inspect, review.

Смуглый, *adj. dim.* смуглова́тый, swarthy, tawny.

Смута, *sf.* disturbance.

Смутный, *adj.* perplexed, confused, seditious, riotous.

Смыслъ, *sm.* sense, meaning.

Смѣ́ло, *adv.* boldly.

Смѣ́лость, *sf.* boldness.

Смѣ́лый, *adj.* bold, daring.

Смѣни́ть, *va. pa.* to change, remove.

Смѣсь, *sf.* mixture.

Смѣть, *vn.* to dare.

Смѣхъ, *sm.* laugh.

Смѣшнóй, *adj.* droll, laughable.

Смѣя́ться, *vr.* to laugh.

Смяте́ніе, *sn.* disturbance, consternation, perplexity.

Смяте́нный, *adj.* perplexed.

Смять, *va.* (*fut.* сомну́), to knead, rumple.

Снару́жи, *adv.* on the outside.

Спачáла, *adv.* first, at first.

Снести́, *va. pa.* to bring down, take away, to bear, endure.

Снизойти́, *pa.,* see снисходи́ть.

Снимáть, снять, *va.* to take off, gather.

Снискивать, снискáть, *va.* to acquire, obtain.

Снисходи́тельный, *adj.* condescending, indulgent.

Снисходи́ть, снизойти́. *vn.* to be indulgent, to condescend, defer.

Снисхожде́ніе, *sn.* indulgence.

Снóва, *adv.* anew, afresh.

Сношéніе, *sn.* connexion, intercourse.

Снѣговóй, *adj.* snow, of snow.

Снѣгъ, *sm.* snow.

Снять, *pa.* (*fut.* сниму́), see снимáть.

Собáка, *sf. dim.* -бáчка, dog.

Собáчій, *adj.* dog's.

Собесѣ́дникъ, *sm.* speaker, interlocutor.

Собирáть, собрáть, *va.* to assemble collect.

Собирáться, собрáться, *vr.* to gather, be collected, be going, prepare.

Соблюдáть, соблюсти́, *va.* to observe.

Сóболь, *sm.* sable ; -лій & лйный, *adj.*

Соболѣ́знованіе, *sn.* condolence.

Соболѣ́зновать, *vn.* to condole.

Собóрный, *adj.* of council, cathedral.

Собóръ, *sm.* council, a cathedral.

Собрáніе, *sn.* collection, assembly.

Собрáть, -ся, pa., see собирáть, -ся.

Сóбствеппость, sf. property, one's own.

Сóбствеппый, adj. own, proper.

Собы́тіе, sn. event.

Совáть, сýпуть, va. to thrust, put in.

Совершáть, совершить, va. to complete, accomplish, draw (a contract).

Совершáться, совершиться, vr. to be accomplished, be done.

Совершéпіе, sn. perfecting, accomplishment.

Совершéппо, adv. perfectly, positively.

Совершéппый, adj. accomplished, perfect.

Совершéпство, sn. perfection.

Совершить, -ся, pa., see совершáть, -ся.

Совокýппость, sf. reunion.

Совсéхъ, adv. altogether, quite ; (-пе or пѣтъ), not at all.

Совремéппый, adj. contemporary.

Сóвѣсть, sf. conscience.

Совѣтовать, va. to counsel, advise.

Совѣтоваться, vr. to consult, take advice.

Совѣтъ, sm. counsel, advice.

Согласить, -ся, pa., see соглашáть, -ся.

Соглáсіе, sn. concord, consent.

Соглáсный, adj. harmonious, concordant, consenting.

Соглашáть, согласить, va. to make agree, to conciliate.

Соглашáться, согласиться, vr. to agree, consent.

Согпýть, va. pa. to bend ; -ся, vr. to bend one's self, be bent.

Согрѣвáть, согрѣть, va. to warm.

Согрѣшéпіе, sn. sin, transgression.

Содержáть, va. to keep, maintain.

Содрогáніе, sn. shudder.

Содѣйствовать, vn. to cooperate, concur.

Соедппéпіе, sn. union, junction.

Соедппить, pa., see соедппáть.

Соедипáть, соедипить, va. to unite, join.

Сожалѣпіе, sn. regret, pity, compassion.

Сожалѣть, vn. to regret, pity, be sorry.

Сожигáть, сожéчь, va. to burn.

Созвáть, pa., see созывáть.

Создáпіе, sn. creation, creature.

Создáтель, sm. creator.

Созпавáться, созпáться, vr. to acknowledge, confess.

Созрѣзáть, созрѣть, vn. to ripen, grow ripe.

Созызáть, созвáть, va. to convoke, invite.

Сопзволáть, сопзвóлить, vn. to consent, assent.

Сойти́, -сь, pa., see сходить, -сп.

Сокращáть, сократить, va. to abridge.

Сокращéпіе, sn. abbreviation.

Сокрóвпще sn. treasure.

Сопрушáть, сопрушить, va. to break, wreck, to afflict, break one's heart.

Сопрушительно, adv. sorrowfully, grievously.

Сокъ, sm. juice.

Солдáтъ, sm. soldier ; -дáтскій, adj. soldierly, military.

Сóлпечпый, adj. of sun, solar.

Сóлпце, sn. dim. сóлпышко, the sun.

Солóма, *sf.* straw.

Солóнъ, *sm.* Solon.

Соль, *sf.* salt.

Сомнѝтельно, *adv.* doubtfully, suspiciously.

Сомнѝтельный, *adj.* doubtful, uncertain.

Сомнѣнiе, *sn.* doubt.

Сóнный, *adj.* sleeping ; *fig.* sleepy, drowsy, dead.

Сонъ, *sm.* sleep, dream.

Соображáть, сообразѝть, *va.* to regulate, conform, consider, weigh.

Соображéнie, *sn.* consideration, combination.

Сообразовáться, *vr.* to conform one's self to.

Сообщáть, сообщѝть, *va.* to communicate ; -ся, *vr.* to communicate, be communicated.

Сообщéнie, *sn.* communication.

Сообщѝть, -ся, *pa.*, see сообщáть, -ся.

Соотвѣтствовать, *vn.* to correspond, suit.

Соотéчественникъ, *sm.* a fellow-countryman.

Сопéрникъ, *sm.* rival.

Сопровождáть, сопроводѝть, *va.* to accompany, escort.

Сопровождéнie, *sn.* accompanying, attendance.

Сопротивлéнie, *sn.* opposition, resistance.

Сопýтникъ, *sm.* fellow-traveller, companion.

Соразмѣрность, *sf.* proportion.

Соразмѣрный, *adj.* proportionate.

Сорвáть, *va. pa.* to tear off, to pluck.

Сóрокъ, *num.* forty.

Соръ, *sm.* dust, litter, rubbish.

Сóска, *sf.* teat, sucking-bottle.

Соскáкивать, -скочѝть. *vn.* to leap off, spring down.

Соскоблѝть, *va. pa.* to scratch off, erase.

Сослáть, (*fut.* сошлю́), *pa.*, see ссылáть.

Соснá, *sf.* fir, fir-tree.

Сосредотóчивать, -тóчить, *va.* to concentrate, centralize.

Состáвить, -ся, *pa.*, see составлять, -ся.

Составлять, состáвить, *va.* to put together, to constitute, form.

Составляться, состáвиться, *vr.* to be formed, be composed.

Состáвъ, *sm.* composition.

Состарѣться & Состáриться, *vr. pa.* to get old.

Состоянie, *sn.* condition, state, wealth.

Состоять, *vn.* to consist, to be.

Сострадáнie, *sn.* commiseration.

Сострадáтельный, *adj.* compassionate.

Сострадáть, *vn.* to commiserate.

Сосýдъ, *sm.* vase, vessel.

Сосчѝтывать, сосчитáть, *va.* to count up, reckon up.

Сосѣднiй & сосѣдственный, *adj.* neighbouring, in the vicinity.

Сосѣдство, *sn.* neighbourhood, vicinity.

Сосѣдъ, *sm.* neighbour.

Сотворѝть, *va. pa.* to create.

Сóтня, *sf.* a hundred.

Софiя & Сóфья, *sf.* Sophia.

Софóклъ, *sm.* Sophocles.

Сóхнуть, *vn.* to dry, grow dry, fall away, get thin.

Сохранéнie, *sn.* conservation, preservation.

Сохранить, -ся, *pa.*, see сохранить, -ся.

Сохранять, сохранить, *ta.* to preserve, keep ; -ся, *vr.* to be preserved, be kept.

Сочинение, *sn.* composition, writing, work.

Сочинить, *pa.*, see сочинять.

Сочинять, сочинить, *ta.* to compose.

Союзъ, *sm.* union, alliance.

Спальня, *sf.* bed-room.

Спартанецъ, *sm.* a Spartan.

Спасать, спасти, *ta.* to save, preserve.

Спасаться, спастись, *vr.* to save one's self.

Спасение, *sn.* salvation, salvage.

Спаситель, *sm.* saver, Our Saviour.

Спасти, -сь, *pa.*, see спасать, -ся.

Спасъ, *sm.* Our Saviour.

Спать, *vn.* to sleep.

Сперва, *adv.* at first.

Спесивый, *adj.* haughty.

Спина, *sf.* the back.

Спинка, *sf. dim.* the back (of a coat).

Списать, *ta. pa.* to write off, copy.

Списокъ, *sm.* a copy, list.

Спится (мнѣ), *v. imp.* I feel sleepy.

Сплестись, *vr. pa.* to interweave, to be plaited.

Сплесть, *va. pa.* to plait together, interweave.

Сплющить, *va. pa.* to flatten, make flat.

Сподвижникъ, *sm.* fellow-champion.

Спокойно, *adv.* calmly, quietly.

Спокойный, *adj.* tranquil, calm.

Спокойствие, *sn.* quiet, repose, calm.

Сползать, сползти, *vn.* to crawl down, creep off.

Сполна, *adv.* in full, fully.

Спорить, *va.* to dispute, quarrel.

Споръ, *sm.* dispute, controversy.

Способность, *sf.* capacity, ability.

Способный, *adj.* capable, able.

Способствовать, *vn.* to assist cooperate.

Способъ, *sm.* means, way, method.

Споткнуться, *pa.*, see спотыкаться.

Спотыкаться, -тыкнуться & -ткнуться, *vr.* to stumble.

Спохватиться, *vr. pa.* to remark, perceive.

Справедливость, *sf.* justice.

Справедливый, *adj.* just, right.

Справить, *va. pa.* to celebrate, straighten.

Справиться, *va. pa.* to make inquiries, to overcome, get the best.

Спрашивать, спросить, *ta.* to question, ask.

Спросить, *pa.*, see спрашивать.

Спрыгивать, спрыгнуть, *va.* to jump down, hop down.

Спрятать, *va. pa.* to conceal ; -ся, *vr.* to conceal one's self, be concealed.

Спускать, спустить, *va.* to let down, lower.

Спускаться, спуститься, *vr.* to descend, be lowered.

Спускъ, *sm.* descent, launching.

Спустить, -ся, *pa.*, see спускать, -ся.

Спустя, *adv.* after.

Спутникъ, *sm.* fellow-traveller, satellite.

Спѣть, *vn. pa.* (*fut.* спою), to sing, finish singing.

Спѣшить. *vn.* to hasten.

Спѣшиться, *vr. pa.* to alight, dismount.

Сравненіе, *sn.* comparison.

Сражаться, сразиться, *vr.* to fight, combat.

Сраженіе, *sn.* battle.

Сразу, *adv.* at once, altogether.

Сребролюбіе, *sn.* the love of money.

Среди, *prep. gen.* amidst.

Средина, *sf.* middle, centre.

Средство, *sn.* means, expedient.

Срокъ, *sm.* term, date, time.

Срѣзывать, срѣзать, *va.* to cut off.

Сряду, *adv.* one after another, consecutively.

Ссора, *sf.* quarrel, variance.

Ссылать, сослать, *va.* to exile, banish.

Ссылка, *sf.* exile, banishment.

Ставень, *sm.* window-shutter.

Ставить, *va.* to set, put, place.

Ставка, *sf.* camp, tent.

Ставрополь, *sm.* Stavropol.

Стадо, *sn.* herd, drove, flock.

Стаканъ, *sm. dim.* стаканчикъ, glass, tumbler.

Стало быть, *adv.* consequently, therefore.

Сталь, *sf.* steel ; -льной, *adj.*

Становиться, *vr.* (*pa.* стать), to set one's self, stand, to become, begin to.

Станокъ, *sm.* stand.

Станція, *sf.* station.

Стараться, *vr.* to endeavour, strive, try.

Старенькій, *adj. dim.* old.

Старецъ, *sm.* old man.

Старикъ, *sm. dim.* старичёкъ, old man.

Старина, *sf.* old times, old fashion.

Старинный, *adj.* ancient, old.

Старичишка, *sm. dim.* a miserable old man.

Староста, *sm.* bailiff.

Старуха, *sf. dim.* -рушка, old woman.

Старческій, *adj.* old man's, elderly.

Старшина, *sm.* elder, chief.

Старшій, *adj. superl.* the oldest, eldest, first.

Старый, *adj.* old, ancient.

Статскій, *adj.* civil ; (-ская, служба), the civil service.

Стать, *vn. pa.* (*fut.* стану), to place one's self, to become, begin, stop.

Статься, *vr. imp. pa.* to happen, become.

Статья, *sf.* article, object.

Стащить, *va. pa.* to drag off, trail down, steal.

Стая, *sf.* flock, drove, pack, troop.

Стежь, *sf.* lash.

Стекло, *sn.* glass.

Стенаніе, *sn.* groaning, moaning.

Степанъ, *sm.* Stephen.

Степень, *sf.* degree, grade.

Степной, *adj.* of the steppe.

Степь, *sf.* waste, steppe.

Стеречь, *va.* to watch, guard.

Стиснуть, *va. pa.* to press, compress.

Стихія, *sf.* an element.

Стихотвореніе, *sn.* poetic work, poetry.

Стихотворецъ, *sm.* a poet.

Стихъ, *sm.* a verse.

Сто, *num.* hundred.

Стойко, *adv.* firmly, steadily.

Стоить, *vn.* to cost, be worth.

Стократъ, hundred times.

Столбовая дорога, high road.

Столбъ, *sm.* post, pillar.

Столица, *sf.* a capital, capital city.

Столпи́ться, *vr. pa.* to crowd, throng.
Столпъ, *sm.* post, pillar.
Столъ, *sm. dim.* сто́лпкъ, table.
Столь, *adv.* so, so much, so many.
Сто́лько, *adv.* so much.
Столѣ́тіе, *sn.* century.
Столя́ръ, *sm.* joiner, cabinet-maker.
Стопъ, *sm.* groan.
Сто́рожъ, *sm.* watchman.
Сторона́, *sf.* side, part, country.
Сторо́нній, *adj.* foreign, unconnected.
Стоя́ть, *vn.* to stand.
Страда́ніе, *sn.* suffering.
Страда́ть, *vn.* to suffer.
Стра́жа, *sf.* guard, watch.
Стра́жъ, *sm.* watchman, guard.
Страна́, *sf.* country, region.
Страни́ца, *sf.* page.
Стра́нникъ, *sm.* stranger, traveller, wanderer.
Стра́нно, *adv.* strangely, peculiarly.
Стра́нность, *sf.* strangeness, eccentricity.
Стра́нный, *adj.* strange, eccentric.
Стра́нствованіе, *sn.* travelling, wandering.
Стра́стно, *adv.* passionately.
Стра́стный, *adj.* passionate.
Страсть, *sf.* passion, fear, fright.
Страхъ, *sm.* fear, dread; *fig.* very, awfully.
Страши́ть, *va.* to frighten, terrify.
Страши́ться, *vr.* to fear, be afraid.
Стра́шно, *adv.* frightfully, terribly.
Стра́шный, *adj.* terrible, awful, frightful.
Стра́шный судъ, the last judgment.
Стрекоза́, *sf.* grasshopper.
Стреми́ться, *vr.* to rush, endeavour.

Стремле́ніе, *sn.* stream; *fig.* force, impetuosity.
Стре́мя, *sn.* stirrup.
Стро́гій, *adj.* severe, rigid.
Стро́го, *adv.* severely, rigidly.
Стро́гость, *sf.* severity, rigour.
Строе́ніе, *sn.* building, edifice.
Строй, *sm.* front, order of battle, ranks.
Стро́йно, *adv.* harmoniously, in good order.
Стро́йный, *adj.* fine-shaped, harmonious, well ordered.
Строи́тель, *sm.* constructor.
Стро́ить, *va.* to build, construct; -ся, *vr.* to be built.
Строка́, *sf.* line.
Струи́ться, *vr.* to stream, ripple, to undulate, wave.
Стру́йка, see струй.
Струна́, *sf. dim.* стру́нка, string (of musical instruments), string, cord (of a bow).
Стручко́вый, *adj.* siliquous; (пе́рецъ), capsicum.
Струй, *sf. dim.* стру́йка, current, stream, ripple, wave.
Стрѣла́, *sf.* arrow.
Стрѣ́лка, *sf.* needle (of a compass), hand (of a watch).
Стрѣле́цъ, *sm.* archer, a militiaman.
Стрѣле́цкій полкъ, the Strelitz (militia) regiment.
Стрѣло́къ, *sm.* shooter, skirmisher.
Стрѣля́ть, стрѣльну́ть, *vn. and va.* to shoot, fire.
Стрѣха́, *sf.* roof made of straw.
Сту́жа, *sf.* cold.
Сту́кнуть, *va. pa.* to give a knock, rap, tap.

Стулъ, *sm.* chair.

Ступать, ступить, *vn.* to step, tread.

Ступень, *sf.* a step, stair.

Стучать, *va.* to knock.

Стыдно (есть), *v. imp.* it is a shame.

Стыдъ, *sm.* shame.

Стѣна, *sf. dim.* стѣнка, wall.

Стѣснять, стѣснить, *va.* to press, hinder, oppress.

Суббота, *sf.* Saturday.

Сугробъ, *sm.* snow-drift.

Сударь, *sm.* Sir.

Судить, *va.* to judge, think.

Судно, *sn.* (*pl.* суда, -довъ), vessel, boat, ship.

Судопроизводство, *sn.* administration of justice.

Судъ, *sm.* court of justice, judgment, trial.

Судьба, *sf.* fate, destiny.

Судьи & Судія, *sm.* judge.

Суждено, *v. imp.* (мнѣ-), it is my fate.

Сукно, *sn.* cloth, woollen cloth.

Сукъ, *sm.* bough, knot, node (in wood).

Султанъ, *sm.* sultan.

Сумма, *sf.* sum.

Сундукъ, *sm.* coffer, trunk.

Супруга, *sf.* spouse, wife.

Супругъ, *sm.* spouse, husband.

Суровый, *adj.* austere, harsh.

Сухарь, *sm.* biscuit.

Сухой, *adj.* dry, arid ; *fig.* dead.

Сушёный & Сушоный, *part.* dried, preserved.

Сушить, *va.* to dry.

Существо, *sn.* being, substance, essence.

Существовать, *vn.* to exist, subsist.

Сущій, *adj.* existent, real.

Сущность, *sf.* substance; (въ -сти), in the main.

Сфера, *sf.* sphere.

Схватить, -ся, *pa.,* see схватывать, -ся.

Схватка, *sf.* skirmish, quarrel.

Схватывать, схватить, *va.* to catch, seize, grasp; -ся, *vr.* to be caught, to quarrel, to come to words.

Сходить, сойти, *vn.* to go down, descend, to go away.

Сходиться, сойтись, *vr.* to meet, converge.

Сходство, *sn.* resemblance.

Схоронить, *va. pa.* to bury, hide.

Сцена, *sf.* scene.

Сципіонъ, *sm.* Scipio.

Счастіе & Счастье, *sn.* fortune, luck, prosperity.

Счастливый, *adj.* fortunate, lucky, happy.

Счётъ, *sm.* account, calculation.

Считать, счесть, *va.* to count, consider.

Считаться, *vr.* to be considered, be reputed.

Сшибать, сшибить, *va.* to strike off, knock down.

Съ & Со, *prep.* (*gen.*) from, out, out of ; (*acc.*) about, for, like; (*instrum.*) with.

Съёжиться, *vr. pa.* to shrivel, shrink.

Съузиться, *vr. pa.* to become narrow, to shrink.

Съѣдать, съѣсть, *va.* to eat up, devour.

Съѣздить, *vn. pa.* to go, take a drive or ride.

Съѣзжа́ться, съѣхаться, *vr.* to meet, come together.

Съѣсть, *va. pa.* to eat, eat up.

Съѣхаться, *pa.*, see съѣзжа́ться.

Сынъ, *sm. irr.* son.

Сы́пать, *va.* to strew, pour.

Сыро́й, *adj* damp, raw.

Сыръ, *sm.* cheese.

Сыска́ть, *va. pa.* to find ; -ся, *vr.* to be found.

Сы́тный, *adj.* nutritive.

Сы́тый, *adj.* satiated.

Сѣверный, *adj.* northern.

Сѣверъ, *sm.* north.

Сѣде́льце, *dim.*, see сѣдло́.

Сѣдло́, *sn.* saddle.

Сѣдоборо́дый, *adj.* with a grey beard.

Сѣдо́й, *adj.* grey, grey-headed.

Сѣмя, *sn.* seed, pip, kernel.

Сѣни, *sf. pl.* entrance, vestibule.

Сѣно, *sn.* hay.

Сѣрый, *adj.* grey.

Сѣсть, *vn. pa.* to sit down.

Сѣть, *sf. dim.* сѣтка, net.

Сѣчь, *va.* to chop, whip.

Сѣять, *va.* to sow, sift.

Сюда́, *adv.* hither.

Сюрту́къ, see сертукъ.

T.

Таба́къ, *sm.* tobacco.

Та́боръ, *sm.* gypsy encampment.

Табу́нъ, *sm.* drove of horses.

Тайко́мъ, *adv.* secretly, by stealth.

Та́йна, *sf.* secret, mystery.

Тайнственность, *sf.* mysteriousness.

Тайнственный, *adj.* mysterious.

Та́йнство, *sn.* mystery, sacrament.

Та́йный, *adj.* secret.

Таи́ться, *vr.* to make a mystery of, conceal.

Та́кже, *adv.* also, too.

Таки́, *conj.* (всё-), for all that.

Таково́й, *adj.* such, like.

Тако́й, *adj.* such.

Такъ, *adv.* so, thus.

Такъ какъ, *adv.* as.

Тала́нтливый, *adj.* talented.

Та́леръ, *sm.* taller.

Тамерла́нъ, *sm.* Tamerlon.

Та́мошній, *adj.* of that place.

Тамъ, *adv.* there, yonder.

Та́нецъ, *sm.* dance.

Танцовщи́къ, *sm.* dancer.

Таре́лка, *sf. dim.* таре́лочка, plate.

Таска́ться, *vr.* to stroll, wander.

Тата́ринъ, *sm.* a Tartar ; -тарскій, *adj.*

Тафта́, *sf.* taffeta ; -тяный, *adj.*

Тафья́, *sf.* Tartarian calotte.

Тача́ть, *va.* to whip, overcast.

Ташке́нтъ, *sm.* Tashkent.

Тащи́ть, *va.* to drag ; -ся, *vr.* to trail, stroll.

Тварь, *sf.* creature.

Тверди́ть, *va.* to learn by heart, to repeat.

Твёрдо, *adv.* firmly, well.

Твёрдость, *sf.* firmness.

Твёрдый, *adj.* hard, firm.

Тверь, *sf.* Tver ; -рско́й, *adj.*

Твори́ть, *va.* -йти, *sl.* to create, produce, do.

Театра́льный, *adj.* theatrical.

Теа́тръ, *sm.* theatre.

Теля́чій, *adj.* of calf, of veal.

Теле́га, *sf. dim.* теле́жка, cart, waggon.

Теле́жка, see теле́га.

Темни́ца, *sf.* prison, gaol.

Темпозеленоватый, adj. dark greenish.

Темпосиній, adj. dark blue.

Темнота, sf. darkness, obscurity.

Тёмпый, adj. dark, obscure.

Темнѣть, vn. to darken, to grow
dark.

Тептъ, sm. awning, canopy.

Теперешній, adj. present, of time.

Теперь, adv. at present, now.

Тепличный, adj. of hot-house.

Тепло, sn. warmth, heat; adv. warmly;
v. imp. it is warm.

Тёплый, adj. warm.

Теребить, va. to pluck, pull.

Тёрекъ, sm. Terek.

Теремъ, sm. room with a projection,
attic.

Терзаніе, sn. worrying, torment.

Терзаться, vr. to be worried, be tor-
mented.

Терпѣливый, adj. patient.

Терпѣніе, sn. patience.

Терпѣть, va. to tolerate, endure.

Тётка, sf. aunt.

Тетрадь, sf. copy-book.

Тётушка, sf. dim. dear aunt.

Теченіе, sn. current, course.

Течь, vn. to flow, to go, run, pass.

Тигръ, sm. tiger.

Тимоѳей, sm. Timothy.

Типичный, adj. typical.

Типографія, sf. typography, printing-
office.

Тифлисъ, sm. Tiflis.

Тихій, adj. quiet, calm.

Тихо, adv. dim. тихонько, softly,
quietly, calmly.

Тишина & Тишь, sf. stillness, quiet,
calm.

Ткачъ, sm. -чиха, fem. weaver.

То, conj. then ; то-то, at one time—
at another.

Таварищески, (-но), adv. in a friendly
way.

Товарищъ, sm. partner, associate,
companion.

Товаръ, sm. merchandise, goods.

Тогда, adv. then, at that time ;
(-какъ), while.

Тоже, adv. also, too.

Толкать, толкнуть, va. to jostle, push.

Толкъ, sm. sense, meaning.

Толпа, sf. crowd, throng.

Толпиться, vr. to crowd, throng.

Толстота, sf. stoutness, thickness.

Толстый, adj. thick, big, stout, cor-
pulent, heavy.

Только, adv. only, merely.

Только что, as soon as, not long ago,
recently.

Томительный, adj. fatiguing, ha-
rassing.

Томиться, vr. to languish.

Томпаковый, adj. of pinchbeck, tom-
bac.

Тонкій, adj. dim. тоненькій, thin,
fine.

Тонуть, vn. to sink, founder.

Тонъ, sm. tone.

Тоня, sf. fishing-place.

Топить, va. to melt, heat (a stove).

Топкій, adj. swampy, susceptible of
heat.

Топоръ, sm. axe, hatchet.

Топотъ, sm. stamping, trampling.

Торговать, va. to trade, deal in.

Торговаться, vr. to cheapen, bargain.

Торговля, sf. trade, commerce.

Торговый, adj. trading, commercial.

Торжекъ, sm. Torjek.

Торжёственно, *adv.* solemnly, tri-
umphantly.

Торжёственность, *sf.* solemnness.

Торжёственный, *adj.* solemn, tri-
umphal.

Торжество, *sn.* solemnity, triumph.

Торжествовать, *va.* to solemnize, celebrate.

Торжествующій, *adj.* triumphant.

Торопиться, *vr.* to hurry, be in a
hurry.

Торопливо, *adv.* hastily.

Торопливость, *sf.* hastiness.

Торчать, *vn.* to stick out, to show
one's self.

Тоска, *sf.* anxiety, anguish.

Тотчасъ, *adv.* directly, presently.

Тотъ, *pron. dem.* (*f.* та, *n.* то), that,
this.

Тотъ же, the same.

Точить, *va.* to turn (in a lathe), to
sharpen, grind.

Точно, *conj.* as if.

Точно, *adv.* exactly, really.

Точность, *sf.* punctuality, preciseness.

Точный, *adj.* punctual, exact.

Тошно, *v. imp.* (мнѣ), I am sick, I
am tired.

Тощій, *adj.* fasting, lean, thin.

Трава, *sf.* grass, herb, herbage.

Травля, *sf.* coursing, hunting, baiting.

Трагическій, *adj.* tragic, tragical.

Трактиръ, *sm.* inn.

Транспортъ, *sm.* transport; -портъ-
ный, *adv.*

Трапеза, *sf.* refectory (of convents).

Тратить, *va.* to spend, expend.

Требовать, *va.* to claim, require; -ся,
vr. to be claimed, be required.

Тревога, *sf.* alarm, disturbance.

Тревожить, *va.* to alarm, disturb;
-ся, *vr.* to alarm one's self.

Тревожно, *adv.* anxiously, disquietly.

Трепать, *va.* to brake, knock softly.

Трепетать, *vn.* to trepidate, palpitate.

Треска, *sf.* cod, cod-fish.

Трескать, *va.* to guzzle, devour.

Тресковый, *adj.* cod, of cod-fish.

Трескучій, *adj.* crackling, bursting;
(-чій морозъ), hard frost.

Трескъ, *sm.* crack, crash.

Третій, *adj.* third.

Треугольникъ & Трехъугольникъ, *sm.*
triangle.

Треугольный, *adj.* triangular

Трещать, *vn.* to crack, crackle.

Три, *num.* three.

Тридцать, *num.* thirty.

Тризна, *sf.* solemnity for a dead
person.

Тринадцать, *num.* thirteen.

Триста, *num.* three hundred.

Тріо, *sn.* trio.

Трогательный, *adj.* touching, affecting.

Трогать, тронуть, *va.* to touch; *fig.* to
touch, move, affect; -ся, *vr.* to
move, start.

Трое & Трои, *num.* three.

Тройка, *sf.* a team of three horses
abreast.

Тронуть, -ся, *pa.*, see трогать, -ся.

Тронъ, *sm.* throne.

Тропикъ, *sm.* tropic.

Тропинка, *sf. dim.* footpath.

Трость, *sf.* walking-stick, reed.

Тротуаръ, *sm.* footway, pavement.

Трофей, *sm.* trophy.

Трофимъ, *sm.* Trophimus.

Трошка, *dim.,* see Трофимъ.

Труба́, *sf.* pipe, tube, trumpet, funnel, flue.

Тру́бка, *sf. dim.* тру́бочка, tube, pipe, tobacco-pipe.

Тру́бочка, see тру́бка.

Труди́ться, *vr.* to labour, take pains.

Тру́дность, *sf.* difficulty, hardness.

Тру́дный, *adj.* difficult, arduous.

Трудово́й, *adj.* earned by labour.

Трудолюби́вый, *adj.* laborious, assiduous.

Труд, *sm.* labour, work, difficulty, effort.

Труп, *sm.* dead body, corpse.

Тру́сость & Трусли́вость, *sf.* cowardice.

Трус, *sm.* coward.

Трут, *sm.* tinder.

Тря́почка & тря́пка, *sf. dim.* rag, clout.

Трясти́, тряхну́ть, *va.* to shake, jolt.

Трясти́сь, *vr.* to shiver, tremble.

Тряхну́ть, *pa.*, see трясти́.

Туале́т, *sm.* toilet.

Туго́й, *adj.* stiff, tight.

Туда́, *adv.* thither, there.

Туда́же & Туда́ж, *adv.* but thither, also there.

Ту́ла, *sf.* Tula.

Тулу́п, *sm.* sheep-skin fur.

Ту́льский, *adj.* of Tula.

Тума́н, *sm.* fog, mist.

Туне́дсц, *sm.* idler, parasite.

Тупо́й, *adj.* blunt, dull, *fig.* stupid.

Тупоу́мие, *sn.* stupidity.

Туре́цкий, *adj.* Turkish.

Ту́рок, *sm.* a Turk.

Ту́рция, *sf.* Turkey.

Ту́склый, *adj.* dim, dull.

Тут, *adv.* there, here.

Тут же, on the spot, in the same place, also here.

Ту́ча, *sf. dim.* ту́чка, dark cloud; *fig.* host, flock.

Ту́чка, see ту́ча.

Ту́чность, *sf.* fatness, fertility.

Тща́тельно, *adv.* carefully.

Тща́тельный, *adj.* careful, diligent.

Ты, *pron. pers.* thou.

Тьма, *sf.* darkness, obscurity; *fig.* great number.

Тьфу ! *interj.* fie !

Тѣле́сный, *adj.* bodily, corporal.

Тѣ́ло, *sn.* body, flesh.

Тѣлодвиже́ние, *sn.* bodily movement, exercise.

Тѣлосложе́ние, *sn.* constitution.

Тѣлохрани́тель, *sm.* body-guard.

Тѣнь, *sf.* shade, shadow.

Тѣсни́ть, *va.* to press, oppress.

Тѣсно, *adv.* narrowly.

Тѣсно, *v. imp.* (здѣсь), there is little room.

Тѣснота́, *sf.* throng, crowd.

Тюк, *sm.* bale, pack.

Тюле́нь, *sm.* seal; -ле́ний, *adj.*

Тя́гостный, *adj.* burdensome.

Тяготѣ́ние, *sn.* gravitation.

Тя́жба, *sf.* suit, lawsuit.

Тяжело́, *adv.* heavily, with difficulty.

Тяжело́, *v. imp.* it is heavy, it is hard.

Тяжёлый, *adj.* heavy, hard.

Тя́жесть, *sf.* weight, burden.

Тя́жкий, *adj.* grave, hard, grievous.

Тя́жущийся, *sm.* litigant.

Тяну́ть, *va.* to pull, draw, stretch.

Тяну́ться, *vr.* to be pulled, to stretch, extend.

У.

У, *prep. gen.* at, near, beside, by.

Убивать, убить, *va.* to kill, slay; -ся, *vr.* to kill one's self, be killed.

Убирать, убрать, *va.* to put away, clear, get in; -ся. *vr.* to dress one's self, go off, decamp.

Убить, -ся, *pa.*, see убивать, -ся.

Убіеніе, *sn.* killing, murdering.

Убіенный, *adj.* killed, slain.

Убійственный, *adj.* murderous.

Убійство, *sn.* murder, assassination.

Убійца, *sc.* murderer, assassin.

Убогій, *adj.* poor, wretched.

Уборная, *sf.* dressing-room.

Убрать, -ся, *pa.*, see убирать, -ся.

Убывать, убыть, *vn.* to decrease, fall.

Убытокъ, *sm.* loss, damage.

Убыть, *pa.*, see убывать.

Убѣдительно, *adv.* convincingly.

Убѣдить, -ся, *pa.*, see убѣждать, -ся.

Убѣждать, убѣдить, *va.* to persuade, convince; -ся, *vr.* to be persuaded, be convinced.

Убѣжденіе, *sn.* conviction, persuasion.

Убѣжище, *sn.* refuge.

Уважать, уважить, *va.* to consider, respect.

Уваженіе, *sn.* consideration, regard.

Увеличивать, увеличить, *va.* to enlarge, increase.

Увеселительный, *adj.* of diversions, of pleasure.

Увести, *pa.*, see уводить.

Увидѣть, *va. pa.* to see, perceive.

Увлекаться, увлечься, *vr.* to be allured, be attracted.

Уводить, увести & увесть, *va.* to lead away.

Увы, *interj.* alas! oh! woe!

Увѣнчать, *va. pa.* to crown.

Увѣренность, *sf.* assurance, confidence.

Увѣренный, *adj.* confident, sure.

Увѣренъ (я, I am sure, I am certain of.

Увѣрить, -ся, *pa.*, see увѣрять, -ся.

Увѣрять, увѣрить, *va.* to assure, assert, persuade; -ся, *vr.* to be persuaded.

Увѣчный, *adj.* crippled, lame.

Увяданіе, *sn.* withering, fading.

Угадывать, угадать, *va.* to guess, foresee.

Угасать, угаснуть, *vn.* to be extinguished.

Угаснуть, *pa.*, see угасать.

Угличъ, *sm.* Uglich.

Угловой, *adj.* corner, of a corner.

Уговаривать, уговорить, *va.* to persuade, prevail upon.

Уговоръ, *sm.* agreement.

Угодить, *va. pa.*, see угождать.

Угодить, *vn. pa.* to strike, hit.

Угодникъ, *sm.* a complaisant person, a saint.

Угодно, *v. imp.* it pleases, may it please.

Угодный, *adj.* suitable, pleasing, agreeable.

Угождать, угодить, *vn.* to please, satisfy.

Уголокъ, see уголъ.

Уголъ, *sm. dim.* уголокъ, corner, angle.

Уголь, *sm.* coal, charcoal.

Угостить, *pa.*, see угощать.

Угощать, угостить, *va.* to treat, entertain.

Угощеніе, *sn.* treat, regale.

Угрожать, угрозить, *va.* to threaten, menace.

Угроза, *sf.* threat, menace.

Угрюмо, *adv.* gruffly, surlily.-

Угрюмый, *adj.* surly, morose.

Удаваться, удаться, *vr.* to succeed.

Удалецъ, *sm.* bold fellow.

Удалить, -ся, *pa.,* see удалять, -ся.

Удалой, *adj.* enterprising, bold.

Удаль, *sf.* boldness, audacity.

Удалять, удалить, *va.* to remove, withdraw ; -ся, *vr.* to withdraw, go away.

Ударить, -ся, *pa.,* see ударять, ся.

Ударъ, *sm.* stroke, blow.

Ударять, ударить, *va.* to strike, hit, to fall upon, to accent, emphasize; -ся, *vr.* to knock against.

Удаться, *pa.,* see удаваться.

Удача, *sf.* success, luck.

Удвоить, *va. pa.* to double.

Удержать, *pa.,* see удерживать.

Удерживать, удержать, *va.* to restrain, retain, detain.

Удивительный, *adj.* astonishing, wonderful.

Удивить, -ся, *pa.,* see удивлять,-ся.

Удивленіе, *sn.* astonishment, admiration.

Удивленно, *adv.* with astonishment.

Удивлять, удивить, *va.* to astonish, surprise ; -ся, *vr.* to be astonished, to admire.

Удобно, *adv.* conveniently, comfortably.

Удобный, *adj.* commodious, convenient.

Удобство, *sn.* commodity, comfort.

Удовольствіе, *sn.* pleasure, satisfaction.

Удовольствоваться, *vr. pa.* to be satisfied.

Удостовѣреніе, *sn.* assurance, ascertainment.

Удостоивать, удостоить, *va.* to deem worthy, honour, favour.

Удостоиваться, удостоиться, *vr.* to be honoured, merit.

Удостоить, -ся, *pa.,* see удостоивать, -ся.

Удушить, *va. pa.* to stifle, suffocate.

Удѣлить, *va. pa.* to apportion, deal out.

Удѣлъ, *sm.* an appanage, lot, portion.

Усдиненіе, *sn.* solitude, retirement.

Ужасать, ужаснуть, *va.* to terrify ; -ся, *vr.* to be terrified, to dread.

Ужасно, *adv.* terribly, excessively.

Ужаснуть, -ся, *pa.,* see ужасать, -ся.

Ужасный, *adj.* dreadful, horrible, terrible.

Ужасъ, *sm.* terror, horror.

Уже & Ужъ, *adv.* already.

Уже не, no more.

Ужинать, *vn.* to sup, take supper.

Ужинъ, *sm.* supper.

Ужъ, *adv.* afterwards, hereafter.

Узбекъ, *sm.* an Usbek.

Узда, *sf.* bridle.

Уздцы & Усцы, *sm. pl.* bridle.

Узелъ, *sm.* knot, bundle.

Усенькій, see узкій.

Узкій, *adj. dim.* узенькій, narrow, tight, strait.

Узнавать, узнать, *va.* to recognise, learn, ascertain.

Узнать, *pa.,* see узнавать.

Узо́рный, *adj.* of a pattern, figured.

Узо́рчатый, *adj.* figured, flowered.

Уйти́, *pa.* (*fut.* уйду́), see уходи́ть.

Указа́ть, *pa.*, see ука́зывать.

Ука́зывать, указа́ть, *va.* to indicate, show, order.

Укла́дывать, укла́сть & уложи́ть, *va.* to put up, pack, to lay.

Уклони́ться, уклони́ться, *vr.* to avoid, shun.

Укра́дкою, *adv.* stealthily, by stealth.

Украи́на, *sf.* Ukraina; украи́нский, *adj.*

Укра́сить, *pa.*, see украша́ть,

Укра́сть, *va. pa.* to steal.

Украша́ть, укра́сить, *va.* to adorn, embellish.

Украше́ние, *sn.* adornment, ornament.

Укрыва́ть, укры́ть, *va.* to cover, shelter, conceal.

Укрыва́ться, укры́ться, *vr.* to cover one's self, conceal one's self.

Укры́ть, -ся, *pa.*, see укрыва́ть, -ся.

Укрепи́ть, *pa.*, see укрепля́ть.

Укрепле́ние, *sn.* strengthening, fortification.

Укрепля́ть, укрепи́ть, *va.* to strengthen, fortify.

Укуси́ть, *va. pa.* to bite, sting.

У́лица, *sf.* street.

Уличи́ть, уличи́ть, *va.* to convict, detect.

Уло́вка, *sf.* wile, stratagem.

Уложи́ть, *va. pa.* to ordain, enact (see also укла́дывать).

Улыба́ться, *vr.* to smile.

Улы́бка, *sf.* smile.

Улыбну́ться, *vr. pa.* to give a smile.

Уменьша́ть, уменьши́ть, *va.* to diminish.

Уменьше́ние, *sn.* diminution, decrease.

Уменьши́ть, *pa.*, see уменьша́ть.

Умере́ть, *pa.* (*fut.* умру́), see умира́ть.

Умертви́ть, *pa.*, see умерщвля́ть.

Умерщвля́ть, умертви́ть, *va.* to put to death, murder.

Умиле́ние, *sn.* feeling, emotion.

Умилённый, *part.* affected, moved.

Умира́ть, умере́ть, *vn.* to die, expire.

Умница, *sc.* a wise man or woman; *fig.* a good boy or girl.

Умничать, *vn.* to show one's sense, subtilize.

Умный, *adj.* sensible, intelligent.

Умолка́ть, умо́лкнуть, *vn.* to be silent, become still.

Умо́лкнуть, *pa.*, see умолка́ть.

Умоля́ть, умоли́ть, *va.* to implore, entreat.

Умори́ть, *va. pa.* to starve to death, kill.

Умча́ться, *vr. pa.* to hurry away, gallop away.

Ум, *sm.* intellect, sense.

У́мысел, *sm.* design, intention.

Уме́ренность, *sf.* moderation, temperance.

Уме́ренный, *adj.* moderate, temperate.

Уме́ть, *va.* to be skilled in.

Унести́, *pa.*, see уноси́ть.

Университе́т, *sm.* university.

Униже́ние, *sn.* abasement, humiliation.

Унима́ть, уня́ть, *va.* to repress, appease, quiet.

Уничтожа́ть, уничто́жить, *va.* to abolish, destroy.

Уноси́ть, унести́, *va.* to carry away, take away.

Уны́ло, *adv.* dejectedly, sadly.

Уны́ние, *sn.* melancholy, dejection.

Уня́ть, *pa.*, see унима́ть.

Упа́сть, *vn. pa.* to fall down, decrease.

Упира́ться, упере́ться, *vr.* to be obstinate, resist, deny, to lean, rest.

Упи́ться, *vr. pa.* to get drunk.

Уподобля́ться, уподо́биться, *vr.* to resemble, be compared.

Уполномо́чить, *va. pa.* to invest with full power, authorize.

Упомина́ть, упомяну́ть, *va.* to mention, speak of.

Упо́рный, *adj.* obstinate, stubborn.

Упо́рство, *sn.* obstinacy, stubbornness.

Употреби́ть, -ся, *pa.,* see употребля́ть, -ся.

Употребле́ние, *sn.* use, employment.

Употребля́ть, употреби́ть, *va.* to use, make use of, employ.

Употребля́ться, употреби́ться, *vr.* to be used, be employed.

Управле́ние, *sn.* management, administration.

Управля́ть, упра́вить, *va.* to manage, direct, govern.

Управля́ться, *vr.* to be managed, be governed.

Упражне́ние, *sn.* occupation, employment, exercise.

Упражня́ть, *va.* to occupy, employ.

Упра́шивать, упроси́ть, *va.* to ask pressingly, obtain by asking, implore.

Упрека́ть, упрекну́ть, *va.* to reproach.

Упрекну́ть, *pa.,* see упрека́ть.

Упрёкъ, *sn.* reproach.

Упроси́ть, *va. pa.* to obtain by asking, persuade.

Упрости́ть, *va. pa.* to simplify.

Упря́миться, *vr.* to be obstinate.

Упря́мый, *adj.* obstinate, stubborn.

Упусти́ть, *va. pa.* to let slip, miss, let go.

Упуще́ние. *sn.* negligence.

Ура́, *interj.* hurrah !

Уро́вень, *sn.* level.

Уро́къ, *sn.* lesson.

Уря́дникъ, *sn.* an orderly, under-officer (of Cosacks).

Уса́чъ, *sn.* with heavy mustaches.

Усе́рдіе, *sn.* zeal, ardour.

Усе́рдный, *adj.* zealous, ardent.

Уси́дчиво, *adv.* with perseverance.

Уси́ленный & уси́льный, *adj.* strengthened, earnest, pressing.

Уси́ливать, уси́лить, *va.* to strengthen.

Уси́ливаться, уси́литься, *vr.* to get stronger, increase.

Уси́лить, -ся, *pa.,* see уси́ливать, -ся.

Уси́ліе, *sn.* effort.

Ускака́ть, *vn. pa.* to gallop away.

Усло́віе, *sn.* agreement, condition.

Услу́га, *sf.* service, office.

Услуже́ніе, *sn.* serving, service.

Услу́жливый, *adj.* serviceable, officious.

Услыха́ть, *va. pa.* to hear say, to hear.

Услы́шать, *va. pa.* to hear.

Усма́тривать, усмотре́ть, *va.* to perceive, discern.

Усме́шка, *sf.* smile.

Усну́ть, *vn. pa.* to fall asleep.

Усо́бица, *sf.* mutual hatred.

Успоко́ивать, успоко́ить, *va.* to appease, quiet.

Успоко́иваться, успоко́иться, *vr.* to be appeased, to calm one's self.

Успоко́ить, -ся, *pa.,* see успоко́ивать, -ся.

Успѣвать, успѣть, vn. to thrive, suc-
ceed, have time to.
Успѣть, pa., see успѣвать.
Успѣхъ, sm. progress, success.
Уста, sf. pl. lips, mouth.
Уставать, устать, vn. to be tired, be
weary.
Уставить, va. pa. to establish, in-
stitute, to set; -ся, vr. to be
established, to stare.
Уставъ, sm. statute, decree.
Усталость, sf. lassitude, fatigue.
Усталый, adj. tired, fatigued.
Устанавливаться, установиться, vr. to
be instituted, be established.
Устать, pa., see уставать.
Устоять, vn. pa. to stand out, with-
stand.
Устранять, устранить, va. to set aside,
remove.
Устрашать, устрашить, va. to frighten,
intimidate.
Устремить, pa., see устремлять.
Устремлять, устремить, va. to direct,
turn, fix.
Устроивать & Устраивать, устроить,
va. to set in order, arrange,
establish.
Устроить, pa., see устроивать.
Уступать, уступить, va. to cede,
yield.
Устье, sn. mouth (of a river).
Усъ, sm. moustache.
Усыпать, усыпать, va. to bestrew,
stud, cover.
Усѣсться, vr. pa. (fut. усядусь), to
take a seat.
Усѣять, va. pa. to sow all over,
cover.
Утайка, sf. concealing.

Утвердительно, adv. affirmatively.
Утверждать, утвердить, va. to con-
firm, affirm.
Утечь, vn. pa. to flow away. |
Утихать, утихнуть, va. to grow still,
abate.
Утишить, va. pa. to appease, calm.
Уткнуться, vr. pa. to hit, knock, to
be stuck in, be fixed.
Утолить, pa., see утолять.
Утолять, утолить, va. to allay, ap-
pease, assuage.
Утомить, pa., see утомлять.
Утомлять, утомить, va. to fatigue,
harass.
Утонуть, pa., see утопать.
Утопать, утопнуть & утонуть, vn. to
drown, sink.
Утоптать, va. pa. to tread well.
Утренній, adj. of morning.
Утро, sn. morning.
Утромъ, adv. in the morning.
Утѣсеніе, sn. oppression, persecu-
tion.
Утѣшать, утѣшить, va. to console,
comfort; -ся, vr. to console
one's self.
Утѣшеніе, sn. consolation.
Утѣшитель, sm. consoler, comforter.
Утѣшительный, adj. consoling.
Утѣшить, -ся, pa., see утѣшать, -ся.
Ухватить, va. pa. to seize, grasp;
-ся, vr. to seize at.
Ухватка, sf. knack, way, trick.
Ухо, sn. (pl. уши), ear.
Уходить, уйти, vn. to go out, depart.
Уцѣпиться, vr. pa. to hang on,
accroach.
Участіе, sn. participation, interest.
Участокъ, sm. part, portion.

Участь, *sf.* destiny, fate.
Ученикъ, *sm.* scholar, pupil.
Ученіе, *sn.* teaching, instruction, study.
Училище, *sn.* school.
Учинить, *vn. pa.* to do, commit.
Учиниться, *vr. pa.* to happen, occur.
Учителевъ, *adj. poss.* teacher's.
Учитель, *sm.* teacher, preceptor.
Учить, *va.* to teach, learn by heart.
Учиться, *vr.* to learn, study.
Учтивость, *sf.* politeness, civility.
Ущеліе, *sn.* defile.
Уѣздъ, *sm.* district.
Уѣзжать, уѣхать, *vn.* to go away (in a carriage or on horseback).
Уѣхать, *pa.*, see уѣзжать.
Уютный, *adj.* commodious, comfortable.
Уязвлять, уязвить, *va.* to wound, to offend.

Ф.

Фабрика, *sf.* manufactory.
Фабрикантъ, *sm.* manufacturer.
Фабрикація, *sf.* manufacture, make.
Фабричный, *adj.* of manufacture; *sm.* workman in a manufactory.
Фалда, *sf.* skirt (of a coat).
Фасадъ, *sm.* façade, front.
Фасъ, see фасадъ.
Февраль, *sm.* February.
Фельдмаршалъ, *sm.* field marshal.
Фельдфебель, *sm.* sergeant-major.
Фигура, *sf. dim.* фигурка, figure.
Фіанка, *sf.* physics.
Фиэйческій, *adj.* physical.
Физіономія, *sf.* physiognomy, countenance.
Филиппъ, *sm.* Philippe.

Философія, *sf.* philosophy.
Финляндія, *sf.* Finland.
Финляндскій, *adj.* Finlandian.
Финнъ, *sm.* a Finn.
Финскій, *adj.* Finish, (-заливъ), Gulf of Finland.
Флагъ, *sm.* flag.
Флангъ, *sm.* flank.
Флейта, *sf.* flute.
Флешь, *sf.* flèche.
Флигель-адъютантъ, *sm.* aide-de-camp (of the sovereign).
Флотъ, *sm.* fleet.
Фляга, *sf. dim.* фляжка, small barrel.
Фонарь, *sm.* lantern, lamp.
Форма, *sf.* form, dress, uniform.
Фортепіано, *sn.* piano.
Франклинъ, *sm.* Franklin.
Французскій, *adj.* French; (по-ски), in French language.
Французъ, *sm.* a Frenchman.
Фрегатъ, *sm.* frigate.
Фридрихсгамъ, *m.* Friedricksham.
Фронтъ & Фрунтъ, *sm.* front.
Фруктовый, *adj.* fruit, of fruit.
Фруктъ, *sm.* fruit.
Фрунтъ, see фронтъ.
Фукидидъ, *sm.* Thucydides.
Фунтъ, *sm.* pound.
Фуражка, *sf.* cap, foraging cap.
Футъ, *sm.* foot.
Фуфайка, *sf.* an under-waistcoat.
Фырканье, *sn.* snorting, sniffing.
Фыркать, фыркнуть, *vn.* to snort, sniff.

X.

Халатъ, *sm,* morning-gown.
Ханство, *sn.* khanate.
Хвала, *sf.* praise, commendation.

Хвалить, *va.* to praise, laud.

Хвастаться, *vn.* to boast, vaunt.

Хвастунъ, *sm.* boaster, bragger.

Хватать, хватить. *va.* to seize, catch, snap.

Хватить, *va. pa.* to strike, hit.

Хворать, *vn.* to be sickly, be unwell.

Хвостъ, *sm.* tail.

Хилѣть, *vn.* to grow feeble, grow weak.

Химія, *sf.* chemistry.

Хитрецъ, *sm.* a crafty man.

Хитрость, *sf.* craft, cunning, artifice.

Хитрый, *adj.* crafty, artful, cunning.

Хищничество, *sn.* rapacity, rapine.

Хладный, *adj. sl.* cold.

Хлопаніе, *sn.* clapping.

Хлопать, хлопнуть, *va.* to clap, crack, to shut by force, to give a clap.

Хлопотать, *vn.* to busy or stir one's self, to solicit, care for.

Хлопоты, *sf. pl.* bustle, stir, trouble, fuss.

Хлопчатая бумага, cotton.

Хлоръ, *sm.* Chlaurus.

Хлынуть, *vn. pa.* to gush out, break forth.

Хлѣбопашество, *sn.* agriculture.

Хлѣбъ, *sm.* bread, corn.

Хлѣвъ, *sm.* stall, sty.

Ходить, *vn.* to go, walk, march.

Ходъ, *sm.* going, course, state.

Хозяинъ, *sm.* -зяйка, *sf.* housekeeper, master or mistress, host, -tess.

Хозяйство, *sn.* house-keeping, household.

Холить, *va.* to pamper, nurse.

Холмъ, *sm.* hillock.

Холодно, *v. imp.* it is cold.

Холодный, *adj.* cold, cool.

Холодъ, *sm.* cold.

Холстъ, *sm.* cloth, linen.

Хорошинько, *adv. dim.* well, properly.

Хорошій, *adj. comp.* лучшій, good, handsome.

Хорошо, *adv. comp.* лучше, well.

Хоръ, *sm.* choir.

Хорь, *dim.* хорёкъ, *sm.* pole-cat.

Хотѣть, to will, wish for.

Хотѣться, *v. m.* to have a mind to.

Хоть, see хотя.

Хотя & Хоть, *conj.* although, though.

Хотя бы, *adv.* though, even, at least.

Хохотать, *vn.* to laugh loudly.

Храбриться, *vr.* to affect bravery.

Храбрость, *sf.* bravery, valour.

Храбрый, *adj.* brave, valiant.

Храмина, *sf.* room, apartment.

Храмъ, *sm.* temple, church.

Хранитель, *sm.* guardian.

Хранить, *va.* to preserve, keep.

Хребетъ, *sm.* spine, ridge.

Христіанинъ, -анка, *s.* a Christian.

Христіанскій, *adj.* christian.

Христіанство, *sn.* Christianity, Christendom.

Христосъ, *sm.* (*gen.* Хр..ста; *vocat.* Христе), Christ.

Христофоръ, *sm.* Christopher.

Хрустальный, *adj.* of crystal.

Худо, *sn.* bad, ill; *adv.* badly, ill.

Художественный, *adj.* of art, artistic.

Художникъ, *sm.* artist.

Худой, *adj.* bad, ill, sorry, meagre, lean.

Худощавый, *adj.* meagre, lank, lean.
Хулитель, *sm.* blamer.

Ц.

Царевичъ, -евна, *s.* prince, -cess.
Царица, *sf.* queen, czarina.
Царскій, *adj.* royal, princely, imperial.
Царственный, *adj.* of reign, royal.
Царство, *sn.* kingdom, reign.
Царствованіе, *sn.* reigning, reign.
Царь, *sm.* king, czar or tzar, emperor (of Russia).
Царьгородъ & Цареградъ, *sm.* Constantinople.
Цветной, *adj.* coloured, of colour.
Цветокъ & Цветочекъ, *sm. dim.* flower.
Цветъ, *sm. dim.* цветокъ, (*pl.* цветы), flower, bloom.
Цветъ, *sm. dim.* цветикъ, (*pl.* цвета), colour.
Центръ, *sm.* centre.
Церемонія, *sf.* ceremony.
Церковный, *adj.* of church, ecclesiastical.
Церковь, *sf.* church.
Цитадель, *sf.* citadel.
Цыганъ, *sm.* a gypsy ; -ганскій, *adj.*
Цыпочки, *sf. pl. dim.* of цыпки, tiptoe.
Целовать, *va.* to kiss.
Целоваться, *vr.* to kiss each other.
Целость, *sf.* wholeness, entireness.
Целый, *adj.* whole, entire, all.
Цель, *sf.* aim, object.
Цельный, *adj.* of a single piece, massive.

Цена, *sf.* price, value.
Ценеть, *vn.* to grow numb, grow stiff.
Цепляться, *vr.* to catch, grapple.
Цепь, *sf.* chain.

Ч.

Чаёкъ, *sm.*, see чай.
Чай, *sm. dim.* чаёкъ, tea.
Чай, *adv.* to all appearance.
Чайникъ, *sm.* tea-pot.
Чайный, *adj.* tea, of tea.
Чалма, *sf.* turban.
Часовой, *sm.* sentry, sentinel.
Частный, *adj.* private, particular.
Часто, *adv.* often, frequently.
Часть, *sf.* part, district, department.
Часъ, *sm.* the hour, o'clock.
Часы, *sm. pl.* watch, clock.
Чахлый, *adj.* dried away, consumptive.
Чаша, *sf.* bowl, basin.
Чашка, *sf.* cup.
Чаща, *sf.* thicket.
Чаще, *adv. comp.* more frequently.
Чаять, *va.* to expect, hope.
Чей, *pron. interr.* (*f.* чья, *n:* чьё, *pl.* чьи), whose ?
Чей нибудь, *pron.* anybody's, somebody's.
Чеканить, *va.* to chase, emboss, to coin (money).
Чеканъ, *sm.* puncheon.
Чело, *sn.* forehead.
Челобитье, *sn.* petition.
Человекъ, *sm.* (*pl.* люди), man.
Человеческій, *adj.* man's, human.
Человечество, *sn.* mankind, humanity.
Чемоданъ, *sm.* portmanteau.

Чепе́цъ, sm. *dim.* че́пчикъ, cap, bonnet.

Черво́нецъ, sm. ducat.

Черво́нный, *adj.* red ; sm. a ducat.

Че́резъ, *prep.*, see чрезъ.

Чересчу́ръ, see чрезчу́ръ.

Черено́къ, sm. handle (of knives).

Черке́скій, *adj.* Circassian.

Черке́съ, sm. a Circassian.

Черневая рабо́та, inlaid enamelled work.

Черни́льница & Черни́лица, *sf.* ink-stand.

Черноволо́сый, *adj.* black-haired.

Чернота́, *sf.* blackness, baseness.

Чёрный, *adj.* black.

Чернь, *sf.* populace, vulgar, inlaid enamel-work.

Черне́ть, *vn.* to grow black, appear black.

Черпа́ть, черпну́ть, *va.* to draw, borrow.

Черта́, *sf.* line, feature.

Чёртъ & Чортъ, sm. devil.

Чеса́ться, *vr.* to comb one's self, scratch one's self, to itch.

Честно́й, *adj.* honourable.

Че́стность, *sf.* honesty.

Че́стный, *adj.* honest.

Честолю́біе, sn. ambition.

Честь, *sf.* honour.

Чета́, *sf.* couple, pair.

Четве́ргъ & -верто́къ, sm. Thursday.

Четвёрка, *sf.* a four (at cards), a set of four horses.

Че́тверо & Че́тверы, *num.* four.

Четвёртка, *sf.* quarter, in quarto.

Четвёртый, *adj.* fourth.

Че́тверть, *sf.* quarter, quart.

Четы́ре, *num.* four.

Четыреуго́льный, *adj.* quadrangular.

Чече́нецъ, sm. a Chechen.

Чечни́, *sf.* Chechen-land.

Чешуя́, *sf.* a scale (of fish), the strap (of a soldier's shako).

Чино́вникъ, sm. functionary, clerk.

Чинъ, sm. rank.

Число́, sn. number, date.

Чи́стенькій, *dim.*, see чи́стый.

Чи́сто, *adv.* cleanly, neatly.

Чистота́, *sf.* cleanness, purity.

Чи́стый, *adj. dim.* чи́стенькій, clean, pure.

Чита́тель, sm. reader.

Чита́ть, *va.* to read.

Чихать, чихну́ть, *vn.* to sneeze.

Членъ, sm. member.

Чортъ, see чёртъ.

Чрезвыча́йно, *adv.* extremely, excessively.

Чрезвыча́йность, *sf.* extraordinariness, to excess.

Чрезвыча́йный, *adj.* extraordinary, extreme.

Чрезме́рный, *adj.* excessive, beyond measure.

Чрезчу́ръ, *adv.* beyond bounds, excessively.

Чрезъ & Че́резъ, *prep. acc.* across, over, through, by, after, in the course of.

Что́, *pron.* what ?

Что, *conj.* that.

Что́бы & Что́бъ, *conj.* that, in order that.

Что либо & Что-нибудь, *pron.* anything, something.

Что-то, *pron.* something.

Чу́вство, sn. feeling, sensation.

Чу́вствованіе, sn. sensation, feeling.

Чу́вствовать, *va.* to feel, experience.

Чугу́нный, *adj.* of cast-iron.

Чугу́нъ, *sm.* cast-iron.

Чуде́сный, *adj.* marvellous, wonderful.

Чу́диться, *vr. imp.* to seem ; (мнѣ -тся), I guess, it seems to me, it appears.

Чуди́ться, *vr.* to wonder, be surprised.

Чу́дный, *adj.* wonderful, strange.

Чу́до, *sn. irr.* (*pl.* чудеса́), miracle, wonder, marvel.

Чужбина, *sf.* foreign country.

Чужды́й, *adj.* stranger to, exempt of ; -до, *adv.*

Чужо́й, *adj.* foreign, strange.

Чула́нъ, *sm.* lumber-room.

Чуло́къ, *sm.* stocking.

Чуть & Чуть чуть, *adv.* hardly, almost.

Чуть не, almost.

Чу́ять, *va.* to scent, smell, hear.

Чѣмъ, *conj.* than.

Чѣмъ — тѣмъ, the (more), — the (more).

III.

Шаго́мъ, *adv.* at a walking pace.

Шагъ, *sm.* pace, stride, marching.

Шажко́мъ, *adv. dim.*, see шаго́мъ.

Ша́йка, *sf.* band, gang.

Шала́шъ, *sm.* hut, cabin.

Ша́лость, *sf.* prank, trick, frolic, waggery.

Шанда́лъ, *sm.* candlestick.

Ша́пка, *sf.* cap, fur-cap.

Ша́рить, *vn.* to rummage, fumble.

Шата́ться, *vr.* to totter, saunter, stroll.

Ша́шка, *sf.* sabre.

Швейца́рія, *sf.* Switzerland.

Шевелѣ́ть, шевельну́ть, *va.* to stir, move ; -ся, *vr.* to stir one's self.

Шёлковый, *adj.* silk, of silk.

Шёлкъ, *sm.* silk.

Шепну́ть, *pa.*, see шепта́ть.

Шёпотъ, *sm.* & Шепта́ніе, *sn.* whispering.

Шепта́ть, шепну́ть, *vn.* to whisper.

Шерсть, *sf.* wool, fur, hair (of animals).

Шерстяно́й, *adj.* woollen.

Ше́ствовать, *vn.* to march.

Шестна́дцать, *num.* sixteen.

Шесто́й, *adj.* sixth.

Шестъ, *sm.* perch, pole.

Шесть, *num.* six.

Шестьдеся́тъ, *num.* sixty.

Шея, *sf.* neck.

Шинель, *sf.* cloak.

Шипѣ́ть, *vn.* to hiss.

Ширина́, *sf.* breadth, width.

Ши́рить, *va.* to widen, enlarge.

Широ́кій, *adj.* wide, broad.

Широкопле́чій, *adj.* broad-shouldered.

Ши́тый, *part.* embroidered, sewn.

Шить, *va.* to sew, embroider.

Шитьё, *sn.* sewing, embroidery.

Шкафъ & Шкапъ, *sm.* cupboard.

Шквалъ, *sm.* squall.

Шко́ла, *sf.* school.

Шку́ра, *sf.* skin, hide.

Шлафрокъ, *sm.* dressing-gown.

Шлыкъ, *sm.* scull-cap.

Шлюпъ, *sm.* a sloop of war.

Шля́па, *sf.* hat.

Шля́пка, *sf.* woman's hat.

Шля́хта, *sf.* nobility (of Poland).

Шóптъ, see шéпотъ.
Шоссé, sn. chausée, causeway.
Шпáга, sf. sword.
Шпóра, sf. spur.
Штáбный, adj. staff, of the staff.
Штабсъ-капитáнъ, sm. second captain.
Штáбъ, sm. staff.
Штиль, sm. calm.
Штóпать, va. to darn.
Штýка, sf. a piece.
Штыкъ, sm. bayonet.
Шýба, sf. fur-cloak.
Шýмно, adv. with noise, clamourously.
Шýмный, adj. noisy.
Шýмъ, sm. noise.
Шумéть, vn. to make a noise.
Шуршáть, va. to rustle, make a low noise.
Шутить, vn. to joke, jest.
Шýтка, sf. joke, jest, sport.
Шутъ, sm. jester, buffoon.
Шутя, adv. jokingly, merrily.

Щ.

Щеголять, щегольнýть, vn. to flaunt, to show off.
Щéдро, adv. liberally.
Щéдрость, sf. liberality, bounty.
Щéдрый, adj. generous, liberal.
Щекá, sf. cheek.
Щекóлда, sf. latch.
Щёлкать, щёлкнуть, va. to crack, knack.
Щемить, va. to nip, pinch; vn. to ache.
Щепá, sf. dim. щéпка, chip, splinter.
Щетина, sf. bristles.
Щи, sf. pl. cabbage-soup.

Щипáть, щипнýть, va. to pinch, nip, pluck.
Щитъ, sm. shield.
Щýка, sf. pike.

Ѣ.

Ѣдá, sf. eating.
Ѣздá, sf. drive, journey, voyage.
Ѣздить, see ѣхать.
Ѣсть, va. irr. (pres. ѣмъ), to eat.
Ѣхать, vn. irr. (pres. ѣду) & Ѣздить, to drive, ride, go.

Э.

Эдакій, see этакій.
Эка, interj. ah!
Эквáторъ, sm. equator.
Экипáжъ, sm. carriage, crew (of a ship).
Эконóмія, sf. economy, husbandry.
Эмирскій, adj. Ameer's.
Эмиръ, sm. Ameer.
Эпаминóндъ, sm. Epaminondas.
Эполéтъ, sm. epaulet.
Эпóха, sf. epoch.
Эрфуртъ, sm. Erfurt.
Этáжъ, sm. story, floor.
Этакóй, adj. what! such, such-like.
Этакъ, adv. so, thus.
Этотъ, (f. эта, n. это), pron. this.
Эхъ, interj. ah! how!

Ю.

Юго-востóкъ, sm. south-east.
Юго-востóчный, adj. south-eastern.
Югъ, sm. south.

Y

Южный, *adj.* south, southern,

Юность, *sf.* youth, juvenility.

Юноша, *sm.* youth.

Юношескій, *adj.* youthful, juvenile.

Юный, *adj.* young, youthful.

Юрій, *sm.* George.

Юродивый, *adj.* foolish, fanatic.

Юстиніанъ, *sm.* Justinian.

Ютъ, *sm.* poop.

Я.

Я, *pron. pers.* (*pl.* мы), I.

Яблоко, *sn.* apple.

Явиться, *pa.*, see являться.

Явленіе, *sn.* apparition. phenomenon.

Являться, *vr.* ; *pa.* явиться, to appear.

Явный, *adj.* manifest, evident, open.

Ягнёнокъ, *sm.* lamb.

Ядовитый, *adj.* poisonous.

Ядро, *sn.* bullet, shell.

Ядъ, *sm.* poison, venom.

Языкъ, *sm.* tongue, language.

Язычникъ, *sm.* heathen, pagan.

Яйце & Яйцо, *sn.* egg.

Яма, *sf.* pit, hole, cavity.

Ямщикъ, *sm.* driver, carrier.

Японецъ, *sm.* a Japanese.

Японскій, *adj.* Japanese.

Яриться, *vr.* to be in a fury.

Яркій, *adj.* clear, bright, glowing, brisk.

Ярмарка, *sf.* a fair, market.

Ярославль, *sm.* Yaroslav & Jaroslav.

Ярость, *sf.* rage, fury.

Ясно, *adv.* clearly.

Ясный, *adj.* clear, distinct, bright, evident.

Яства, *sm. pl.* (*sing.* яство), 'eatable, food.

Ячмень, *sm.* barley.

Ящикъ, *sm.* box, chest, a drawer.

Ѳ.

Ѳеодоръ & Ѳёдоръ, *sm.* Theodore.

Gilbert and Rivington, Ld., St. John's House, Clerkenwell Road.